Uni-Taschenbücher 104

UTB

Eine Arbeitsgemeinschaft der Verlage

Birkhäuser Verlag Basel und Stuttgart
Wilhelm Fink Verlag München
Gustav Fischer Verlag Stuttgart
Francke Verlag München
Paul Haupt Verlag Bern und Stuttgart
Dr. Alfred Hüthig Verlag Heidelberg
J.C.B. Mohr (Paul Siebeck) Tübingen
Quelle & Meyer Heidelberg
F.K. Schattauer Verlag Stuttgart-New York
Ferdinand Schöningh Verlag Paderborn
Eugen Ulmer Verlag Stuttgart
Vandenhoeck & Ruprecht in Göttingen und Zürich
Verlag Dokumentation München-Pullach
Westdeutscher Verlag/Leske Verlag Opladen

E. D. Hirsch, Jr.

Prinzipien
der Interpretation

Übersetzt von Adelaide Anne Späth

Wilhelm Fink Verlag München

ISBN 3-7705-0632-4

© 1972 Wilhelm Fink Verlag, München
Gesamtherstellung: Delo, Ljubljana
Einbandgestaltung: Alfred Krugmann, Stuttgart

Deutsche Ausgabe von E. D. Hirsch, Jr. „Validity in Interpretation"
(Copyright © 1967 by Yale University) in Lizenz der Yale University Press

INHALT

Vorwort 7

1. Verteidigung des Autors
   - A. Die Verbannung des Autors 15
   - B. „Selbst für den Autor ändert sich der Sinn eines Textes" 21
   - C. „Wichtig ist nicht, was der Autor sagen will, sondern was der Text besagt" 25
   - D. „Der vom Autor intendierte Sinn ist nicht erschließbar" 30
   - E. „Der Autor weiß selbst nicht, welchen Sinn er auszudrücken beabsichtigt" 37

2. Sinn und Implikation 43
   - A. Definition des Wortsinns 47
   - B. Reproduzierbarkeit: Psychologistische Einwände . . 52
   - C. Reproduzierbarkeit: Historische Einwände 61
   - D. Determiniertheit: Wortsinn und Typisierung . . . 66
   - E. Determiniertheit: Unbewußter und symptomatischer Sinn 74
   - F. Determiniertheit: Sinn und Gegenstand 81
   - G. Determiniertheit: Sinn und Implikation 85

3. Der Begriff des Genre 93
   - A. Das Genre und die Idee des Ganzen 97
   - B. Das wahre Genre 104
   - C. Die Logik des Genres und das Problem der Implikation 117
   - D. Die Historizität des Genres 133
   - E. Verschiedenheit der Genres und Einheit der Prinzipien 144

4. Verständnis, Interpretation und Kritik
   - A. Das Babel der Interpretationen 164
   - B. Verständnis, Interpretation und Geschichte . . . 171

	C. Urteil und Kritik	179
	D. Die wahre Kritik	184
	E. Kritische Freiheit und interpretativer Zwang	198
5.	Probleme und Prinzipien der Geltungsprüfung	
	A. Die Fähigkeit von Interpretationen, sich selbst zu bestätigen	209
	B. Der Prozeß der Auslese	215
	C. Die Logik der Geltungsprüfung: Prinzipien der Wahrscheinlichkeit	221
	D. Die Logik der Geltungsprüfung: Interpretatives Beweismaterial	228
	E. Methoden, Kanons, Regeln und Prinzipien	252

Anhang I: Objektive Interpretation 263

    A. Die zwei Horizonte des Textsinns 266

    B. Die Bestimmtheit des Textsinns 279

    C. Verifizierung 290

Anhang II: Gadamers Theorie der Interpretation . . . 301

    A. Die Tradition und die Unbestimmtheit des Sinns . . 303

    B. Wiederholungen und das Problem der Normen . . 307

    C. Textauslegung und Horizontverschmelzung . . . 308

    D. Die Historizität des Verstehens 310

    E. Vorurteil und Vorverständnis 314

Anhang III: Ein Exkurs über Typen

    A. Die Identität der Typen mit sich selbst 321

    B. Der Wortsinn als Typ 325

Register 331

VORWORT

Die These des Aristoteles, daß jede wissenschaftliche Disziplin ihre eigene, autonome Methode besitze, wird unzulässigerweise weithin auf die verschiedenen Arten der Auslegung von Texten angewandt. Die Geschichte der wissenschaftlichen Praxis gibt Aristoteles recht. Die quasi-theoretischen Gebiete juristischer, biblischer und literarischer Hermeneutik haben sich größtenteils isoliert voneinander entwickelt. Wahrscheinlich kann diese getrennte Evolution spezieller hermeneutischer Theorien durch das einfache Faktum erklärt werden, daß Juristen normalerweise keine Literaturwissenschaftler, und Literaturwissenschaftler in der Regel nicht zur Auslegung von Gesetzen befähigt sind. Man darf jedoch daraus nicht den Schluß ziehen, daß juristische und literarische Interpretation jeweils unterschiedliche und autonome Methoden erfordern. Bis heute ist noch keine Methode zur Auslegung juristischer, biblischer oder literarischer Texte erdacht worden, die nicht wenigstens in bestimmten Fällen irreführend oder unbrauchbar wäre. Ein Jurist legt im Normalfall das Gesetz nicht deswegen besser aus als ein Literaturwissenschaftler, weil er etwa besondere Regeln für die Auslegung von Gesetzen zugrundelegt, sondern weil er ein größeres Maß an unmittelbar relevantem Wissen besitzt. Exakter formuliert müßte demnach die These des Aristoteles, wenn man sie auf die Hermeneutik anwendet, lauten, daß jedes interpretative Problem nur innerhalb eines Kontextes von spezifischem relevantem Vorwissen lösbar ist.

Wie Croce zu Recht behauptet hat, entsprechen Klassifizierungen von Texten keinen bestimmten Wesenheiten oder aristotelischen Entelechien. Sie beziehen sich statt dessen auf vage Gruppierungen, die sich im weiten, kontinuierlich verlaufenden Feld aufgezeichneter Sprache gegenseitig überschneiden. Wie eng man die Klasseneinteilung auch faßt (Recht, bürgerliches Recht, Strafrecht; oder Dichtung, epische Dichtung, lyrische Dichtung), die Grenzen zwischen den einzelnen Gruppierungen bleiben verschwommen. Es gibt folglich auch keine Interpretationsmethode, die selbst für eine eng begrenzte Klasse von Texten in allen Fällen angemessen wäre. Infolgedessen muß auch die Anwendung eines weitgefaßten juristischen, literarischen oder biblischen Kanons auf unter diesen Bezeichnungen geführte Texte als hervorragendes Beispiel unangebrachter Selbstgewißheit und voreiliger Verallgemeinerung betrachtet werden. Verallgemeinerungen sind im Bereich der Prinzipien, nicht in dem der Methoden am Platze, und die Bestimmung allgemeiner Prinzipien hat rechtens als die Aufgabe der allgemeinen hermeneutischen Theorie zu gelten.

Dieses Buch ist als Beitrag zur allgemeinen hermeneutischen Theorie mit besonderer Berücksichtigung des Problems der letztlich zuverlässigen Richtigkeit von Textauslegungen konzipiert worden. Dieses Problem ist in den vergangenen Jahren vernachlässigt worden, und zwar nicht zuletzt deshalb, weil die bloße Vorstellung einer absolut richtigen Interpretation heutzutage mit profunder Skepsis betrachtet wird. So herrscht beispielsweise in der Rechtswissenschaft ein sogenannter Pragmatismus, der die Meinung vertritt, der Sinn eines Gesetzes sei der, den die jeweiligen Richter ihm beimessen. Ähnlich wird im Bereich der Bibelexegese von den Bultmann-Anhängern die Ansicht vertreten, daß der Sinn der Bibel für jede neue Generation eine neue Offenbarung sei. Die bekannteste Form einer analogen Doktrin im Bereich der Literaturwissenschaft ist, daß die Bedeutung eines literarischen Textes diejenige ist, „die er für uns heute besitzt". Ich bezeichne solche Theorien als „radikalen Historismus" und setze mich mit ihnen in Kapitel 2 und Anhang II auseinander, wo auch eine ähnliche, noch weit radikalere Form des Skeptizismus diskutiert wird, welche ich „Psychologismus" nenne. Schließlich wird das ganze Buch hindurch, besonders aber in Kapitel 1, eine dritte Art von Theorie behandelt, welche ich „Autonomismus" nenne – die Lehre, daß literarische Texte einem eigenen ontologischen Bereich angehören, wo der Sinn unabhängig vom Willen des Autors besteht. Alle drei Ansichten leugnen *implizite* die Möglichkeit einer im absoluten und normativen Sinne richtigen Interpretation.

Die weiteren Implikationen eines solchen hermeneutischen Skeptizismus werden von dessen Anhängern übersehen. Es geht um nicht weniger als um den Anspruch *jeder* humanwissenschaftlichen Disziplin, zu echten Erkenntnissen zu gelangen. Da, wie Dilthey sagte, jede Humanwissenschaft auf die Interpretation von Texten gegründet ist, sind gültige Interpretationen notwendige Voraussetzungen aller in jenen Wissenschaften auf ihnen beruhenden Schlußfolgerungen. Das theoretische Ziel jeder echten Wissenschaft, Natur- sowohl als auch Geisteswissenschaft, ist die Gewinnung von Wahrheit; das praktische Ziel ist, Übereinstimmung darüber zu erreichen, daß Wahrheit wahrscheinlich erreicht worden ist. Somit ist das praktische Ziel jeder echten Wissenschaft ein Konsensus – die Gewinnung einer fest begründeten Übereinstimmung darüber, daß eine Gruppe von Schlußfolgerungen wahrscheinlicher ist als andere – und genau dies ist das Ziel der richtigen Interpretation. Man sollte dieses Ziel nicht deshalb als unerreichbar betrachten, weil der Gegenstand der Interpretation oft mehrdeutig und ihre Schlußfolgerungen ungewiß sind. Gewißheit ist nicht dasselbe wie Richtigkeit, und das Wissen um Zweideutigkeit ist ist nicht unbedingt dasselbe wie zweifelhaftes Wissen.

Die bedauerlichste Konsequenz des hermeneutischen Skeptizismus ist eine Version dessen, was Yvor Winters den „Fehler der imitativen Form" nennt. Auf das Gebiet der Hermeneutik übertragen, besteht er in der Auffassung, daß es ein Teil der Aufgabe des Interpreten sei, mysteriöse Texte mysteriös zu behandeln und über seltsame Dinge Seltsames zu schreiben. Eine ehrwürdige Literaturtheorie vertritt zum Beispiel den Standpunkt, daß die Dichtung sich von der Realität abwende, um eine „zweite Natur" zu schaffen, die den Wünschen des Herzens nähersteht; ich habe auch gehört, wie mit wunder-

samer Logik argumentiert wurde, die literarische Interpretation
solle ebenso verfahren: Da Literatur die Realität nicht genau
wiedergibt, brauche die literarische Interpretation jene Realität,
welche Literatur ist, ebenfalls nicht genau wiederzugeben.

Man wird vielleicht einwenden, diese Dinge seien unwichtig; sie
sind es nicht; sie geben ein schlechtes Beispiel. Sie tragen dazu bei,
die schädliche Ansicht zu verbreiten, daß es so etwas wie einen
hohen Grad an Richtigkeit in geistigen Dingen nicht gebe, daß
jeder die Probleme ruhig auf seine Weise sehen könne. Sie laufen
jener strengen Disziplin zuwider, die für jede wirkliche Kultur
unabdingbar ist; Sie bestärken uns in unserer gewohnten Eigen-
willigkeit und Exzentrizität, die unserer Intelligenz schaden und
das Vertrauen, das ernsthafte Leute in uns setzen, untergraben.

Arnold spricht von dieser strengen Disziplin, doch ein ebenso
überzeugender Schriftsteller, nämlich John Keats, erinnert uns
daran, daß Weisheit in der „negativen Fähigkeit" liege – der
Fähigkeit, „in Ungewißheit, Geheimnissen, Zweifeln zu ver-
bleiben, ohne jedes gereizte Streben nach Tatsachen und Vernunftgründen." Strenge Disziplin bei der Interpretation bedeutet aber eben dieses gereizte Streben nach Tatsachen und
Vernunftgründen, selbst wenn es sich bei dem vorgegebenen
Text um ein Gedicht von Keats handelt. Dennoch sind negative
Fähigkeit und strenge Disziplin nicht eigentlich antithetische Impulse bei der Interpretation. Sie entsprechen zwei verschiedenen
Augenblicken der Erkenntnis, die Whitehead treffend „Stufe
der Ahnung" [Orig.: „the stage of romance"] und „die Stufe
der Präzision" [Orig.: „the stage of precision"] nennt. Wer ein
Gedicht von Keats verstehen will, muß die Zweifel, Triumphe
und Geheimnisse, die das Lebensgefühl von Keats ausmachen,
imaginativ nachvollziehen; der Leser kann jedoch seine imaginative Auslegung einer strengen gedanklichen Disziplin unterwerfen und dadurch überprüfen, ob sein angenommenes Verständnis von Keats bloße Illusion war; bei der Interpretation
kann auf den Moment der Ahnung der des kritischen Verständnisses folgen. Der Moment der Ahnung ist unmethodisch,
intuitiv, auf Sympathie gegründet – er ist ein Raten mit Fanta-

sie, ohne den es keinen Anfang gibt. Der zweite, kritische Moment der Interpretation mißt den ersten an hohen intellektuellen Maßstäben, indem er diesen an dem gesamten zur Verfügung stehenden relevanten Wissen überprüft. Die kritische Stufe besitzt somit, obwohl sie abhängig und sekundär ist, die unabdingbare Funktion, daß sie interpretatives Raten auf die Ebene des Wissens erhebt.

Die folgenden Seiten behandeln vor allem diese zweite Stufe der Interpretation. Da es keine Methode gibt, nach welcher man das vorhin erwähnte Raten durchführen könnte, darf der Leser nicht erwarten, daß ihm hier ein neues Interpretationsverfahren angeboten wird. Die einzige Methode, für die dieses Buch eintritt, ist die des Abwägens von Beweismaterial. Ebensowenig wird dem Leser der Vorgang des absolut richtigen Interpretierens in vollständiger und exemplarischer Weise demonstriert werden. Die wenigen unsystematisch ausgewählten Beispiele dieses Buchs werden *en passant* dargeboten, nicht als wesentliche Teile des Gedankengangs, da alle Textbeispiele selbst interpretative Probleme und kein schlechthin Gegebenes sind. Der Gedankengang des Buchs ist in hemmungsloser und, wie ich glaube, notwendiger Weise theoretisch. Natürlich sollte ein theoretischer Versuch über die Gültigkeit von Interpretationen implizieren, wie man zu einer richtigen Interpretation gelangt, und ich hege die Hoffnung, daß dies der Fall sein wird; ich bin mir jedoch darüber im klaren, daß die praktischen Kosequenzen eines derartigen Buchs in hohem Maße indirekter Art sein müssen. Es wäre weder durchführbar noch wünschenswert, das gesamte Material, das in jedem einzelnen interpretativen Problem relevant ist, zu veröffentlichen. Übereinstimmung schließt gesunden Menschenverstand nicht aus. Ich hoffe, daß die in diesem Buch dargelegten Prinzipien anderen Interpreten die Zuversicht geben werden, daß Übereinstimmung erreicht werden kann, wenn das relevante Beweismaterial in geeigneter Weise verwendet wird – gleichviel, ob es nun insgesamt im Druck vorgelegt worden ist oder nicht. Ein Herausgeber beispielsweise kann nur selten in seinen Anmerkungen jede Überlegung wiedergeben, die ihn zu einer bestimmten Entscheidung bezüglich des gewählten Textes veranlaßt hat, aber er wird nichtsdestoweniger seine Entscheidung auf das gesamte zur Verfügung stehende relevante Beweismaterial stützen müssen. Der ernsthafte Interpret sollte in seinem Bereich das gleiche tun. Die Grundsätze, die hier dargelegt, und die Unterscheidungen, die in diesem Werk getroffen werden (besonders die wichtige Unterscheidung zwischen Sinn und Bedeutung), führen zu der Schlußfolgerung, daß richtige Interpretationen erreichbar sind. In dem Maße, in dem Prinzipien, Unterscheidungen und Schlußfolgerungen dieses Buchs akzeptiert werden, werden die praktischen Implikationen sich von selbst ergeben.

Einige der geistigen Schulden, die ich beim Schreiben dieses Buchs auf mich geladen habe, sind so bedrückend, daß bloße Hinweise auf sie in gelegentlichen Fußnoten keine angemessene Gegenleistung darstellen würden. Zwar kann niemand über seine intellektuellen Verbindlichkeiten genau Buch führen, doch glaube ich sagen zu können, daß die Schriftsteller, denen ich für meine grundsätzlichen Ideen in der Hauptsache zu Dank verpflichtet bin, Ferdinand de Saussure, Wilhelm Dilthey, Edmund Husserl, John Maynard Keynes, Karl Popper, Hans Reichenbach und Friedrich Schleiermacher sind. Diese Zusammenstellung ist jedoch notwendigerweise willkürlich. Vermutlich wäre es am besten gewesen, das Ausmaß meiner vielen Verpflichtungen gegenüber anderen Autoren in einer dem Buch anzufügenden Bibliographie aufzuzeigen. Tatsächlich hatte ich, in der Überzeugung, daß eine solche Liste von Aufsätzen und Büchern für andere an diesem Thema Interessierte äußerst nützlich sein könnte, stets beabsichtigt, meiner Untersuchung eine Bibliographie beizugeben, und hatte mehrere Jahre lang Titel auf Karteikarten gesammelt. Durch einen Unglücksfall, wie sie die Alpträume von Wissenschaftlern bilden, ging diese Sammlung von Karten jedoch vor einigen Monaten in Rom verloren, als ich mich mit meiner Familie auf eine überstürzte Rückkehr nach den Vereinigten Staaten vorbereitete. Die verlorenen Titel erscheinen nun allmählich wieder auf einer neuen

Sammlung von Karten, und ich beabsichtige, zu gegebener Zeit einen bibliographischen Aufsatz über hermeneutische Theorie zu veröffentlichen, um so meine Unterlassungssünde wenigstens teilweise gutzumachen.

Mein Dank, den ich in geistiger und in persönlicher Hinsicht anderen schulde, konnte weder auf Karteikarten aufgezeichnet noch durch unglückliche Zufälle ausgelöscht werden. René Wellek, dessen großzügige Hilfe mir jahrelang zuteil wurde, bin ich zutiefst verpflichtet. Die Unterhaltungen und der Briefwechsel, die ich mit ihm führte, sein uneigennütziges Interesse und seine unerschöpfliche Gelehrsamkeit waren mir eine beständige Hilfe. Gleichfalls erwähnt sei mein Dank an Wayne Booth, Klaus Hartmann, Louis Martz und Frederick Pottle für ihre kritischen Bemerkungen zum Manuskript; Emilio Betti danke ich für viele anregende Stunden in Rom im *circolo ermeneutico* und für seine monumentale *Teoria generale della interpretazione*, John Hobbs für seine Hilfe beim Schreiben und bei der Durchsicht des Manuskripts, Sir Peter Medawar für seine Aufsätze und für seine freundliche Erlaubnis, daraus zu zitieren, *PMLA* und *The Review of Metaphysics* für die Erlaubnis, Anhang I und II nachzudrucken, die dort erstmals erschienen waren. (Diese Aufsätze behandeln, obwohl sie einige Gedanken dieses Buchs wiederholen, auch andere relevante Fragen; ich fand es sinnvoll, in Fußnoten Hinweise auf die sich entsprechenden Stellen zu geben.) Großen Dank schulde ich auch der John Solomon Guggenheim Memorial Foundation für eine Zuwendung, die es mir ermöglichte, dieses Buch zu schreiben.

Die zwei Gelehrten, denen es gewidmet ist, haben mich durch ihre Lehren und durch ihr Vorbild bereichert. Ihre geistige Disziplin und Integrität haben beispielhaft ein Ideal vorgelebt, welchem dieses Buch nur zögernd nachzustreben wagt, obwohl sie mich bei seiner Abfassung ständig persönlich ermutigten. Ich hatte das Glück, im Jahre 1960 mehrere Monate mit ihnen in London zu verbringen, als wir drei über die Muße verfügten, Konversation und Forschung gleichzeitig zu betreiben. Meine erste klare Vorstellung von dieser Studie stammt aus jener Zeit; seitdem sind mir von ihnen Freundschaft und Ermutigung unablässig zuteil geworden. Schließlich möchte ich tiefe Dankbarkeit auch meiner Frau bezeugen, die jedes Wort dieses Buchs in jedem Stadium seiner Abfassung gehört oder gelesen und viele Verbesserungsvorschläge gemacht hat.

1. VERTEIDIGUNG DES AUTORS

Von Böhme ist gesagt worden, seine Bücher seien eine Art Picknick, zu dem der Autor die Wörter und der Leser den Sinn mitbringe. Diese Bemerkung war sicherlich als Verspottung Böhmes gemeint, doch ist sie eine genaue Beschreibung aller sprachlichen Kunstwerke ohne Ausnahme.

Northrop Frye

A. Die Verbannung des Autors

Die Kulturhistoriker sollten sich einmal die Frage stellen, warum in den vergangenen vier Jahrzehnten die durchaus vernünftige Ansicht, daß ein Text das bedeutet, was er nach Meinung des Autors bedeuten soll, so heftig und mit so großem Erfolg angegriffen wurde. In der ersten und entscheidenden Angriffswelle, die von Eliot, Pound und ihren Verbündeten angeführt wurde, war das Schlachtfeld ein literarisches: Die These, daß die Bedeutung eines Textes unabhängig vom Willen des Autors sei, wurde mit der Literaturtheorie verbunden, daß die beste Dichtung unpersönlich, objektiv und autonom sei, daß sie ihr eigenes Leben führe, völlig abgeschnitten von dem ihres Schöpfers.[1] Diese programmatische Vorstellung von dem, was Dichtung sein sollte, wurde allmählich zu einer Vorstellung von dem, was jede Dichtung, ja alle Arten von Literatur notwendigerweise sein müßten. Es war nun nicht mehr nur wünschenswert, daß Literatur sich vom subjektiven Bereich der persönlichen Gedanken und Gefühle des Autors lösen solle, es galt vielmehr als unbezweifelbare Tatsache, daß alles Geschriebene unabhängig von diesem subjektiven Bereich existiere.

---

[1] Der *locus classicus* findet sich bei T. S. Eliot, „Tradition and the Individual Talent", *Selected Essays* (New York, 1932).

Wenig später und aus anderen Gründen wurde dieser gleiche Gedanke der semantischen Autonomie von Heidegger und seinen Anhängern vorgetragen.[2] Diese These wurde auch von Schriftstellern vertreten, die wie Jung der Meinung sind, daß ein sich ausdrückendes Individuum unbewußt archetypische, überindividuelle Bedeutungen zum Ausdruck bringt. In einigen Sparten der Linguistik, besonders der sogenannten Informationstheorie, ist die semantische Autonomie der Sprache zur Arbeitshypothese geworden. Die Theorie hat auch im Werk solcher Nicht-Jungianer eine Heimstätte gefunden, die sich, wie der frühe Eliot, für den Symbolismus interessierten, obwohl Cassirer, auf den sich diese Autoren manchmal berufen, nicht an die semantische Autonomie der Sprache glaubte.[3] Wie gesagt, es ist die Aufgabe des Kulturhistorikers, herauszufinden, warum diese Doktrin in den letzten Jahren so weite Verbreitung finden konnte; es ist jedoch die Aufgabe des Theoretikers, zu entscheiden inwieweit die Theorie von der semantischen Autonomie akzeptiert zu werden verdient.

Von Literaturwissenschaftlern ist oft das Argument ins Feld geführt worden, daß die Theorie von der Unwichtigkeit des Autors sich äußerst günstig auf Literaturkritik und philologische Gelehrsamkeit auswirkte, weil sie das Zentrum der Untersuchung vom Autor auf sein Werk verlagerte. Gestützt auf diese Theorie, haben moderne Literaturkritiker getreulich und sorgfältig ihre Texte untersucht, um deren unabhängig existierenden Sinn, anstatt der vorher für wichtig gehaltenen Bedeutung für das Leben des Autors, herauszufinden. Daß diese Verschiebung in Richtung auf die Exegese wünschenswert war, wird nur von wenigen Wissenschaftlern bestritten werden, ganz gleich, ob sie nun zu den Anhängern der Theorie der seman-

---

[2] Siehe z. B. Martin Heidegger, *Unterwegs zur Sprache* (Pfullingen, 1959).
[3] Siehe Ernst Cassirer, *The Philosophy of Symbolic Forms:* Bd. 1, *Language*, übers. v. R. Manheim (New Haven, 1953), bes. S. 69, 178, 213, 249–250 und *passim*.

tischen Autonomie zählen oder nicht. Es waren jedoch historische, nicht logische Gründe, die diese Theorie mit der exegetischen Bewegung in Verbindung brachten, da es keine logische Notwendigkeit gibt, die einen Kritiker zwingt, den Autor völlig auszuschalten, nur um sein Werk analysieren zu können. Nichtsdestoweniger hat die Theorie durch ihre historische Verbindung mit der Textanalyse viel Feingefühl und Intelligenz zutage gefördert. Leider hat sie auch häufig zu Eigensinnigkeit und Extravaganzen in der wissenschaftlichen Kritik beigetragen; sie war ein wichtiger Grund für den heute herrschenden Skeptizismus, der die Möglichkeit einer objektiv richtigen Interpretation in Zweifel zieht. Natürlich wären diese Nachteile zu ertragen, wenn die Theorie richtig wäre. Skepsis ist in geistigen Dingen besser als Illusionen.

Die Nachteile der Theorie konnten in jenen erregenden Zeiten, als die alte Ordnung der Literaturwissenschaft zerbrach, nicht leicht vorhergesehen werden. Damals wurden Naivitäten, wie die positivistische Einstellung der Literaturgeschichte, das Suchen nach Einflüssen und anderen kausalen Zusammenhängen, die nachromantische, den Prozeß des Schreibens umgebende Faszination über Gewohnheiten, Gefühle und Erlebnisse mit völligem Recht angegriffen. Es wurde in zunehmendem Maße deutlich, daß die theoretischen Fundamente der alten Literaturwissenschaft schwach und unzureichend waren. Man kann also nicht sagen, daß die Theorie von der Unwichtigkeit des Autors schlechter ist als die Theorien oder quasi-Theorien, die sie ersetzte; es kann auch nicht bezweifelt werden, daß die unmittelbare Wirkung der Verbannung des Autors insgesamt positiv und erneuernd war. Heute, nach mehreren Jahrzehnten, sind die Schwierigkeiten, die die Theorie der semantischen Autonomie mit sich bringt, deutlich sichtbar; sie sind für das Unbehagen verantwortlich, das an den Hochschulen herrscht, obwohl diese Theorie dort seit langem eine unbestritten dominierende Stellung innehat.

Daß dieser Zustand akademischer Skepsis und Verwirrung zum großen Teil der Theorie von der Unwichtigkeit des Autors entspringt, ist, wie ich glaube, ein geistesgeschichtliches Faktum der unmittelbar zurückliegenden Zeit. Denn nachdem der Autor als bestimmendes Element für den Sinn eines Textes radikal eliminiert worden war, wurde allmählich klar, daß kein geeignetes Prinzip für die Beurteilung der Richtigkeit einer Interpretation existierte. Durch immanente Notwendigkeit wurde aus der Frage, „was ein Text aussagt", die Frage, was er dem einzelnen Kritiker bedeute. Es kam in Mode, über das „Textverständnis" [Orig.: „reading"] eines Kritikers zu sprechen, ein Wort, das nun in den Titeln gelehrter Werke aufzutauchen begann. Das Wort schien zu implizieren, daß der Autor verbannt worden war, der Kritiker aber blieb, und sein neues, originelles, kultiviertes, geniales und relevantes „Verständnis" *per se* Interesse beanspruchen durfte.

Im ersten Enthusiasmus der Rückkehr zu dem, „was der Text sagt", war jedoch nicht bemerkt worden, daß ein Text seinen Sinn ja von irgend jemandem erhalten muß – wenn nicht vom Autor, dann vom Kritiker. Zwar wurde eine Theorie aufgestellt, nach welcher der Sinn eines Textes mit all dem gleichgesetzt wurde, was er nur irgend bedeuten konnte. (Ich habe in Anhang I beschrieben, welche Mißverständnisse dieser und anderen Definitionen von „Sinn" zugrundeliegen, die erdacht wurden, um den mit der Irrelevanz des Autors verbundenen Schwierigkeiten auszuweichen.[4]) Die These von der semantischen Autonomie zwang sich selbst so unbefriedigende *Ad-hoc*-Formulierungen auf, weil sie in ihrer Tendenz, den Autor zu verbannen, die Tatsache ignorierte, daß „Sinn" eine Sache des Bewußtseins, nicht der Wörter ist. Fast jede Wortfolge kann innerhalb der Konventionen der Sprache legitimerweise mehr als einen Bedeutungskomplex repräsentieren.[5] Eine

---

[4] Siehe bes. S. 279–290.
[5] Als beliebig gewähltes Beispiel wird von mir in diesem Buch später der Satz „Ich gehe heute in die Stadt" [Orig.: „I am going to down today"] verwendet. Der Sinn dieses Satzes läßt sich ein-

Wortfolge bedeutet nichts, solange nicht entweder jemand etwas mit ihr aussagt oder etwas unter ihr versteht. Es gibt kein Wunderland der Bedeutungen außerhalb des menschlichen Bewußtseins. Wann immer Worte und Sinn sich verbinden, ist es eine Person, die diese Verbindung herstellt, und der besondere Sinn, den sie ihnen verleiht, ist niemals der innerhalb der Normen und Konventionen ihrer Sprache einzig legitime.

Ein Beweis dafür, daß die Konventionen der Sprache mit ein und derselben Wortfolge Verschiedenes ausdrücken können, ist die Tatsache, daß Übersetzer verschiedener Meinung sein können und es auch sind. Wie können solche Meinungsunterschiede beigelegt werden? Nach der Theorie der semantischen Autonomie ist dies unmöglich, da der Sinn nicht durch den Autor bestimmt wird, sondern dadurch, „was das Gedicht verschiedenen Lesern mit sprachlichem Feingefühl jeweils bedeutet."[6] Eine Interpretation ist so richtig wie die andere, solange sie auf „Gefühl" basiert oder „einleuchtend" ist. Ein Literaturlehrer, der zu den Anhängern von Eliots Theorien zählt, wird sich jedoch als Bewahrer des kulturellen Erbes und als Vermittler von Wissen betrachten. Mit welcher Begründung kann er den Anspruch erheben, daß sein Verständnis richtiger ist als das irgendeines Schülers? Kaum mit einer sehr einleuchtenden. Dieses Problem ist eine der Hauptursachen für den Verlust an Orientierungsvermögen, den Literaturwissenschaftler zuweilen empfinden, wenn auch selten zugeben.

Eine der *Ad-hoc*-Theorien, die vorgebracht wurden, um diese chaotische Demokratie der „Verständnisse" zu umgehen, verdient an dieser Stelle besonders erwähnt zu werden, da sie die Wertfrage berührt – ein Problem, das manchen modernen Literaturtheoretiker beschäftigt. Demnach soll diejenige Interpretation eines Textes die richtige sein, die als „die beste" zu

---

fach dadurch mehrfach verändern, daß man die Hauptbetonung nacheinander auf jedes der sechs Wörter legt.

[6] Die Formulierung stammt von T. S. Eliot, *On Poetry and Poets* (New York, 1957), S. 126.

gelten hat.⁷ Aber selbst wenn wir annehmen, daß ein Kritiker über ein geradezu göttliches Urteilsvermögen verfügt und folglich entscheiden kann, welche Auslegung die beste ist, er würde dennoch zwischen zwei gleichermaßen wichtigen normativen Idealen – dem besten Textverständnis und dem vom Autor beabsichtigten – zu wählen haben. Überdies wäre die beste Auslegung eines Textes, wenn sie nicht die vom Autor beabsichtigte ist, vom Kritiker hervorgebracht worden, in welchem Fall der Kritiker Autor des besten Sinnes eines Textes ist. Man kommt also nicht um einen Autor herum, wenn man einer Wortfolge irgendeine Bedeutung zulegt.

Die Kritiker usurpierten also den Platz des ursprünglichen Autors, den sie vorher absichtlich verbannt hatten, was notwendigerweise zu einigen unserer heutigen theoretischen Verwirrungen führte. Wo es vorher nur einen Autor gegeben hatte, da erhob sich nun eine Vielzahl, und jeder sprach mit ebensoviel Autorität wie die anderen. Den ursprünglichen Autor als sinnbestimmendes Element zu eliminieren, bedeutete die Verneinung des einzigen zwingenden, normativen Prinzips, das einer Interpretation Gültigkeit verleihen konnte. Es ist andererseits natürlich möglich, daß es gar keinen gangbaren Weg auf das normative Ideal der Interpretation von Texten zu gibt. Diesen Schluß müßte man ziehen, wenn eines der verschiedenen Argumente, die gegen den Autor vorgebracht werden, sich als stichhaltig erweisen sollte. Denn wenn der Sinn eines Textes nicht vom Autor bestimmt wird, dann kann keine Interpretation *den Sinn* des Textes wiedergeben, da der Text

---

⁷ Es wäre unfair, einen einzelnen Kritiker als Vater dieser weitverbreiteten und ungenauen Ansicht zu bezeichnen. Mit „dem besten" Verständnis meinen einige Kritiker natürlich das richtige Verständnis, doch wird der Begriff der besten Qualität weithin so verwendet, daß er ohne Unterschied sowohl den Gedanken der Richtigkeit, als auch den ästhetischer Werte, wie poetische Dichte, Geschlossenheit, Spannung oder Komplexität einschließt, als ob Richtigkeit und ästhetische Qualität irgendwie identisch sein müßten.

keinen determinierten oder determinierbaren Sinn besitzt. Diesen Gedanken habe ich in Anhang I und in den Abschnitten über die Determination in Kapitel 2 dargelegt.[8] Wenn ein Theoretiker das Ideal der Richtigkeit retten will, dann muß er den Autor ebenfalls retten; das heißt heute, daß es seine erste Aufgabe sein muß, zu zeigen, wie fragwürdig und angreifbar die üblichen Argumente gegen den Autor sind.

B. „Selbst für den Autor ändert sich der Sinn eines Textes"

Eine heute weithin akzeptierte Lehrmeinung besagt, daß der Sinn eines Textes Änderungen unterliegt.[9] Nach Ansicht der radikalen Historisten ändert sich der Sinn eines Textes von Zeitalter zu Zeitalter; nach der psychologistischen Ansicht ändert er sich mit jeder Lektüre. Da die vom Autor vermeintlich selbst erlebten Änderungen des Sinnes sich in einer relativ kurzen Zeitspanne vollziehen müssen, ist für uns hier nur die psychologistische Ansicht von Interesse. Wenn freilich eine der Theorien der semantischen Veränderlichkeit richtig wäre, dann würde dies den vom Autor beabsichtigten Sinn als normatives Prinzip diskreditieren; denn wenn der Sinn eines Textes sich in irgendeiner Hinsicht ändern kann, dann gibt es kein Prinzip, nach welchem die richtige Interpretation von der falschen zu unterscheiden wäre. Doch dies ist wieder ein anderes Problem, das an geeigneter Stelle behandelt werden soll.[10] Ich brauche hier

---

[8] Siehe S. 66–70, 279–285.

[9] Siehe René Wellek und Austin Warren, *Theory of Literature* (New York, 1948), Kap. 12.

[10] Ich habe mich damit in Anhang I, S. 266–270 befaßt. Aus Gründen der Klarheit möchte ich den Leser jedoch kurz darauf aufmerksam machen, daß der Wortsinn für verschiedene Interpreten der gleiche sein kann, da er Typuscharakter besitzt. Ein Typus umfaßt eine Reihe von Aktualisierungen (ein Beispiel dafür ist das Phonem), und doch bleibt er in jeder Aktualisierung (wie beim Phonem) derselbe. Dieser letzte Gedanke wird in Kap. 2, Abschnitt D und in Anhang III, S. 322–326 erklärt.

die allgemeinen (und unlösbaren) normativen Probleme, die sich ergäben, wenn der Sinn sich ändern könnte, nicht zu behandeln, sondern nur, warum die Kritiker sich dazu veranlaßt sahen, die Autoren der Wankelmütigkeit zu bezichtigen.

Jeder, der einmal etwas geschrieben hat, weiß, daß die Ansicht, die man von seinem eigenen Werk besitzt, sich ändert und daß die Wirkungen, die der eigene Text auf einen ausübt, von einem Lesen zum anderen wechseln. Häufig wird ein Autor zu der Überzeugung gelangen, daß Sinn oder Ausdrucksweise eines von ihm früher verfaßten Textes ihm nun nicht mehr genügen, und er wird sie deshalb ändern. Mit solchen Revisionen hat unser Problem freilich nichts zu tun, auch nicht mit der Tatsache, daß ein Autor möglicherweise ein und denselben Sinn zu verschiedenen Zeiten verschieden ausdrückt, denn Autoren drücken sich mitunter, wie schon Plato bemerkte, schlecht aus. Selbst der verwirrende Fall, daß ein Autor seinen eigenen Text nicht mehr versteht, ist für unsere Frage völlig irrelevant, da sein Problem auf die Tatsache zurückzuführen ist, daß ein Autor wie jeder andere Mensch vergessen kann, was er auszudrücken beabsichtigte. Wir alle wissen, daß man sich manchmal falsch und manchmal richtig erinnert, und daß man manchmal Erinnerungsfehler erkennt und korrigiert. All das ist nicht von dem geringsten theoretischen Interesse.

Wenn Kritiker behaupten, daß das Verständnis eines Autors von seinem eigenen Text sich ändert, dann beziehen sie sich auf ein Erlebnis, das jeder nachvollziehen kann, wenn er sein eigenes Werk zum zweiten Mal liest. Es ruft nun eine andere Reaktion hervor. Dieses Phänomen ist ganz gewiß von theoretischer Bedeutung, wenn auch nicht von jener, die man ihm manchmal zuschreibt. Das Phänomen der sich ändernden Reaktion des Autors ist wichtig, da es den Unterschied zwischen dem Sinn eines Textes und dem, was man etwas ungenau als „die Reaktion" auf den Text bezeichnet, verdeutlicht.

Die extremsten Beispiele für dieses Phänomen sind wahrscheinlich die Fälle von Selbstverdammung bei Autoren, wie etwa Arnolds öffentlicher Angriff auf sein Meisterwerk *Em-*

pedocles on Etna, oder Schellings Verurteilung der gesamten, von ihm vor 1809 geschriebenen Philosophie. In diesen Fällen kann nicht der geringste Zweifel bestehen, daß die spätere Reaktion des Autors auf sein Werk sich von der ursprünglichen grundsätzlich unterschied. Sein Werk kam ihm nun nicht mehr herrlich, profund oder brillant vor, sondern mit Irrtümern behaftet, trivial und falsch; der Sinn war nicht mehr der, den er eigentlich zum Ausdruck bringen wollte. Diese Beispiele zeigen jedoch nicht, daß sich der Sinn eines Werkes änderte, sondern genau das Gegenteil. Hätte er sich geändert, und nicht der Autor und seine Haltungen, dann hätte dieser den Sinn nicht verdammen zu brauchen und sich so die Unannehmlichkeit eines öffentlichen Widerrufs sparen können. Die *Bedeutung* des Werkes für den Autor änderte sich ohne Zweifel erheblich, der *Sinn* hingegen überhaupt nicht.

Dieses wichtige Problem liegt in allen mir bekannten Fällen von Sinneswandlung beim Autor zugrunde. In Wirklichkeit ändert sich nicht der Sinn eines Textes, sondern seine Bedeutung für den Verfasser. Dieser Unterschied wird allzuoft übersehen. Ein Text enthält einen bestimmten Sinn; dieser besteht in dem, was der Autor durch eine bestimmte Zeichenfolge ausdrücken wollte; er wird also durch die Zeichen wiedergegeben. Bedeutung andererseits, bezeichnet die Beziehung zwischen dem Sinn und einer Person, einer Konzeption, einer Situation oder irgend etwas ganz beliebigem. Autoren ändern, wie andere Menschen auch, im Lauf der Zeit ihre Haltungen, Gefühle, Meinungen und Wertmaßstäbe und sehen deshalb ihr Werk in einem stets neuen Kontext. Was sich für sie ändert ist selbstverständlich nicht der Sinn des Werkes, sondern ihr Verhältnis zu diesem Sinn. *Bedeutung* impliziert also immer eine Beziehung; der eine feste, unveränderliche Pol jener Beziehung ist der Sinn des Textes. Der Verzicht auf diese einfache und wesentliche Unterscheidung ist bis heute eine Quelle enormer Verwirrungen in der hermeneutischen Theorie gewesen.

Wenn wir wirklich annähmen, daß der Sinn eines Textes sich für seinen Verfasser geändert habe, dann gäbe es nur eine

Möglichkeit, das herauszufinden: dieser selbst müßte es uns sagen. Wie sonst könnten wir wissen, daß sich sein Verständnis gewandelt hat, da ja Verständnis ein stilles, privates Phänomen ist. Wenn aber ein Autor uns über sein gewandeltes Verständnis des Sinnes Bericht erstattet, sollten wir uns durch den wenig einleuchtenden Charakter seiner Aussage nicht davon abhalten lassen, ihre Implikationen einer kühlen, methodischen Überprüfung zu unterziehen. Der Bericht des Autors müßte etwa lauten: „Mit diesen Worten wollte ich dies oder jenes sagen, doch nun bemerke ich, daß ich eigentlich etwas anderes gemeint habe," oder „Mit diesen Worten meinte ich das und das, aber ich wünsche jetzt, daß sie etwas anderes bedeuten sollen." Es ist unwahrscheinlich, daß sich etwas Derartiges jemals ereignet, da ein Verfasser in diesem Falle seinen Text normalerweise revidieren wird, um so den neuen Sinn besser auszudrücken. Nichtsdestoweniger *könnte* es passieren, und die bloße Möglichkeit zeigt aufs neue, daß ein und dieselbe Folge linguistischer Zeichen mehr als einem Bedeutungskomplex entsprechen kann.

Selbst wenn der Autor jedoch seine Meinung über den Sinn, den er mit seinen Worten ausdrücken will, geändert hat, so hat er es dennoch nicht fertiggebracht, den früheren Sinn zu ändern. Das geht eindeutig aus seinem eigenen Bericht hervor. Über einen Wechsel seines eigenen Verständnisses könnte er nur dann berichten, wenn er in der Lage wäre, die frühere Auffassung vom Sinn mit der späteren zu vergleichen. Um herauszufinden, ob ein Unterschied zwischen beiden besteht, müßte er den ersten und den zweiten Sinn in seinem Bewußtsein nebeneinanderhalten und dann den früheren verwerfen. Der frühere Sinn wird aber davon in keiner Weise berührt. Solch ein Bericht von seiten des Autors würde lediglich dem Interpreten die Wahl aufzwingen, mit welchem Sinn er sich zu befassen gedenkt. Er würde entscheiden müssen, welchen „Text" er in diesem Moment interpretieren will. Der Kritiker wird notwendigerweise in Verwirrung geraten, wenn er nicht zwischen den beiden Texten unterscheidet, oder wenn er annimmt, daß die Absicht des Autors für seine Aufgabe gänzlich irrelevant ist.

Dieses Beispiel ist jedoch, wie gesagt, völlig unwahrscheinlich. Ich kenne keinen einzigen Fall, in dem ein Autor so exzentrisch gewesen wäre, in völliger Aufrichtigkeit zu behaupten, daß er mit seinem Text nunmehr etwas anderes als früher aussagen wolle. (Etwas anderes ist es natürlich mit bewußten Lügen; sie sind ebensowenig von theoretischem Interesse wie Erinnerungsfehler.) Das unwahrscheinliche Beispiel wurde mir durch die Unwahrscheinlichkeit der ursprünglichen These aufgezwungen, daß sich nämlich der Sinn eines Textes für den Autor selbst ändere. Das Beispiel zeigte indessen, daß der von einem Autor ursprünglich beabsichtigte Sinn sich nicht ändern *kann* – nicht einmal für den Autor selbst, obwohl er sich natürlich von diesem Sinn später distanzieren kann. Wenn Kritiker von einem Wandel im Sinn eines Textes sprechen, dann meinen sie meistens einen Wandel in der Bedeutung. Veränderungen dieser Art sind durchaus erwartungsgemäß und unausweichlich. Da das wichtigste Ziel der Literaturkritik, im Gegensatz zu dem der Interpretation, die Bedeutung ist, werde ich über diese Unterscheidung später, besonders in Kapital 4, mehr sagen. Das bisher Gesagte genügt jedoch, um zu zeigen, daß das neue Verständnis eines Autors von seinem Text zwar dessen Bedeutung, nicht jedoch dessen Sinn ändert, und daß darüberhinaus Argumente, die auf solchen Beispielen beruhen, nicht geeignet sind, Festigkeit und normative Autorität des vom Autor ursprünglich beabsichtigten Sinnes in Zweifel zu ziehen.

C. „Wichtig ist nicht, was der Autor sagen will, sondern was der Text besagt"

Wie bereits in Abschnitt A dargelegt, ist dieser zentrale Satz innerhalb der These der semantischen Autonomie von entscheidender Wichtigkeit für das Problem der gültigen Interpretation. Wäre er richtig, dann würde jedes beliebige Textverständnis „richtig" sein, da jede der verschiedenen Auffassungen für den jeweiligen Leser dem, was der Text „besagt", entspräche. Es ist auch unnütz, normative Begriffe, wie „einfühlsam", „einleuchtend", „bedeutungsreich" und „interessant", einzuführen, da das, was der Text „besagt", möglicherweise keine dieser Eigenschaften aufweist. Die richtige Interpretation sollte nicht mit erfindungsreicher Interpretation verwechselt werden. Richtigkeit impliziert eine Entsprechung zwischen Interpretation und durch den Text wiedergegebenem Sinn; keine der obengenannten Kriterien für die kritische Unterscheidung zwischen Interpretationen würde sich aber auf einen Text anwenden lassen, welcher langweilig, primitiv, arm an Gefühl, wenig einleuchtend oder uninteressant ist. Es lohnt sich vielleicht nicht, einen solchen Text zu interpretieren; andererseits ist aber ein Kriterium für Richtigkeit, das sich auf solche Texte nicht anwenden läßt, ebenfalls wertlos.

Die Verfechter der semantischen Autonomie in England und Amerika führen fast immer T. S. Eliot als Beispiel an, der sich mehr als einmal weigerte, etwas über den Sinn seiner eigenen Texte zu sagen. Diese Weigerungen Eliots gründeten sich auf die Ansicht, daß der Autor keine Kontrolle über die Worte besitze, die er auf die Welt losgelassen hat, und daß er nicht als ihr besonders privilegierter Interpret auftreten dürfe. Bei dieser Ansicht wäre es natürlich ganz und gar inkonsequent gewesen, hätte Eliot sich darüber beschwert, daß irgend jemand seine Schriften falsch interpretierte; soweit mir bekannt ist, hat sich Eliot auch stets seine stoische Gelassenheit bewahrt. Aber selbst er ging niemals soweit zu behaupten, daß er mit seinen Schriften gar nichts Bestimmtes meine. Da er vermutlich etwas ausdrücken wollte, ist es erlaubt zu fragen *was*. Diese Aufgabe hat ein bestimmtes Ziel und kann folglich richtig oder falsch gelöst werden. Die Aufgabe jedoch, herauszufinden was ein Text besagt, hat kein determiniertes Ziel, da der Text verschiedenen Lesern etwas Verschiedenes bedeuten kann. Das eine Verständnis ist so richtig oder unrichtig wie das andere. Der entscheidende Einwand gegen die Theorie der semantischen

Autonomie ist jedoch nicht, daß sie bedauerlicherweise kein adäquates Kriterium für die Richtigkeit von Interpretationen liefert. Er muß in der Theorie selbst gesucht werden, in Fehlern der zu ihrer Unterstützung vorgebrachten Argumentationen.

Ein inzwischen berühmt gewordenes Argument basiert auf der Unterscheidung zwischen einer bloßen Absicht und deren Verwirklichung. Die Absicht eines Autors, einen bestimmten Sinn auszudrücken, führt nicht notwendigerweise dazu, daß er dies auch zustande bringt. Da seine tatsächliche Leistung in Form des Textes vorliegt, sei jeder Versuch, seine Absicht zu erraten, eine unberechtigte Gleichsetzung von privater Absicht und deren öffentlicher Verwirklichung. Allein der Sinn des Textes sei Angelegenheit der Öffentlichkeit. Die weite Verbreitung dieses Arguments und seine Annahme als Axiom der neueren Literaturkritik können auf den Einfluß des überzeugungsstarken Essays „The Intentional Fallacy" zurückgeführt werden, der von W. K. Wimsatt und Monroe Beardsley verfaßt und 1946 erstmals veröffentlicht wurde.[11] Versucht man, sich mit den Argumenten dieses Essays kritisch auseinanderzusetzen, so sieht man sich der Aufgabe gegenüber, zwischen dem Essay selbst und der üblichen Art seiner Verwendung zu unterscheiden; denn der Essay tritt keineswegs für etwas ein, was fälschlicherweise weithin als anerkannte Wahrheit vorausgesetzt wird; er hätte dies auch gar nicht mit Erfolg tun können. Wimsatt und Beardsley unterschieden sorgfältig zwischen drei Arten von Beweisen für die Intention und erkannten zwei von ihnen als richtig und zulässig an; ihre sorgfältigen Unterscheidungen und Einschränkungen lösten sich jedoch in einer popularisierten Version auf, die in dem falschen und allzu einfachen Dogma besteht, daß die Absicht eines Autors für den Sinn seines Textes ohne Relevanz sei.

Die Fehler dieser popularisierten Version können am besten

---

[11] *Sewanee Review,* 54 (1946). Abgedruckt in William K. Wimsatt, Jr., *The Verbal Icon: Studies in the Meaning of Poetry* (Lexington, Ky., 1954).

dadurch aufgezeigt werden, daß zunächst festgestellt wird, in welcher Dimension sie als durchaus richtig gelten kann, nämlich in der der Wertung. Es wäre absurd, einen Text als stilistisch gelungen zu bezeichnen, ohne zwischen der Absicht des Autors, einen bestimmten Sinn wiederzugeben, und andererseits der tatsächlichen Verwirklichung dieser Absicht zu unterscheiden. Es wäre ähnlich absurd, die Gedankentiefe einer ethischen Abhandlung zu beurteilen, ohne zwischen dem Wunsch des Autors nach Gedankentiefe und dem Erfolg seines Bemühens zu differenzieren. Bei der Wertung wird ständig zwischen Absicht und Verwirklichung unterschieden. Zur Veranschaulichung diene das folgende Beispiel: Ein Dichter beabsichtigt, seinen Lesern in einem Vierzeiler ein Gefühl der Verlassenheit zu vermitteln; was er jedoch tatsächlich zustande bringt, ist bei einigen Lesern ein Gefühl für die Nässe der See, bei anderen für das Aufkommen des abendlichen Zwielichts zu erwecken. Ganz offensichtlich ist hier die Absicht, ein Gefühl der Verlassenheit zu vermitteln, nicht identisch mit ihrer stilistischen Verwirklichung, worauf die Gegner der intentionalen Interpretation mit völligem Recht hinweisen können. Der Unterschied zwischen Intention und Verwirklichung spielt jedoch *nur* bei der Frage des künstlerischen Erfolgs und anderer normativer Kriterien, wie Tiefe und Konsistenz der Gedanken eine Rolle. Der Gegner einer intentionalen Interpretation verteidigt sinnvollerweise das Recht und die Pflicht des Kritikers, frei nach eigenen Maßstäben zu urteilen und Diskrepanzen zwischen Wunsch und Ausführung darzulegen. Der Unterschied zwischen Absicht und Verwirklichung ist jedoch von keiner Bedeutung für den Wortsinn. Der einzige wahrhaft richtige Sinn des im obigen Beispiel angeführten Gedichts ist das Gefühl der Verlassenheit. Wenn ein Kritiker das nicht verstanden hat, dann wird er nicht in der Lage sein, sich das richtige Urteil, daß nämlich der Sinn ungeschickt ausgedrückt worden war und sich vielleicht auch gar nicht auszudrücken lohnte, zu bilden.[12]

---

[12] Zur Definition von Wortsinn siehe Kap. 2, Abschnitt A.

Dem sogenannten Intentionalitäts-Trugschluß, d. h. der Unterscheidung zwischen Absicht und Verwirklichung, und, allgemeiner gefaßt, der Lehre von der semantischen Autonomie, liegt eine Annahme zugrunde, die, falls sie richtig wäre, die Ansicht, der Sinn eines Textes sei unabhängig von der Absicht des Autors, zumindest verständlich machen würde. Ich meine damit den Begriff der allgemeinen Übereinstimmung. Wenn ein Gedicht nach Absicht des Dichters ein Gefühl der Verlassenheit zum Ausdruck bringen sollte, und jeder fähige Leser sähe in diesem Gedicht nur ein Gefühl für das Aufkommen des Zwielichts ausgedrückt, dann würde diese allgemeine Übereinstimmung in dem gegebenen Fall den Gedanken sehr nahe legen, daß die Absicht des Autors praktisch ohne Bedeutung ist. Aber wo hat es so eine Übereinstimmung schon einmal gegeben? Bestünde sie allgemein, dann gäbe es keine Interpretationsprobleme.

Der falsche Glaube an die allgemeine Zustimmung war von entscheidender Bedeutung für die verbreitete Annahme der Lehre, daß die Absicht eines Autors ohne Relevanz für den Sinn des Textes sei. Dieser Glaube macht erst die Vermutung möglich, eine „Aussage" sei ein allgemeingültigen Normen unterworfenes Tun. Wenn aber dieser allgemeine, öffentliche Sinn existiert, wie kommt es dann, daß wir, die wir ja die Öffentlichkeit bilden, verschiedener Meinung darüber sind? Gibt es unter uns eine Gruppe von Leuten, die die wahre Öffentlichkeit bilden, während der Rest aus Ketzern und Außenseitern besteht? Durch Anwendung welcher Maßstäbe kann man zu dem Urteil gelangen, daß Lesern, die normalerweise gutes Verständnis für Texte aufweisen, im gegebenen Fall die richtige Einsicht in die Normen der Allgemeinheit abgeht? Der Gedanke eines öffentlichen Sinnes, der seinen Ursprung nicht in der Intention des Autors, sondern in einer allgemeinen Übereinstimmung besitzt, basiert auf einem fundamentalen, empirischen und logischen Irrtum. Es ist eine durch Beobachtung festzustellende Tatsache, daß die angenommene Übereinstimmung nicht existiert, und es ist ein logischer Fehler, einen festen, normativen Begriff, nämlich den des öffentlichen Sinnes, aus einem unfesten, deskriptiven Begriff abzuleiten. Der öffentliche Sinn eines Textes ist nicht mehr und nicht weniger als eine Vielzahl von Deutungen, die die Öffentlichkeit aus dem Text herausliest. Jeder Sinn, den zwei oder mehr Angehörige der Öffentlichkeit in dem Text wiedergegeben sehen, hält sich folglich innerhalb der allgemeingültigen Normen, denen die Sprache und ihre Interpretation unterliegen. *Vox populi, vox populi.*

Wenn ein Text das ausdrückt, was er sagt, dann ist er ohne *besonderen* Sinn. Sein Sagen ist nichts Festgelegtes, sondern muß das Sagen des Autors oder des Lesers sein. Bis zu seiner Auslegung existiert ein Text nicht einmals als Wortfolge, bis dahin ist er lediglich eine Folge von Zeichen. Denn Wörter besitzen mitunter Homonyme, was übrigens analog für ganze Texte gilt; ein und dasselbe Wortzeichen kann manchmal unterschiedlichem Wortsinn entsprechen. Wenn wir beispielsweise in Wordsworths *Intimations Ode* den Ausdruck „most worthy to be blessed" lesen, haben wir dann „most" als Superlativ oder nur als Gradadverb im Sinne von „very" zu verstehen? Selbst auf dieser elementaren Ebene können Zeichen unterschiedlich ausgelegt werden, und bis zu ihrer Auslegung ist ein Text ohne jede Aussage.

D. „*Der vom Autor intendierte Sinn ist nicht erschließbar*"

Da wir alle nicht mit dem Autor identisch sind, können wir auch nicht, so wird behauptet, den von ihm intendierten Sinn in uns reproduzieren, und selbst wenn wir dies durch irgendeinen Zufall tun könnten, so besäßen wir doch keine Gewißheit über den Erfolg unseres Versuchs. Warum sollen wir uns also eine logischerweise unmöglich zu erfüllende Aufgabe stellen, wo wir uns doch sehr viel sinnvoller betätigen können, indem wir den Text zu dem, was für uns heute von Bedeutung ist, in Beziehung setzen, oder indem wir feststellen, inwieweit er hohen Qualitätsanforderungen entspricht? Die Anhänger dieser These betrachten es als vergebliches Bemühen, etwas uns

Verschlossenes, Vergangenes und Privates reproduzieren zu wollen. Natürlich, so sagen sie, ist es wichtig, einige allgemein bekannte Fakten über Sprache und Geschichte zu verstehen, damit man etwaige Anspielungen oder den zeitgenössischen Sinn eines Wortes nicht verfehlt; diese Vorarbeiten bleiben jedoch im allgemeinen im Bereich des Öffentlichen, berühren also nicht eine private Welt, die jenseits des Bereichs der geschriebenen Sprache besteht.

Bevor wir auf des Kernstück dieser Argumentation eingehen – daß nämlich der vom Autor intendierte Sinn nicht erkennbar sei – sei es mir gestattet, eine Bemerkung zu einem untergeordneten Argument zu machen, das die öffentliche und die private Dimension des Textsinnes betrifft. Nach diesem Argument wäre es falsch, etwas Öffentliches, nämlich die Sprache, mit etwas Privatem, dem Geist des Autors, in Zusammenhang zu bringen. Mir ist jedoch noch nie eine Interpretation vorgekommen, die aus einem Text einen wirklich privaten Sinn erschlossen hätte. Es kann natürlich geschehen, daß ein Interpret einen Sinn erschließt, der unserem Urteil nach unter keinen Umständen mit den Worten des Autors gemeint sein kann; in diesem Fall verwerfen wir seine Interpretation jedoch nicht, weil sie privater Natur, sondern weil sie wahrscheinlich falsch ist. Dieser Sinn, so würden wir sagen, kann dann mit diesen Worten nicht gemeint sein. Wird diese Skepsis dann von allen Lesern der Interpretation geteilt, so könnte man mit Recht sagen, daß die Interpretation eine private ist. Es ist jedoch schwer, sich eine Interpretation vorzustellen, die nicht wenigstens ein paar Anhänger besitzt, und wenn sie auch nur einige hat, dann ist der Sinn schon nicht mehr als privat zu bezeichnen; er ist schlimmstenfalls unwahrscheinlich.

Wann immer jemand von einer Interpretation überzeugt wird, dann beweist dieser Umstand zweifelsfrei, daß die Worte des Autors einen solchen Sinn für die Öffentlichkeit implizieren *können.* Da der interpretierte Sinn nunmehr einer anderen, genau genommen zwei anderen Personen übermittelt wurde, ist die einzig bedeutsame interpretative Frage: „Wollte der

Autor mit seinen Worten diesen öffentlichen Sinn wirklich ausdrücken?" Der Einwand, der Sinn sei etwas höchst Persönliches und hätte eigentlich nicht intendiert sein sollen, ist ein legitimes ästhetisches, beziehungsweise moralistisches Urteil, ist jedoch für die Frage des Sinnes ohne Bedeutung. Dieser Sinn – wir setzen voraus, daß es der vom Autor intendierte Sinn ist – hat sich als ein öffentlicher erwiesen, und wenn der Interpret seine Aufgabe überzeugend erfüllt, dann kann dieser Sinn durchaus einem sehr großen Publikum zugänglich gemacht werden. Es widerspricht sich selbst, wenn ein Mitglied der Öffentlichkeit sagt: „Ja, ich sehe, daß der Autor diesen Sinn beabsichtigt hat, aber es handelt sich um einen privaten, nicht um einen öffentlichen Sinn."

Diesem widersprüchlichen Argument liegt ein Impuls zugrunde, der auf einer durchaus vernünftigen Einsicht beruht, die in besseren Begriffen als „öffentlich" und „privat" ausgedrückt zu werden verdient. Die Frage ist in erster Linie eine moralische und ästhetische. Es ist richtig, von Autoren zu verlangen, sie sollten Rücksicht auf ihre Leser nehmen, sollten ihr sprachliches Erbe mit etwas mehr Rücksicht auf die Allgemeinheit benützen, nicht nur für einige Erwählte. Viele neue Aussageweisen werden sich jedoch dem Verständnis der Allgemeinheit entziehen, solange die Leser noch nicht an sie gewöhnt sind. Sehr oft lohnt es sich, das Risiko von halbprivaten, nur wenigen Menschen zugänglichen Implikationen einzugehen, besonders dann, wenn diese neue Aussageweise schließlich von vielen verstanden werden wird. Solche gewagten Neuerungen tragen zur Erweiterung der Sprache bei. Der am meisten berechtigte Einwand gegen den sogenannten privaten Sinn bezieht sich jedoch nicht auf moralistische und ästhetische Urteile, sondern auf die Praxis der Interpretation. Interpreten, die in den formalisierten Äußerungen eines Gedichts nach persönlichen Implikationen suchen, vernachlässigen sehr oft Gattungskonventionen und Einschränkungen, deren sich der Autor sehr bewußt war. Wenn ein Dichter ein Gedicht schreibt, so will er es in der Regel nicht als eine Äußerung mit dunklen autobiographischen Implikationen verstanden wissen. Es mag Ausnahmen von dieser Faustregel geben, und es gibt zu viele unterschiedliche Dichtungsarten, als daß man uneingeschränkt Verallgemeinerungen über die Konventionen der Dichtung und die Intentionen ihrer Verfasser machen könnte, doch haben in der Vergangenheit zu viele Interpreten nach einem autobiographischen Sinn gesucht, wo keiner beabsichtigt war. Solche Interpreten waren ohne Gefühl für die Intentionen des Autors und für die von ihm befolgten Normen. Der Fehler solcher Interpretationen besteht nicht darin, daß der erschlossene Sinn ein privater ist, sondern daß er wahrscheinlich nicht vom Autor intendiert war. Die Frage, ob ein Sinn autobiographischer Natur ist, ist neutral und für die Interpretation an sich ohne Bedeutung. Es zählt lediglich, ob die Interpretation aller Wahrscheinlichkeit nach richtig ist.

Die wirkliche Unterscheidung zwischen öffentlichem und privatem Sinn liegt im ersten Teil des Arguments, wo behauptet wird, daß der vom Autor intendierte Sinn nicht erkennbar sei. Da wir nun einmal nicht in den Autor hineinsehen könnten, sei es sinnlos, sich um eine Absicht zu bekümmern, die nicht festgestellt werden könne, und es sei ebenso sinnlos, ein privates Sinnerlebnis zu reproduzieren, das nicht reproduzierbar sei. Die Behauptung, daß der Sinn des Autors nicht reproduziert werden könne, setzt die gleiche psychologistische Theorie von Sinn voraus, die der Auffassung zugrundeliegt, daß der vom Autor intendierte Sinn sich auch für diesen selbst ändere. Nicht einmal der Autor selbst könne seine ursprüngliche Meinung reproduzieren, da nichts sein Erlebnis des ursprünglichen Sinnes zurückbringen kann. Wie ich bereits bemerkte, ist jedoch die Unwiederbringlichkeit des Sinnerlebnisses etwas anderes als die Unwiederbringlichkeit des Sinnes. Die psychologistische Identifikation von Textsinn und Sinnerlebnis ist unzulässig. Sinnerlebnisse *sind* privater Natur, aber sie sind nicht *der* Sinn.[13]

---

[13] Siehe Kap. 2, Abschnitt B und Kap. 4, Abschnitte A und B.

Am wichtigsten von den Argumenten, die hier betrachtet werden müssen, ist, daß der vom Autor beabsichtigte Sinn nicht mit *Sicherheit* erkannt werden kann. Auf dieses Argument gibt es keine überzeugende Entgegnung, da es offensichtlich zu Recht besteht. Ich kann niemals den von jemand anderem beabsichtigten Sinn mit Sicherheit kennen, da ich nicht in diese Person hineinschlüpfen und den von ihm beabsichtigten Sinn, mit dem was ich verstehe, vergleichen kann. Nur durch einen derartigen direkten Vergleich könnte ich mich jedoch vergewissern, daß sein Sinn und meiner identisch sind. Diese offensichtliche Tatsache rechtfertigt allerdings nicht die übereilte Schlußfolgerung, daß der vom Autor intendierte Sinn nicht erschließbar und folglich kein sinnvolles Ziel der Interpretation sei. Es ist logisch falsch, die Unmöglichkeit eines gesicherten Verstehens mit der Unmöglichkeit des Verstehens schlechthin zu verwechseln. Es ist ein ähnlicher, wenn auch subtilerer Fehler, Wissen mit Gewißheit gleichzusetzen. Viele Wissenschaften erheben keinen Anspruch auf Gewißheit; je ausgeklügelter die Methoden einer Wissenschaft sind, destoweniger wahrscheinlich ist es, daß ihr Ziel als Gewißheit des Wissens definiert werden kann. Da echte Gewißheit bei der Interpretation nicht zu erreichen ist, muß es das Ziel dieser Wissenschaft sein, auf der Basis bekannter Tatsachen eine Übereinstimmung darüber zu erzielen, daß *wahrscheinlich* ein richtiges Verständnis erlangt worden ist. Die Frage ist also nicht, ob der Interpret sich seiner Sache gewiß werden kann, sondern ob der vom Autor intendierte Sinn ihm zugänglich ist. Ist ein richtiges Verstehen möglich? Das ist die Frage, die durch die hier zu überprüfende These aufgeworfen wird.

Die meisten von uns werden antworten, daß der vom Autor intendierte Sinn dem Interpreten nur teilweise zugänglich ist. Wir können nicht alles von dem wissen, was im Autor vor sich ging, als er seinen Text schrieb. Zum Beweis lassen sich zwei bekannte Beobachtungen anführen: Beim Sprechen habe ich häufig etwas im Sinn, was außerhalb des Gegenstandes meiner Rede liegt. Außerdem weiß ich, daß ich durch mein Sprechen immer nur ein geringeres Maß an Sinn mitteilen kann, als ich in jedem Augenblick in mir trage. So ist es mir beispielsweise unmöglich, meine visuellen Eindrücke durch Worte adäquat wiederzugeben, obwohl diese Eindrücke „Sinn" darstellen, d. h. Gegenstände des Bewußtseins sind. Es ist durchaus wahrscheinlich, daß kein Text den *ganzen* Sinn, den ein Autor beim Schreiben im Bewußtsein hatte, vermitteln kann.

Diese offensichtliche Tatsache ist jedoch nicht von entscheidender Wichtigkeit. Warum sollte jemand, der seinen gesunden Menschenverstand besitzt, den von einem Autor intendierten Textsinn mit all dem gleichsetzen, was in dessen Kopf beim Schreiben vor sich ging? Der Autor hat vielleicht niemals die Absicht gehabt, die Gesamtheit all dessen in seinen Worten auszudrücken. Jeder Autor weiß, daß geschriebene sprachliche Äußerungen nur den Sinn von Worten ausdrücken können, d. h., den Sinn, der durch die vom ihm benutzten Wörter anderen vermittelt wird. Die Interpretation von Texten befaßt sich ausschließlich mit teilbarem, d. h. mitteilbarem Sinn; nicht all das, was ich beim Schreiben denke, kann ich mit anderen mittels meiner Wörter teilen. Ebenso gilt, daß vieles von dem teilbaren Sinn nicht eigentlich aus Gedanken besteht. Es handelt sich hierbei um sogenannten unbewußten Sinn.[14] Es wäre eine völlig falsche Auffassung vom Wortsinn, ihn mit dem gleichzusetzen, was der Autor „im Sinn hat". Die einzige Frage, die hier vernünftigerweise zur Debatte stehen kann, ist die, ob der vom Autor intendierte Wortsinn dem Interpreten seines Textes zugänglich ist.

Die meisten Autoren sind davon überzeugt, daß der Sinn ihrer Worte erschlossen werden kann, sonst würden sie in der Regel nicht schreiben. Dieser allgemeine Glaube kann allerdings nicht unwiderlegbar verteidigt werden. Weder der Autor noch der Interpret können jemals sicher sein, daß eine Kommunikation stattgefunden hat oder stattfinden kann. Auch hier geht es

---

[14] Siehe Kap. 2, Abschnitte D und E.

jedoch nicht in erster Linie um Gewißheit. Es ist sehr viel wahrscheinlicher, daß der Sinn des Autors und der des Interpreten identisch sind, als daß sie es nicht sind. Der Glaube eines Sprechenden an die Möglichkeit der Kommunikation hat sich beim Vorgang des Erlernens einer Sprache entwickelt; er wird besonders in den Fällen bestätigt, in denen das Tun des Interpreten dem Autor zeigt, daß er verstanden worden ist. Diese elementare Bestätigung ist die Grundlage unseres Glaubens an weniger elementare Kommunikationsweisen. Die Unerschließbarkeit des Wortsinnes ist eine Lehre, die durch die Erfahrung als falsch *erwiesen* wird, obwohl weder durch Erfahrung noch durch Argumente *bewiesen* werden kann, daß sie falsch ist. Da die skeptische Lehre von der Unerschließbarkeit des intendierten Sinnes höchst unwahrscheinlich ist, sollte sie auch nicht als Arbeitshypothese der Interpretation zugrundegelegt werden.

Eine weniger radikale skeptische Position als die hier zu prüfende These einzunehmen, wäre durchaus vernünftig: Bei bestimmten Texten könnte, wegen ihrer besonderen Art oder ihres Alters, der vom Autor intendierte Sinn unerschließbar geworden sein. Dieser durchaus maßvollen Skepsis wird, wie ich glaube, niemand seine Zustimmung verweigern. Ähnliche Formen dieser Skepsis sind jedoch weit weniger akzeptabel, besonders die in jenen Theorien enthaltene, die die Erschließbarkeit des vom Autor intendierten Sinnes bei jedem Text verneinen, der aus einer früheren Kulturepoche stammt oder literarischer Art ist. Diese Ansichten sind in einem Falle dem radikalen Historismus, im anderen der Theorie, daß literarische Texte einer eigenen ontologischen Kategorie zuzuordnen seien, zugehörig. Mit beiden Theorien werde ich mich in den folgenden Kapiteln auseinandersetzen. Diese Theorien könnten jedoch, selbst wenn sie annehmbar wären, nicht die These stützen, daß der vom Autor intendierte Wortsinn nicht erschließbar ist; denn dabei handelt es sich um einen allgemeinen empirischen Satz, der weder durch Theorie noch durch Erfahrung entscheidend bestätigt oder widerlegt werden kann. Nichtsdestoweniger kann mit einem hohen Grad an Wahrscheinlichkeit festgestellt werden, daß diese Verallgemeinerung falsch und daß es folglich unmöglich und durchaus unnötig ist, über diesen Schluß hinauszugehen.

E. „Der Autor weiß selbst nicht, welchen Sinn er auszudrücken beabsichtigt"

Seitdem Platos Sokrates in einem Gespräch mit den Dichtern diese mit sehr unbefriedigendem Ergebnis aufforderte, „einige der am meisten ausgeschmückten Stellen ihrer eigenen Schriften" zu erklären, ist es ein Gemeinplatz, daß der Autor oft nicht weiß, welchen Sinn er auszudrücken beabsichtigt.[15] Kant war sogar der Meinung, daß selbst Plato nicht wußte, welchen Sinn er ausdrücken wollte, und daß er, Kant, einige von Platos Schriften besser verstehen könne als dieser selbst.[16] Solche Beispiele von Unwissenheit beim Autor gehören zweifellos zu den gefährlichsten beim Angriff auf den Autor verwendeten Waffen. Wenn, was scheinbar der Fall ist, gezeigt werden kann, daß in einigen Fällen der Autor wirklich nicht weiß, welchen Sinn er ausdrücken wollte, dann bedeutet dies, daß der vom Autor intendierte Sinn nicht als allgemeines Prinzip oder als Norm für die Bestimmung des Textsinnes herangezogen werden kann; genau so ein allgemeines, normatives Prinzip wird jedoch zur Definition des Begriffs der richtigen Interpretation benötigt.

Nicht alle Fälle von Unwissenheit des Autors bezüglich seines eigenen Textes sind von der gleichen Art. So wußte zum Bei-

---

[15] Plato, *Apology*, 22 b–c.
[16] Immanuel Kant, *Kritik der reinen Vernunft*, Akademie-Textausgabe (Berlin, 1968), Bd. III, S. 246: „Ich will mich hier in keine literarische Untersuchung einlassen, um den Sinn auszumachen, den der erhabene Philosoph mit seinem Ausdrucke verband. Ich merke nur an, daß es gar nichts Ungewöhnliches sei, sowohl im gemeinen Gespräche als in Schriften durch die Vergleichung der Gedanken, welche ein Verfasser über seinen Gegenstand äußert, ihn sogar besser zu verstehen, als er sich selbst verstand [...]".

spiel Plato sicherlich sehr genau, was er unter seiner Ideenlehre verstand; es kann jedoch durchaus sein, daß, wie Kant glaubte, die Ideenlehre andere und allgemeinere Implikationen besaß als die von Plato in den Dialogen ausgesprochenen. Kant bezeichnete dies als einen Fall, in dem der Interpret den Autor besser versteht als dieser sich selbst. Seine Formulierung war jedoch ungenau, denn Kant verstand nicht etwa den von Plato intendierten Sinn besser als dieser selbst, sondern den Gegenstand, den Plato zu analysieren versuchte. Die Vorstellung, daß Kants Verständnis der Ideen demjenigen Platos überlegen war, impliziert, daß es einen Gegenstand gibt, dem der von Plato intendierte Sinn nicht gerecht wurde. Wenn wir diese Unterscheidung zwischen Gegenstand und Sinn nicht vornehmen, dann fehlt uns auch die Grundlage für das Urteil, daß Kants Verständnis besser als das Platos sei.[17] Kants Behauptung wäre präziser formuliert gewesen, hätte er behauptet, daß er die Ideen besser als Plato verstünde, nicht jedoch, daß er Plato besser als Plato verstünde. Wenn wir diese Unterscheidung zwischen Sinn und Gegenstand nicht vornehmen und im Auge behalten, dann können wir auch nicht zwischen dem richtigen und dem falschen, zwischen besserem und schlechterem Sinn unterscheiden.

Dieses Beispiel veranschaulicht eine der beiden Hauptarten von Unwissenheit des Autors bezüglich seines Textes. Es ist vor allem für jene Literaturgattungen äußerst wichtig, die sich darum bemühen, die Wahrheit über einen bestimmten Gegenstand auszusagen. Die andere Hauptart autorialer Unwissenheit betrifft nicht den Gegenstand, sondern den vom Autor intendierten Sinn selbst; sie kann veranschaulicht werden, indem man eine beiläufig geführte Unterhaltung einer Stilanalyse unterwirft:

---

[17] Die Unterscheidung zwischen Sinn und Gegenstand wird in Kap. 2, Abschnitt F behandelt; sie stellt eine Grundlage für meine Einwände gegen Gadamers Gleichsetzung von Sinn und Sache dar. Siehe Anhang II, S. 303–305.

„Wußten Sie eigentlich, daß Ihre beiden letzten Sätze parallel konstruiert waren, wodurch die Ähnlichkeit ihres jeweiligen Sinnes betont wurde?"

„Nein! Wie klug von mir! Ich glaube, ich wollte die Ähnlichkeit wirklich betonen, obwohl ich mir dessen nicht bewußt war und auch keineswegs daran dachte, rhetorische Figuren zu benützen."

Dieses Beispiel zeigt, daß der vom Autor intendierte Sinn gewöhnlich Komponenten enthält, von deren Vorhandensein dieser nichts weiß. Hier, wo der Interpret den intendierten, aber dem Autor nicht bewußten Sinn *explicite* darlegt, kann er mit Recht den Anspruch erheben, den Autor besser zu verstehen als dieser sich selbst. Auch dies bedarf jedoch noch der weiteren Klärung. Der Anspruch des Interpreten besteht nur dann, wenn er die Verwechslung von Sinn und Gegenstand, wie sie in obigem Beispiel von Plato und Kant vorlag, sorgfältig vermeidet. Der Interpret mag des Glaubens sein, daß er Implikationen aufzeigt, die den Sinn des Autors notwendigerweise begleiten; es ist jedoch selten unvermeidlich, daß der von jemandem intendierte *Sinn*, von etwas begleitet wird. Diese Implikationen werden erst innerhalb des behandelten Gegenstandes zu notwendigen Assoziationen.[18] Obwohl zum Beispiel der Begriff „zwei" notwendigerweise eine ganze Reihe von Begriffen, unter anderem die Begriffe Nachfolge, ganze Zahl, Paar impliziert, kann es durchaus sein, daß die besondere Verwendungsweise des Wortes diese Begriffe gar nicht impliziert, da sie nicht zu dem spezifischen Gegenstand passen, für den „zwei" hier verwendet wird. Eine Notwendigkeit zur Implikation besteht nur innerhalb eines bestimmten Gegenstandes. Unsere Feststellung von Implikationen, deren sich der Autor nicht bewußt war, kann also zur Verzerrung und Verfälschung desjenigen Sinnes führen, dessen sich der Autor bewußt war; in diesem Fall liegt

---

[18] Nicht beachtet wurde diese Unterscheidung in dem interessanten Aufsatz von O. Bollnow, „Was heißt es, einen Verfasser besser zu verstehen als er sich selbst verstanden hat?" in *Das Verstehen. Drei Aufsätze zur Theorie der Geisteswissenschaften* (Mainz, 1949).

nicht ein „besseres Verständnis", sondern einfach ein Mißverständnis des vom Autor intendierten Sinnes vor.

Aber nehmen wir einmal an, daß dieses Mißverständnis vermieden wurde, und daß der Interpret wirklich bestimmte Aspekte des vom Autor gemeinten Sinnes, deren sich dieser jedoch nicht bewußt war, verständlich gemacht hat, wie dies beispielsweise durch die Stilanalyse einer beiläufigen Unterhaltung geschehen kann. Es stellt sich nun die Frage: Wie kann ein Autor etwas ausdrücken wollen, das er gar nicht ausdrücken will? Die Antwort ist einfach. Es ist nicht möglich, etwas ausdrücken zu wollen, was man nicht ausdrücken will, es ist aber sehr wohl möglich, etwas ausdrücken zu wollen, was man nicht *bewußt* ausdrücken will. Darin liegt das ganze Problem des auf der Unwissenheit des Autors basierenden Arguments. Daß jemand sich des von ihm intendierten Sinnes nicht in allen Aspekten bewußt sein kann, ist nicht bemerkenswerter als die Tatsache, daß man nicht alle Handlungen mit Bewußtsein ausführt. Es gibt einen Unterschied zwischen dem Sinn und dem Sichbewußt-Sein dieses Sinnes, und da Sinn eine Sache des Bewußtseins ist, kann man vielleicht genauer sagen, daß ein Unterschied zwischen Bewußtsein und Selbst-Bewußtsein besteht. Ist der von jemandem auszudrückende Sinn kompliziert, dann kann der Autor unmöglich zu einer gegebenen Zeit allen dessen Komplexitäten seine Aufmerksamkeit schenken. Die Unterscheidung zwischen beachtetem und unbeachtetem Sinn ist jedoch nicht identisch mit derjenigen, zwischen dem, was ein Autor auszudrücken beabsichtigt, und dem, was er nicht auszudrücken beabsichtigt.[19] Kein Beispiel für die Unwissenheit des Autors bezüglich des von ihm intendierten Sinnes kann richtig zeigen, daß sein intendierter Sinn und der seines Textes zwei verschiedene Dinge sind.

Andere Arten autorialer Unwissenheit sind folglich nur von geringem theoretischem Interesse. Als Plato bemerkte, daß die

---

[19] Zur Diskussion des sogenannten bewußten und unbewußten Sinnes siehe Kap. 2, Abschnitte D und E.

Dichter ihre eigenen Texte nicht erklären könnten, da deutete er an, daß die Dichter unfähig, unintelligent und unklar seien, besonders was die „am meisten ausgeschmückten Stellen" betrifft. Er hätte jedoch niemals behauptet, daß ein vager, unklarer, verworrener und bombastischer Sinn gar kein Sinn, beziehungsweise nicht der Sinn des Dichters ist.[20] Selbst wenn ein Dichter erklärt, der Sinn seines Gedichtes bestehe in dem, was der jeweilige Leser dafür hält, wie es bei einigen modernen Schriftstellern der Fall ist, die zu den Anhängern der heute geläufigen Theorie vom allgemeinen Sinn und der Unwichtigkeit des Autors gehören, selbst dann ist der Sinn des Gedichtes zweifellos nicht einfach ein beliebiger. Selbst in diesem Fall ist es immer noch der Autor, der den Sinn „festlegt".

Schließlich wird von Literaturkritikern zur Veranschaulichung der These von der Unwissenheit des Autors gerne ein weiteres Beispiel angeführt, das auf der Untersuchung früherer Versionen eines Textes beruht. Diese deutet häufig darauf hin, daß der vom Autor bei Beginn seiner Arbeit offensichtlich intendierte Sinn von dem der endgültigen Fassung grundverschieden ist. Solche Beispiele zeigen, daß stilistische, gattungsspezifische und strukturelle Überlegungen größeren Anteil am endgültigen Sinn eines Textes haben können als die ursprüngliche Absicht, doch ist diese interessante Beobachtung kaum von irgendwelchem theoretischen Interesse. Wenn ein Dichter in der ersten Version seines Textes einen anderen Sinn ausdrückt als in der letzten, dann gilt doch immer noch, daß der Dichter derjenige ist, der den Sinn gibt. Warum soll ein Dichter nicht auf eine Wirkung, die er ursprünglich nicht beabsichtigt hatte, nunmehr großen Wert legen, wenn sein Gedicht dadurch besser wird. All das bedeutet jedenfalls nicht, daß ein Autor den von ihm ausgedrückten Sinn gar nicht ausdrücken wollte, oder daß

---

[20] Oder wenigstens der der Muse, die zeitweilig von ihm Besitz ergreift, wobei es sich – in diesen unziemlichen Fällen – bei der Muse in Wirklichkeit um den Autor handelt.

der Text nicht das ausdrückt, was er nach der Intention des Autors ausdrücken soll.

Wenn es eine Moral gibt, die man den in diesem Kapitel vorgenommenen Analysen entnehmen könnte, dann die, daß Sinn eine Sache des Bewußtseins, nicht aber von physischen Zeichen oder Dingen ist. Das Bewußtsein ist hinwiederum eine Sache von Menschen, und die bei der Interpretation von Texten beteiligten Personen sind ein Autor und ein Leser. Der vom Leser aktualisierte Sinn gehört entweder ihm allein oder er teilt ihn mit dem Autor. Diese Behauptung mag unser tief verwurzeltes Gefühl, daß die Sprache ihren eigenen autonomen Sinn besitzt, verletzen; sie zieht jedoch keineswegs Kraft und Wichtigkeit der Sprache in Zweifel. Im Gegenteil: sie setzt voraus, daß jeder durch Texte vermittelte Sinn in gewissem Ausmaß an die Sprache gebunden ist, und daß der Sinn keines Textes über die Sinnmöglichkeiten und die Kontrolle der Sprache, in welcher er ausgedrückt wurde, hinausgehen kann. Es ist hier lediglich verneint worden, daß linguistische Zeichen auf irgendeine Weise ihren eigenen Sinn besäßen – ein mystischer Gedanke, der bislang noch nie überzeugend verteidigt worden ist.

2. SINN UND IMPLIKATION

„Die Frage ist", sagte Alice, *„ob man es machen kann, daß Wörter viele verschiedene Dinge bedeuten."*
„Die Frage ist", sagte Humpty Dumpty, *„wer der Herr sein soll — das ist alles."*

Lewis Carroll

Da es für den Leser eines jeden Textes sehr leicht ist, einen Sinn aus diesem abzuleiten, der sich von dem vom Autor intendierten unterscheidet, liegt es folglich auch nicht in der Natur des Textes selbst, daß der Leser den vom Autor intendierten Sinn als normatives Ideal betrachten muß. Jede normative Konzeption bei der Interpretation impliziert eine Entscheidung, die nicht durch die Natur geschriebener Texte, sondern durch das Ziel, das sich der Interpret setzt, bestimmt wird. Eine Schwäche vieler Beschreibungen des interpretativen Vorgangs besteht in der Ignorierung dieses Entscheidungsaktes und in einer Beschreibung des Vorgangs, als ob das Ziel der Interpretation durch den ontologischen Charakter der Texte irgendwie determiniert wäre. Das Argument beispielsweise, daß sich wandelnde kulturelle Bedingungen den Sinn eines Textes verändern, geht davon aus, daß das Ziel der Interpretation sich bei veränderlichen Bedingungen selbst verändert. Ähnlich wird bei einer Verteidigung der wiedererkennenden Interpretation oft die Voraussetzung gemacht, daß Texte es von Natur aus erfordern, daß ihr Sinn der feste und determinierte Sinn eines Autors sei.[1] Das Ziel der Interpretation kann jedoch nicht aus dem

---

[1] Ich übernehme den Ausdruck „wiedererkennende Interpretation" von Emilio Betti. Wiedererkennung impliziert natürlich die Erkennung dessen, was der Autor erkannte, d. h. meinte – Boeckhs „Erkennen des Erkannten". Der Ausdruck umfaßt hier zwar weitere

ontologischen Charakter des Textes abgeleitet werden, da es ein entscheidendes Merkmal von Texten ist, daß ihre Auslegung nicht nur einen, sondern viele verschiedene Sinnkomplexe ergeben kann. Ein Theoretiker, der diese Tatsache einfach ignoriert, kann natürlich dann ein normatives Prinzip auf einem neutralen und variablen Zustand aufbauen – ein Fehler, der in hermeneutischen Diskussionen stets latent anwesend zu sein scheint. Es besteht, grob gesprochen, keine Notwendigkeit dafür, das Ziel der Interpretation als bestimmtes oder unbestimmtes, veränderliches oder unveränderliches aufzufassen. Im Gegenteil, das Ziel der Interpretation ist nichts Vorgegebenes, sondern eine Aufgabe, die der Interpret sich selbst setzt. *Er entscheidet, welches Ziel er erreichen möchte und welchem Zweck die Aktualisierung dieses Ziels dienen soll.*

Während also die Behauptung falsch ist, daß eine besondere Norm für die Interpretation notwendigerweise in der Natur dieser oder jener Art von Texten, nicht jedoch im Willen des Interpreten begründet sei, läßt es sich durchaus behaupten, daß es nur *eine* Art von Norm gibt, wenn die Interpretation als korporatives Unterfangen aufgefaßt wird. Denn es ist durchaus möglich, daß es nur eine Norm gibt, daß sie von allgemeiner Überzeugungskraft ist und von jedermann akzeptiert werden kann. Im vorausgegangenen Kapitel habe ich die Meinung vertreten, daß diese allgemeine Überzeugungskraft nur dem Begriff des vom Autor intendierten Sinnes zukommt. Es ist also aus praktischen Gründen sinnvoll, sich darauf zu einigen, daß der Sinn eines Textes der vom Autor intendierte Sinn ist.

Allerdings wird die Verteidigung des alten Ideals der wiedererkennenden Interpretation oft mit anderer Frontrichtung geführt. Man weist darauf hin, daß es der Hauptgrund für die

---

Bereiche als „Erkennen" normalerweise einschließt (d. s. die Bereiche des Unbewußten und Emotionalen), doch wird der geneigte Leser sich sicher darauf einstellen. Siehe Emilio Betti, *Teoria generale della interpretazione* (2 Bde., Mailand, Giuffrè, 1955), I, 343–432.

Beschäftigung mit Texten, besonders mit alten sei, den Geist zu erweitern, indem man ihn mit den immensen Möglichkeiten menschlichen Tuns und Denkens bekannt macht; man kann sehen und fühlen, was andere gesehen und gefühlt haben, wissen, was sie wußten. Man wird jedoch dieser expansiven Wirkung nicht teilhaftig, wenn man in dem von jemand geschriebenen Text nur den eigenen Sinn entdeckt, wenn man, statt einer anderen Person, nur sich selbst begegnet. Wenn ein Leser dies tut, so findet er nur seine eigenen vorgefaßten Vorstellungen, die zu finden er sich sicher nicht zu bemühen brauchte. Schließlich weisen Verteidiger der wiedererkennenden Interpretation darauf hin, daß das Wissen um das einmal Gedachte und Gefühlte ja schließlich auch eine Form des Wissens und damit wert ist, um seiner selbst willen erlangt zu werden. Dieses Argument ist durchaus nicht zu verachten; es lassen sich dagegen auch keine wichtigen Einwände erheben, ausgenommen der, daß das angestrebte Wissen vielleicht aus verschiedenen Gründen unerreichbar ist. Einige dieser skeptischen Einwände sind bereits grundsätzlich beantwortet worden; im vorliegenden Kapitel werde ich mich mit den beiden Grundformen dieses Skeptizismus, dem Psychologismus und dem radikalen Historismus, auseinandersetzen. Ich werde jedoch nicht noch einmal ausführlich die moralischen Argumente für die Auffassung der Interpretation als Wiedererkennung des vom Autor intendierten Sinnes wiederholen.

Natürlich ist das Setzen einer Norm für die Interpretation ein freier gesellschaftlicher und ethischer Akt. Jeder Leser kann jede beliebige Norm akzeptieren oder ablehnen; er kann sogar der Meinung sein, daß für ihn überhaupt keine Notwendigkeit besteht, sich für eine bestimmte Norm zu entscheiden. Man kann auch die Vorstellung annehmen oder ablehnen, daß jede Verwendung von Sprache moralischen Normen unterliegt, die von dem zweiseitigen, interpersonalen Charakter sprachlicher Akte herrühren. Man mag all dies als nicht überzeugend ablehnen; die stummen Zeichen, die man vor Augen hat, zwingen niemanden dazu, seine Meinung zu ändern; es ist auch nicht von Nachteilen begleitet, sich so zu verhalten. Ich habe mich, teilweise aus diesem Grund, zu einer anderen Verteidigung entschlossen, und zwar zu einer, die nicht auf die Ethik der Sprache, sondern auf die mit jedem öffentlichen Interpretationsvorgang verbundenen, logischen Konsequenzen gegründet ist. Sobald jemand Richtigkeit für seine Interpretation beansprucht – täte ein Kritiker das nicht, so würde er wenig Aufmerksamkeit finden –, befindet er sich in einem Netz logischer Notwendigkeiten. Soll sein Anspruch auf Richtigkeit zu Recht bestehen, so muß er es zulassen, daß seine Interpretation am Maß einer echten Norm gemessen wird; das einzige zwingende normative Prinzip, das jemals aufgestellt wurde, ist jedoch das altmodische Ideal des richtigen Verständnisses des vom Autor intendierten Sinnes. Meine Argumentation beruht folglich nicht auf den starken moralischen Argumenten für die wiedererkennende Interpretation, sondern auf der Tatsache, daß sie die einzige Interpretation ist, die ein determiniertes Ziel besitzt und folglich auch die einzige, die den Anspruch erheben kann, zu gültigen Ergebnissen in einem normalen und praktischen Sinn des Wortes zu führen.

Diejenigen, die das Ideal der wiedererkennenden Interpretation angreifen, umgehen zwar ständig das Problem der Richtigkeit, doch können die wesentlichen Elemente ihres Angriffs nicht unbeachtet bleiben. Selbst wenn es nur *ein* zwingendes normatives Prinzip gibt, muß immer noch gezeigt werden, daß es auch anwendbar ist. Ich werde also zu zeigen haben, daß der vom Autor intendierte Wortsinn determiniert und reproduzierbar ist, und daß er auch eine Möglichkeit bietet, mit dem schwierigsten Problem der Interpretation, dem der Implikation, fertig zu werden.

Diese Vorstellung vom autorialen Sinn, den die wiedererkennende Interpretation festzustellen bestrebt ist, sollte auch als Grundlage für alle anderen interpretativen Ziele dienen. Auch dann nämlich, wenn der ursprüngliche Autor abgelehnt oder nicht beachtet wird, bildet doch jede Auslegung des Textes einen Sinn, der einen Autor besitzen muß, wenigstens den

Kritiker selbst. Alle Formen geschriebener Interpretation und alle interpretativen Ziele, die über ein bloß privates Erlebnis hinausgehen, erfordern es, daß der von irgendeinem Autor intendierte Sinn sowohl determiniert als auch reproduzierbar ist. Bei der Behandlung der Natur des Wortsinnes werde ich diesen zwei allgemeinen Erfordernissen besondere Aufmerksamkeit schenken.

A. Definition des Wortsinns

Obwohl der Wortsinn des bestimmenden Willens eines Autors oder Interpreten bedarf, ist es nichtsdestoweniger richtig, daß die Normen der Sprache den Willen von Autor und Interpreten machtvoll beeinflussen und unausweichlich einschränken. Alice hat recht, wenn sie sagt, daß Humpty Dumpty den Wörtern nicht mit Erfolg jeden beliebigen Sinn verleihen kann. Jede Untersuchung des Wortsinnes sollte daher grundsätzlich die Art und Weise definieren, in der sprachliche Normen diesen mitbestimmenden Einfluß ausüben.

Konstituiert die Sprache immer den Wortsinn oder ist sie zuweilen nur ein kontrollierender Faktor, der dem jeweils möglichen Wortsinn seine Grenzen setzt? Dieses Problem ist viel diskutiert worden und kann wahrscheinlich, wie viele andere auf dem Gebiete der Hermeneutik, nicht mit Sicherheit gelöst werden, da bislang noch keine befriedigende Methode zur Prüfung der beiden Hypothesen erdacht wurde. Es ist nichtsdestoweniger sehr wahrscheinlich, daß keine der beiden Hypothesen in allen Fällen und für alle Arten des Wortsinns richtig ist. Manchmal bestimmt die Verwendung der Sprache in einzigartiger Weise den Wortsinn; manchmal bringt die Wahl bestimmter Wörter offensichtlich nur gewisse Beschränkungen mit sich und ist für den tatsächlich intendierten Sinn nicht ausschließlich erforderlich. Dies ergibt sich aus dem Beispiel von Übersetzungen. Einige Äußerungen, besonders solche technischer Art, können außerordentlich gut übersetzt werden, während andere, besonders lyrische Gedichte, niemals vollkommen in eine andere Sprache übertragen werden können. Daraus folgt offensichtlich, daß der sprachbestimmte Charakter von Äußerungen, d. h. das Ausmaß, bis zu welchem die Sprache den Sinn bestimmt, zwischen null und ungefähr 100 Prozent schwanken kann.

Sicherlich gehen jedoch die Behauptungen der Meta-Linguisten und der Verfechter der Muttersprachen-Theorie viel zu weit. Sie haben an Hand überzeugender und eindrucksvoller Beispiele gezeigt, daß die Sprache Gedanken und Sinn bestimmen kann, und haben uns daran erinnert, daß Humboldts Auffassung von der Sprache als *energeia* eine epochemachende Erkenntnis war. Aber diese Beobachtungen machen nicht den unbeweisbaren und unwahrscheinlichen Schluß nötig, daß eine einmalige Verwendung der Sprache auch immer einen einmaligen Sinn bestimmt.[2] Das Argument, daß eine Muttersprache denjenigen, die sie sprechen, unausweichlich eine bestimmte Weltanschauung aufzwingt, ignoriert die bemerkenswerte Verschiedenheit der Anschauungen und Haltungen von Sprechern gleicher Muttersprache. Die klügste mir bekannte Bemerkung zu diesem Thema stammt von Manfred Sandmann:

> Es wäre falsch, von der Abwesenheit eines adäquaten sprachlichen Zeichens auf Unkenntnis des entsprechenden Gemeinten zu schließen (Im Deutschen gibt es kein Wort für „bully", im Englischen keines für „Schadenfreude"); es wäre ebenso falsch, den Schluß zu ziehen, daß eine englischsprechende Person nicht sehen könnte, daß *dew, rain, ice, water, mist* [Tau, Regen, Eis, Wasser, Dunst] verschiedene Zustände desselben Dings sind, nur weil es für dieses Ding im Englischen kein Wort gibt.[3]

Ein Wettbewerb, den Paul Jennings in der Zeitung *The Observer* am 20. Dezember 1964 veranstaltete, veranschaulicht auf amüsante Weise die äußerst vernünftige Position Sand-

---

[2] Siehe Kapitel 3, Abschn. E.
[3] Manfred Sandmann, *Subject and Predicate: A Contribution to the Theory of Syntax* (Edinburgh, 1954), S. 73.

manns. Die Teilnehmer des Wettbewerbs mußten für jede von zehn Definitionen ein Wort erfinden, zum Beispiel für „das Geräusch von ausfließendem Badewasser machen" [„to make a sound like escaping bath water"], „einen zu aufwendigen Lebensstil haben" [„to pursue an excessive standard of living"] oder „alles besitzen wollen was die Nachbarn haben" [„keep up with the Joneses"] und „so tun als habe man alles im Überfluß, in Wirklichkeit aber auf Kredit leben" [„having the appearance of affluence but living on credit"]. Der Sinn dieser Ausdrücke kommt offensichtlich häufig vor, auch wenn im Englischen noch keine einzelnen Wörter allgemein gebräuchlich sind, um ihn auszudrücken. Natürlich können solche Wörter, wenn sie zur Verfügung stehen, den Sinn, den sie ursprünglich ausdrücken sollten, verändern, d. h. teilweise neuen Sinn bilden. Ein einzelnes Wort wirkt auf Grund seiner Kompaktheit ganz anders als die Definition, die es ausdrücken sollte. Diese konzentrierende und hypostasierende Wirkung kann bei einigen Äußerungen sehr wichtig sein, bei anderen den Sinn jedoch gar nicht berühren. Da die Wirkung also bei einzelnen Äußerungen völlig unterschiedlich ist, läßt sich keine *a-priori*-Behauptung aufstellen. Die Ablehnung absoluter *a-priori*-Verallgemeinerungen variabler und lokal begrenzter sprachlicher Effekte ist eine der wesentlichen Feststellungen dieses Buches.[4]

Es darf andererseits offensichtlich behauptet werden, daß sprachliche Normen den Wortsinn mindestens gewissen Beschränkungen unterwerfen, zu allererst denjenigen, die allen sprachlichen Medien eigen sind. Es ist zum Beispiel unmöglich, in einer Sprache einen Sinn auszudrücken, der durch ein nichtsprachliches Medium, wie Musik oder Malerei, gebildet wird.[5] Diese allgemeine Einschränkung der Möglichkeiten der Sprache ist jedoch für die Interpretation von Texten nur von geringer Bedeutung, da sie lediglich eine Tautologie enthält:

---

[4] Siehe besonders Kap. 3, Abschnitte B–E.
[5] Die Sprache verweist natürlich oft auf einen von anderen Medien gebildeten Sinn, obwohl sie ihn nicht exakt übertragen kann.

was durch ein bestimmtes Medium konstituiert wird, wird durch eben dieses Medium konstituiert und kann daher nicht davon getrennt werden. Von wesentlich größerer Bedeutung für die hermeneutische Theorie ist es, wenn ein Sinn nicht von Natur aus von der Sprache ausgeschlossen ist, sondern durch die jeweils gegebenen linguistischen Normen. Wir wollen das Wirken dieser Einschränkung aus Gründen der Bequemlichkeit den Humpty-Dumpty-Effekt nennen. Saussure argumentiert zwar überzeugend, daß die Möglichkeiten der Sprache in jedem Augenblick begrenzt sind, doch können diese sprachlichen Grenzen niemals im voraus festgelegt werden. Die wichtigste Form des Humpty-Dumpty-Effekts ist die von Alice genannte: wenn jemand eine bestimmte Wortfolge benützt, dann kann deren Wortsinn nicht willkürlich determiniert werden. Allein diese sehr allgemeine Einschränkung ist für den Interpreten wichtig, der sich stets einer bestimmten Folge linguistischer Zeichen gegenübersieht.

Der Interpret muß jedoch selbst dann, wenn er einer bestimmten Wortfolge gegenübersteht, erkennen, daß die „Normen der Sprache" nicht aus einer einheitlichen Sammlung von Einschränkungen, Erfordernissen und Erwartungsmustern bestehen, sondern daß sie eine ungeheure Menge verschiedener Grundregeln, die bei verschiedenen Äußerungen stark voneinander abweichen, darstellen. Wittgenstein hat darauf klar und deutlich hingewiesen.[6] Die verallgemeinernde Behauptung, daß es nicht Aufgabe des Interpreten sei, zu erkennen was sein Gesprächspartner denkt, sondern nur jenen Sinn zu verstehen, den die „öffentlichen Sprachnormen" zulassen, mag für viele Arten formalisierter Rede zutreffen, sie würde sich jedoch nicht auf die von Eltern vorgenommene Interpretation der elliptischen Aussage eines Kindes oder auf die häufigen Ellipsen der gewöhnlichen Unterhaltung anwenden lassen. Da diese Äußerungen

---

[6] In *Philosophical Investigations*, übers. v. G. E. M. Anscombe (New York, 1953), S. 26 und *passim*.

unter den besonderen Normen, die für solche Sprachakte gelten, mit einem Wortsinn verbunden sind, verengt das Prinzip, daß der Wortsinn durch die Normen der Sprache begrenzt wird, nicht *a priori* die Aufgabe des Interpreten. Die Normen der Sprache sind weder einheitlich noch fest, sondern ändern sich mit jeder zu interpretierenden Art von Äußerung.

Dem, was wir ungenau „die Normen der Sprache" nennen, liegt ein einziges Prinzip zugrunde, das Prinzip der Teilbarkeit, d. h. der Teilbarkeit mit anderen, der Mit-Teilbarkeit. Da Teilbarkeit ein entscheidendes Element aller sprachlichen Normen ist, ist es wichtig, sich trotz ihrer Komplexität und Variabilität auf dieser elementaren Ebene einen Begriff von ihnen zu machen. Wir legen dabei das Hauptgewicht nicht auf die strukturellen Charakteristika des sprachlichen Mediums, sondern auf die Funktion der Sprache, die unser Hauptanliegen ist. Die Theorie der Interpretation braucht und sollte sprachliche Normen nicht lediglich als Syntax, Grammatik, Bedeutungskerne, Bedeutungsfelder, Gewohnheiten, Engramme, Verbote u. s. w. beschreiben, die alle äußerst variabel sind und sich wahrscheinlich nicht in angemessener Weise beschreiben lassen. Es ist wichtiger, die riesigen, nicht zu umgrenzenden Sinnräume, die durch die Sprache repräsentiert werden, in den Mittelpunkt zu rücken, einschließlich des emotionalen und durch Haltungen vorgegebenen Sinnes. Angesichts dieses ungeheuren Ausmaßes bedürfen die Beschränkungen, die durch all die verschiedenen Arten sprachlicher Grundregeln gegeben sind, im ganzen gesehen keiner besonderen Betonung. Man leugnet diese Beschränkungen nicht, wenn man sagt, daß die Fähigkeit der Sprache, jeden denkbaren Sinn auszudrücken, letztlich nur durch das übergreifende Prinzip der Teilbarkeit begrenzt wird.

Aus diesen Gründen möchte ich folgende vorläufige, kurze Definition des Wortsinns, die später in diesem Kapitel erweitert und untersucht werden soll, geben: der Wortsinn besteht aus dem, was jemand durch eine bestimmte Folge sprachlicher Zeichen ausdrücken will, und das durch diese sprachlichen Zeichen mitgeteilt (geteilt) werden kann.

B. Reproduzierbarkeit: Psychologistische Einwände

Die Reproduzierbarkeit und folglich auch die Teilbarkeit des Wortsinns hängt davon ab, daß etwas Reproduzierbares da ist. Ich will für den Augenblick annehmen, daß jeder Wortsinn im Sinne der obigen Definition eine determinierte Einheit mit Grenzen, die ihn von dem, was er nicht ist, absondern, darstellt. Ich werde das Wesen dieser Grenzen im letzten Teil dieses Kapitels behandeln. Zunächst möchte ich mich jedoch mit den Einwänden auseinandersetzen, die von denjenigen vorgebracht werden, die die wiedererkennende Interpretation mit der Begründung ablehnen, der Wortsinn sei niemals vollkommen reproduzierbar. Der am meisten verbreitete Einwand ist der, daß der Interpret notwendigerweise einen anderen Sinn aufnehmen wird als den vom Autor intendierten, da er und der Autor nicht identisch sind. Diese Einwand gilt auch dann, wenn der Interpret mit dem Autor identisch ist, da niemand zu verschiedenen Zeiten genau derselbe ist.

Das Argument, daß das Verständnis eines jeden Interpreten notwendigerweise ein anderes ist, weil er selbst sich von anderen unterscheidet, setzt einen psychologistischen Sinnbegriff voraus, der Sinn fälschlicherweise mit geistigen Vorgängen und nicht mit dem Ziel dieser Vorgänge gleichsetzt. Da, so lautet das Argument, die Erlebnisse, Gefühle, Haltungen und gewohnheitsmäßigen Reaktionen des Interpreten sich von denen des Autors unterscheiden, muß es auch der Sinn tun, den er aus den ihm vorliegenden Worten interpretiert. Da die Vorstellung von einem und die Reaktion auf einen Regenbogen sich bei jedem Menschen geringfügig unterscheiden, müsse es auch sein Verständnis des Wortes „Regenbogen" sein. Ich sagte, daß diese Ansicht Sinn mit geistigen Vorgängen gleichsetzt, weil hier die unbezweifelbare Tatsache, daß das geistige Leben eines Menschen sich von dem eines anderen unterscheidet, als hinreichender Grund für den Schluß angesehen wird, jeder verstehe unter jenem Wort einen anderen Sinn. Wenn etwas anderes in jemandes Geist vorgeht, dann soll auch das, was er versteht, etwas anderes sein. Dies bedeutet, daß nach dieser Theorie Sinn mit einem Komplex geistiger Vorgänge identifiziert wird.

Niemand wird bestreiten, daß ein Interpret den genauen vom Autor intendierten Sinn eines Wortes wie „Regenbogen" mißverstehen kann und mitunter tatsächlich mißversteht. Auch würde kein vernünftiger Mensch leugnen, daß solche Mißverständnisse häufig durch die Tatsache verursacht werden, daß die Vorstellung von einem und die Reaktion auf einen Regenbogen sich bei verschiedenen Menschen unterscheiden. Die entscheidende Frage ist, ob diese Mißverständnisse notwendigerweise auftreten müssen. Auf diese Frage kann jedoch, wie auf viele andere im Bereich der Hermeneutik, keine endgültige Antwort gegeben werden. Die psychologistische Vorstellung, daß der Sinn bei jedem Menschen ein anderer ist, ist keine empirische Theorie und kann folglich auch nicht durch einen empirischen Test als falsch erwiesen werden, da niemand mit Sicherheit genau wissen kann, welchen Sinn ein anderer Mensch im Kopf hat.

Es kann jedoch erwiesen werden, daß die psychologistische Auffassung als Theorie vom Sinn unzureichend ist, da sie nicht erklären kann, wie ganz verschiedene geistige Vorgänge zu demselben Sinn führen können – ein Erlebnis, das sich bei den geistigen Vorgängen derselben Person zu verschiedenen Zeitpunkten immer wieder abspielt. Während also nicht bewiesen werden kann, daß zwei Personen einen Sinn in identischer Weise aufgefaßt haben, kann gezeigt werden, daß die psychologistische Theorie vom Sinn falsch ist. Es bedarf eines weit besseren Arguments, um die Ansicht aufrechtzuerhalten, daß der von einem Interpreten erschlossene Sinn sich stets notwendigerweise von dem vom Autor intendierten unterscheidet. Die Mängel dieses Arguments wurden schon vor Jahrhunderten in einem platonischen Dialog aufgezeigt, den ich in vollem Umfang wiedergebe, da ich davon überzeugt bin, daß die Streitfrage durch die Ironie des Sokrates sehr viel wirksamer dargelegt wird, als meine nüchterne Darstellung es je vermöchte.

DER PSYCHOLOGUS

Charaktere:
Sokrates   Psychologus

S. Da kommt er nun. Guten Tag, Psychologus. Wir haben gerade von dir gesprochen.

P. Ah, das ist ja Sokrates! Wie ist es dir in der letzten Zeit ergangen? Du siehst gut aus. Du hast dich überhaupt nicht verändert seit wir uns vor einigen Monaten getroffen haben – obwohl du dich natürlich doch verändert hast, da sich ja jeder verändert. Nimm mich als Beispiel. Ich bin nicht der gleiche, der ich war, als wir uns das letzte Mal trafen. Meine Gefühle und Erlebnisse sind anders und, ganz offen, ich bin älter geworden.

S. Du bist wirklich ein Philosoph, Psychologus. Ich hatte überhaupt nicht an so hohe Dinge gedacht. Ja, ich sagte gerade, daß du im Stande seiest, jedesmal wenn dir das gleiche Wort begegnet, die feinsten Unterschiede im Sinn zu bemerken. Wir sprachen gerade über das Wort „Regenbogen".

P. Ganz recht. Du verstehst sicherlich, daß ich auf diesen Punkt nur deshalb Wert lege, um Klarheit in die Angelegenheit zu bringen und den Leuten zu helfen, ihre naiven Illusionen loszuwerden. Es gibt übrigens ein kleines Gedicht über einen Regenbogen. „Mein Herze springt" u. s. w., und ich sage dir ganz offen, Sokrates, daß dieses Gedicht für mich, jedesmal wenn ich es lese, ein anderes ist.

S. Es bedeutet dir also jedesmal etwas anderes?

P. Genau. Wie ich sagte, ich bin jedesmal ein anderer und habe andere Assoziationen und Reaktionen. Unter uns, es gefiel mir früher, aber heute läßt es mich meistens kalt.

S. So ist es nicht, was es dir einstens war?

P. Ah! Ich sehe, du liest auch Gedichte. Das ist mal etwas anderes für dich, Sokrates.

S. Ja, du sprichst ja davon, daß sich die Leute ändern. Aber irgend etwas stört mich, obwohl ich nicht genau weiß, was es ist. Es hat etwas damit zu tun, daß du sagst, das Gedicht sei bei jeder Lektüre ein anderes, während ich dachte, du hättest auch gesagt, es sei immer das gleiche Gedicht, das du liest.

P. Sokrates, es ist manchmal wirklich schwer zu entscheiden, ob du so schlau bist oder so naiv. Wenn wir sagen, es sei dasselbe Gedicht, dann ist das nur so eine Art, sich auszudrücken. Das *Gedicht* ist überhaupt nicht dasselbe. Wir nennen es nur aus Gründen der Bequemlichkeit dasselbe, weil die Wörter bei jedem Lesen gleich sind, obwohl der Sinn sich verändert.

S. Du meinst, die physischen Zeichen bleiben dieselben, was sie aber bedeuten, ändert sich?

P. Genau.

S. Nein, ich glaube nicht, daß man es so sagen kann, weil ich mich wirklich frage, ob wir sagen können, daß die Zeichen dieselben sind.

P. Warum nicht?

S. Nun, ich könnte ja das Gedicht manchmal in einem anderen Buch oder sogar in einem anderen Manuskript lesen, so daß die physischen Zeichen dann andere wären, obwohl ich das Gedicht dasselbe nannte. Ich glaube also nicht, daß es die physischen Zeichen sind, die dieselben bleiben.

P. Du dehnst die Dinge aber wirklich aus. Ich versuche zu erklären, warum der *Sinn* immer ein anderer ist, und du gibst dich immer noch mit Buchstaben und Wörtern ab. Schließlich sind die Buchstaben und Wörter nicht nur Figuren auf dem Papier, es sind Zeichen. Rein physisch gesehen mögen die Figuren andere sein, aber die Zeichen sind dieselben.

S. Aha. Wir können unser Problem lösen, wenn wir nicht über die physischen Zeichen, sondern über die physischen Figuren sprechen, die Zeichencharakter besitzen.

P. Offen gestanden, Sokrates, du stellst meine Geduld auf die Probe. Wenn du freundlicherweise die Zeichen vergessen würdest, dann könnten wir anfangen, über den Sinn zu sprechen.

S. Du mußt einem langsamen alten Mann vergeben, Psychologus. Wie du bereits sagtest, wir werden jede Minute älter. Aber ich war die ganze Zeit der Meinung, daß wir über den Sinn gesprochen hätten.
P. Was meinst du?
S. Ich gebe zu, Psychologus, daß ich an eine viel einfachere Art von Sinn denke als Regenbogen und aufspringende Herzen. Solch komplizierte Dinge kann jemand wie ich nicht beschreiben. Sie sind so kompliziert, daß ich mich niemals richtig erinnern kann, ob sie zu zwei verschiedenen Zeiten für mich den gleichen Sinn hatten. Wie du weißt, habe ich ein sehr schlechtes Gedächtnis, weshalb ich mich auch gerne mit Philosophie beschäftige. Für einen Philosophen kann es manchmal von Vorteil sein, seine alten Ideen zu vergessen. Wo waren wir jetzt stehengeblieben?
P. Du sagtest, du hättest die ganze Zeit über Sinn gesprochen.
S. Ja, ich glaube schon, wenn Sinn etwas ist, das durch Zeichen und Töne u. s. w. wiedergegeben wird.
P. Das ist richtig.
S. Nun, da all diese verschiedenen Figuren Zeichen repräsentieren, habe ich mich gefragt, ob das, was du Zeichen und Wörter dieses kleinen Gedichts nennst, nicht genauso Sinn ist wie Regenbogen und springende Herzen?
P. Natürlich nicht.
S. Nun, wie sollen wir dann dieses Ding nennen, das durch die verschiedenen physischen Figuren in jenen verschiedenen Büchern wiedergegeben wird?
P. Ich habe schon gesagt, daß das Zeichen sind. Du kannst sie auch Wörter oder Phoneme oder was du willst nennen, solange du sie nicht als Sinn bezeichnest. Mein Freund Seispers nennt sie „Typen". Die verschiedenen physischen Figuren sind „Signale", und das, wofür sie stehen, ist ein „Typus".
S. Und ein Typus ist nicht ein Sinn?
P. Jedenfalls nicht, was ich Sinn nenne.
S. Nun, dann wollen wir ihn auf keinen Fall so nennen. Aber noch etwas geht mir im Kopf herum.

P. Endlich etwas über Sinn?

S. Nun, wie kann ein Typus derselbe sein, wenn die physischen Figuren, die ihn repräsentieren, so verschieden sein können?

P. Was ist denn daran so seltsam?

S. Ich fragte mich, wie ich denn denken könnte, daß ein Typus derselbe ist, wenn die Art wie ich ihn erlebe, meine Haltungen ihm gegenüber und meine Reaktionen auf ihn so verschieden sind. Weißt du, ganz gleich, ob ich hungrig oder schläfrig, glücklich oder von Schmerzen geplagt bin, wann immer ich diesen verschiedenen Signalen begegne, denke ich doch, daß sie denselben Typus repräsentieren.

P. Genau darauf zielt ja meine Argumentation ab. Die Wörter des Gedichts sind immer die gleichen, ihr Sinn aber immer ein anderer.

S. Ah, vielen Dank, Psychologus. Dank deiner Hilfe sehe ich diese Dinge jetzt weitaus klarer.

P. Oh bitte, Sokrates. Es ist mir ein Vergnügen, mit einem Mann zu sprechen, der in so fortgeschrittenem Alter noch immer Neues lernen kann.

Ende des Dialogs

Sinn ist eine Sache des Bewußtseins, und das fundamentale Charakteristikum des Bewußtseins ist, wie Hume trotz seines ganzen Psychologismus fein bemerkte, daß es immer das Bewußtsein von etwas ist.[7] Eine der brilliantesten Stellen in Coleridges *Biographia Literaria* macht Gebrauch von dieser Einsicht, um die empirisch-psychologistische Auffassung von Wahr-

---

[7] Siehe *Treatise of Human Nature*, Buch I, Abschn. 6: „Versenke ich mich tief in das, was ich mein *Ich* nenne, so stolpere ich stets über die eine oder andere Wahrnehmung: Hitze oder Kälte, Licht oder Schatten, Liebe oder Haß, Schmerz oder Lust. Zu keiner Zeit treffe ich mein *Ich* ohne eine Wahrnehmung an, und nie kann ich etwas außer der Wahrnehmung bemerken."

nehmung anzugreifen, nach der das, was man sieht, wenn man einen Tisch ansieht, die Wahrnehmung eines Tisches ist. Wie merkwürdig, bemerkte Coleridge, da wir doch immer der Meinung waren, wir sähen einen Tisch![8] Von Wahrnehmungen statt von „Tischen" zu sprechen, ist genau die Art von unangebrachter Sophisterei, die der psychologistischen Vorstellung von Sinn zugrundeliegt; danach ist das, was man versteht, in Wirklichkeit die Wahrnehmung eines oder die Reaktion auf einen Sinn. Es ist jedoch eine bemerkenswerte Tatsache, daß die Gegenstände des Bewußtseins nicht identisch sind mit subjektiven „Wahrnehmungen", „Vorgängen" oder „Akten", die auf diese Gegenstände hingerichtet sind. Meine Wahrnehmung eines sichtbaren Objekts, wie Coleridges „Tisch", oder eines nicht sichtbaren Objekts, wie eines Phonems, kann von einer Gelegenheit zur anderen ganz verschieden sein; nichtsdestoweniger bin ich mir desselben Tisches und desselben Phonems bewußt. Dieses mit dem Bewußtsein zusammenhängende Faktum kann nicht auf psychologistische Weise erklärt werden.[9] Man muß es entweder ignorieren oder seine Existenz durch irgendwelche sprachlichen Feinheiten umgehen.

Die Zielgerichtetheit geistiger Vorgänge, durch die etwas für das Bewußtsein gleich bleiben kann, selbst wenn Perspektive, Emotionen und Gesundheitszustand sich ändern, ist bei der Betrachtung des Sinnes besonders wichtig. Diese Unterscheidung zwischen dem, was „im Geist vorgeht" einerseits, und dem, worauf der Geist gerichtet ist andererseits, ist jedoch keineswegs nur zur Erleichterung der Verteidigung der Identität des Wortsinns mit sich selbst erfunden worden. Sie ist ein charakteristisches Element aller Akte des Bewußtseins.

---

[8] *Biographia Literaria*, hrsg. v. J. Shawcross (2 Bde., London, 1907), I, 179.

[9] Siehe Humes *Treatise*, Buch I, Anhang: „Wenn Wahrnehmungen eine selbständige Existenz besitzen, dann bilden sie nur dadurch ein Ganzes, daß sie miteinander verbunden sind. Der menschliche Verstand kann jedoch keine Verbindungen zwischen selbständig existierenden Phänomenen feststellen."

In der Phänomenologie, derjenigen philosophischen Tradition, die die Unterscheidung zwischen geistigen Objekten und geistigen Handlungen am genauesten untersucht hat, wird diese Zielgerichtetheit des Bewußtseins „Intentionalität" genannt, ein Wort, das mangels eines besseren akzeptiert werden muß.[10] In den *termini* der Phänomenologen würde die Grundlage meiner Kritik am psychologistischen Sinnbegriff wie folgt lauten: eine unbegrenzte Zahl verschiedener intentionaler Akte kann das gleiche intentionale Objekt intendieren (d. h. auf es gerichtet sein). Da der Sinn, wie alles andere, worauf das Bewußtsein gerichtet ist, ein intentionales Objekt ist (d. h. etwas, das für das Bewußtsein da ist), und da der Wortsinn ein Sinn wie jeder andere ist, kann dieser Gedanke genauer gefaßt werden, indem man sagt, daß *eine unbegrenzte Zahl verschiedener intentionaler Akte denselben Wortsinn intendieren kann*. Dies ist natürlich der entscheidende Punkt bei der Beantwortung der Frage, ob es möglich sei, Wortsinn zu reproduzieren. Er ist, wie jedes andere intentionale Objekt, grundsätzlich reproduzierbar. Die psychologistische Verneinung dieser Behauptung hält der Erfahrung nicht stand.

Was in erster Linie zu dieser Ablehnung führte, war, wie ich glaube, eine Überlegung, die mit den unzureichenden Thesen der psychologistischen Einstellung eigentlich in gar keinem Zusammenhang steht. Der unter den skeptischen Interpreten vorherrschende Psychologismus besteht häufig aus einer Verquickung von Wortsinn und Bedeutung – eine Verquickung, die ich bereits zu entwirren versucht habe.[11] Wenn jemand sagt, „meine Reaktion auf einen Text ändert sich mit jeder Lektüre", dann spricht er gewiß die Wahrheit; er sagt aber etwas Falsches, wenn er seine Reaktion mit dem Sinn, wie er ihn versteht, gleichsetzt. Er befindet sich weiterhin im Irrtum, wenn er seine Reaktion allein mit subjektiven Akten gleichsetzt. Sobald er seine eigene Reaktion zu einem Gegenstand von Über-

---

[10] Zur Definition von Intentionalität siehe Anhang I, S. 271–275.
[11] Siehe Kap. 1, Abschn. B und Kap. 4, Abschn. C.

legungen macht, befaßt er sich mit einer anderen Art von Sinn, nämlich der Bedeutung, die potentiell ebenso determiniert und reproduzierbar ist wie der Text selbst. Die Tatsache, daß er sich an seine Reaktionen erinnern, sie diskutieren, beschreiben und sogar über sie schreiben kann, beweist dies unumstößlich.

Damit soll nicht geleugnet werden, daß die Reaktion eines Interpreten, d. h. die mehr oder weniger persönliche Bedeutung, die er einem Wortsinn beimißt, tatsächlich den Charakter des von ihm interpretierten Wortsinns ändern kann. Dies kann und wird natürlich häufig der Fall sein. Im allgemeinen geschieht es jedoch, weil der Interpret sich keine Mühe gegeben hat, zwischen seiner Reaktion und dem, worauf er reagiert, zu unterscheiden, was wiederum veranschaulicht, wie interpretative Theorien ihre eigene Bestätigung herbeiführen können. Wenn ein Leser zwischen dem Sinn eines Textes und dem, was dieser Sinn für ihn bedeutet, nicht unterscheiden kann, dann gibt es für diesen Leser selbstverständlich auch keine empirische Bestätigung jener Unterscheidung. Es ist daher von beträchtlichem praktischem Wert, sich daran zu erinnern, daß ein Wortsinn weder tatsächlich noch logisch dasselbe ist wie die zahllosen Beziehungskomplexe, an denen er beteiligt sein kann.

Ist diese Unterscheidung einmal getroffen, dann gibt es keinen wichtigen Grund mehr, auf der unwahrscheinlichen und unhaltbaren Hypothese zu bestehen, daß der Wortsinn eines Menschen sich von dem eines anderen notwendigerweise immer unterscheide; denn der primäre Grund für diese Behauptung war die Verquickung von Wortsinn und Bedeutung. Selbstverständlich ist die Bedeutung eines Textes nicht für alle Menschen gleich, da die Menschen selbst und folglich auch ihre persönliche Beziehung zu einem bestimmten Wortsinn verschieden sind. Aber diese unbezweifelbare Tatsache läßt sich auf den Wortsinn nicht ebenso ausweiten wie auf die persönliche Bedeutung. Wenn, wie die Erfahrung lehrt, derselbe Sinn durch verschiedene intentionale Akte einer Person zu verschiedenen Zeiten intendiert werden kann, dann läßt sich daraus vernünftigerweise die Hypothese ableiten, daß der gleiche Sinn durch verschiedene intentionale Akte verschiedener Personen intendiert werden kann. Und wenn der Wortsinn *per definitionem* teilbarer Sinn ist, dann ist die Annahme berechtigt, daß es Wortsinn gibt. Seine Existenz hängt offensichtlich davon ab, daß er reproduzierbar ist. Nur wenige würden, wie ich glaube, so exzentrisch sein, zu ihrer letzten Verteidigung die Behauptung aufzustellen, der Sinn sei nicht teilbar. Wem gegenüber und wozu sollte diese Behauptung denn dann auch aufgestellt werden?

C. *Reproduzierbarkeit: Historistische Einwände*

Es ist *eine* Sache, schlechthin zu sagen, daß wir Texte aus einem vergangenen Zeitalter niemals „wirklich" verstehen könnten; es ist etwas ganz anderes, die weniger absolute und sicherlich wahre Behauptung zu wagen, daß wir mitunter unmöglich all die kulturellen Voraussetzungen erfüllen können, die zum Verständnis eines alten Textes nötig sind. Dieser zweite Einwand gilt offensichtlich für viele Texte aus Kulturen, über die wir sehr wenig wissen, ebenso für einige aus solchen, über die wir sehr viel wissen. Die absolute Form des historischen Skeptizismus sollte nicht mit dem gesunden Bewußtsein der Grenzen verwechselt werden, die jedem Interpreten zuweilen gesetzt sind. Nur die absolute Form des radikalen Historismus bedroht das Unterfangen der wiedererkennenden Interpretation, indem sie behauptet, daß ein aus der Vergangenheit überlieferter Sinn uns seinem Wesen nach fremd sei, daß wir zu diesem Sinn keinen „authentischen" Zugang hätten und ihn deshalb niemals „wirklich" verstehen könnten.

Auf Grund einer jener typischen Ironien der Geistesgeschichte (Ironien, die Hegels Theorie stützen, daß der menschliche Geist sich durch die Verneinung seiner selbst entwickelt) war es eine Entwicklung des Historismus selbst, die heute den hartnäckigsten Einwand gegen die Möglichkeit historischen Wissens erhoben hat. Der Historismus begann mit dem Glauben, daß alle menschlichen Kulturen unmittelbar von Gott abstammten; das war die Grundkonzeption seiner Anfangsjahre von Herder bis Ranke. Jede kulturelle Ära war, um Herders Metapher zu gebrauchen, eine neue Melodie in der göttlichen Symphonie, jede Melodie hatte ihre eigene Individualität.[12] Folglich, so behauptete der Historismus, sei jede Kultur es wert, um ihrer selbst willen „so wie sie wirklich war" erkannt zu werden. Mit dem Aufkommen der Hegelschen und Lovejoyschen Notwendigkeit entwickelte sich jedoch die Betonung der Individualität verschiedener Kulturen zu einer Betonung der unüberbrückbaren Kluft zwischen verschiedenen Kulturen. Von Diltheys Auffassung, daß das menschliche Bewußtsein durch seine historischen Voraussetzungen bestimmt wird[13] – ein Gedanke, der schon von Herder impliziert worden war – war es kein großer Schritt zu Heideggers Auffassung von der Zeitlichkeit und Geschichtlichkeit des menschlichen Wesens. Die frühere Betonung der Individualität, die der Beschäftigung mit anderen Kulturen ihre eigene Bedeutung gegeben hatte, wurde durch ein oder zwei Drehungen des Hegelschen Kreisels zur Betonung der Unmöglichkeit, andere Kulturen um ihrer selbst willen zu erkennen. Die Vergangenheit wurde für uns „ontisch fremd".

Diese philosophische Form des radikalen Historismus verlieh einer heute häufigen und populären Form historischer Befangenheit intellektuelle Achtbarkeit. Sie hatte bereits eine Atmosphäre der Skepsis bezüglich der echten Kennbarkeit vergangener Kulturen geschaffen. Unter populärem Historismus verstehe ich die Art von Voraussetzung, die beispielsweise den stets wiederkehrenden Zeitschriftenartikeln zugrundeliegt, die in ernstem Ton die neuesten ominösen Besonderheiten der neuesten „jünge-

---

[12] J. G. Herder, *Sämmtliche Werke*, hrsg. v. B. Suphan (33 Bde., Berlin, 1877–1913), VIII, 314f.; XVIII, 282f.

[13] G. Misch u. a., Hrsgg., *Wilhelm Diltheys Gesammelte Schriften* (8 Bde., Leipzig und Berlin, 1913–1936), VII, 38: „Denn man stößt hier eben an die Geschichtlichkeit des menschlichen Bewußtseins als eine Grundeigenschaft desselben."

ren Generation" beschreiben, oder jene Annahmen, die dem Kult des Neuen und dem Gefühl zugrundeliegen, daß man „in unserer Zeit" eine besondere Denk- oder Handlungsweise haben muß beziehungsweise nicht haben darf. Die Beispiele dafür sind zahlreich und diese Annahmen sind so weit verbreitet und so tief im Geist der Leute verwurzelt, daß dieser Historismus die Kraft besitzt, sich selbst Wahrheit zu verleihen; denn im Reich der Kultur sind ein Glaube beziehungsweise eine Meinung so real wie ein empirisches Faktum und werden, genügende Verbreitung vorausgesetzt, selbst zu empirischen Fakten, mit denen man rechnen muß. Der populären Betonung der radikalen Verschiedenheit kultureller Epochen, ja sogar der radikalen Verschiedenheit zweier Jahrzehnte, wohnt folglich die Tendenz inne, das Gefühl für Gleichheit bei allem historischen Wandel auszulöschen. Sie hat darüber hinaus der Ansicht, daß wir Texte aus einem anderen Zeitalter nicht „wirklich" verstehen könnten, weithin Glaubwürdigkeit verschafft.

Diese Art von Historismus ist, wie der mit ihm eng verwandte Psychologismus, eine Theorie, die empirisch weder bestätigt noch als falsch erwiesen werden kann. Daß seine Dogmen höchst unwahrscheinlich sind, wird von mir in Anhang II detailliert dargelegt, wo ich mich mit der einzigen substantiellen Verteidigung des radikalen Historismus im Bereich der Hermeneutik, derjenigen H. G. Gadamers, auseinandersetze. Ich werde hier nur einige kurze Unterscheidungen entwickeln, die das allgemeine Dogma des historischen Skeptizismus von den begrenzteren und vernünftigen Zweifeln, die jeder Interpret in einem besonderen Fall bezüglich des bei einem bestimmten, aus der Vergangenheit überlieferten Wortsinnkomplexes haben mag, trennen soll.

Zunächsteinmal sollte man den radikalen Historismus von dem populären, ja fast universalen Glauben unterscheiden, daß jedes Zeitalter die Texte der Vergangenheit für sich neu interpretieren muß. Diese Lehre ist ebensosehr Beschreibung einer Tatsache wie moralischer Imperativ: jedes vergangene Zeitalter hat das getan, jedes zukünftige wird es zweifellos auch tun. Es ist jedoch ein Fehler, diese Doktrin mit dem radikalen historistischen Dogma gleichzusetzen, jedes Zeitalter *fasse* die Texte der Vergangenheit verschieden *auf* und kein Zeitalter verstehe sie wirklich so, wie sie gemeint waren; denn eine „erneute Interpretation" ist nicht dasselbe wie eine „neue Auffassung". Wer das denkt, identifiziert die Auffassung von einem Text mit den Besonderheiten und Komplexitäten der geschriebenen Interpretation; er verwechselt die *subtilitas intellegendi* mit der *subtilitas explicandi*. Diese Unterscheidung wird in Kapitel 4 ausführlich dargelegt. Ich habe sie hier kurz erwähnt, da sonst der radikale Historismus einleuchtender erschiene als er ist.[14]

Eine andere zutreffende Unterscheidung ist die zwischen der allgemeinen Wahrscheinlichkeit, daß wir einen Zeitgenossen besser verstehen können als jemanden, der früher gelebt hat, und der in einem besonderen Fall gegebenen Wahrscheinlichkeit. Es ist allgemein wahrscheinlich, daß Frauen länger leben als Männer, doch ist diese allgemeine Wahrscheinlichkeit eine nutzlose Abstraktion, wenn wir einen gesunden Mann von fünfzig Jahren einer gleichaltrigen an Lungenkrebs leidenden Frau gegenüberstellen. Es ist beispielsweise durchaus möglich, daß Lukan von Housman besser verstanden wurde als von vielen Lesern seiner Zeit, und es ist sogar noch weitaus wahrscheinlicher, daß die Gelehrten von heute Blake besser verstehen als dieser von irgendwelchen seiner Zeitgenossen verstanden wurde. Man sollte nicht vergessen, daß Sprache und Voraussetzungen innerhalb einer Kultur stark variieren können, so daß es sehr leicht möglich ist, daß ein moderner Leser über intimere Kenntnisse der besonderen Sprache eines besonderen Autors verfügt als irgendein Zeitgenosse, der die „gleiche" Sprache sprach.

Damit wird eine der angreifbarsten Stellen des radikalen Historismus deutlich. Der radikale Historist hängt mit geradezu sentimentalem Glauben an der Auffassung, daß nur unsere

---

[14] Siehe Kap. 4, Abschnitte A und B.

eigenen kulturellen Gegebenheiten eine „authentische" Unmittelbarkeit für uns besäßen. Dies sei der Grund, weshalb wir Texte der Vergangenheit nicht „wirklich" verstehen könnten. Das „wirkliche" Verständnis sei auf zeitgenössische Texte beschränkt; jedes Verständnis der Vergangenheit sei „abstrakt" und „konstruiert". Tatsächlich ist aber jedes Verständnis kultureller Gegebenheiten, seien sie nun der Vergangenheit oder der Gegenwart zugehörig, „konstruiert". Die verschiedenen Sprachen einer Kultur, wobei „Sprachen" im weitesten Sinne des Wortes verstanden wird, müssen erlernt werden, sie sind nicht angeboren. Da überdies die verschiedenen Sprachen einer Kultur von mehr als einer Person erlernt werden, können sie folglich von jeder Person, die sich darum bemüht, erlernt werden. Wenn aber jemand eine Sprache wirklich gelernt hat, dann spielt es keine Rolle, auf welche Weise das geschah, ob von selbst und durch Nachahmung eines ständigen Vorbilds wie bei einem dreijährigen Kind oder durch diszipliniertes Bemühen und bewußte Absicht. Unmittelbar und mit Sicherheit verstehen kann man weder einen Zeitgenossen noch jemanden, der früher gelebt hat. Was wir verstehen, ist in allen Fällen eine Auslegung. Wenn diese Auslegung eine gedankenlose und automatische ist, so ist sie deshalb nicht notwendigerweise richtiger und authentischer.

Man kann Unterscheidungen treffen, Beispiele geben, falsche Begriffe aufzeigen, aber man kann niemals das Dogma des radikalen Historismus beweisen oder widerlegen.[15] Wir können niemals sicher sein, daß wir einen aus der Vergangenheit überlieferten Text „wirklich" verstanden haben, ebensowenig wie wir sicher sein können, daß wir einen zeitgenössischen Text richtig verstanden haben. Wahrscheinlicher ist es im allgemeinen, daß wir den zeitgenössischen Text richtig auffassen, aber diese Wahrscheinlichkeit läßt sich nicht mechanisch auf den besonderen Fall übertragen, wo Faktoren wie Tempera-

---

[15] Siehe Anhang II, S. 312–314.

ment, Wissen, Sorgfalt und Glück von entscheidender Bedeutung sind. Die Interpretation hat es aber immer mit einem bestimmten Text zu tun. Die Position der radikalen Historisten ist zwar sehr wahrscheinlich falsch, doch muß man ihnen, besonders aber den Anhängern Heideggers, bescheinigen, daß sie ihren Dogmen wie einer Religion treu sind – und die Ansprüche einer Religion sind eben absolut. Letztlich akzeptiert man sie entweder oder man lehnt sie ab.

D. Determiniertheit: Wortsinn und Typisierung

Reproduzierbarkeit ist eine Eigenschaft des Wortsinns, die die Interpretation ermöglicht: wäre der Sinn nicht reproduzierbar, so könnte er nicht von jemand anderem aktualisiert und daher weder verstanden noch interpretiert werden. Determiniertheit ist andererseits eine Eigenschaft des Sinns, die wir brauchen, damit es etwas zu reproduzieren *gibt*. Determiniertheit ist ein notwendiges Attribut eines jeden teilbaren Sinns, da etwas Undeterminiertes nicht geteilt werden kann. Wäre ein Sinn nicht determiniert, so hätte er keine Grenzen, er wäre nicht identisch mit sich selbst und könnte folglich auch keine Identität mit einem Sinn haben, den ein anderer aufgefaßt hat. Determiniertheit bedeutet jedoch nicht Endgültigkeit oder Genauigkeit. Zweifellos ist der Wortsinn meist ungenau und zweideutig damit wird aber auch seine Determiniertheit anerkannt: er ist was er ist, nämlich zweideutig und ungenau, nicht eindeutig und genau. Wir drücken so nur auf andere Weise aus, daß ein zweideutiger Sinn begrenzt ist wie jeder andere Wortsinn, und daß eine seiner Grenzen die zwischen Zweideutigkeit und Eindeutigkeit ist. Diese Grenze mag streckenweise durchaus breit sein, d. h. es mag Stellen geben, bei denen etwas gleichermaßen zum Sinn gehört und auch nicht dazugehört: Grenzfälle des Sinns. Andererseits können solche Zweifelsfälle auf einer anderen Ebene dazu dienen, das Wesen des Sinns zu definieren; eine überexakte Auslegung würde somit ein Mißverständnis darstellen. Determiniertheit bedeutet also zuallererst Identität mit sich selbst. Dies ist die minimale Voraussetzung für die Teilbarkeit. Ohne sie gäbe es weder Kommunikation noch Richtigkeit in der Interpretation.

Unter Determiniertheit verstehe ich jedoch noch etwas anderes. Der Wortsinn wäre in gewissem Sinne etwas Determiniertes, selbst wenn er nur, wie es die Ansicht einiger Theoretiker ist, ein Ort von Möglichkeiten wäre. Dies ist allerdings eine Art von Determiniertheit, die in keinem Akt des Verstehens oder der Interpretation geteilt werden kann. Eine Reihe *möglicher* Sinne ist zweifellos insofern eine determinierte Einheit, als sie keine Reihe *tatsächlicher* Sinne ist; auch sie hat somit eine Grenze. Niemand kann jedoch einen möglichen Sinn ‚im Sinn' haben; wenn jemand an einen Sinn denkt, so ist dies ein tatsächlicher Sinn. „Dann gehen wir eben davon aus", so würden die Verfechter jener Ansicht argumentieren, „daß der Text eine Reihe verschiedener *tatsächlicher* Sinne darstellt, die verschiedenen tatsächlichen Interpretationen entsprechen." Diese Flucht vor dem Regen führt freilich in die Traufe amorpher Indeterminiertheit. In Wahrheit leugnet eine solche Auffassung die Identität des Wortsinns mit sich selbst, indem sie impliziert, daß der Sinn eines Textes das eine ebenso wie etwas anderes sein könne. Diese Konzeption, die mit der Zweideutigkeit des Sinns nichts zu tun hat, leugnet einfach, daß ein Text einen bestimmten Sinn besitzt. Ich habe bereits dargelegt, daß solch ein indeterminierter Sinn nicht teilbar ist. Was immer er sein mag: er ist weder der Wortsinn noch sonst irgend etwas richtig Interpretierbares.

„Nun", wird der Befürworter einer möglichst reichen Vielfalt sagen, „wir müssen etwas genauer sein. Was ich wirklich meine, ist, daß der Wortsinn von historischem oder zeitlichem Charakter ist. Er ist innerhalb einer bestimmten Zeitspanne etwas Bestimmtes, in verschiedenen Zeitabschnitten jedoch etwas Verschiedenes." Den Verfechter einer solchen Ansicht kann man jedenfalls nicht beschuldigen, den Wortsinn zu etwas Indeterminiertem gemacht zu haben. Er insistiert ja im Gegenteil darauf, daß in einem gegebenen Augenblick der Wortsinn mit sich selbst identisch sei. Wie ich jedoch in meiner Kritik an Gadamers Theorie (Anhang II) dargelegt habe, gibt es für diese bemerkenswerte Quantensprungtheorie des Sinns keine Begründung im Wesen sprachlicher Akte; ebensowenig bietet sie ein Kriterium für die Richtigkeit von Interpretationen.[16] Wenn ein Sinn seine Identität verändern kann, dann gibt es keine Norm, nach welcher wir beurteilen könnten, ob wir es mit dem wirklichen Sinn in veränderter Form oder einem falschen Sinn, der so aussieht als sei er der von uns gesuchte, zu tun haben. Gibt man einmal zu, daß ein Sinn seine Charakteristika verändern kann, dann besteht keine Möglichkeit mehr, die wahre Cinderella unter ihren Mitbewerberinnen herauszufinden. Es gibt keinen verläßlichen Glasschuh, den man als Maß benützen könnte, da der alte Schuh der neuen Cinderella nicht mehr passen würde. Für den Interpreten ist die Abwesenheit eines festen normativen Prinzips gleichbedeutend mit der Unbestimmtheit des Sinns. Soweit es ihn betrifft, hätte der Sinn dann auch von Anfang an als unbestimmt definiert werden können; seine Schwierigkeit wäre dann genau dieselbe gewesen.

Wenn ich sage, daß ein Wortsinn determiniert ist, so meine ich deshalb, daß er eine mit sich selbst identische Einheit ist. Ich meine ferner, daß er eine Einheit ist, die sich stets gleich bleibt, also unveränderlich ist. Eigentlich waren diese Kriterien bereits in der Forderung impliziert, daß der Wortsinn reproduzierbar sein und daß er bei verschiedenen Auslegungsakten sich stets als derselbe erweisen müsse. Der Wortsinn ist also was er ist, nichts anderes, immer derselbe. Das verstehe ich unter Determiniertheit.

Ein determinierter Wortsinn hat einen determinierenden Willen zur Voraussetzung. Der Sinn wird nicht schon dadurch determiniert, daß er durch eine determinierte Wortfolge wiedergegeben wird. Jede kurze Wortfolge kann offensichtlich ganz

---

[16] Siehe S. 305–306.

verschiedene Wortsinnkomplexe wiedergeben; das Gleiche gilt, auch wenn es weniger offensichtlich ist, für längere Wortfolgen. Wäre dem nicht so, dann würden fähige und intelligente Menschen, die eine Sprache sprechen, nicht über den Sinn eines Textes verschiedener Meinung sein. Wenn jedoch eine determinierte Wortfolge nicht notwendigerweise einen bestimmten, mit sich selbst identischen und unwandelbaren Sinnkomplex wiedergibt, dann muß die Determiniertheit des Wortsinns auf eine andere unterscheidende Kraft zurückgeführt werden, die es mit sich bringt, daß er *dies* und nicht *das* bedeutet. Diese unterscheidende Kraft muß ein Willensakt sein, da nur wenn ein bestimmter Sinnkomplex *gewollt* ist – ganz gleich, wie „dicht" und „vielschichtig" er auch immer sein mag – eine Unterscheidung zwischen dem, was der Autor mit einer bestimmten Wortfolge meint, und dem, was er damit meinen könnte, möglich ist. Die Determiniertheit des Wortsinns hat also einen Willensakt zur Voraussetzung.

Es wird manchmal die Behauptung aufgestellt, der Sinn sei „vom Kontext determiniert". Dieser Ausdruck ist jedoch sehr ungenau. Zwar ist richtig, daß der umgebende Text oder die Situation, in welcher man eine schwierige Wortfolge findet, deren Sinnmöglichkeiten einzuengen pflegt. Andernfalls wäre jede Interpretation ein hoffnungsloses Unterfangen. Man kann es als Maß für die stilistische Qualität eines Autors ansehen, wenn es ihm gelingt, den Kontext so zu formulieren, daß eine bestimmte Wortfolge innerhalb seines Textes dadurch bestimmt wird. Das bedeutet jedoch nicht, daß es der Kontext ist, der den Sinn einer Wortfolge determiniert. Der Kontext bestimmt günstigstenfalls die Vermutung des Interpreten, obwohl dessen Auslegung des Kontextes und die darauf gestützte Vermutung falsch sein können. Wer den Kontext zur Determinanten macht, verwechselt eine Interpretationsschwierigkeit mit einem determinierenden Akt des Autors.[17] Der von einem Autor intendierte

---

[17] Zum Wesen eines Kontextes siehe Kap. 3, Abschn. B, S. 114–116.

Wortsinn wird durch die sprachlichen Möglichkeiten begrenzt; er wird jedoch bestimmt, indem einige dieser Möglichkeiten aktualisiert und spezifiziert werden. Entsprechend ist der Wortsinn, den ein Interpret erschließt, durch *seinen* Willensakt bestimmt und durch dieselben Möglichkeiten begrenzt. Die Tatsache, daß dem Interpreten durch einen bestimmten Kontext eine besondere Entscheidung nahegelegt wurde, ändert nichts an der Tatsache, daß die Determination eine Entscheidung ist, und zwar auch dann, wenn sie gedankenlos und automatisch gefällt wird. Überdies ist auch der Kontext selbst zunächst vom Autor, dann durch die Auslegung vom Interpreten bestimmt worden. Er ist nicht einfach da, ohne daß jemand eine Determinierung vorzunehmen hätte.

Während der Wille eines Autors förmliche Voraussetzung eines jeden determinierten Wortsinns ist, gilt offensichtlich, daß Wille und Sinn nicht dasselbe sind. Andererseits ist ebenso evident, daß der Wortsinn nicht mit dem „Inhalt" identisch ist, dessen sich ein Autor bewußt ist. Darauf wurde bereits in Kapitel 1 hingewiesen.[18] Ein Autor drückt fast immer mehr Sinn aus als er mit Bewußtsein ausdrückt, da er nicht allen Aspekten seines Sinns seine Aufmerksamkeit schenken kann. Dennoch habe ich aber darauf hingewiesen, daß der Sinn eine Sache des Bewußtseins sei. Inwiefern aber ist der Sinn eine Sache des Bewußtseins, wenn man sich seiner nicht bewußt ist? Man erinnere sich an das in dem eben angeführten Abschnitt enthaltene Beispiel, in dem ein Sprecher zugibt, etwas gemeint zu haben, was nicht bewußt ausgedrückter Sinn war. Solch ein Eingeständnis ist möglich, wenn man den Sinn als ein Ganzes betrachtet und später zu der Erkenntnis gelangt, daß der unbemerkte Sinn zu diesem Ganzen gehört. Nur insofern kann das Eingeständnis des Sprechers zu Recht bestehen.

Was für ein Ganzes ist das aber, das einen Sinn enthalten konnte, der nicht *explicite* da war? Und wie kann diese groß-

---

[18] Abschn. E. Siehe auch dieses Kapitel, Abschn. E.

zügig aufgefaßte Ganzheit dennoch enge Grenzen haben, die einen anderen Sinn, auf den die Aufmerksamkeit des Autors vielleicht tatsächlich gerichtet war, ebenso ausschließt wie zahllose andere, an die er nicht dachte? Dieses bemerkenswerte Charakteristikum des Wortsinns ist gewiß von entscheidender Wichtigkeit und verdient untersucht zu werden.

Nehmen wir an, ich sage in einer beiläufigen Unterhaltung zu einem Freund: „Nichts gefällt mir so sehr wie die dritte Symphonie von Beethoven". Mein Freund fragt mich dann: „Gefällt sie dir mehr als an einem heißen Tag im Meer zu schwimmen?" Ich antworte: „Du hast das zu wörtlich aufgefaßt. Ich meinte, daß kein *Kunstwerk* mir so gut gefällt wie Beethovens dritte". Wie war diese Antwort möglich? Wie konnte ich wissen, daß „im Meer zu schwimmen" nicht zu dem gehörte, was ich mit „was mir gefällt" meinte? Die hyperbolische Verwendung von „nichts", das hier für „kein Kunstwerk" steht, ist ein übliches Mittel sprachlicher Erweiterung und kann in jedem Kontext, in dem es verstanden werden kann, Wortsinn bilden. Mein Freund hätte mich verstehen können. Er hat mich nur um des Beispiels willen mißverstanden. Da ich weder an das Schwimmen im Meer noch an Brueghels *Heuernte* dachte, muß mein Sinn nach irgendeinem Prinzip gebildet gewesen sein, der ersteres ausschließt, letzteres aber einschließt. Dies ist möglich, da ich an einen bestimmten *Typ* von dem, „was mir gefällt", dachte, und meinen Willen auf alle zu diesem Typ gehörenden Einzeldinge gerichtet hatte, obwohl es mir nur möglich war, an einige wenige von ihnen zu denken. Es ist also möglich, mit dem Willen ein *et cetera* einzuschließen, ohne sich auch nur im geringsten der dazu gehörenden Einzeldinge bewußt zu sein. Ob etwas zu diesem *et cetera* gehören kann, hängt einzig und allein von dem Typ des ganzen Sinnes ab, den ich gewollt habe. Das heißt, ob ein Untersinn akzeptabel ist, hängt von der Auffassung, die der *Autor* vom subsumierenden Typ hat, ab, vorausgesetzt, daß diese Auffassung unter den gegebenen sprachlichen Umständen teilbar ist.

Die in diesem Kapitel früher gegebene Definition des Wortsinns kann nun erweitert und veranschaulicht werden. Ich sagte bereits, daß der Wortsinn das sei, was ein Autor mit seinen sprachlichen Symbolen ausdrücken wolle und könne. Wir können jetzt den Wortsinn genauer definieren, und zwar als *gewollten Typ*, den ein Autor mit sprachlichen Symbolen ausdrückt, und der von anderen durch diese Symbole verstanden werden kann. Es ist wichtig, diesen Begriff des Typs zu betonen, da nur dadurch die Auffassung vom Wortsinn als determiniertem Gegenstand des Bewußtseins, der aber gleichzeitig über den Inhalt des Bewußtseins hinausgeht, möglich ist.

Ein Typ ist eine Einheit mit zwei entscheidenden Charakteristika. Er ist zunächst eine Einheit, die eine Grenze besitzt, auf Grund derer etwas zu ihm gehört oder nicht. In dieser Hinsicht ähnelt er der Klasse; er besitzt ihr gegenüber aber den Vorteil, ein einheitlicherer Begriff zu sein. Ein Typ kann durch einen einzelnen Fall vollständig wiedergegeben werden, während man sich eine Klasse normalerweise als Reihe von Fällen vorstellt. Das zweite entscheidende Charakteristikum eines Typs ist, daß er immer durch mehr als einen Fall wiedergegeben werden kann. Wenn wir sagen, zwei Fälle seien des gleichen Typs, so bemerken wir gemeinsame, identische Züge in diesen Fällen und ordnen diese gemeinsamen Züge dem Typ zu. Ein Typ ist somit eine Einheit mit einer Grenze, auf Grund derer etwas zu ihm gehört oder nicht; er ist darüberhinaus eine Einheit, die durch verschiedene Einzelfälle oder verschiedene Bewußtseinsinhalte repräsentiert sein kann. Daraus folgt, daß ein Wortsinn immer ein Typ ist, da er sonst nicht teilbar sein könnte: hätte er keine Grenze, so gäbe es nichts Besonderes, das man teilen könnte; wenn ein gegebener Fall nicht als Einzelfall des Sinns (repräsentativer Charakter eines Typs) angenommen oder abgelehnt werden könnte, dann gäbe es für den Interpreten keine Möglichkeit, die Grenze zu kennen. Ein Sinn muß, damit er für einen anderen determiniert ist, ein Typ sein. Aus diesem Grunde ist der Wortsinn, d. h. ein geteilter

Sinn, immer ein Typ und kann diesen Typcharakter niemals aufgeben.[19]

Der Wortsinn kann also niemals auf einen einheitlichen, konkreten Inhalt begrenzt werden. Er kann sich natürlich auf ein einheitliches Ganzes beziehen, aber nur durch Mittel, die über einheitliche Ganzheiten hinausgehen; dieses Überschreiten hat immer den Charakter einer Typisierung. Dies gilt selbst dann, wenn sich der Wortsinn auf etwas offensichtlich Einmaliges bezieht, wie „der Tod des Buonaparte". „Tod", „der" und „des" behalten alle ihren Typcharakter, auch wenn ihr Zusammenwirken einen bestimmten neuen Typ hervorbringt. Das gleiche gilt für „Buonaparte", denn auch ein Name ist ein Typus, und der besondere Name „Buonaparte" könnte seinen Typcharakter nicht aufgeben, ohne damit aufzuhören, ein Name zu sein, in welchem Fall er unverständlich und unteilbar wäre. Zweifellos wäre der Sinn dieses besonderen Namens in einer besonderen Verwendung nicht identisch mit „Buonaparte" in anderer Verwendung. Aber das würde nur bedeuten, daß es sich um verschiedene Typen und, auf einer anderen Ebene, um Fälle des gleichen Typs handeln würde. Sie könnten jedoch niemals nur konkrete Einzelfälle sein. Die Bestimmtheit und Teilbarkeit des Wortsinns hängen davon ab, daß es sich bei ihm um einen Typ handelt. Der besondere Typ, der er ist, wird durch den bestimmenden Willen des Autors festgelegt. *Ein Wortsinn ist ein gewollter Typ.* Der Rest dieses Kapitels und der größte Teil des nächsten werden sich mit den Verästelungen dieses Begriffs und mit den ihm innewohnenden Möglichkeiten, die Natur des Wortsinns und der Textinterpretation zu erhellen, befassen.

---

[19] Siehe Anhang III, S. 322–325.

E. *Determiniertheit: Unbewußter und symptomatischer Sinn*

Die Tatsache, daß der Wortsinn irgendeine Grenze besitzen muß, um mitteilbar und richtig interpretierbar zu sein, schließt den sogenannten unbewußten Sinn nicht aus. Erforderlich ist nur, daß ein unbewußter Sinn, was immer sein Wesen sein mag, innerhalb der Grenzen des gerade untersuchten Wortsinns liegt. Anders ausgedrückt: das Prinzip für den Ausschluß oder Einschluß eines unbewußten Sinns ist genau das gleiche wie bei dem bewußten Sinn. Es ist in vielen Fällen unmöglich, mit Sicherheit zu wissen, ob ein Sinn für den Autor bewußt oder unbewußt war; in diesen Fällen ist die Unterscheidung deshalb irrelevant. Dennoch ist es nützlich, den Begriff des unbewußten Sinns zu klären, um Verwechselungen zwischen dem von einem Autor intendierten Wortsinn und seiner Persönlichkeit, seiner Mentalität, seiner Geschichtlichkeit u. s. w. zu vermeiden, auch wenn diese für die berechtigten Interessen der Literaturkritik wichtig und relevant sein mögen.

Das eine, allen verschiedenen Arten des unbewußten Sinns gemeinsame, negative Charakteristikum ist, daß der Autor sich ihrer nicht bewußt war. Natürlich ist diese Definition nicht sehr ermutigend, denn schließlich gibt es keine Grenzen für etwas, dessen der Autor sich nicht bewußt war. Der Begriff „unbewußter Sinn" bezieht sich üblicherweise auf den Sinn, auf den die Aufmerksamkeit des Autors nicht gerichtet war, der aber dennoch in einer anderen Region seines Geistes, sozusagen in einer niedrigeren Region, die üblicherweise das Unbewußte genannt wird, anwesend war. Der Begriff wird normalerweise weiterhin auf jenen Sinn im Unterbewußtsein des Autors eingeschränkt, der durch Charakteristika seines Textes angezeigt wird. Diese letzte, sehr vernünftige Einschränkung bringt ihn zwar in die Nähe der Kriterien für den Wortsinn, so wie er in diesem Kapitel definiert wurde, sie läßt jedoch ein wichtiges Element dieser Definition, das des Willens, außer Acht.

Während es durchaus möglich ist, sehr viele Dinge zu wollen, deren man sich nicht bewußt ist, zum Beispiel die Fortsetzung eines *et cetera*, ist es unmöglich, daß man etwas gegen seinen eigenen Willen will. Dies ist ein verbaler Widerspruch, der einen tatsächlichen Widerspruch enthüllt. Der Wille kann sich wohl nach Belieben in unbekannte und unbemerkte Gebiete ausdehnen, er kann jedoch nicht die Verbindung mit dem bewußten Aspekt seiner selbst aufgeben. Denn Wille impliziert nicht nur Entscheidungen und Ziele, sondern *freiwillige* Entscheidungen und Ziele; unsere Sprachgewohnheiten erinnern uns hier an das bewußte Element im Willen. Eine „Tendenz" oder ein „Impuls", die völlig unbewußt sind und keinerlei direkte Verbindung zu einem bewußten Impuls besitzen, sind nicht im üblichen Sinne des Wortes oder in dem Sinne, in dem ich das Wort verwende, gewollt. So ein Impuls wäre eben unfreiwillig. Und selbst wenn sich so ein unfreiwilliger Impuls in der Sprache enthüllte, würde ihn das dennoch nicht an und für sich zu einem bestimmenden Element des Wortsinns machen.

Das Stottern ist ein deutliches Beispiel. Die Tatsache, daß jemand stottert, wenn er bestimmte Wörter spricht, mag sehr viel über ihn verraten, doch ist das, was es über ihn verrät, nicht Teil seines Wortsinns. Es handelt sich dabei eher um unfreiwillige Begleitelemente des Sinns, um *Symptome* des Sinns, nicht um sprachliche Zeichen, die Sinn repräsentieren. Der Unterschied zwischen einem Zeichen und einem Symptom besteht darin: ein Zeichen ist freiwillig (willkürlich) und konventionell, ein Symptom ist unfreiwillig und unabhängig von Konventionen. Ein sprachliches Zeichen kann auf Grund seines willkürlichen Charakters ganz verschiedenen Sprachsinn repräsentieren, während ein sprachliches Symptom ein nicht willkürliches Anzeichen für etwas anderes ist, genau wie Fieber das Symptom oder unwillkürliche Anzeichen einer Krankheit ist.[20] Symptomatischer Sinn kann ungeheuer interessant sein, sollte jedoch nicht mit Wortsinn verwechselt werden, weil dann der Wortsinn seine Determiniertheit verliert. Die verschie-

---

[20] Siehe Charles Bally, „Qu'est-ce-qu'un signe?" *Journal de Psychologie normale et pathologique*, XXXVI (1939), 161–174.

denen Dinge, für die ein Text symptomatisch sein kann, lassen sich nicht begrenzen; es gibt auch keinen echten Grund dafür, den symptomatischen Sinn auf den, der im Unterbewußtsein des Autors wohnt, zu begrenzen.

Es wäre andererseits ein Fehler, eine einfache und grobe Unterscheidung zwischen Zeichen und Symptom zu treffen, und damit die Variabilität und Breite des Wortsinns zu ignorieren. Wenn beispielsweise ein Mann zu seiner Frau nach Hause kommt, tief seufzt und sagt: „Ich bin heute abend sehr müde", dann kann sein Wortsinn zusätzlich zu der Information über seinen physischen Zustand eine Bitte um Sympathie und Lob enthalten. Diese Bitte wäre auch dann Teil des Wortsinns, wenn sie größtenteils unbewußt wäre, vorausgesetzt, daß die durch üblichen Sprachgebrauch zwischen dem Mann und der Frau eingebürgerten Konventionen es dem Satz, „ich bin heute abend sehr müde", möglich machen, diese implizierte Bitte auszudrücken. Es kann ein Teil der Konvention sein, daß der Satz von einem Schütteln des Kopfes und einem tiefen Seufzer begleitet sein muß, daß er nicht unter Bezugnahme auf bestimmte Pläne für den Abend geäußert werden darf, sondern nur *à-propos des bottes*, und daß er nur gesagt werden darf, wenn die Frau weiß, daß der Mann schwer gearbeitet hat. Haben sich diese Konventionen einmal eingebürgert – und wie ich im nächsten Kapitel darlege, bedarf jeder Wortsinn analoger generischer Konventionen – dann ist es unnötig, daß der Mann jeweils ausdrücklich allen Implikationen seiner Äußerung seine Aufmerksamkeit schenkt, obwohl er bewußt einen bestimmten Sinntyp wollen muß, damit der Sinn überhaupt existiert. Wortsinn von dieser Art ist wie ein Eisberg: der größere Teil kann sich unter Wasser befinden, er muß jedoch mit dem Teil verbunden sein, der sichtbar ist.

Die Eisberg-Metapher bietet uns das Bild einer sichtbaren Form, die mit einer größeren unsichtbaren Form unter der Ebene des Bewußtseins verbunden ist. Die sichtbare Materie macht zwar den kleineren Teil aus, doch bestimmt sie, vom Standpunkt dessen, der den Eisberg untersucht, was zu dem ganzen Eisberg gehört und was nicht. Jeder Teil des Ganzen, der nicht direkt in die Materie über der Oberfläche übergeht, kann nicht Teil des Eisbergs sein. Analogien zu physikalischen Gegebenheiten sind zwar gefährlich, doch ist die Analogie in diesem Fall berechtigt. Die Identität des Wortsinns mit sich selbst hängt von einem Zusammenhang ab, der zumindest teilweise analog zu physikalischer Kontinuität ist. Wenn ein Text Züge aufweist, die auf einen unbewußten Sinn hindeuten (das gilt sogar für bewußten Sinn), dann gehören sie zum Wortsinn des Textes nur dann, wenn sie mit dem bewußt gewollten Typ in einem Zusammenhang stehen, der den Sinn als Ganzes definiert. Steht so ein Sinn mit dem gewollten Typ nicht in Zusammenhang, dann gehört er nicht zum Wortsinn, der *per definitionem* gewollt ist. Läßt man erst einmal einen *ungewollten* Sinn zu, dann kann alles, was sich unter der Oberfläche des Meeres befindet, als Teil des Eisbergs angesehen werden; der Wortsinn besäße dann keine Determiniertheit.

Kann aber die Unterscheidung zwischen Zeichen und Symptom auch in der Praxis getroffen werden? Wie soll man entscheiden, ob ein bestimmter Sinn mit dem gewollten Typ in Zusammenhang steht oder nicht? Dieses Prinzip der Kohärenz ist genau das gleiche wie das Prinzip einer Grenze. Alles was kontinuierlich in den sichtbaren Teil eines Eisbergs übergeht, liegt innerhalb seiner Grenzen, und alles was innerhalb seiner Grenzen liegt, fällt unter das Kriterium der Kontinuität. Die zwei Begriffe definieren sich gegenseitig; das Prinzip der Grenze hängt überdies, wie ich bereits gezeigt habe, von dem Begriff des Typs ab. Jeder Sinn, der einen Zug oder Züge besitzt, durch die ein Typ definiert wird, gehört zu diesem Typ, und jeder Sinn, der diese Züge nicht besitzt, gehört nicht dazu. Das Prinzip der Kontinuität ist das der Mitgliedschaft zu einem Typ. In anderen Worten: das Prinzip für die Annahme oder Ablehnung eines unbewußten Sinnes ist, wie ich am Anfang dieses Abschnitts ausführte, genau das gleiche wie für den bewußten Sinn.

Die Angemessenheit dieser Konzeption kann durch das Beispiel des Lügens veranschaulicht werden. Besteht der Wortsinn einer Lüge in dem Sinn, den ein Sprecher ausdrücken will oder enthält er auch den zusätzlichen Sinn, daß das Gewollte absichtlich falsch ist? Würde eine Lüge diesen zusätzlichen Sinn, der ja dem üblichen Zweck einer Lüge völlig zuwiderläuft, enthalten, dann würde es sich in den meisten Fällen nicht lohnen zu lügen. Anderes ausgedrückt, wenn es Teil des Wortsinns einer Lüge wäre, daß sie falsch ist, dann würde es eigentlich gar keine Lüge geben, da ein Teil des Sinnes die Falschheit des anderen Teils richtig stellen würde. Wir sagen nicht, daß jemand eine Lüge mißverstanden hat, wenn er auf sie hereingefallen ist. Er hat sie nur zu gut verstanden; der Wortsinn des Lügners ist mit Erfolg übermittelt worden.

Betrachten wir jedoch einmal den Fall der erfolglosen Lüge oder, sagen wir, der stilistisch ungeschickten Lüge. Ein Junge schwänzt die Schule. Seine Mutter fordert ihn später auf, zu erzählen, was an jenem Tag in der Schule passierte. Der Junge wird über beide Ohren rot und zögert: „Oh, hm, das übliche. Wir hatten Rechnen und Erdkunde. Halt, nein, das stimmt nicht; wir hatten heute keine Erdkunde. Es war Englisch und hm...". Dann bricht er mit einer Geste der Unsicherheit ab. Wir könnten annehmen, daß er diese Geschichte nicht genügend geübt hat oder besser noch, daß der Junge unbewußt gar nicht lügen wollte. Welchen Schluß wir aber auch immer ziehen, Tatsache ist, daß der Junge gelogen hat. Sein Wortsinn war falsch. Seine stilistische Unfähigkeit war nicht Teil seines Wortsinns, sondern symptomatisch für seinen bewußten oder unbewußten Widerwillen gegen das Lügen.

Ich wähle dieses extreme Beispiel, weil Grenzfälle oft am informativsten sind. Wenn der Wortsinn vom Willen determiniert ist und wenn, wie in diesem Fall, ein Text auf antithetische Impulse zurückgeht, wie kann dann das Prinzip eines gewollten Typs ein Kriterium für die Kohärenz darstellen? Gibt es nicht zwei unverbundene gewollte Typen und ist nicht daher der Sinn sehr viel komplexer als es die einfache Konzeption annehmen läßt? Ich glaube, die richtige Antwort ist, daß die Konzeption genau zeigt, wie solche Komplexitäten zu klären sind. Solange der Junge fortfuhr zu lügen, schloß der gewollte Typ, der durch seine Wörter repräsentiert wurde, den Sinn ein, daß er in der Schule war und den Sinn aus, daß er nicht in der Schule war. Der Impuls zur Wahrheit, den er auch hätte wollen können, lag außerhalb seines Wortsinns, weil er nicht von seinen Worten übermittelt werden konnte. Hätte er plötzlich aufgehört und ein Geständnis abgelegt, dann hätte der Sinn seiner zweiten Aussage dem der ersten widersprochen, und der seiner zweiten Aussage wäre ein entgegengesetzter gewollter Typ gewesen. Seine Ungeschicklichkeit war also vielleicht symptomatisch für einen geteilten Willen, aber sein Wortsinn, der durch die von ihm verwendeten sprachlichen Zeichen begrenzt war, war eine Einheit.

Das Bestehen auf der Einheit des Wortsinns schließt die Vorstellung eines geteilten Willens nicht aus, vorausgesetzt, daß dieser nicht als Symptom, sondern als Zeichen ausgedrückt wird. Hätte der Junge zum Beispiel gesagt: „Nun, hm, vielleicht war ich heute in der Schule", dann hätte sein sowohl gegen die Lüge als auch gegen die Wahrheit gerichteter Wille in einem zweideutigen gewollten Typ wörtlichen Ausdruck gefunden; sein Wortsinn wäre dann zweideutig, da das Wort „vielleicht" als Wortzeichen und nicht als symptomatisches Begleitelement wirkt. Da fernerhin die Unentschiedenheit des Willens des Jungen nun direkter Teil seines Wortsinns ist, ist sein Zögern nicht mehr nur symptomatisches Begleitelement, sondern stilistische Verstärkung des Sinns. Der Grund dafür, daß dieses Zögern nun nicht mehr als „unfreiwilliges" Symptom, das außerhalb der Grenzen des Wortsinns liegt, aufgefaßt werden sollte, ist der, daß es nun Ausdruck eines Willens ist, der innerhalb des verbalen gewollten Typs liegt, und nicht mehr ein begleitender Impuls, der sich außerhalb seiner Grenze befindet.

Es wäre jedoch sehr töricht zu sagen, daß ein symptomatischer und unfreiwilliger Sinn nicht rechtens in das Gebiet der Literaturkritik gehöre. Er ist in Wirklichkeit eines der interessantesten Themen kritischer Untersuchung. Ganz offensichtlich ist es äußerst nützlich, von einer Lüge zu wissen, daß sie eine Lüge ist – ein Urteil, das einzig davon abhängt, daß man zwischen dem von einem Menschen intendierten Wortsinn und den diesen Menschen verratenden Symptomen und Tatsachen unterscheidet. Als Blake sagte, Milton habe in Fesseln geschrieben, wenn er von Engeln sprach, und er habe sich in Freiheit befunden, wenn er von Teufeln erzählte, weil Milton auf der Seite des Teufels gestanden habe, ohne es zu wissen, dann war diese völlig berechtigte kritische Bemerkung nicht notwendigerweise eine Bemerkung über den Wortsinn von *Paradise Lost*.[21] Es war in erster Linie eine symptomatische Schlußfolgerung. Natürlich handelt es sich dabei um eine weit interessantere kritische Bemerkung als sie die bloße Interpretation des Wortsinns üblicherweise darstellen würde; sie ist interessant, weil sie etwas über Milton und über die Dichter aussagt und weil sie impliziert, daß die Bücher I und II besser als Buch III von *Paradise Lost* seien; es ist ein kritisches Urteil von der Art, die niemand aus der Literaturkritik verbannen möchte.

Wenn ich also darauf hinweise, daß symptomatische Schlußfolgerungen nicht das gleiche sind wie Interpretationen des Wortsinns, dann tue ich dies nicht, um anzudeuten, daß solche Schlüsse etwas Unsauberes oder Unzulässiges seien, sondern um die in Kapitel 1 getroffene Unterscheidung zwischen Sinn und Bedeutung zu klären Der symptomatische unfreiwillige Sinn ist Teil der Bedeutung eines Textes, genauso wie dessen Wert und dessen gegenwärtige Relevanz. Die Bedeutung aber hat das Ziel der Literaturkritik zu sein, nicht der Interpretation, deren ausschließliches Ziel der Wortsinn ist. Auf dieser Unterscheidung zu beharren, heißt einen Freibrief für den Kritiker ausstellen, nicht seine Möglichkeiten beschränken; denn die Freiheit eines Kritikers, die zahllosen Dimensionen der Bedeutung eines Textes zu beschreiben, hängt strikt davon ab, daß er nicht durch eine Verwechslung zwischen Sinn und Bedeutung

---

[21] *The Marriage of Heaven and Hell*, Pl. 6.

gehindert wird. Kein verantwortungsbewußter Kritiker würde den Sinn eines Textes verdrehen und verfälschen wollen; gleichzeitig möchte er jedoch nicht daran gehindert werden, zu untersuchen was immer ihm wertvoll und nützlich erscheint.[22] Wenn er erkennt, daß der Wortsinn etwas Determiniertes ist, wohingegen die Bedeutung und die Möglichkeiten zulässiger Literaturkritik grenzenlos sind, dann hat er eine Verwechslung überwunden, die ironischerweise die kritische Freiheit beschränkte. Zur gleichen Zeit wird er das bescheidene und im altmodischen Sinne philologische Streben, herauszufinden, was ein Autor gemeint hat – die einzige richtige Grundlage der Literaturkritik – nicht leichthin verwerfen.

F. *Determiniertheit: Sinn und Gegenstand*

Bei der Diskussion über Kants Anspruch, Plato besser zu verstehen als dieser sich selbst verstand, sagte ich, daß Kant nicht zwischen Platos Sinn und dem Gegenstand, auf den sich dieser Sinn bezog, unterschied. Diese anscheinend einfache Unterscheidung ist jedoch keineswegs leicht zu erfassen; sie entging zwar Kant, doch gebietet mir die Fairness einzugestehen, daß sie auch mir in meinem früheren Aufsatz über hermeneutische Theorie (Anhang I) völlig entging. Auch Husserl übersah diese Unterscheidung in *Logische Untersuchungen*, Teil II, die nichtsdestoweniger die detaillierteste, tiefschürfendste und überzeugendste mir bekannte Behandlung des Problems des Sinns sind. Die wahrscheinlich erste methodische, wenn auch nicht völlig zureichende Annäherung an diese Unterscheidung wurde von De Morgan in seinem brillianten Aufsatz „On the Structure of the Syllogism"[23] gemacht. In De Morgans einflußreicher

---

[22] Siehe Kap. 4, Abschn. E.
[23] Augustus de Morgan, „On the Structure of the Syllogism, and on the Application of the Theory of Probabilities to Questions of Argument and Authority," *Cambridge Philosophical Transactions*

Terminologie erscheint diese Unterscheidung als eine zwischen dem Universum als Ganzem und einem besonderen „Universum des Diskurses" bestehende. Da De Morgans Vokabular in diesem Zusammenhang nicht so nützlich ist wie seine Ideen, finde ich es bei der Beschreibung der Determiniertheit des Wortsinns zweckmäßiger, die Unterscheidung als eine zwischen Sinn und Gegenstand zu definieren.

Die Unterscheidung ergibt sich aus der durch Beobachtung festzustellenden Tatsache, daß nicht alle Verwendungen eines Wortes wie „Baum" die gleichen Implikationen besitzen. Wenn jemand das Wort „Baum" von einem Kind, einem Förster, einem Botaniker oder einem Dichter ausgesprochen hört, dann darf er mit Recht annehmen, daß das Wort in jedem Fall verschiedene Implikationen besitzt. Man könnte insbesondere den Schluß ziehen, daß der Botaniker nicht nur den Teil des Baumes implizierte, der sich über dem Boden befindet, sondern auch das System der Wurzeln. Andererseits könnte ein Kind, obwohl es weiß, daß ein Baum Wurzeln hat, einfach den sichtbaren Teil des Baumes meinen. Es ist aber eine Tatsache, daß Bäume Wurzeln haben. Bedeutet dies nun, daß die Wurzeln impliziert sind, ob man es will oder nicht, wenn man das Wort „Baum" verwendet? Offensichtlich nicht, denn es gibt schließlich Leute, die unzureichende oder unrichtige Implikationen im Sinn haben und ausdrücken. Wären die Implikationen eines Wortsinns durch den „objektiven" Charakter des Gemeinten unveränderlich festgelegt, dann könnte niemals ein begrifflicher Fehler ausgedrückt werden. Es gibt also einen Unterschied zwischen Sinn und Gegenstand.

Es ist jedoch nicht einfach, diesen Unterschied zu definieren, da der Gegenstand ein Begriff ist, der anscheinend absolute epistemologische Ansprüche erhebt. Da ist auf der einen Seite das, was jemand mit dem Wort „Baum" impliziert; auf der anderen Seite steht, was „Baum" in Wirklichkeit impliziert.

(9. Nov. 1846). Siehe auch F. Rossi-Landi, *Significato, communicazione e parlare commune?* (Padua, 1961), S. 249–261.

Aber wer kann sagen, was „Baum" wirklich impliziert? Die Annahme, es gäbe irgendeinen unabhängigen und universalen Implikationsbereich, der das, was jedes beliebige Individuum mit „Baum" meint, überschreitet und unter fester Kontrolle hat, stellt ein Verfallen in den Fehler der öffentlichen Übereinstimmung dar, nach welcher eine Verwendung des Wortes für alle die gleichen Implikationen besitzen würde, ohne Rücksicht auf den vom Autor intendierten Sinn. Ich werde nun nicht die Argumente des ersten Kapitels, die das Vorhandensein einer solchen öffentlichen Übereinstimmung leugnen, wiederholen, sondern statt dessen den völlig relativen Charakter des Gegenstands als eines unterscheidenden Konzepts untersuchen.

Wenn der von jemandem ausgedrückte Sinn unvollständig oder falsch ist, dann können wir nur dann sagen, er sei dem Gegenstand nicht angemessen, wenn wir eine vollständigere und genauere Kenntnis des Gegenstandes besitzen oder zu besitzen glauben als der Autor. Nehmen wir aber an, daß auch wir unsere bessere Auffassung vom Gegenstand zum Ausdruck bringen und von einem weiteren Kritiker beurteilt werden, der glaubt, er habe eine noch genauere oder noch eingehendere Auffassung als unsere eigene. Er wird seinerseits behaupten, daß unser Sinn unzureichend sei, und er wird dies auf der Basis einer wieder anderen Auffassung vom Gegenstand tun. In jedem dieser beiden Fälle kann das Urteil der zwei Kritiker richtig sein. Der erste Kritiker kann eine Auffassung haben, die dem Gegenstand tatsächlich angemessener ist als die des ersten Autors, während der zweite Kritiker eine richtigere Auffassung als der erste haben kann. Andererseits ist es möglich, daß einer oder beide Kritiker sich irren. Wie man sieht ist in der Praxis die Vorstellung vom Gegenstand durchaus relativ zum Wissen oder angenommenen Wissen des Kritikers.

Während es also möglich ist, daß ein Kritiker ein für allemal eine völlig richtige Auffassung von seinem Gegenstand erarbeitet hat, gilt ebenso, daß dies nicht immer der Fall ist; in der Praxis ist der Gegenstand ein variabler Begriff. Es wäre höchst anmaßend, erhöbe ein Kritiker den Anspruch, daß er absolutes

Wissen erreicht habe, obwohl er mit guten Gründen den Anspruch erheben könnte, eingehendere Kenntnisse als der Autor zu besitzen. Daraus folgt, daß in jedem besonderen Fall der Kritik, der Gegenstand ein idealer Pol des Wissens ist, der in Wirklichkeit durch die jeweils gegenwärtige Auffassung des Kritikers repräsentiert wird. Wenn man also sagt, daß der Sinn sich vom Gegenstand unterscheiden kann, so sagt man damit nichts anderes, als daß die Auffassung eines Autors von etwas sich von der eines Kritikers unterscheiden kann: eine These, deren Richtigkeit sich von selbst ergibt.

Diese Reduktion der Unterscheidung auf etwas Selbstverständliches löst jedoch noch nicht das reale Problem der Bestimmung eines etwa vorhandenen Unterschiedes zwischen Sinn und Gegenstand in einem besonderen Fall. Wenn wir glauben, daß jeder Autor oder jede Person mit uns darin übereinstimmt, daß ein Baum Wurzeln hat, wäre es dann nicht sinnvoll anzunehmen, daß Wurzeln in jeder Verwendungsweise des Wortes „Baum" impliziert sind? Der Autor mag zwar diese notwendige Implikation nicht berücksichtigt haben, doch würde er uns nach einigem Nachdenken sicherlich darin zustimmen, daß er, als er „Baum" sagte, Wurzeln implizieren mußte. Dieses Argument führt jedoch in die Irre. Es mag richtig sein, daß man einen vernünftigen Menschen dazu bringen kann zuzugeben, daß er „Wurzeln" hätte implizieren sollen, als er „Baum" sagte. Ein Kritiker mit großer Überzeugungskraft kann ihn vielleicht davon überzeugen, daß sein Sinn tatsächlich diese Implikation besaß. Es besteht jedoch ein Unterschied zwischen dem Sinn, den ein Autor nach eigenem Eingeständnis hätte ausdrücken sollen, um die richtige Vorstellung eines Baumes zu besitzen, und dem Sinn, den er tatsächlich ausdrückte.

Außerdem wird die Auffassung eines Kritikers vom Gegenstand, wenn sie zur Grundlage für die Bestimmung der Implikationen einer Äußerung gemacht wird, auch zur Grundlage für die Bestimmung der zwischen diesen Implikationen bestehenden gegenseitigen Beziehungen und der ihnen jeweils zukommenden Betonungen. Ein Gegenstand ist jedoch diesen

Dingen gegenüber neutral. Wenn der Sinn „Wurzeln" von „Baum" impliziert wird, dann sagt dies noch nichts darüber aus, ob „Wurzeln" ein sehr vager oder ein sehr präziser Sinn ist, ferner, ob die Ernährungsfunktion der Wurzeln impliziert ist, ob die Wurzeln Träger einer zentralen Betonung sind oder ob sie sich im trüben Halbschatten des Sinns verlieren. Keine dieser Fragen ließe sich durch einfache Bezugnahme auf den Gegenstand beantworten, d. h. der Gegenstand kann die Implikationen nicht *determinieren*. Bezüglich des Gegenstandes bleiben die Implikationen einer Äußerung also undeterminiert, genauso wie sie es auch bezüglich einer angenommenen öffentlichen Übereinstimmung bleiben. Es gilt nun, die geeignete Grundlage für die Bestimmung von Implikationen zu untersuchen.

G. *Determiniertheit: Sinn und Implikation*

Die meisten praktischen Probleme der Interpretation sind Probleme der Implikation. Es gibt natürlich sehr viele Fälle, in denen der einfachste und „wörtlichste" Sinn eines Textes zur Streitfrage wird, doch sind diese Fälle weit seltener als Kontroversen, bei denen es sich um den „ungesagten" Sinn eines Textes handelt. In der vagen Terminologie einiger Literaturkritiker ist dieser Sinn als „Konnotation" bezeichnet worden, d. h. Implikationen, die mit dem greifbaren oder „denotativen" Sinn eines Textes „gemeint" sind. Diese Verwendung von „Denotation" und „Konnotation" läuft natürlich der der Logik zuwider. Ich habe die Verwendung dieser Wörter ganz aufgegeben, weil sie ihre Präzision verloren haben und weil es eine allgemein anwendbare Unterscheidung zwischen primärem oder greifbarem und sekundärem oder nicht greifbarem Sinn nicht gibt und nicht geben kann. Kein durch verbale Zeichen wiedergegebener Sinn ist greifbar; jeder Sinn geht aus einer Auslegung hervor und was für eine Auslegung „greifbar" ist, ist vielleicht vom Autor nicht einmal direkt bemerkt worden. Aus diesem Grund habe ich auch die oben verwendeten Wörter

„wörtlich" und „ungesagt" in Anführungszeichen gesetzt. Natürlich hängt ein Sinn zuweilen notwendigerweise von einem früheren oder primären Sinn ab, so daß die Wörter „Denotation" und „Konnotation" einer Unterscheidung entsprechen, deren Anwendung auf einen *besonderen* Text jedermann zustimmen würde. Für den Zweck einer angemessenen theoretischen Beschreibung ist es jedoch nützlicher, *termini* zu finden, die sowohl präzis als auch allgemein sind. Ich glaube, daß der weithin verwendete *terminus* „Implikation" beide Eigenschaften besitzt. Wenn man sagt, daß ein bestimmter Sinn von einer Äußerung impliziert wurde, so behauptet man nicht, daß er in jedem Fall „ungesagt" oder „sekundär" ist, sondern nur, daß er Teil eines größeren Ganzen ist. Es wird unterschieden zwischen einem Untersinn einer Äußerung und einer ganzen Reihe von Untersinnen, die sie besitzt. Diese Reihe, zusammen mit dem sie hervorbringenden Prinzip, nenne ich den „Sinn" der Äußerung, jeden Untersinn, der zu dieser Reihe gehört, nenne ich eine „Implikation".

Wohl kaum jemand würde bestreiten, daß das entscheidende Problem von Theorie und Praxis der Interpretation darin besteht, zwischen den möglichen Implikationen, die zum Sinn eines Textes gehören, und denen, die nicht dazu gehören, zu unterscheiden.[24] Ich habe den Standpunkt vertreten, daß, wenn solch ein Prinzip der Determiniertheit nicht bestünde – ein Prinzip also, nach dem wir mögliche Implikationen annehmen oder ablehnen – Kommunikation und Interpretation unmöglich wären. Die Determiniertheit des Wortsinns hängt völlig von der Determiniertheit der Implikationen ab, d. h. von der Existenz eines Prinzips, das ihre Zugehörigkeit oder ihren Aus-

---

[24] Klassische Beispiele für dieses Problem finden sich in William Empson, *Seven Types of Ambiguity* (3. Aufl., New York, 1955), das auf beinahe jeder Seite zeigt, was mit einer Interpretation passiert, wenn ein Text bewußt als „ein Stück Sprache" aufgefaßt und das Problem der richtigen Interpretation ignoriert wird. Wer weitere Beispiele für die hier angeschnittenen Fragen wünscht, sollte bei Empson nachschlagen.

schluß regelt. Das wichtigste Prinzip einer vorläufigen Unterscheidung ist zweifellos das, welches den Wortsinn von der Bedeutung trennt. Es lohnt sich, diese weithin übersehene Unterscheidung, über die seit der Zeit von Boeckh nichts mehr veröffentlicht wurde, noch einmal zu wiederholen, bevor man sich dem allgemeinen Problem der Implikation zuwendet.

Wenn, wie ich behauptet habe, der Wortsinn notwendigerweise den Charakter eines durch sprachliche Zeichen zu übermittelnden gewollten Typs besitzt, dann ist die Bedeutung jeder Sinn, der eine Beziehung zu dem so definierten Wortsinn aufweist, ohne Rücksicht darauf, wie neutral, anschaulich oder langweilig er sein mag. Wenn man also sagt, daß Gibbons Bemerkungen über den Aberglauben eine in seiner Zeit häufige Haltung reflektierten, dann weist dies auf einen Sinn hin, den Gibbons Werk im Verhältnis *zu* allgemeinen Gegebenheiten der Geschichte besitzt, nicht jedoch auf einen Sinn *im* Werk selbst. Der Unterschied zwischen diesen kleinen Präpositionen ist höchst wichtig und wird zu oft nicht beachtet. Bedeutung ist immer das Verhältnis eines Sinnes zu etwas, niemals der Sinn in etwas. Bedeutung schließt immer eine Beziehung zwischen dem, was in jemandes Wortsinn ist, und dem, was nicht dazu gehört, ein, selbst wenn diese Beziehung etwas mit dem Autor selbst oder mit seinem Gegenstand zu tun hat. Wenn Milton wirklich auf der Seite des Teufels stand, ohne es zu wissen, so wäre dies Teil des Sinns, den *Paradise Lost* im Verhältnis zu Miltons Persönlichkeit besitzt, also Teil der Bedeutung des Werks. Zweifellos lenken diese Beobachtungen auch Aufmerksamkeit auf bestimmte Charakteristiken des Sinnes *in Paradise Lost*. Literaturkritik und Interpretation sind ja, wie ich in einem folgenden Kapitel darlege, nicht autonom. Wenn man zwischen Fällen von Bedeutung und von Sinn nicht trennt, dann ist das Ergebnis die uns nun schon bekannte Verwirrung, denn die Bedeutungen auch des kürzesten und banalsten Textes sind buchstäblich grenzenlos. Nicht nur kann sein Wortsinn zu allen erdenklichen Verhältnissen in Beziehung gesetzt werden (historischen, linguistischen, psychologischen, physischen, metaphysischen, persönlichen, familiären und nationalen), sondern er kann auch zu verschiedenen Zeiten zu den sich wandelnden Zuständen aller möglichen Verhältnisse in Beziehung gesetzt werden. Nicht daß solch eine Übung sehr oft nützlich oder interessant wäre, aber man könnte es tun, und was für jemanden interessant oder nützlich ist, ist bei verschiedenen Leuten zu verschiedenen Zeiten äußerst verschieden. Als ich in den zwei vorausgehenden Abschnitten den Wortsinn sowohl vom symptomatischen Sinn als auch vom Gegenstand unterschied, habe ich lediglich zwei Arten von Bedeutung, die am öftesten mit dem Wortsinn verwechselt werden, untersucht. Es gibt jedoch noch außer diesen beiden zahllose verschiedene Arten von Bedeutung und genügend Spielraum für alle nur denkbaren literaturkritischen Übungen, vorausgesetzt, daß sich die Literaturkritik von den durch Verwechslungen bedingten Hemmungen befreit.

Während die Bedeutung von Natur aus keine Grenzen besitzt, gilt für die Implikation, daß dies bei ihr nicht der Fall ist. Die Natur ihrer Grenzen wird durch die nützliche, wenn auch nicht ganz zutreffende Metapher der etymologischen Abstammung angezeigt. „Eingewickelt sein" heißt im Inneren sein, um ausgewickelt oder entwickelt zu werden. Die Metapher ist nicht ganz zutreffend, weil sie den Eindruck erweckt, die Implikation sei immer verborgen, lauere zwischen den Windungen des offensichtlicheren oder primären Sinns. Dies ist natürlich sehr häufig der Fall, wenn auch nicht immer, da, wie ich bereits angedeutet habe, es nicht immer möglich ist, zwischen dem, was primär und offensichtlich ist und dem, was sekundär und verborgen ist, zu unterscheiden. Nichtsdestoweniger ist die Metapher insofern nützlich, als sie darauf hinweist, daß Implikationen sich innerhalb des Sinnganzen befinden und von einer Art Grenze, die den Sinn eingrenzt, umgeben sind. Die etymologische Metapher deutet also auf ein allgemeineres und, wie ich glaube, ganz unentbehrliches Begriffsmodell hin, das Modell vom Teil und vom Ganzen. Eine Implikation gehört zum Wortsinn, wie ein Teil zum Ganzen.

Eine bloß räumliche Vorstellung dieser Beziehung zwischen dem Teil und dem Ganzen ist jedoch unzureichend, da sie andeutet, daß es sich um ein im vollen Sinne physisches Objekt handle, dessen Teile den gleichen physischen Charakter besitzen wie das Ganze, das sie bilden. Die Besonderheit eines ganzen Sinns ist, daß er seine Integrität und Vollständigkeit selbst dann behält, wenn nicht alle seine Implikationen artikuliert worden sind. Anders ausgedrückt: der ganze Sinn ist nicht einfach eine Reihe von Teilen, sondern auch ein Prinzip für das Hervorbringen von „Teilen" — ein Prinzip, auf Grund dessen der Sinn irgendwie vollständig oder ganz ist, obwohl die Tätigkeit des Hervorbringens aller Teile unvollständig bleibt. Welches bemerkenswerte Prinzip ist das? Ich habe bereits bemerkt, daß es das Prinzip ist, welches einen Typ charakterisiert.[25] Bei der besonderen Kraft des Typs handelt es sich um die gleiche generative Kraft, die auch ein Sinn besitzt. Ein Typ ist unabhängig und vollständig, enthält jedoch gleichzeitig ein Prinzip, auf Grund dessen man beurteilen kann, ob eine denkbare Einheit zu dem Typ gehört beziehungsweise ihn verkörpert. Dieses Prinzip des Typs bedarf der näheren Ausführung.

Ein Typ ist eine Einheit, die in mehr als einem Einzelfall verkörpert sein oder durch mehr als einen Einzelfall wiedergegeben werden kann. Alles was einmalig ist, kann, soweit die einmaligen Aspekte betroffen sind, kein Typ sein. Gerade weil ein Typ in mehr als einem Einzelfall verkörpert sein kann, besitzt er die anscheinend magische Kraft, Teile seiner selbst zu enthalten und hervorzubringen, die er nicht *explicite* enthält. Betrachten wir zum Beispiel einen sehr einfachen Typ, ein rechtwinkliges Dreieck. Wir können dann sagen, daß der Typ die im Lehrsatz des Pythagoras formulierte Implikation enthält. Um die Darstellung möglichst einfach zu gestalten, gehe ich von der Annahme aus, daß in diesem Fall der Typ mit dem Gegenstand zusammenfällt, obwohl ein gewollter Typ von rechtwinkligem

---

[25] Kap. 2, Abschn. D.

Dreieck, der einige von dessen geometrischen Eigenschaften streng ausschließt, durchaus möglich ist. Warum aber enthält der Typ „rechtwinkliges Dreieck" die Implikation, daß das Quadrat der Hypotenuse der Summe der Quadrate der beiden anderen Seiten gleich ist? Antwortet man: „Weil es in der Natur rechtwinkliger Dreiecke liegt", so weicht man lediglich der Frage aus. Wenn man antwortet: „Weil der Lehrsatz des Pythagoras ein Teil des Sinns eines rechtwinkligen Dreiecks ist", so wäre dies anschaulicher, würde aber noch nicht erklären, wie „rechtwinkliges Dreieck" „Lehrsatz des Pythagoras" enthalten kann, insbesondere dann, wenn man seine Aufmerksamkeit nicht ausdrücklich auf den Lehrsatz richtete, als man den Typ intendierte. Der nächste Einwand wäre: „Aber dieser Satz trifft auf *alle* rechtwinkligen Dreiecke zu, muß also auch hier gelten." Damit beginnt der Sachverhalt sich zu erhellen, obwohl wir immer noch fragen mögen, wie ein Sinn den anderen „enthalten" kann. „Da ich mit Hilfe von Pythagoras gelernt habe, daß sein Satz für alle rechtwinkligen Dreiecke gilt, und da fast alle anderen dies ebenfalls gelernt haben, ist es möglich, den Satz des Pythagoras *als Teil* dessen, was ich meine, wenn ich ‚rechtwinkliges Dreieck' sage, zu meinen. *Wenn niemand je von diesem Lehrsatz gehört hätte, dann könnte er unmöglich Teil meines Wortsinns sein.* Der Satz gilt nicht nur für alle zu diesem Typ gehörenden Einzelfälle, wodurch er ein Charakteristikum des Typs wird, sondern andere wissen auch, daß er dazu gehört. Auf Grund *ihres* Wissens, ist der Satz in dem Sinn ‚rechtwinkliges Dreieck' enthalten. Man ist in der Lage, die Implikation hinzuzufügen, weil man den Typ kennt. Wäre man mit dem Typ nicht vertraut, so könnte man das nicht tun, und ich könnte die Implikation nicht übermitteln."

Wir sind nun zu einer befriedigenden Erklärung gekommen. Da ein Typ in mehr als einem Einzelfall verkörpert sein kann, sind seine bestimmenden Charakteristika allen Fällen dieses Typs gemeinsam. Da der Typ weiterhin durch mehr als einen Einzelfall wiedergegeben werden kann, kann er von mehr als einer Person geteilt oder gewußt werden. Wenn eine zweite

Person die Charakteristika des Typs in Erfahrung gebracht hat, kann sie diese Charakteristika „hervorbringen", ohne daß diese ihr *explicite* übermittelt worden sind. Es genügt, ihr lediglich einen entscheidenden Hinweis bezüglich des besonderen gemeinten Typs zu geben.

Eine Implikation gehört zu einem Sinn wie ein Zug zu einem Typ gehört. Damit eine Implikation zu einem Wortsinn gehören kann, ist es nötig, daß der Typ teilbar ist, da sonst der Interpret nicht wissen kann, wie er Implikationen hervorbringen soll; er würde nicht wissen, welche Züge zu dem Typ gehören und welche nicht. Der Interpret kann die Charakteristika des Typs nur auf eine Weise kennenlernen, indem er sie nämlich lernt. Denn diese Charakteristika sind normalerweise nicht „synkategorematisch", d. h. absolut zum Sinn gehörig wie Farbe und Ausdehnung. Selbst der pythagoräische Lehrsatz ist ein gelerntes Charakteristikum des rechtwinkligen Dreiecks, ganz gleich wie „notwendig" er auch scheinen mag, wenn man ihn einmal gelernt hat. Implikationen werden von einem geteilten und gelernten Typ abgeleitet; die Hervorbringung von Implikationen hängt deshalb vom früheren Erleben des geteilten Typs durch den Interpreten ab. Das Prinzip für die Hervorbringung von Implikationen ist letztlich und im weitesten Sinne eine gelernte Konvention.

Der Leser wird bemerkt haben, daß ich meine Beschreibung des Wortsinns absichtlich geringfügig geändert habe. Anstatt ihn einen „gewollten Typ" zu nennen, habe ich den Ausdruck „geteilter Typ" verwendet. Ich habe dadurch die Betonung von dem vom Autor gewollten Typ auf ein dem Autor und dem Leser gemeinsames Typerlebnis verlegt. Das ist die andere Seite der Münze. Wenn der Wortsinn ein gewollter Typ ist, der durch sprachliche Zeichen übermittelt werden kann, dann folgt, daß die Möglichkeit des Übermittelns eines gewollten Typs vom früheren Erleben des gewollten Typs durch den Interpreten abhängt. Der Interpret könnte sonst keine Implikationen hervorbringen; er würde nicht wissen, welche Implikationen zum Sinn gehören und welche nicht. Der gewollte Typ muß ein geteilter Typ sein, damit Kommunikation stattfinden kann. Damit wird aber nur gesagt, daß der gewollte Typ sich im Rahmen bekannter Konventionen befinden muß, damit er geteilt werden kann – eine Notwendigkeit, die dem Konzept der Teilbarkeit von Anfang an innewohnte.

In diesem Kapitel habe ich die Hauptbetonung auf den Willen des Autors gelegt, weil mein Hauptthema die Determiniertheit des Wortsinns war und weil der Wille des Autors eine förmliche Voraussetzung der Determiniertheit ist. Von gleicher Bedeutung ist die Teilbarkeit des Wortsinns, und die notwendige Voraussetzung dafür ist das Vorhandensein geteilter Konventionen. Der Wortsinn ist sowohl ein gewollter als auch ein geteilter Typ. Das zweite Charakteristikum wird das Hauptthema meines nächsten Kapitels sein.

3. DER BEGRIFF DES GENRE

Aber wieviele verschiedene Arten von Sätzen gibt es denn? Sagen wir, Behauptung, Frage und Befehl? Es gibt zahllose solcher Arten: zahllose verschiedene Verwendungsweisen dessen, was wir „Zeichen", „Wörter", „Sätze" nennen. Und diese Vielheit ist nichts Festgelegtes, nichts ein für allemal Gegebenes, sondern neue Sprachtypen, neue Sprachspiele, wie wir sagen können, werden existent, andere werden veraltet und vergessen.
Ludwig Wittgenstein

Ich habe aus Gründen der Klarheit eine Seite eines komplexen Vorgangs, der seinem Wesen nach zweiseitig und reziprok ist, betont. Die Sprache ist nicht nur Ausdruck von Sinn, sondern auch Interpretation von Sinn, wobei jeder Pol durch und für den anderen besteht, und keiner seinen Zweck ohne den anderen erfüllen könnte. Wenn es bei einer Untersuchung vor allem um die Interpretation geht, so wird ein Theoretiker wahrscheinlich auf Kategorien wie „öffentliche Normen", „Traditionen", „Kontexte" und „sprachliche Notwendigkeit" Wert legen. Wenn andererseits der Sinn das Hauptthema ist, dann wird er sich bemüßigt fühlen, die Notwendigkeit des bestimmenden Willens des Autors anzuerkennen. Ist er vor allem an der Interpretation interessiert, so wird er überdies den Ausgangspunkt der Interpretation, nämlich eine Folge sprachlicher Zeichen und einen Kontext in den Mittelpunkt stellen; indem er davon ausgeht, wird er veranlaßt, die unabhängige determinierende Kraft dieser zwei vorgegebenen Elemente zu betonen. Ist der Hauptgegenstand seiner Untersuchung jedoch das Wesen des Sinns, dann geht er verständlicherweise davon aus, daß die Zeichen etwas repräsentieren, und er hat Grund, den Akzent auf die determinierende Kraft des Willens des Autors, der benötigt wird, damit die Zeichen etwas repräsentieren, zu legen. In jedem der beiden Fälle könnte der Theoretiker seine einseitige Betonung einschränken, indem er zugesteht, daß sich die Interpretation auf den von irgend jemandem gegebenen Sinn beziehen muß, oder daß sich der Sinn den kommunikativen Grenzen und der richtunggebenden Kraft der Sprache beugen muß; diese Einschränkungen räumen jedoch nicht die irreführenden Akzentuierungen aus dem Weg, die notwendigerweise entstehen, wenn man sich hauptsächlich auf die Interpretation oder allein auf den Sinn konzentriert. Der kritische Leser wird wahrscheinlich das Gefühl haben, daß ich einen zu starken Akzent auf den Willen des Autors gelegt und dabei die unabhängige richtunggebende Kraft der Sprache vernachlässigt habe. Es bedarf jedoch manchmal einer Überbetonung, um eine Unterbetonung auszugleichen. Nachdem ich diese mir wesentlich scheinende, früher weithin vernachlässigte Feststellung getroffen habe, werde ich nun daran gehen, die Zweiseitigkeit der Sprache in ausgeglichenerer Weise zu untersuchen und dabei den notwendigen Erfordernissen sowohl des Sinns als auch der Interpretation meine Aufmerksamkeit zuwenden.

Das große und paradoxe Problem, dem man sich gegenüber sieht, wenn man die Zweiseitigkeit der Sprache betrachtet, besteht darin, daß die allgemeinen Normen der Sprache elastisch und veränderlich sind, während die Normen, denen eine bestimmte Äußerung unterliegt, endgültig und bestimmt sein müssen, wenn durch eine Äußerung ein determinierter Sinn mitgeteilt werden soll. Ich habe wiederholt darauf hingewiesen, daß unter allgemeinen Sprachnormen keine Wortfolge die Grenzen eines determinierten Sinns festlegen kann, und ich habe ebenfalls gesagt, daß diese Normen durch bloße Bezugnahme auf einen Kontext nicht hinreichend eingeengt werden.[1] Es bedarf darüberhinaus einer weiteren Dimension, die wir durch einen Hinweis auf das Werk von Saussure und Wittgenstein andeuten können.

---

[1] Zur Diskussion des Kontextes siehe Kap. 2, Abschn. D und in diesem Kapitel Abschn. B.

Als ich auf den Unterschied zwischen den allgemeinen und den für eine bestimmte Äußerung geltenden Sprachnormen hinwies,[2] wollte ich auf einen Aspekt von Saussures epochemachender Unterscheidung zwischen *langue* und *parole* aufmerksam machen. Saussure enthüllte die enorme Wichtigkeit der einfachen Unterscheidung zwischen Möglichkeit und Tatsächlichkeit in der Sprache.[3] „Sprachnormen" ist ein variabler Begriff, weil er auf die Möglichkeiten, nicht auf die Tatsächlichkeiten der Sprache Bezug nimmt. „Normen einer Äußerung" ist ein ganz andersgearteter Begriff. Er bezieht sich auf die Normen, die jene Äußerung bestimmen und begrenzen, nicht auf die weite unbestimmte Reihe derjenigen Normen, die das tun könnten.

Wittgensteins fruchtbare Überlegungen über die Sprache nehmen zwar von Saussures Werk nicht Kenntnis, befassen sich jedoch mit dem gleichen Thema und gelangen in einigen Fällen zu den gleichen Einsichten. Den Sinn einer Äußerung zu verstehen, gleicht dem Erlernen der Regeln eines Spiels.[4] Man muß die Regeln gelernt haben, um das Spiel richtig spielen zu können. Da es aber sehr viele Spiele gibt *(langue)*, und da man wissen muß, welche Regeln in einem bestimmten Spiel anzuwenden sind *(parole)*, ergibt sich ein Problem. Wie kann man wissen, welches Spiel gespielt wird? Sich aller Regeln bemächtigt zu haben, d. h. die Normen einer Sprache gelernt zu haben, bedeutet noch nicht, daß man weiß, welche Normen in einem bestimmten Fall anzuwenden sind. Dieses Problem ist sicherlich der Grund für viele Meinungsverschiedenheiten zwischen qualifizierten Interpreten. Selbst wenn sie alle Spiele kennen, können sie immer noch verschiedener Meinung darüber sein, welches Spiel sie gerade spielen.

---

[2] Siehe Kap. 1, Abschn. C.
[3] Ferdinand de Saussure, *Course in General Linguistics*, hrsg. v. C. Bally und A. Sechehaye, übers. v. W. Baskin (New York, 1959), S. 14 u. 19.
[4] Wittgenstein, *Philosophical Investigations*, S. 26 u. passim.

In gewissem Sinn ist das Problem unlösbar. Wir können niemals sicher sein, welches Spiel gespielt wird, weil wir in keinem Fall ein Buch mit den Regeln besitzen. Wir müssen, wie Wittgenstein feststellt, durch das Spielen lernen. Der Interpret mag jedoch immer noch mit Recht die Frage stellen, wie jemand, der kein Regelbuch besitzt, die Regeln für ein Spiel lernen kann, das nie zuvor gespielt wurde und nur einmal gespielt wird. Die Antwort ist, daß unter solchen Bedingungen niemand die Regeln lernen kann, und daß jede das Gegenteil implizierende Darstellung offensichtlich falsch ist. Es war folglich irreführend von mir zu sagen, daß ein Interpret „die für eine bestimmte Äußerung geltenden Normen" lernen müsse. Niemand kann sie allein dadurch lernen, daß er das bloße Erlebnis der Äußerung hat. Man muß ein Spiel mehrmals spielen, bevor man es wirklich versteht und die Regeln dadurch lernt. Das Spiel muß daher nicht nur mit einer Äußerung, sondern mit einem Äußerungstyp in Verbindung gebracht werden, d. h. mit mehreren Äußerungen, die, um Wittgensteins Ausdruck zu gebrauchen, eine „Familienähnlichkeit" aufweisen.[5] Für Sprachspiele (Äußerungen), die völlig einmalig sind, kann es keine öffentlichen Normen, keine geteilten Regeln geben.

Auch hier erweist sich der Begriff des Typs als unentbehrlich. Da ein Typ in mehr als einem Einzelfall repräsentiert sein kann, stellt er eine Brücke zwischen Einzelfällen dar; nur solch eine Brücke kann die Partikularität des Sinns mit der Sozialität der Interpretation verbinden. Gewiß kann ein kommunizierbarer Sinn einmalige Aspekte besitzen; dies ist in der Tat bei jedem Sinn der Fall. Er muß jedoch auch zu einem erkennbaren Typ gehören, um kommunizierbar zu sein.

Ich habe bereits die Meinung vertreten, daß jeder besondere sprachliche Sinn, wie „der Tod des Buonaparte", typbestimmt ist, und daß eine Implikation zu einer Äußerung gehört wie ein Zug zu einem Typ. Ich habe diese Untersinne oder Züge

---

[5] Ebenda, S. 32.

„Implikationen" genannt und sie damit von dem größeren „Typ" unterschieden, zu dem sie gehören, und den ich „Sinn der Äußerung" genannt habe. Da diese Implikationen jedoch nicht nur Züge eines Typs, sondern auch selbst Typen sind, empfiehlt es sich, jeden Typ, der den ganzen Sinn einer Äußerung umfaßt, mit dem traditionellen Ausdruck „Genre" zu bezeichnen – ein Begriff, den ich im nächsten Kapitel zu präzisieren versuche. Durch die Verwendung dieses Begriffs läßt sich das Paradoxon vom individuellen Sinn und der variablen Interpretation auflösen, indem man davon ausgeht, daß ein Sprecher und ein Interpret nicht nur die variablen und unfesten Sprachnormen, sondern auch die besonderen Normen eines bestimmten Genres beherrschen müssen.

A. Das Genre und die Idee des Ganzen

Die zentrale Rolle, die der Begriff des Genre bei der Interpretation spielt, läßt sich besonders leicht erfassen, wenn der Vorgang der Interpretation schwierig verläuft oder wenn sie revidiert werden muß. „Oh, du hast die ganze Zeit über ein Buch gesprochen, und ich dachte, du meintest ein Restaurant." Oder ein anderes Beispiel: „Ich dachte, ich verstünde dich, aber jetzt bin ich mir nicht sicher." Solche Erkenntnisblitze oder Einsichten in Mißverständnisse ereignen sich immer nach dem gleichen Schema. Der Sinn, der gerade verstanden wird, hat sich normal und mehr oder weniger erwartungsgemäß enthüllt, bis völlig unerwartete Wort- oder Ausdruckstypen vorkommen. Wenn das geschieht, kann ein Interpret entweder alles von ihm bis dahin Verstandene revidieren und einen neuen und anderen Sinntyp annehmen, oder er kann den Schluß ziehen, daß er den Sinn, welcher Art dieser auch immer sein mag, nicht verstanden hat. Solche Erfahrungen, bei denen ein Mißverständnis während des Vorgangs der Interpretation erkannt wird, veranschaulichen einen höchst wichtigen, normalerweise verborgenen Aspekt der Sprache. Sie zeigen, daß völlig unabhängig von der Wortwahl des Sprechers und, was noch bemerkenswerter ist, völlig unabhängig vom Kontext einer Äußerung, die von einem Interpreten verstandenen Sinndetails in erheblichem Maße von seinen Sinnerwartungen bestimmt und gebildet werden. Diese Erwartungen ergeben sich wiederum aus der Auffassung des Interpreten vom gerade ausgedrückten Sinntyp.

Mit „Sinntyp" möchte ich natürlich nicht nur einen Typ von Mitteilung, Thema oder sonst etwas einfach Inhaltliches bezeichnen. Die Erwartungen des Interpreten umfassen weit mehr als nur das. Sie schließen eine Reihe von Elementen ein, die in der Äußerung oder ihrem Kontext vielleicht nicht ausdrücklich enthalten sind, zum Beispiel die zwischen Sprecher und Interpret vorausgesetzte Beziehung, die Art des verwendeten Vokabulars, der verwendeten Syntax, der vom Sprecher eingenommenen Haltung, des nicht explizit ausgedrückten Sinns, der mit dem ausdrücklich formulierten impliziert ist. Solche Erwartungen sind stets eine notwendige Voraussetzung für das Verständnis, weil der Interpret nur durch sie die Wörter, auf die er trifft, sinnvoll auslegen kann. Er ist der Meinung, „dies ist ein bestimmter Sinntyp", und seine Auffassung vom Sinn als Ganzem begründet sein Verständnis der Details und hilft dieses zu bestimmen. Diese Tatsache wird immer dann deutlich, wenn ein Mißverständnis plötzlich erkannt wird. Wie hätte es schließlich erkannt werden können, wenn die Erwartungen des Interpreten nicht plötzlich enttäuscht worden wären? Wie kann etwas Überraschendes oder Verwirrendes passieren, das eine Revision des früheren Verständnisses erzwingt, wenn der Interpret keine Erwartungen besaß, die enttäuscht werden konnten? Weiterhin gilt, daß diese Erwartungen sich nur aus der Vorstellung eines Genres ergeben konnten: „In diesem Typ von Äußerung erwarten wir diese Typen von Zügen". Da Erwartungen nicht aus dem Nichts entstehen, müssen sie zum größten Teil aus früheren Erlebnissen hervorgehen: „In diesem Typ von Äußerung erwarten wir diese Typen von Zügen, weil wir aus Erfahrung wissen, daß solche Züge sich bei solchen Äußerungen finden."

Die entscheidende Funktion generischer Erwartungen kann durch ein sehr einfaches Beispiel veranschaulicht werden, bei dem die Interpretation eines Gedichts nicht nur durch einen geringfügigen Fehler der Identifikation eines bestimmten Typs von Vergleich, sondern auch durch einen Fehler bei der Bestimmung des Genres, der in der Verwechslung des einen Typs von Abschiedsgruß mit einem anderen bestand, bestimmt wurde. Was mein besonderes Erstaunen erregte, als ich dieser falschen Auslegung in meinem Unterricht begegnete, war die Schwierigkeit, die Studenten davon zu überzeugen, daß ihre Auslegung falsch war. Sie blieben davon überzeugt, daß Donnes „A Valediction Forbidding Mourning" von einem Sterbenden gesprochen wird, und daß es die spirituelle Einheit in und nach dem Tod zum Thema hat. Das Gedicht beginnt folgendermaßen:

>As virtuous men pass mildly away,
>And whisper to their souls to go,
>Whilst some of their sad friends do say,
>‚Now his breath goes', and some say ‚No',
>
>So let us meet and make no noise,
>No tear-floods nor sigh-tempests move.

In der Mitte des Gedichts trägt die Darstellung des Themas von der Einheit in der Trennung nichts dazu bei, den Gedanken zu widerlegen, daß das Hauptthema der Tod ist:

>Our two souls therefore, which are one,
>Though I must go, endure not yet
>A breach.

Der Gedanke an den Tod wird in den Schlußzeilen erneut bestärkt:
>Thy firmness makes my circle just,
>And makes me end where I begun.

Viele Leser werden zweifellos davon überzeugt bleiben, daß das Hauptthema des Gedichts der Tod ist, obwohl das Werk fast sicherlich von einer vorübergehenden physischen Abwesenheit handelt und der Sprechende fast sicherlich kein Sterbender ist.

Meine Studenten blieben von ihrer Ansicht überzeugt, weil es keine Stelle im Text gibt, die sie dazu zwang, ihre Meinung zu ändern. Alles von ihnen Gefundene konnte auf zulässige Weise ihre Auslegung stützen. Nachdem sie einmal mit einer falschen Auffassung von dem dort ausgedrückten Sinntyp begonnen hatten, fanden sie alle ihre Erwartungen erfüllt. Sie hatten angenommen, daß das Wort „mourning" im Titel sich auf den Tod beziehen müsse. Das Bild des Sterbenden in den ersten Zeilen bestätigte dann diese Annahme ebenso wie alles andere in dem Gedicht. Es ist überflüssig zu sagen, daß die verschiedenen Bilder, Vergleiche und Argumente einen anderen Sinn annehmen, der sich ebenfalls mit Recht auf den Text stützen kann, wenn man bei der Interpretation von einer weniger „tödlichen" Auffassung ausgeht. Durch dieses Erlebnis wurde in mir die Meinung bestärkt, daß die bei einem Interpreten vorher bestehende generische Auffassung eines Textes für sein gesamtes nachfolgendes Verständnis mitbestimmend ist, und daß dies so lange der Fall ist, bis die generische Auffassung Änderungen unterworfen wird.[6]

Man sollte dieses Phänomen nicht als eine Art besonderer Fallgrube für ungeübte Leser betrachten. Dies ist der tröstende aber täuschende Glaube einiger Interpreten, die an die semantische Autonomie von Texten glauben. Ein zur Selbstkritik fähiger Interpret weiß es besser. Emil Staiger legte einmal ein öffentliches Bekenntnis davon ab, wie ihn eine fehlerhafte generische Auffassung eines Gedichts veranlaßt hatte, es lange Zeit falsch auszulegen. Er war dabei gewesen, einen kurzen Text in eine Sammlung von Gedichten aufzunehmen, wobei er von der Annahme ausging, es handle sich um ein altes Volkslied. Erst nach längerer Forschung entdeckte er, daß es sich um ein Liebesgedicht aus der Mitte des 19. Jahrhunderts handelte. Sein

---

[6] Siehe Kap. 5, Abschn. A.

Verständnis des Textes änderte sich dadurch beträchtlich: „Nachträglich finde ich nun, bereits die erste Strophe sei viel zu weich und stimmungsvoll für ein altes Volkslied; der süße und linde Wind, der den Klang herüberträgt, streife bereits an die Grenze spätromantischer Weichlichkeit... Ich habe mir sagen lassen, in welchen Zusammenhang das Gedicht gehört, und habe so gleichsam seinen Klang durch historische Resonanzen verstärkt. Nun höre ich jedes Detail genau."[7]

Dies wurde in einem Buch, das eine ganz andere These stützen sollte, nämlich I. A. Richards' *Practical Criticism*, systematisch veranschaulicht. Als Richards, um den unzureichenden Charakter der literarischen Schulbildung in England zu demonstrieren, eine Anzahl von Studenten aufforderte, Interpretationen unbekannter Gedichte zu schreiben, die ihnen ohne Titel und ohne Autorenangabe vorgelegt wurden, da differierten natürlicherweise die Resultate erheblich. Richards war der Meinung, daß geübtere Studenten nicht so sehr verschiedener Meinung sein würden; die Ergebnisse eines neuen *Practical Criticism*, das Interpretationen besser ausgebildeter Studenten enthielte, würde Professor Richards sehr wahrscheinlich enttäuschen. Das Vokabular der Interpretationen wäre zwar ein anderes, die Diskrepanzen und Divergenzen jedoch weitgehend dieselben. Denn in Wirklichkeit zeigte *Practical Criticism*, daß Leser ohne hilfreiche Orientierungsmittel wie Titel und Autorangaben aller Wahrscheinlichkeit nach zu sehr verschiedenen generischen Auffassungen von einem Text gelangen; diese Auffassungen werden wiederum ihr Verständnis des Textes bestimmen. Da ihre Interpretationen in erheblichem Maße vom Erraten des ausgedrückten Sinntyps abhängen, und da dieses Raten angesichts der Abwesenheit von Orientierungspunkten ganz verschiedene Resultate bringen wird, ist es unvermeidlich, daß das Richardssche Experiment stets ähnliche Ergebnisse zeitigt. Die Auffassung eines Interpreten vom jeweiligen Sinn-

---

[7] Emil Staiger, *Die Kunst der Interpretation* (Zürich, 1955), S. 15–16.

typ beeinflußt in sehr beträchtlichem Umfang sein Verständnis der Einzelheiten. Dieses Phänomen läßt sich auf allen Ebenen der Verständnisfähigkeit finden und ist der Hauptgrund für Meinungsunterschiede zwischen qualifizierten Interpreten.

Dies scheint die Auffassung nahe zu legen, daß eine Interpretation gänzlich von der generischen Auffassung abhängt, mit der der Interpret zufälligerweise beginnt; solch ein Schluß wäre jedoch zu einfach und zu defaitistisch, wie das gelegentliche Erkennen von Mißverständnissen beweist. Wenn die generische Vorstellung vom Sinnganzen nicht durch das Erlebnis nachfolgender Einzelheiten in Verwirrung gebracht und als falsch erwiesen werden könnte, so würden wir niemals erkennen, daß wir etwas mißverstanden haben. Andererseits ist die Feststellung wesentlich, daß in den meisten Fällen unsere Erwartungen weder in Verwirrung gebracht noch als falsch erwiesen werden. Wir finden die Sinntypen, die wir zu finden erwarteten, weil das von uns Gefundene in erheblichem Maße durch das Erwartete beeinflußt wurde. Unsere Auslegung ergibt ständig den *einen* Sinn statt eines *anderen*, weil der *eine* Sinn zu dem von uns gerade interpretierten Sinntyp gehört, der *andere* aber nicht. Begegnet uns zufällig etwas, was nur als etwas *anderes* ausgelegt werden kann, so haben wir wieder von vorne anzufangen und einen anderen Sinntyp zu postulieren, zu welchem das *andere* paßt. Indem wir jedoch unsere generische Auffassung revidieren, haben wir bereits wieder von vorne begonnen, bis schließlich unser ganzes Verständnis von der neuen generischen Auffassung gebildet und zum Teil bestimmt worden ist. Während es also nicht richtig ist zu behaupten, daß eine Interpretation gänzlich von der generischen Auffassung abhängig ist, mit der ein Interpret zufällig beginnt, ist es dennoch so, daß seine Interpretation von der letzten unrevidierten generischen Auffassung, die er zugrunde legt, abhängt. Jedes Verständnis des Wortsinns wird notwendigerweise vom Genre bestimmt.

Natürlich ist die Beschreibung des Wesens des Verständnisses als durch das Genre bestimmt eine Version des hermeneutischen

Zirkels, der in seiner klassischen Formulierung als die Interdependenz von Teil und Ganzem beschrieben wurde: das Ganze kann nur durch seine Teile, die Teile können nur durch das Ganze verstanden werden. Diese traditionelle Formulierung verundeutlicht jedoch einige der Vorgänge, die sich beim Verstehen abspielen, in einem unnötigen Paradoxon. Zweifellos ist richtig, daß eine Vorstellung vom Ganzen unser Verständnis der Teile bestimmt, verbindet und vereinheitlicht. Ebenso gilt, daß unsere Vorstellung vom Ganzen aus einer Begegnung mit den Teilen hervorgehen muß. Diese Begegnung könnte sich jedoch nicht abspielen, besäßen die Teile nicht eine Autonomie, die von vorneherein eine bestimmte Art von Ganzem nahelegt. Ein Teil – ein Wort, ein Titel, ein syntaktisches Muster – ist häufig insofern autonom, als der eine oder andere seiner Aspekte sich stets gleich bleibt, ohne Rücksicht darauf, zu welchem Ganzen er gehört. Eine syntaktische Inversion wie „Fair stands the wind for France" wird als Inversion aufgefaßt, ganz gleich wo sie vorkommt, und da wir wissen, daß solch eine Inversion zu einem bestimmten Typ von Äußerungen gehört, erleben wir den unveränderlichen Aspekt eines Teils als einen Zug, der einen ganz bestimmten Sinntyp charakterisiert. Nachdem wir das Erlebnis dieses Zuges vollzogen haben, werden wir dazu veranlaßt, andere zu erwarten, die zu dem nämlichen Typ gehören. Dieses System der Erwartungen, das zunächst vage, später mehr explizit ist, bildet eben die unser Verständnis bestimmende Vorstellung vom Ganzen. Es ist natürlich möglich, daß wir etwas Falsches vermuten, und es ist richtig, daß unsere Vermutung viele der Züge, die wir im Folgenden erleben, bestimmt und bildet; aber nicht alle Züge sind vom Genre abhängig (gleiche Züge können verschiedenen Genres angehören), und nicht alles ist beim Verstehen vom Wörtern variabel. Das Verstehen ist schwierig, aber nicht unmöglich, und der hermeneutische Zirkel ist weniger geheimnisvoll und paradox, als viele Vertreter der deutschen hermeneutischen Tradition ihn dargestellt haben.

Eine Definition des hermeneutischen Zirkels in den *termini* von Genre und Einzelzug anstatt von Teil und Ganzem bietet folglich nicht nur eine exaktere Beschreibung des interpretativen Vorgangs, sondern sie löst auch das widerspenstige Paradoxon auf. Allerdings stellt eine solche Beschreibung ihre eigenen Probleme, von denen das wichtigste das ist, daß der Begriff „Genre" noch unpräzis und variabel ist. Offensichtlich ist die Vorstellung von einem Genre nicht etwas Festes, sondern etwas, das sich beim Vorgang des Verstehens verändert. Sie ist zunächst vage und unausgefüllt; später, mit zunehmendem Verständnis, wird das Genre expliziter, der durch ihn ausgelöste Erwartungsbereich wird viel enger. Diese spätere, explizitere und engere generische Konzeption muß natürlich unter die ursprüngliche, weitere generische Konzeption subsumiert werden, wie eben eine Variante unter eine Gattung zu subsumieren ist. Dennoch ist ein Terminus, der in seiner Anwendung so variabel ist, noch nicht theoretisch zu nützen. Eine meiner Hauptabsichten im nächsten Anschnitt wird es sein, das Wort „Genre" genauer zu definieren.

B. Das wahre Genre

Die Variabilität der Auffassung vom Genre ist ausschließlich ein Kennzeichen der Interpretation, nicht des Sprechens. Der Interpret muß über die Art des Sinns, mit der er es zu tun hat, Vermutungen anstellen, da er ohne diese Vermutungen seine vorübergehenden Begegnungen mit den Details auf keine Weise begründen und vereinheitlichen kann. Ein individueller Zug bleibt ohne Begründung und Sinn, wenn er nicht als Teil in einem Sinnganzen aufgefaßt wird, und diese Vorstellung vom Ganzen muß eine mehr oder weniger detaillierte Vermutung über die zu interpretierende Art von Äußerung sein. Vorstellungen vom Genre haben folglich bei der Interpretation notwendigerweise eine heuristische Funktion zu erfüllen, und heuristische Instrumente wirft man bekanntlich beiseite, wenn sie ihren Zweck erfüllt haben. Nichtsdestoweniger ist eine generische Konzeption nicht einfach ein Werkzeug, das weggeworfen werden kann, sobald ein gewisses Verständnis erreicht worden ist, da, wie ich im vorausgehenden Abschnitt dargelegt habe, das Verständnis selbst vom Genre abhängig ist. Die generische Konzeption erfüllt sowohl eine heuristische als auch eine konstitutive Funktion. Dies ist der Grund dafür, daß das Konzept des Genres nicht hoffnungslos instabil ist. Denn wenn ein richtiges Verständnis erreicht worden ist, und wenn das Verständnis vom Genre abhängig ist, so folgt, daß der Wortsinn ebenfalls vom Genre abhängen muß. Die Konzeption eines Genres ist sowohl für das Sprechen als auch für das Interpretieren von konstitutivem Charakter, was der Grund dafür ist, daß der Begriff des Genres seinen willkürlichen und variablen Charakter besitzt.

In welchem Sinn ist nun der Wortsinn vom Genre abhängig? Es ist zunächsteinmal offensichtlich, daß nicht nur das Verstehen, sondern auch das Sprechen von einer Vorstellung von der Äußerung als Gesamtheit bestimmt und gebildet sein muß. Wie brächte es ein Sprecher sonst fertig, ein Wort nach dem anderen zu setzen, wenn nicht seine Wahl und sein Wortgebrauch durch eine bestimmende Konzeption bedingt würden? Es muß eine Art übergreifender Vorstellung geben, die die zeitliche Abfolge des Sprechens bestimmt, und diese bestimmende Vorstellung des Sprechers, wie die des Interpreten, muß ein System von Erwartungen einschließen; denn die zu sagenden Wörter sind ja zunächst noch nicht im Bewußtsein des Sprechenden gegenwärtig, während die Wörter, die er bereits gesprochen hat, bereits sein Bewußtsein verlassen haben. Niemand hat dieses Wunder des Bewußtseins und der Sprache besser beschrieben als St. Augustin:

Ich bin im Begriff, einen mir bekannten Psalm zu wiederholen. Bevor ich beginne, umfaßt meine Erwartung schon das Ganze: Aber sobald ich einmal begonnen habe, nehme ich stets einen bestimmten Teil in die Vergangenheit mit; soviel umfaßt dann auch mein Gedächtnis: Das Leben dieser meiner Handlung erstreckt sich folglich nach zwei Seiten: in mein Gedächtnis, insofern als es den

Teil betrifft, den ich bereits wiederholt habe, und auch in die Richtung meiner Erwartung, in Bezug auf das, was zu wiederholen ich jetzt im Begriffe bin; aber die ganze Zeit ist meine Fähigkeit zu unterscheiden zur Hand, durch die das, was Zukunft war, in das, was Vergangenheit werden kann, übertragen wird: je weiter sich dieser Vorgang erstreckt, um so mehr werden die Erwartung verkürzt und das Gedächtnis vergrößert bis schließlich die ganze Erwartung völlig verschwunden ist, wenn nämlich am Ende der ganzen Handlung sie ganz in mein Gedächtnis übergegangen ist. Was nun in diesem ganzen Psalm geschieht, das geschieht auch in jedem seiner Teile, ja in jeder Silbe; die gleiche Ordnung besitzt auch für eine längere Handlung Gültigkeit, wovon vielleicht dieser Psalm nur ein Teil ist. (Con. XI, 28)

Augustinus wählte als Beispiel einen ihm bekannten Psalm, weil es sein Ziel war, eine Analogie zum Vorwissen Gottes darzustellen. Seine Bemerkungen gelten jedoch für alle Äußerungen, selbst für diejenigen, für die das System der Erwartungen weniger feststeht, als für eine im Gedächtnis festgehaltene Äußerung.

Ist es gerechtfertigt, die bestimmende Vorstellung des Sprechers vom Ganzen eine generische Konzeption zu nennen? Könnte es sich nicht einfach um eine Auffassung handeln, die auf „diesen besonderen, einmaligen Sinn" beschränkt ist? Eine solche Beschränkung ist aus zwei Gründen nicht möglich. Erstens besitzt die bestimmende Konzeption eine inexplizite Dimension, weil die Details der Äußerung nicht alle zur gleichen Zeit dem Bewußtsein gegenwärtig sind. Das System der Erwartungen, das die Wortfolge des Sprechenden bestimmt, besitzt zunächst einen weiten Bereich möglicher Erfüllungen. Jeder hat schon bemerkt, daß er dieselbe Geschichte nicht immer auf die gleiche Weise erzählt, denn selbst wenn jedes Erzählen von der gleichen generischen Konzeption bestimmt wäre, so sind doch Sätze und Sinn normalerweise nicht genau identisch. Der zweite Grund dafür, daß die bestimmende Konzeption des Sprechenden von generischem und nicht von einmaligem Charakter sein muß, ist mehr grundsätzlicher Art. Selbst wenn der Sinn, den ein Sprecher zu kommunizieren wünscht, ungewöhnlich ist (und einige Aspekte des von ihm übermittelten Sinns werden fast immer einmalig sein), so weiß er doch, daß er, um seinen Sinn zu übermitteln, das wahrscheinliche Verständnis des Interpreten in Rechnung stellen muß. Wenn das System der Erwartungen und Assoziationen des jeweiligen Interpreten seinem eigenen entsprechen soll, so muß er sprachliche Verwendungsweisen annehmen, die nicht nur seinen eigenen Erwartungen, sondern auch denen des Interpreten angepaßt sind. Diese imaginative Übertragung vom Sprecher auf den Interpreten befindet sich in einer Parallele zu der vom Interpreten zum Sprecher und wird von Bally *dédoublement de la personalité*[8] genannt.

Der Sprecher kann diese Sozialisierung seiner Erwartungen nur dann erreichen, wenn er die ihm selbst und seinem Interpreten gemeinsamen typischen früheren Verwendungsweisen und Erlebnisse kennt. Durch diese gemeinsamen früheren Erlebnisse, ist der Sinntyp, den er übermitteln will, auch der Sinntyp, den sein Interpret zu erwarten veranlaßt wird. Es ist offenbar, daß diese Erwartungen zu einem Sinntyp gehören müssen und nicht nur zu einem einmaligen Sinn, da der Interpret sonst keine Möglichkeit besäße, sie zu erwarten. Der Sprecher weiß also, daß sein Sinntyp in einem Typ des üblichen Sprachgebrauchs begründet sein muß, da der Interpret nur aus bestimmten Zügen des Sprachgebrauchs, wie Wortschatz, syntaktische Muster, invariable Formulierungen u. s. w., den Sinntyp des Sprechers erschließen kann. Der Sinntyp ist folglich stets notwendigerweise an Typen des Sprachgebrauchs gebunden; dieses ganze komplexe System von gemeinsamen Erlebnissen, von Zügen des Sprachgebrauchs und Sinnerwartungen, auf die sich der Sprecher verläßt, bilden die generische Konzeption, die seine Äußerung bestimmt. Verständnis kann sich nur vollziehen, wenn der Interpret unter dem gleichen System von Erwartungen vorgeht; diese gemeinsame generische Konzeption, die

---

[8] Charles Bally, *Linguistique générale et linguistique française* (2. Aufl., Bern, 1944), S. 37.

sowohl für den Sinn als auch für das Verstehen konstitutiv ist, ist das wahre Genre der Äußerung.

Das Problem der Definition des „wahren Genres" ist jedoch in einem weiteren Sinne noch immer vorhanden, und offensichtlich besteht der schwierigste Aspekt dieses Problems darin, zu entscheiden ob diese Größe stets gegeben ist. Gibt es ein wirklich stabiles generisches Konzept, das den Sinn bestimmt und das irgendwo zwischen der vagen heuristischen Vorstellung vom Genre, mit der ein Interpret stets beginnt, und dem individuellen, bestimmten Sinn, mit dem er endet, liegt? Man scheint diese Frage zunächst negativ beantworten zu müssen, da offensichtlich die Vorstellung des Interpreten vom Ganzen ständig mehr explizit wird, bis die Genrevorstellung unmerklich in den besonderen und individuellen Sinn übergeht. Wenn dem so ist, und wenn das wahre Genre als die gemeinsame Konzeption von Sprecher und Interpret definiert wird, dann scheint sich daraus zu ergeben, daß das von mir als „das wahre Genre" Bezeichnete nicht mehr und nicht weniger als der Sinn einer Äußerung als Gesamtheit ist. Es ist offensichtlich eine nutzlose Tautologie zu behaupten, daß der Interpret den Sinn des Sprechers verstehen muß, um den Sinn des Sprechers zu verstehen. Dies wäre ein Kreis, der nicht weiter hilft als das von Heidegger verbreitete Paradoxon des hermeneutischen Zirkels. Wenn wir die Unterscheidung zwischen dem Sinntyp und dem Sinn selbst nicht aufrecht erhalten können, dann wird das wahre Genre einfach zum Sinnganzen. Einen besonderen Sinn als ein Genre zu bezeichnen, würde nichts als Verwirrung hervorbringen.

Dieses Paradoxon scheint uns dennoch durch Erfordernisse aufgenötigt zu werden, die außerordentlich zwingend wirken. Der Interpret kann seine generische Vorstellung nicht aufgeben, da er damit alles aufgeben würde, was er durch sie verstanden hat. Wir können dieser Schlußfolgerung auch dadurch nicht entgehen, daß wir sagen, der Interpret habe das Ganze des Sinns zuerst als Typ, dann als etwas Besonderes aufgefaßt. Diese Auffassung zieht nicht in Betracht, daß ein besonderer Sinn für ihn immer ein Sinn, der zu einem besonderen Typ gehört, bleiben muß, und daß diese Vorstellung von einem Typ nicht aufgegeben werden kann, ohne daß der besondere Sinn gleichfalls aufgegeben wird. Niemand kann „diese besonderen Regentropfen" verstehen, ohne „Regentropfen" zu verstehen. Die generische Vorstellung „Regentropfen" aufzugeben, durch deren Hilfe „diese besonderen Regentropfen" vorher verstanden wurde, heißt notwendigerweise, daß wir „diese besonderen Regentropfen" ebenfalls aufgeben.

Könnten wir also analog sagen, daß „Regentropfen" das wahre Genre von „diese besonderen Regentropfen" ist? Solch eine auf Wortwiederholung beruhende Analogie wäre jedoch notwendigerweise ungenau und vorläufig. Ein Ausdruck ist keine ganze Äußerung, und es gibt kein vorgefertigtes Vokabular zur Beschreibung der wahren Genres besonderer Äußerungen. Wir haben nicht die linguistischen Werkzeuge, durch deren Verwendung wir sagen könnten, „*dies* ist das wahre Genre des Sinns, und *das* ist der Sinn in seiner Besonderheit." Die Notwendigkeit des wahren Genres ist eine strukturelle Notwendigkeit beim Vorgang der Kommunikation und kann nur als solche begriffen werden; die Art und Weise jedoch, in der es wirkt, kann erklärt werden. Weiterhin würde ein Aufzeigen der Tatsache, daß die Anzahl der wahren Genres geringer ist als die der besonderen Sinne, den Unterschied zwischen Genre und Sinn aufzeigen und die Grundlage für eine präzise und feste Definition des wahren Genres bilden.

Eine Grundlage für die Unterscheidung zwischen Genre und besonderem Sinn kann in der Überlegung gesucht werden, die das Konzept des Genres erst nötig machte: in dem temporalen Charakter des Sprechens und Verstehens. Da die Wörter in einer bestimmten Reihenfolge aneinander gefügt werden, und da die Wörter, die später kommen, dem Bewußtsein nicht zugleich mit den hier und jetzt erlebten Wörtern gegenwärtig sind, muß der Sprecher oder der Hörer eine antizipierte Vorstellung vom Ganzen haben, durch welche die gerade erlebten Wörter verstanden werden, und zwar in ihrer Eigenschaft als

Teile, die in einem Ganzen wirken.[9] Die Notwendigkeit dieses antizipierten Sinnes des Ganzen wird in keiner Weise durch den Einwand überflüssig, daß ein Sprecher üben kann, was er sagt, bevor er spricht, oder daß ein Interpret die gesamte Wortfolge auf sich einwirken lassen kann, bevor er damit beginnt, die Funktion der Wörter zu verstehen. Dieser Einwand verzögert lediglich den unausweichlichen Schluß, denn wie kann ein Sprecher Wörter, die in einer bestimmten Reihenfolge gesprochen werden sollen, üben, ohne daß er sie in einer bestimmten Reihenfolge übt? Und wie kann er dies tun, wenn er sich nicht ein System von Erwartungen gebildet hat, auf Grund dessen er weiß, daß *dieses* Wort nunmehr gesagt werden kann, weil es zu dem Ausdruckstyp oder Satztyp oder zu der Serie von Sätzen gehört, die er später weiterführen und vervollständigen möchte? Ähnliches ergibt sich vom Blickwinkel des Interpreten aus: wie kann er die Funktion des Wortes verstehen, das er gerade erlebt, wenn er nicht den Ausdruckstyp oder Satztyp oder die Serie von Sätzen, zu welcher das Wort gehört, antizipiert? Es nützt nichts zu sagen, daß sein Verstehen sich nicht vollzieht, solange er den Ausdruck, den Satz oder die Serie von Sätzen nicht vollendet hat, denn er kann nicht wissen, welcher Art diese sind, solange er nicht die Funktion der Wörter verstanden hat; diese aber kann er nicht verstehen, solange er den Typ des Ganzen, in dem sie vorkommen, nicht antizipiert oder erraten hat.

Der zeitliche Charakter der Sprache, auf den ich angespielt habe, ist eine wesentliche Voraussetzung für die Unterscheidung zwischen dem wahren Genre und dem Sinn, den es bestimmt. Wir können dies sehr leicht veranschaulichen, indem wir ein extremes Beispiel wählen: die ersten Zeilen von *Paradise Lost:*

> Of Man's first disobedience and the fruit
> Of that forbidden tree, whose mortal taste
> Brought death into the World and all our woe,

---

[9] Im Deutschen wird hier traditionell das Wort *Vorverständnis* verwendet.

> With loss of Eden, till one greater Man
> Restore us and regain the blissful seat,
> Sing heavenly Muse, that, on the secret top
> Of Oreb or of Sinai, didst inspire
> That shepherd, who first taught the chosen seed
> In the beginning how the heavens and earth
> Rose out of chaos.

Es bedarf, um diese Zeilen zu verstehen, einer ungeheuren Menge an relevantem Wissen, doch ist die eine übergreifende Konzeption, die nicht nur Sinn und Funktion jenes langen Satzes bestimmt, sondern die auch festlegt, welches Wissen für das Verständnis relevant *ist*, die Konzeption *Paradise Lost*. Niemand, gleichviel wie gelehrt er sein und wieviel Gefühl für Dichtung er auch besitzen mag, kann diese Zeilen verstehen, wenn er nicht richtig versteht, um welche Art von Dichtung es sich hier handelt; damit meine ich gewiß nicht eine summarische Bezeichnung wie „ein christlich-humanistisches Epos im Blankvers" oder irgendeinen anderen verwendbaren, zusammengesetzten Namen. Es ist für das Verständnis dieser Zeilen notwendig, auf genauere Weise als nur durch irgendeine Bezeichnung die besondere Art von „christlich-humanistischem Epos" zu erfassen, um die es sich hier handelt. Andererseits wäre es unrichtig zu sagen, diese Zeilen könnten nur von jemandem verstanden werden, der jedes Wort von *Paradise Lost* gelesen hat. Ein Leser kann durchaus genau und lange bevor er zum letzten Wort des Buches kommt wissen, in welche Art von Ganzem diese Zeilen einführen. Überdies – und das ist der entscheidende Punkt – können sie ganz genau verstanden werden, selbst wenn die vielen tausend Verse, die auf die obigen Zeilen folgen, nicht genau *die* Verse wären, die in Miltons zweiter Ausgabe vorkommen.

Nehmen wir zum Beispiel an, Milton hätte seine berühmten, herrlichen Verse über seine Blindheit nicht in der Nähe des Anfangs von Buch III eingefügt:

> Thus with the year
> Seasons return; but not to me returns

> Day, or the sweet approach of even or morn,
> Or sight of vernal bloom, or summer's rose,
> Or flocks, or herds, or human face divine;
> But cloud instead and ever-during dark
> Surrounds me, from the cheerful ways of men
> Cut off, and, for the book of knowledge fair,
> Presented with a universal blank
> Of Nature's works to me expunged and rased,
> And wisdom at one entrance quite shut out.

Kann man bezweifeln, daß der Ausschluß dieser Verse dieser Dichtung etwas Wertvolles nehmen und sowohl auf offensichtliche als auch auf subtile Weise den Sinn des Epos verändern würde? Würde jedoch ihr Ausschluß – und hier muß ich mich auf den gesunden Menschenverstand des Lesers verlassen und kann nicht auf irgendeine von ihm vielleicht vertretene Theorie über den Sinn zurückgreifen – in irgendeiner Weise das exakte Verständnis der ersten Zeilen dieser Dichtung behindern? Müssen wir überhaupt ein solch extremes Beispiel heranziehen? Nehmen wir an, Milton hätte in jenen ersten Zeilen „happy seat" anstatt „blissful seat" diktiert. Ein aufmerksamer Leser wird erkennen, daß dies den Sinn des Ausdrucks geringfügig verändern würde, aber käme er deswegen zu der Überzeugung, daß es den Sinn der vorausgehenden Ausdrücke ändern würde? Sicherlich nicht. Gewiß würde diese Veränderung den Sinn des Satzes als Ganzes verändern; sie würde jedoch den Sinn der meisten Komponenten des Satzes nicht in Mitleidenschaft ziehen und auch keineswegs den Satztyp, um den es sich handelt, beeinflussen. Ich behaupte nicht, daß solche relativen Veränderungen *immer* vorgenommen werden können, ohne daß dabei das wahre Genre einer Äußerung verändert wird, aber ich behaupte, daß dieses Beispiel den Unterschied zwischen einem wahren Genre und dem von ihm bestimmten besonderen Sinn veranschaulicht.

Was dieses Beispiel zeigt – es dürfte keinem schwer fallen, selbst andere Beispiele zu finden – ist, daß wir frühere Teile einer Äußerung verstehen können, bevor wir zum Ende gelangen, und daß wir sie weiterhin in ihrer *Determiniertheit* als

Sinn, der auf bestimmte Weise wirkt, verstehen können. (Ich muß nochmals darauf hinweisen, daß Determiniertheit nicht notwendigerweise Präzision oder Klarheit bedeutet, sondern einfach Identität mit sich selbst.) Wäre dem nicht so, dann könnten wir „Of man's first disobedience" nicht richtig verstehen, solange wir nicht sicher wüßten, daß Milton „blissful seat" und nicht „happy seat" gesagt hat. Nur mit Hilfe einer generischen Konzeption, die eng genug gefaßt ist, den Sinn des früheren Teils zu bestimmen, können wir verstehen wie der frühere Teil einer Äußerung in einem Ganzen funktioniert bevor wir das Ganze vollendet haben. Diese generische Konzeption, die in bestimmten Fällen außerordentlich eng begrenzt sein mag, besitzt jedoch ein gewisses Maß an Breite, weshalb auch die späteren Wörter einer Äußerung innerhalb gewisser Grenzen verändert werden könnten, ohne daß der determinierte Sinn der früheren Wörter verändert würde.[10]

Wir können nun eine genaue Definition des wahren Genres geben. *Es ist jener Sinn des Ganzen, durch den ein Interpret jeden der Teile des Ganzen in dessen Determiniertheit korrekt verstehen kann.* Da der Interpret dazu in der Lage ist, bevor er die genaue Wortfolge in der gesamten Äußerung erkennt, und da mehr als eine Wortfolge die generischen Erwartungen erfüllen kann, ohne daß sein Verständnis der Teile, die er vorher verstanden hat, geändert werden muß, folgt, daß dieser determinierende Sinn vom Ganzen nicht identisch ist mit dem besonderen Sinn einer Äußerung. Dieser besondere Sinn ergibt

---

[10] Der Ausdruck „Wörter" ist freilich nur eine passende Annäherung, da ich keinesfalls den Eindruck zu erwecken wünsche, daß einzelne Wörter getrennte, selbständige semantische Einheiten seien. Die primären Einheiten des Sprechens und Verstehens sind größere, satzartige Gruppierungen von Wörtern. Cassirer, der sich dabei auf Autoritäten wie von Humboldt, Wundt und Dittrich beruft, nennt „die Vorherrschaft des Satzes über das Wort" eine der „sichersten Ergebnisse" der Linguistik (*Symbolic Forms:* Bd. I, *Language*, S. 303-304).

sich, wenn die generischen Erwartungen in bestimmter Weise durch eine bestimmte Wortfolge erfüllt worden sind.

In ähnlicher Weise gilt, daß das wahre Genre sowohl für den Sprecher als auch für den Interpreten notwendig ist. Der Sprecher kann damit beginnen, einen determinierten Sinn auszudrücken, bevor er seine Äußerung beendet, weil dieser Sinn (in einer bestimmten Wortfolge enthalten) durch die Art von Sinn determiniert worden ist, den er in Wörtern vervollständigen wird, die noch nicht gewählt sind. Der Sprecher antizipiert die Art dessen, was er sagen will, doch der Sinn in seiner ganzen Besonderheit hängt von der besonderen Wortwahl ab, durch welchen er diesen Sinntyp realisiert. Wenn der Sprecher einmal „diesen besonderen Sinntyp" gewollt hat, dann hängt die weitere Bestimmung seines Sinns völlig von seiner folgenden Wahl der Wörter und der Sprachmuster ab, die in den Bereich des wahren Genres gehören.

Wenn das wahre Genre in der Lage ist, jeden Sinnteil mitzubestimmen, dann scheint nur noch wenig Spielraum für jenen umfassenden und nützlichen Terminus, „den Kontext", übrigzubleiben. Normalerweise können wir ohne diesen Terminus nicht auskommen. Wenn jemand die Frage stellt: „Wie wissen Sie, daß der Ausdruck dieses und nicht jenes bedeutet?", so antworten wir: „Auf Grund des Kontextes", womit wir normalerweise ein sehr komplexes und undifferenziertes Gefüge relevanter Faktoren meinen, das mit den Wörtern beginnt, welche den Ausdruck umgeben, und das sich auf das ganze physische, psychische, soziale und historische Milieu erstreckt, in welcher die Äußerung vorkommt. Wir meinen damit die Traditionen und Konventionen, auf denen der Sprecher aufbaut, seine Attitüden, seine Absichten, seinen Wortschatz, seine Beziehung zu seiner Leserschaft, und wir können noch eine ganze Menge anderer Dinge außerdem meinen. Das Wort „Kontext" umfaßt und vereinigt also zwei völlig verschiedene Bereiche. Es bedeutet auf der einen Seite die vorgegebenen Umstände, die den Sinn eines Textes begleiten, und auf der anderen Seite die Auslegungen, die ein Teil des Sinns des Textes sind. So bilden zum Beispiel die Zeichen, die ein Problem umgeben, ein Vorgegebenes; was aber diese Zeichen bedeuten, ist eine Auslegung, die wir nur deshalb als gegeben ansehen, weil sie weniger problematisch zu sein scheint als das Problem selbst. Ebenso ist die Situation, in der eine Äußerung vorkommt, ein Gegebenes, während etwa die Haltungen des Sprechers nicht vorgegeben, sondern aus der Äußerung selbst erschlossen worden sind. Die Konventionen und Traditionen, auf die sich ein Sprecher verläßt, sind nicht direkt durch ein Milieu vorgegeben. Wir mögen aus dem Milieu erschließen können, welche Konventionen ihm zur Verfügung stehen; welche davon er sich jedoch heranzuziehen entschließt, wird von uns aus seiner Äußerung erschlossen. Darüberhinaus existieren Aspekte eines **Kontextes**, wie Zweck, Konventionen und das Verhältnis zur **Leserschaft** nicht außerhalb des Sinns einer Äußerung, sondern **mitbestimmend** für sie. Es handelt sich bei ihnen nicht nur um **Aspekte**, die man erschließen muß, sondern auch um Aspekte, die eigentlich zum Sinn selbst gehören.

Damit soll keineswegs angedeutet werden, daß der Terminus „Kontext" illegitim sei und ersetzt werden sollte. Meine Absicht besteht darin, zu zeigen, daß wir „Kontext" benützen, um zwei notwendige, aber verschiedene Funktionen in der Interpretation zu bezeichnen. Unter „Kontext" verstehen wir eine erschlossene Vorstellung des Gesamtsinns, die eng genug ist, um den Sinn eines Teils zu bestimmen; gleichzeitig benützen wir das Wort, um das im Milieu Vorgegebene zu bezeichnen, das es uns ermöglicht, eine richtige Vorstellung vom Ganzen zu konzipieren. Es ist sehr wahrscheinlich, daß in bestimmten Situationen bestimmte Sinntypen vorkommen. Zusätzlich zu den einzelnen Zügen des Sprachgebrauchs können wir also Züge einer Situation haben, welche uns helfen, eine Vermutung darüber anzustellen, mit welchem Sinntyp wir es zu tun haben. Aber das in einer Situation Vorgegebene determiniert nicht direkt den Wortsinn. Es macht es möglich, Vermutungen über den wahrscheinlich vorliegenden Sinntyp anzustellen; wenn wir uns des Wortes „Kontext" bedienen, dann ist es diese Vorstellung vom Typ, der einen Teil des Sinns bestimmt, die wir verteidigen. Anders ausgedrückt: die wesentliche Komponente eines Kontexts ist das wahre Genre der Äußerung. Alles andere im Kontext ist nur ein Hinweis auf das wahre Genre und besitzt an sich nicht die zwingende Kraft, einen Teil des Sinns mitzubestimmen. Diese äußeren Hinweise können außerordentlich wichtig sein; oft jedoch (wie in einigen anonymen Texten) fehlen sie fast völlig. Das wahre Genre und die Wortfolge zu kennen heißt daher, fast alles zu wissen. Aber das wahre Genre ist immer erschlossen, d. h. auf Vermutungen beruhend und niemals in irgendeinem wichtigen Sinn vorgegeben.

Nachdem das „wahre Genre" definiert und von „Kontext" unterschieden worden ist, läßt sich die Vorarbeit dieses Abschnitts dadurch vervollständigen, daß wir das „unwahre (äußere) Genre" definieren. Ein Interpret kann nun zwar jede beliebige Typvorstellung heuristisch benützen, um zum Sinn einer Äußerung vorzustoßen. Er wird manchmal im Verlaufe seiner Interpretation finden, daß seine ursprüngliche Typvorstellung aufgegeben oder drastisch revidiert werden muß; in der Regel erweist sich dies jedoch als unnötig. Er beginnt fast immer mit einer Typvorstellung, die vager und weiter ist als die wahre Konzeption der Äußerung, und er wird dann im Verlauf der Interpretation diese Vorstellung lediglich einengen und expliziter gestalten. Eine vorläufige, vage und weite Genrevorstellung ist jedoch nicht notwendigerweise unwahr, sondern eher ein heuristisches Werkzeug, das noch nicht die genügende Schärfe besitzt, die benötigt wird, um den gesamten Sinn einer Äußerung zu bestimmen. Es wäre kein notwendigerweise falsches Urteil, *Paradise Lost* ein „christlich-humanistisches Epos" zu nennen, da dieser Name lediglich als vorläufiges heuristisches Werkzeug dient, das noch weiter geschärft werden muß, bevor es die Funktionen der einzelnen Teilsinne in ihrer Determiniertheit unterscheiden kann. Ein heuristisches Genre, das nur eingeengt zu werden, nicht jedoch revidiert zu werden braucht, kann man vernünftigerweise nicht als unwahr bezeichnen. Ein Genre läßt sich nur dann rechtens als unwahr bezeichnen, wenn man eine falsche Auffassung von ihm besitzt und es als das wahre Genre benützt. So wäre etwa jede endgültige generische Vorstellung vom Ganzen, die sich von der des Sprechers unterscheidet, unwahr, da sie dazu benützt würde, bei der Bestimmung des Sinns mitzuwirken, was in einigen Fällen notwendigerweise zu Fehlern führen würde. Ebenso wäre jede heuristische Typvorstellung, die ein Interpret auf viele verschiedene Äußerungen anwendet, unwahr, wenn sie nicht bei verschiedenen Äußerungen auf verschiedene Weise eingeengt würde.[11] Ein unwahres Genre ist eine falsche Vermutung, das wahre Genre eine richtige. Eine der Hauptaufgaben der Interpretation kann als die kritische Ablehnung unwahrer Genres bei der Suche nach dem wahren Genre eines Textes definiert werden.

C. Die Logik des Genres und das Problem der Implikation

Es ist am besten, wenn wir für den Augenblick viele der ungelösten Probleme bezüglich des Genres beiseite lassen, um uns direkt mit dem Hauptproblem zu befassen: dem Problem der Implikation. Natürlich ist dieses Problem an sich nicht wichtiger als sehr viele andere der hermeneutischen Theorie; wenn jedoch unser Hauptbemühen der Richtigkeit der Interpretation gilt, dann haben wir uns ständig zu fragen, ob ein besonderer Sinn von einer Äußerung impliziert wird oder nicht. Die korrekte Bestimmung der Implikation ist ein entscheidendes Element bei der Aufgabe, richtige von falschen Interpretationen zu unterscheiden. Zwar treten manchmal völlig unterschiedliche Meinungen zwischen Interpreten auf, wie zum Beispiel dann, wenn

---

[11] Daraus folgt mein Einwand gegen die gefährliche Praxis, abstrakte Kategorien oder monolithische „Annäherungsversuche" oder „Methoden" zur Interpretation einer weiten Vielfalt von Texten zu verwenden. Die Verwendung solcher Universalschlüssel zur Erschließung einer großen Anzahl von Texten führt oft dazu, daß das Schloß dem Schlüssel angepaßt wird statt umgekehrt. Siehe Kap. 4, Abschn. D und E.

ein Kritiker behauptet, daß ein bestimmter Sinn ironisch zu verstehen sei, während ein anderer dies ableugnet; viel häufiger jedoch umkreisen solche Meinungsunterschiede die Details der Implikation. Diese sind natürlich, nur weil sie Details sind, nicht weniger wichtig, weil der Charakter der Details den Charakter des Ganzen mitdeterminiert. In der Tat sind fast alle interpretativen Meinungsunterschiede, soweit sie nicht nur verbaler Natur sind, fundamentale Meinungsunterschiede.[12] Sie alle kreisen um die Frage, ob ein bestimmter Sinn impliziert sei oder nicht.

Ich habe im zweiten Kapitel die Implikation als Einzelzug eines Typs definiert; im jetzigen Kapitel habe ich die Bezeichnung „wahres Genre" für den Typ verwendet, der die Grenzen einer Äußerung als Ganzes bestimmt. Wir können also jetzt sagen, daß die Implikationen einer Äußerung durch deren wahres Genre determiniert werden. Es stellt sich heraus, daß das Prinzip, durch welches wir herausfinden können, ob eine Implikation zu einem Sinn gehört, das Konzept des wahren Genres ist. Diese allgemeine These bedarf nun der Erläuterung und Illustration.

Es ist dies nicht der Ort, die Verbindungen zwischen einer allgemeinen Theorie der verbalen Implikation und den verschiedenen, von Logikern vorgetragenen Erklärungen der Implikation zu diskutieren, obwohl jeder, dem Schriften über Logik bekannt sind, die Verwandtschaft zwischen dem von mir Gesagten und bestimmten Ansichten von Mill, De Morgan, Bosanquet und Husserl feststellen wird. Die hermeneutische Theorie verdankt vielen Gebieten etwas, so daß es nicht verwunderlich ist zu finden, daß sie auch in der Schuld der Logik steht; die verbale Implikation ist jedoch sowohl weiter als auch begrenzter als die Arten von Implikation, die von den meisten Logikern

---

[12] Zur Unterscheidung zwischen „verschiedenen" und „unterschiedlichen" Interpretationen (wobei erstere das Vorhandensein unterschiedlicher Auffassungen *nicht* implizieren) siehe Kap. 4, Abschn. A, S. 165–170.

besprochen werden, und die Hermeneutik braucht sich nicht lange mit ausgefeilten Unterscheidungen zwischen verschiedenen Arten von Implikation, wie etwa „synkategorematischer" und „unabhängiger" Implikation oder „strikter" und „materieller" Implikation aufzuhalten. Solche Unterscheidungen sind für einen bestimmten thematischen Stoff wichtig, selten jedoch für einen Sinn. Es ist zum Beispiel richtig, daß Farbe notwendigerweise Ausdehnung impliziert (da es unmöglich ist, sich eine Farbe vorzustellen, ohne sich gleichzeitig eine Fläche vorzustellen, die von dieser Farbe bedeckt ist). Ich kann jedoch seltsamerweise eine Farbe nennen und meinen Geist so stark auf die bestimmte Eigenschaft dieser Farbe ausrichten, daß ich die Vorstellung der Ausdehnung fast oder völlig außer Betracht lassen kann; sicher ist, daß ich eine *bestimmte* Fläche die von dieser Farbe bedeckt ist, außer acht lassen kann. Wenn man also darauf besteht, daß Farbe notwendigerweise Ausdehnung impliziert, so vernachlässigt man all jene subtilen Probleme der Betonung bei der verbalen Implikation, auf die ich hingewiesen habe, als wir diskutierten, ob Baum mit Notwendigkeit Wurzeln impliziere.

Vom Wortsinn aus betrachtet ergibt sich dann die Situation, daß alle Implikationen, die nicht irgendwie besonders ausgezeichnet sind, durch das Verhältnis von Typ und Einzelzug bestimmt werden. Wir wissen, daß ein bestimmter Teilsinn von einer Äußerung impliziert wird, weil wir wissen, daß solch ein Sinn zu einem solchen Typ von Äußerung gehört. Dies ist die Behauptung, die – angemessen abgeändert und in anderen *termini* ausgedrückt – J. S. Mill über die Funktion des Syllogismus machte.[13] Wir kommen zu dem Schluß, daß Sokrates sterblich ist (daß „Sokrates" „Sterblichkeit" impliziert), weil Sokrates ein Einzelfall seines Typs (Mensch) ist, welcher nach dem, was uns die Vergangenheit gelehrt hat, den Einzelzug der Sterblichkeit aufweist. Ob die Verbindung zwischen einem Typ und

---

[13] J. S. Mill, *A System of Logic, Ratiocinative and Inductive* (London, 1843), Buch II, Kap. 2–3.

einem Einzelzug apodiktisch notwendig ist, oder ob sie eine Gewohnheit, eine Zufälligkeit oder ein einfach Gegebenes ist, ist vom Blickwinkel der Interpretation her gesehen irrelevant. Ganz gleich wie die Verbindung zwischen Typ und Einzelzug begann, alle verbalen Implikationen werden von einer Version der Formel: „wenn der Sinn zu *diesem* Typ gehört, dann enthält er *diese* Implikation", bestimmt.

Ich benütze die wenn-dann Konvention der formalen Logik, um auf zwei interessante Aspekte der verbalen Implikation in deren Beziehung auf die Interpretation hinzuweisen. Der erste dieser Aspekte ist, daß das Heranziehen der richtigen Implikation von der richtigen Vermutung über den Typ abhängt: „*wenn* der Sinn zu diesem Typ gehört", „*wenn* wir das wahre Genre richtig erfaßt haben". Von diesem „wenn" hängt alles ab, und es kann keine apodiktische Gewißheit geben, daß unsere Vorstellung die richtige ist. Nun folgt aber die andere Hälfte der Behauptung: „*dann* enthält der Sinn diese Implikation". Aus dem vorausgesetzten Sinntyp ergibt sich also die Implikation mit Notwendigkeit. Die Interpretation weist folglich eine echte Logik auf, was Schleiermacher meinte, als er sagte, daß wir nichts verstünden, was wir nicht als notwendig verstehen.[14] Der Grund dafür ist einfach: wenn eine Implikation ein Einzelzug eines Typs ist, dann ist sie auch ein Aspekt, der den Typ teilweise definiert, denn wenn es den Einzelzug nicht gäbe, dann wäre auch der Typ ein anderer. Das eine ergibt sich aus dem anderen. Die Ungewißheit bei der Interpretation rührt daher, daß wir niemals mit absoluter Sicherheit wissen, daß wir den richtigen Typ vorausgesetzt haben.

Die Logik der Implikation ist also immer die Logik eines Genres, wie jeder Interpret mit Hilfe seines gesunden Menschenverstandes herausfinden kann. Ob eine Implikation vorliegt, hängt von der gerade interpretierten Art von Sinn ab. Dies ist der Grund, warum wir mit Sicherheit schließen können,

---

[14] Fr. D. E. Schleiermacher, *Hermeneutik*, hrsg. v. Heinz Kimmerle (Heidelberg, 1959), S. 31.

daß ein Junge, wenn er sagt, „Ich möchte auf einen Baum klettern", nicht „Wurzeln", dafür aber fast sicher „Zweige" impliziert. Wir sind uns dieser Implikation sicher, weil wir Jungen kennen und weil wir die Art von Tätigkeit, um die es beim Erklettern eines Baumes geht, kennen und weil wir infolgedessen mit dem Sinntyp, den der Junge ausgesprochen hat, vertraut sind. *Qui non intelliget res non potest ex verbis sensum ellicere.*[15] Natürlich gibt es zahlreiche Sinntypen, die nicht, wie das Erklettern eines Baumes, direkt mit einer *res* verbunden sind, sondern eher mit einer verbreiteten Fiktion, wie etwa das Einhorn oder die Leda. Jeder weiß, daß Leda im Sprachgebrauch üblicherweise Schwan impliziert, weil eine verbale Implikation, ob sie nun eine Basis in der „Wirklichkeit" besitzt oder nicht, immer eine Grundlage in einem von mehreren Menschen geteilten Typ besitzt. Das Einhorn ist ebenso ein verbreiteter Typ wie das Erklettern von Bäumen, und wenn der Interpret sich diesen Typ nicht zu eigen machen würde, könnte er keine Implikationen heranziehen.

Diese einfachen Beispiele zeigen, daß jeder kommunizierbare Sinntyp (jedes wahre Genre) als ein System von Konventionen definiert werden kann. Natürlich regt sich in uns Widerspruch, wenn jemand behauptet, daß der Sinn, „ich möchte auf einen Baum klettern", nur als ein System von Konventionen zu betrachten sei. Wir geben vielleicht zu, daß Wörter und Syntax des Satzes Konventionen sind, aber wir bestehen darauf, daß das Klettern auf Bäume selbst nicht lediglich etwas Konventionelles ist. Das Wort „Konvention" deutet auf eine willkürliche Verbindung zwischen Zeichensystemen und Sinn hin; es liegt jedoch gar nichts Willkürliches in der Implikation von Händen, Füßen und Zweigen beim Erklettern eines Baumes. Man hat sogar behauptet, es sei künstlich, von Wörtern und Syntax als von Konventionen zu sprechen, da innerhalb einer bestimmten Sprachgruppe diese Elemente ihren willkürlichen Charakter

---

[15] Dictum Luthers. Siehe Anhang II, S. 303.

völlig aufgegeben hätten. Ich glaube jedoch, daß diese rein verbalen Schwierigkeiten gelöst werden können, eben weil beim Sprechen und beim Interpretieren nichts lediglich Willkürliches vorliegt, alles hingegen von etwas Gelerntem abhängt. Es gibt vermutlich kein besseres einzelnes Wort als „Konvention", um das gesamte System des Sprachgebrauchs, der Einzelzüge, Regeln, Sitten, der formalen Notwendigkeiten und der sozialen Regeln, die einen bestimmten Typ von Wortsinn ausmachen, zu umfassen. Es ist gewiß richtig, daß einige dieser Elemente unveränderlich sein mögen, andere hingegen variabel; aber es ist ebenso richtig, daß diese Elemente, seien sie notwendig oder nicht, kommunizierbar sein müssen. Darum ging es mir bei meinem Hinweis auf die Implikation „Satz des Pythagoras" bei dem Terminus „rechtwinkliges Dreieck".[16] Diese Implikation ist unabänderlich notwendig, sie ist jedoch keine verbale Implikation, ausgenommen bei gewissen Genres von Äußerungen, bei welchen die notwendige Verbindung bekannt und kommuniziert ist. Da diese Typen kommuniziert sein müssen, damit sie Implikationen besitzen können, und da sie nicht kommuniziert wären, wäre dem Interpreten nicht der Typ bekannt, ist es vollkommen angemessen, ein wahres Genre ein System von Konventionen zu nennen.

Diese Betonung des konventionellen Charakters aller auf das Genre gegründeten Erwartungen und Schlußfolgerungen führt uns zu Wittgensteins Spielmetapher zurück. Wenn das Heranziehen von Implikationen nicht wenigstens vage den Spielzügen eines uns bekannten Spiels (das Spiel ist natürlich das wahre Genre) entspräche, dann wüßte der Interpret nicht, welche Spielzüge er zu machen hätte. Er könnte die Regeln nicht kennen. Das Wort „Regeln" ist allerdings zu stark und allzu starr, was wir aus der Tatsache wissen, daß im System der Konventionen geringfügige Änderungen möglich sind. Besser ist vielleicht das Wort „Angemessenheiten". Ein Genre ähnelt

---

[16] Siehe Kap. 2, Abschn. G, S. 89–91.

weniger einem Spiel als einem sozialen Verhaltenskodex, der eine Art von Faustregeln vorschreibt; beispielsweise, man bringe keinen Toast auf die Gastgeberin bei einer skandinavischen Dinner Party aus. Dies ist keine strikte Regel (da es unter gewissen Umständen erlaubt sein würde, diesen Toast auszubringen), sondern eher eine Angemessenheit die man, allgemein betrachtet, aus gesellschaftlichen Rücksichten beachten sollte. Die Konventionen der Sprache besitzen diesen weiten gesellschaftlichen Charakter, da die Sprache selbst etwas Weites, Gesellschaftliches ist und über die starren, künstlich begrenzten Regeln eines Spiels hinausreicht.

Implikationen ergeben sich also durch die Beachtung der Angemessenheiten innerhalb eines wahren Genres, und es ist offensichtlich, daß diese Angemessenheiten zweiseitiger Natur sind. Bei einem vorgegebenen wahren Genre geraten sowohl der Sprecher als auch der Interpret unter dieselben Einschränkungen und Notwendigkeiten. Auf dieser ganz speziellen Ebene haben die Verfechter der „öffentlichen Normen" recht. Ihr Fehler lag nicht in dem Glauben, daß es ein überindividuelles Prinzip gäbe, das Sinn erzwinge, sondern in dem Glauben, daß dieses Prinzip auf irgendeine Weise jedem „fähigen Leser" gegeben sei. Allein der Sprecher bestimmt das besondere wahre Genre und findet sich, nachdem er dies getan hat, durch dessen Angemessenheiten eingeschränkt; der Interpret jedoch kann niemals völlig sicher sein, was jenes Genre ist, und er kann niemals dessen Angemessenheiten in ihrer ganzen Komplexität vollständig kodifizieren. Das Grundkriterium für die Angemessenheit des Genres ist letztlich das gleiche wie für den Wortsinn im allgemeinen: das Kriterium der Kommunizierbarkeit.

Es ist an der Zeit, ein Beispiel für die Art und Weise zu geben, in welcher Implikationen durch die Logik der Angemessenheit von Genres determiniert werden; es ist jedoch schwierig, eindeutige Beispiele für solche subtilen Dinge zu finden. Wenn ein Text unproblematisch ist (zum Beispiel, „ich möchte auf einen Baum klettern"), dann kann man an ihm nicht veranschaulichen, in welcher Weise eine alternative generische

Konzeption die Logik von Implikationen verändert hätte; ist ein Text jedoch problematisch, dann sind zuviele Vorüberlegungen notwendig, um eine besondere Schlußfolgerung zu verteidigen.[17] Zu meinem Glück begann, als ich dieses Kapitel schrieb, in den Briefspalten des *Times Literary Supplement* eine Korrespondenz, die mich der Mühe enthob, ein künstliches Beispiel zu erfinden. Mr. Hugh MacDiarmid erfand eines für mich, indem er zwei Wortfolgen, die ursprünglich von Mr. Glyn Jones und Mr. Hugh Gordon Porteus als Prosa veröffentlicht worden waren, in Versdichtung umwandelte. Neben all den moralischen und rechtlichen Fragen, die bei der Entdeckung von Mr. MacDiarmids genialer aber verheimlichter Verwandlung diskutiert wurden, ergaben sich auch einige theoretische Fragen, die direkt zum Zentrum aller interpretativen Probleme hinführen.

Was dieses Beispiel besonders nützlich macht, ist die Übereinstimmung mehrerer Korrespondenten, einschließlich des Verfassers eines der wichtigsten Artikel über dieses Thema, daß die Wirkung von Wörtern, wenn sie als Verse gedruckt werden, eine andere ist als wenn sie als Prosa gedruckt werden. Natürlich sind Prosa und Vers außerordentlich weite generische Vorstellungen, und der Leser muß, wenn er entweder die ursprüngliche Passage oder aber Mr. MacDiarmids typographische Veränderungen interpretieren will, sehr viel genauere generische Urteile fällen als diese. Nicht alle, die an diesem Briefwechsel teilnahmen, stimmten jedoch darin überein, daß ein bloß physisches Verändern der Wortanordnung den Ton oder den Sinn der Wörter verändern könnte. Im Folgenden zitieren wir aus einem Brief von Mr. John Sparrow, der am 18. Feb. 1965 im *TLS* abgedruckt wurde; der Verfasser hat mir freundlicherweise erlaubt, ihn zu zitieren, wobei er hinzufügte, daß damit

---

[17] An diese Schwierigkeit sollten diejenigen denken, die mehr konkrete Beispiele in dieser theoretischen Abhandlung zu finden wünschen. Die Theorie der Interpretation kann in keinem Fall zu einer Interpretationsmethode führen.

nicht seine gesamten Ansichten zu diesen Problemen wiedergegeben seien:

Sehr geehrte Herren!
Die unglückliche Angelegenheit die Herren MacDiarmid und Dr. Grieve und deren Transmutationen betreffend, die sie, bewußt oder unbewußt, an der Prosa von Mr. Glyn Jones und Mr. Hugh Gorden Porteus vorgenommen haben, wirft eine interessante literaturwissenschaftliche Frage auf. Wie Mr. Edwin Morgan bereits dargelegt hat, handelt es sich hier nämlich um die Frage: „Kann Prosa allein durch typographische Veränderungen zu Versdichtung werden?" Wenn Dr. Grieve (oder Mr. MacDiarmid) einen Prosaabschnitt von Mr. Porteus folgendermaßen umwandelt,

>When a Chinese calligrapher „copies"
>The work of an old master it is not
>A forged facsimile but an interpretation
>As personal within stylistic limits
>As a Samuel or Landowska performance
>Of a Bach partita.

tut er dann eigentlich irgend etwas anderes, als ein Stück vernünftiger Prosa zu zerstören, ohne Dichtung oder Verse hervorzubringen? Gewiß nicht.

Wenn Mr. MacDiarmid (oder Dr. Grieve) eine ähnliche Operation an einem ziemlich gelungenen Prosaabschnitt von Mr. Glyn Jones ausführt, was geschieht dann? Der Ausschnitt (dem eine Eröffnungszeile und ein Titel, „Perfect", hinzugefügt werden) erhält die Einheit eines selbständigen Kunstwerkes; aber gewiß sind damit weder schon Verse daraus geworden, noch handelt es sich jetzt um Dichtung. Dr. Grieve (oder Mr. MacDiarmid) hat dem Abschnitt sozusagen Unabhängigkeit und eine Art eigener Persönlichkeit verliehen; aber hat er diesem Auszug noch mehr gegeben?

Professor Buthlay (der sich engagiert hat, indem er „Perfect" mit warmen Worten pries, und zwar von der Voraussetzung ausgehend, daß es sich gänzlich um ein Werk von Mr. MacDiarmid handle) tut natürlich sein Bestes für die „Verwandler": er behauptet, daß durch den Druck einer Wortfolge in Zeilen von ungleicher Länge anstatt in einem gleichförmigen Block, dem Text eine Dimension hinzugefügt werde; er bezeichnet diese Dimension als von „rhythmischer Subtilität" seiend und stellt fest, daß sie „Eigenschaften und Relationen des *Tons* hervorbringt, die die Bedeutung der Wörter bereichert." Dies klingt, wenn es überhaupt etwas bedeutet, meiner Meinung nach nicht sonderlich sinnvoll.

Ich kann nicht finden, daß die typographische Veränderung den Klang der Silben verändert, und ich kann auch nicht sehen, wie solch eine Veränderung die Bedeutung der Wörter verändern kann, es sei denn dadurch, daß nun geistige Pausen statt der früheren, beim Hören aufgetretenen, eingeführt werden.

Zum Vergleich seien hier die Worte von Dr. Porteus in Prosa gedruckt: „When a Chinese calligrapher ‚copies' the work of an old master it is not a forged facsimile but an interpretation as personal within stylistic limits as a Samuel or Landowska performance of a Bach partita." Der Rhythmus dieser Prosa ist zweifellos anders als der der versifizierten Transkription, und zwar genau aus der Art von Gründen, die der Leitartikler des *TLS* vom 25. Feb. 1965 angibt:

> Genauso wie das Pausieren bei einem Komma eine Gewohnheit ist, die wir der langen Erfahrung verdanken, Leuten beim Lesen von Prosa zuzuhören, und genauso wie das Pausieren beim Versende eine Gewohnheit ist, die wir uns angewöhnen, indem wir entweder hören, wie Versdichtung vorgelesen wird oder indem wir unsere Gewohnheiten des Lesens von Prosa ausweiten, so ist auch unsere Tendenz, bei Wörtern, die in Versform arrangiert sind, nach einem ihnen zugrundeliegenden Rhythmus zu suchen, eine Konvention, die wir auf Grund früherer Erfahrungen erlernt haben. Eben weil diese Konvention existiert, werden Wörter, die in Versform arrangiert sind, den geübten Leser sogleich veranlassen, nach einem Rhythmus in ihnen zu suchen – d. h., zu sehen, ob es nicht ein feststellbares Maß an Regelmäßigkeit im Verlauf der Betonungen gibt, und er wird dann das ganze Gedicht mit etwas größerer Betonung der natürlich betonten Stellen lesen, die mit den Hebungen des zugrundeliegenden Rhythmus übereinstimmen.

Man kann das genauer ausdrücken. Wenn man weiß, wie die meisten Versarten zu lesen sind, dann antizipiert man isochrone Rhythmen. Man wird dann zwischen den Hebungen die Silben langsamer oder schneller lesen, um sie mehr oder weniger an die richtigen Stellen zu setzen. Da die Zeilen von Mr. MacDiarmids Transkription mit einem dreihebigen Rhythmus beginnen, tendiert der geübte Leser dazu, dieses rhythmische Muster bis zum Ende hindurch wirken zu sehen, und er wird na-

türlich ebenso dazu neigen, am Ende jeder Zeile eine Pause
einzulegen:

> When a Chinése callígrapher „cópies"
> The wórk of an old máster it is nót
> A fórged facsímile but an interpretation
> As pérsonal within stylístic límits
> As a Sámuel or Landówska perfórmance
> Of a Bách partíta.

Niemand würde diese Zeilen so schwerfällig lesen, wie es
meine einfachen Zeichen andeuten; doch wird jeder geübte
Leser geneigt sein, „of an old", „but an in...." u. s. w., schneller und undeutlicher zu lesen, weil an diesen Stellen mehr als
zwei Silben zwischen den Hebungen liegen. In ähnlicher Weise
wird er bei „forged facsimile" langsamer lesen, weil es hier nur
eine Silbe zwischen den Hebungen gibt. Um andererseits an
zwei Beispielen den Gegensatz zum Rhythmus des Prosaabschnittes zu veranschaulichen, sei darauf hingewiesen, daß in
der Prosa deutliche Pausen nach „master" und „personal" sind,
nicht aber in den Versen.

Viel wichtiger sind jedoch die Unterschiede im Sinn. Ich
wage es nicht, für den ursprünglichen Prosatext oder für die
Versfassung eine endgültige Interpretation vorzuschlagen, da
ich keinen Zugang zu den Texten habe, denen sie entnommen
sind. Ich bin jedoch durchaus gewillt, die Unterschiede anzudeuten, die durch die generischen Angemessenheiten hervorgebracht werden könnten. In Prosa könnte der Abschnitt lediglich
eine Feststellung über die Kunst der chinesischen Kalligraphie
sein, wohingegen in der Versfassung die Konzentration und
Symbole schaffenden Konventionen des Genres uns veranlassen,
weitere Implikationen zu erwarten, so daß der chinesische
Kalligraph nicht nur chinesische Kalligraphie implizieren
könnte, sondern jede Kunst, die einer bestimmten Tradition
verpflichtet ist. Wenn wir für den Augenblick annehmen, daß
meine hypothetische Interpretation richtig ist, dann haben wir
es mit einem interessanten Beispiel für den Grund dafür zu
tun, daß eine gegebene Wortfolge mehr als einen Sinn reprä-

sentieren kann. Dies ist möglich, weil fast jede Wortfolge unter mehr als ein wahres Genre subsumiert werden und deshalb verschiedene Implikationen nach sich ziehen kann. Die Kontroverse im *TLS* zeigt diese allgemeine Tatsache sehr klar und einfach. Tatsächlich ist fast jede Meinungsverschiedenheit über eine Interpretation eine Verschiedenheit der Ansicht über das Genre. Die typographischen Umwandlungen von Mr. MacDiarmid stellen somit nicht nur eine interessante literaturwissenschaftliche Frage, sondern sie werfen die Zentralfrage der meisten Probleme der Interpretation auf. Sie deuten, wenngleich nur grob, an, daß die Konventionen des Genres für alle Bestimmungen, einschließlich der phonetischen, notwendig und für das Heranziehen von Implikationen ganz besonders wesentlich sind.

Bei der Interpretation von Sprache besitzt jedoch die Annahme von Implikationen eine Dimension, auf die die Exempel logischer Schlußfolgerungen normalerweise nicht hinweisen. Wir wissen, daß innerhalb des besonderen Universums eines Gesprächs „Sokrates" „Sterblichkeit" impliziert; aber wie können wir etwas über die Wichtigkeit dieser Implikation wissen? Ist sie wichtiger als „Weisheit" oder „Lehrer"? Die Logik spricht gewöhnlich von einem Feld von Implikationen so, als handle es sich dabei lediglich um eine additive Reihe, die durch eine Art von Aufzählung wiedergegeben werden könne. Diese additive Vorstellung der Untersinne ist der Fehler, der der Vorstellung zugrundeliegt, daß die richtigste Interpretation diejenige sei, die am meisten einschließt. Wir wissen hingegen, daß eine richtige Interpretation durchaus skizzenhafter Natur sein mag, während eine falsche zu einer vollen Aufzählung aller Sinne führen kann, die in der Tat impliziert sind. Eine skizzenhafte Interpretation kann auf Grund der Tatsache richtig sein, daß sie nicht nur das Prinzip für das Auffinden von Implikationen, sondern auch dafür, wie diese zueinander in Beziehung zu setzen sind, richtig erfaßt, während eine sehr vollständige Interpretation falsch sein kann, weil sie diese Beziehungen falsch darstellt. Die Logik verbaler Implikationen ist daher unvollständig, solange sie nur das Prinzip für den Einschluß und Ausschluß von Implikationen regelt und nicht auch das Prinzip für deren Strukturierung. Die relative Wichtigkeit einer Implikation ist für den Sinn ebenso wichtig wie die Implikation selbst.

Spricht man davon, daß ein komplexer Wortsinn eine Struktur habe, so ist dies, wie vielfach festgestellt wurde, ungenau ausgedrückt, da „Struktur" ein räumlicher Terminus ist, wohingegen der Wortsinn eine temporale Bezeichnung ist. Eine Antwort auf diese Kritik ist, daß zeitliche Verhältnisse immer nur in räumlichen *termini* beschrieben werden können und umgekehrt. Es ist unnötig, den Gedankengang hier zu unterbrechen, um dieses interessante Problem der Beschreibung darzustellen, da es eine Konzeption gibt, die sowohl den räumlichen als auch den zeitlichen Verhältnissen gemeinsam ist: die Konzeption der relativen Betonung. Man kann die relative Wichtigkeit einer Implikation mit dem Begriff der Betonung ausdrücken, und dieser kann wiederum als der relative Grad an Aufmerksamkeit, der einer Implikation zukommt, definiert werden. Ein anderes System von Betonungen führt zu einem anderen Sinn, und zwar sowohl bei einer zeitlichen Abfolge als auch bei einer räumlichen Konfiguration; wenn das Ziel der Interpretation ein stummer Text ist, dann ist das Problem, die Betonungen richtig zu verteilen, natürlich besonders schwierig.

Wie stark soll eine Implikation betont werden? Eine direkte Antwort ist: „Die relative Betonung soll genau dem Willen des Autors entsprechen." Wir wissen jedoch alle, daß diese Antwort neu formuliert werden muß, und zwar in den *termini* kommunizierbarer Konventionen, da wir keinen direkten Zugang zum Geist des Autors haben. Diese Konventionen der Betonung sind, wie sich leicht vorhersehen läßt, ein weiterer Aspekt des Systems der Konventionen, das ein besonderes Genre umfaßt; denn was eine Implikation wichtiger macht als eine andere, ist ihre Funktion im Sinnganzen, und es ist ganz offensichtlich, daß nicht jede Implikation Funktionen erfüllt, die gleichermaßen zentral sind. Allerdings scheint uns dieses Argument in einen Kreis zu führen, da das Problem der Bestimmung der relativen Wichtigkeit einer Funktion das gleiche ist wie das Problem der Bestimmung der Wichtigkeit einer Implikation, die unter anderem ja eine Funktion *ist*. Wir müssen deshalb, wenn wir die relative Betonung bestimmen wollen, uns auf etwas anderes beziehen, das die Funktion wichtig macht; dieses Etwas liegt im Zentrum dessen, was ein Genre eigentlich ist. Der vereinheitlichende und bestimmende Gedanke in jedem Äußerungstyp, in jedem Genre, ist der Gedanke des Zwecks.

Der Zweck einer Äußerung besteht natürlich darin, Sinn zu kommunizieren; allerdings können offenbar sehr viele Sinntypen, unter welche Äußerungen subsumiert werden können, in den Kategorien von Wirkung, Funktion und Ziel weiter klassifiziert werden. So können zum Beispiel die Kategorien Gebet, Befehl und technischer Essay in kleinere Gruppen von Äußerungen, die gemeinsame Zwecke und Funktionen besitzen, unterteilt werden. So gibt es zum Beispiel zahlreiche Untertypen von „Befehl", wie etwa den militärischen Befehl, die Forderung von Eltern, das Ersuchen eines Vorgesetzten; unter diesen gibt es wieder eine große Anzahl von Variationen, aus denen sich schließlich das wahre Genre einer Äußerung ergibt. Das Kriterium, welches es erlaubt, solche Subtypen unter einen größeren Typ zu subsumieren (wie zum Beispiel „Gebet" oder „Befehl") ist normalerweise nicht ein besonderes Vokabular oder ein besonderes syntaktisches Muster. Diese werden enorm voneinander abweichen; das gemeinsame Kriterium ist eine besondere Art von Zweck.

Die Vorstellung, daß der Zweck das wichtigste vereinheitlichende und differenzierende Prinzip der Genres ist, wurde schon vor langer Zeit durch Aristoteles ausgesprochen und dann von Boeckh wiederholt:

> Die Unterhaltung, die Briefform u. s. w. sind Redegattungen und fassen in sich wieder eine grosse Zahl nach dem Zweck verschiedener Gattungen, obgleich sie selbst natürlich viel specieller als die höchsten Redegeschlechter: die Poesie und Prosa sind. Es ist dabei ganz gleichgültig, ob eine Gattung zufällig nur von einem Individuum

vertreten ist; derselbe Zweck könnte unter andern Umständen ebenso gut von sehr vielen Individuen realisirt werden.[18]

Boeckh nähert sich hier der Konzeption des wahren Genres, und es ist außerordentlich interessant, daß er, ebenso wie Aristoteles, den Zweck als entscheidendes Kriterium heranzieht. Dies ist ein Gedanke, der etwas genauer untersucht zu werden verdient.

Boeckh muß unter „Zweck" etwas anderes verstanden haben als ein äußerliches Ziel, durch welches eine Äußerung einen Dienst erfüllt, der außerhalb ihrer selbst liegt. Da er der von Kant stammenden Ansicht, daß Wortkunst in gewissem Sinne zwecklos sei, daß sie nicht notwendigerweise irgendeiner Sache diene, mit Sympathie gegenübersteht, will er offensichtlich nicht sagen, daß alle generischen Zwecke äußerliche Zwecke seien. Vermutlich meint er so etwas wie die *causa finalis* des Aristoteles, und vermutlich würde er auch einigen der Vorstellungen von R. S. Crane und der *Chicago Critics* nicht unfreundlich gegenüberstehen. Sein Zweck muß eine Entelechie sein, eine zielsuchende Kraft, die eine bestimmte Art von Äußerung beseelt. Wenn wir uns vorstellen, daß solche Zweckgerichtetheit auf die besonderen Zwecke eines wahren Genres begrenzt ist, denn haben wir eine direkte Verbindung zwischen der Vorstellung vom Genre und dem bestimmenden Prinzip des Sinns, der Vorstellung vom Willen. In diesem Fall handelt es sich dann um den besonders bestimmten Willen zu einem Genre, der nicht willkürlich verläuft, sondern auf soziale Formen gerichtet ist und von einer Idee vereinheitlicht wird. Der Zweck des Genres muß in gewissem Sinn eine *Idee* sein, eine Vorstellung von dem zu kommunizierenden Sinntyp; sonst gäbe es nichts, das den Willen des Autors leiten könnte. Andererseits muß es auch eine den Willen motivierende Kraft geben, da ohne ihren zielsuchenden

---

[18] August Boeckh, *Encyclopädie und Methodologie der Philologischen Wissenschaften*, hrsg. v. E. Bratuschek (2. Aufl. Leipzig, 1886), S. 141.

Charakter die Idee nicht durch die temporale Aktivität des Sprechens verwirklicht werden könnte. Der Autor hat eine Vorstellung davon, was er kommunizieren möchte – natürlich nicht eine abstrakte Konzeption, sondern eine Idee, die dem gleich ist, was wir das wahre Genre genannt haben. Im Verlaufe der Verwirklichung seiner Idee wird von seinem Willen der ihm unterworfene Sinn gesetzt. Durch dieses zweckhafte Wollen kommt es dazu, daß Implikationen in verschiedenem Grade Betonung oder Wichtigkeit im Verhältnis zueinander erhalten.[19]

Diese ziemlich abstrakte Beschreibung kann an einem sehr einfachen Beispiel veranschaulicht werden, nämlich der Verwendung phonetischer Betonung in der gesprochenen Sprache. (Es ist gut, sich an Saussures Mahnung zu erinnern, daß Schreiben ein relativ spät entwickeltes Surrogat gesprochener Sprache ist.[20]) Diese phonetischen Betonungen folgen in verschiedenen Sprachen jeweils verschiedenen Konventionen; ihre Funktion ist jedoch immer die gleiche. Sie dienen dazu, die relative Wichtigkeit eines Untersinns anzudeuten und damit auf das wahre Genre der Äußerung hinzuweisen. Jeder kennt die ungeheure semantische Wirkung, die durch die Verlagerung der Betonung in einem Satz wie „Ich gehe morgen in die Stadt" bewirkt wird. Wenn wir die Hauptbetonung nacheinander auf jedes einzelne Wort legen, so erhalten wir jeweils einen anderen Sinn. Jeder

---

[19] Meine Darstellung weicht von der des Aristoteles und der Neu-Aristoteliker dahingehend ab, daß hier der völlig metaphorische Charakter einer Entelechie behauptet wird, wenn nämlich diese Konzeption auf eine Redeform übertragen wird. Ein verbales Genre hat keine Entelechie bzw. keinen eigenen Willen. Es ist nichts Lebendiges, besitzt keine Seele, kein Lebensprinzip. Es ist eine stumme und träge Masse, der „Seele" und „Willen" von Sprechern und Interpreten verliehen werden. Anders ausgedrückt: Der Zweck eines Genres ist der kommunizierbare Zweck, den ein bestimmter Sprecher anstrebt, nicht mehr und nicht weniger. Siehe Kap. 4, Abschn. D.

[20] *Course in General Linguistics*, S. 23–37.

ist sich dieser Tatsache bewußt, doch haben weder die Logiker noch die Literaturtheoretiker der Wichtigkeit dieser Tatsache für das Heranziehen von Implikationen genügend Aufmerksamkeit geschenkt.

Man kann natürlich einwenden, daß jeder der verschiedenen Sinne, die dadurch kommuniziert werden, daß man die Betonung bei diesem zufälligen Beispiel verlagert, auch verschiedene Implikationen kommuniziert, nicht nur die gleichen in einer anderen Anordnung. Dies ist in der Tat so, doch besitzt jede dieser verschiedenen Gruppen von Implikationen eine Einheit, und die relative Wichtigkeit einer jeden ist von entscheidender Bedeutung für den Sinn. Dies ist leicht einzusehen, wenn wir die Wörter des obigen Beispielsatzes als individuelle Untersinne betrachten, die alles umfassen, was der Satz bedeuten kann, ohne daß wir die Dimension der Implikation weiter heranziehen. In jedem Fall ist der Untersinn derselbe, der Sinn jeweils ein anderer. Wenn wir bemerken, daß die Konventionen der phonetischen Betonungen nur Hinweischarakter besitzen, und daß selbst diese Konventionen in ihrer Anwendbarkeit von Genre zu Genre differieren, dann werden wir den Schluß ziehen müssen, daß das Abwägen der relativen Betonung der Implikationen ebenso schwierig wie entscheidend ist. Zum Glück wird dieses Problem für den Interpreten wie für den Sprecher dadurch gelöst, daß man sich der „Idee" einer Äußerung, d. h. dem wahren Genre zuwendet.

D. *Die Historizität des Genres*

Das wahre Genre, das uns dazu zwingt, einen bestimmten Sinn anzunehmen, wird nicht sofort dem Geist des Interpreten gegenwärtig, sondern ergibt sich häufig erst nach einem Einengungsprozeß. Der Interpret hält sich dabei natürlich nicht bewußt an eine logische Folge: „Das hier ist ein Befehl, aber kein militärischer Befehl, sondern ein verdeckter ziviler Befehl, der von meinem Vorgesetzten in Form einer höflichen Aufforderung ausgedrückt wurde." Der Prozeß der Einengung des Genres beginnt wesentlich später, wenn der Interpret mit dem Genre vertraut ist und einige seiner bestimmenden Einzelzüge sofort erkennt. Dies ist auch der Grund dafür, daß ein erfahrener Gelehrter einen alten Text mit großer Wahrscheinlichkeit schneller versteht als ein Anfänger, selbst dann, wenn der Anfänger mit der Sprache, in welcher der Text geschrieben ist, durchaus vertraut ist. Es ist aber auch der Grund dafür, daß ein Anfänger gelegentlich zu einem richtigeren Verständnis als der erfahrene Gelehrte gelangen kann. Der Einengungsprozeß von Versuch und Irrtum, Vermutung und Gegenvermutung, den der Anfänger durchlaufen muß, kann ihn in seltenen Glücksfällen vor einer vorschnellen Typisierung bewahren. Seine Erwartungen sind vielleicht flexibler, so daß er Aspekte sehen kann, die dem Experten möglicherweise entgehen. Jeder Experte war jedoch einmal ein Anfänger: jeder Sprecher war einmal ein Kind, das zu sprechen und zu interpretieren gelernt hat. Es ist klar, daß der heuristische Gebrauch von Genrevorstellungen im Zentrum dieses Lernprozesses steht.

Meine Darstellung des Genres wäre daher sehr einseitig, wenn ich das wahre Genre gegenüber den vorläufigen, heuristischen Typvorstellungen allzusehr betonen würde. Ohne diese weiteren Typen könnten neue wahre Genres nicht entstehen. Ich habe das wahre Genre als einen kommunizierten Typ definiert, der den Sinn bildet und bestimmt, da die Implikationen einer Äußerung nicht kommuniziert werden könnten, wenn das Genre kein kommunizierter Typ wäre. Wie kann jemand dann einen neuen Typ von Äußerung verstehen? Wie kann ein Interpret wissen, welche Implikationen wichtig sind und welche nicht, wenn er dem jeweiligen Sinntyp nie zuvor begegnet ist? Wenn jemand gerade aus dem Wehrdienst entlassen wurde und zum erstenmal eine Stellung im Zivilleben annimmt, und sein neuer Chef ihm eine Notiz schreibt des Inhalts: „Würde es Ihnen passen, mit dem 7.30 Uhr Zug nach New York zu fahren", wie hat er das dann zu verstehen? Offensichtlich ist das nicht die gleiche Art von Kommunikation wie: „Sie werden sich mit dem 7.30 Uhr Zug nach New York begeben," wie es sein früherer Vorgesetzter ausgedrückt haben würde. Unser hypothetischer Anfänger muß, wenn er diese neue Art von Text richtig interpretieren will, einen imaginativen Sprung machen und erkennen, daß sie zu demselben weiten Typ gehört wie: „Sie werden sich nach New York begeben." Wenn er diesen imaginativen Sprung nicht vollziehen könnte, könnte er auch die neue Äußerung nicht verstehen. Es ist folglich klar, daß weite, heuristische Typvorstellungen ebenso wesentlich sind wie das wahre Genre. Nur durch sie, die weiten Typvorstellungen, können neue wahre Genres entstehen und verstanden werden.

Es ist ein interessantes Phänomen, daß diese weiten Typvorstellungen für Autor und Interpreten gleichermaßen wichtig sind. Es geht nicht darum, daß etwa der Autor einen ihm völlig unbekannten Sinntyp nicht kommunizieren kann, sondern es geht um die weniger offensichtliche Tatsache, daß er einen derartigen Typ nicht einmal formulieren könnte. Präexistente Typvorstellungen sind anscheinend für die Imagination ebenso notwendig wie für die Probleme der Kommunikation. Dies ist eine der vielen tiefschürfenden Beobachtungen, die E. H. Gombrich in seinem Buch *Art and Illusion* macht. Er zitiert dort zustimmend Quintilians Bemerkung: „Welcher Handwerker hat nicht schon ein Gefäß von einer Gestalt gemacht, die er nie vorher gesehen hat?". Gombrich kommentiert dies: „Es ist wichtig, daran erinnert zu werden; doch wird damit noch nicht die Tatsache erklärt, daß selbst die Form des neuen Gefäßes irgendwie zur gleichen Familie von Formen gehören wird, wie sie der Handwerker vorher gesehen hat."[21] Diese Tendenz des Geistes, alte Typen zur Grundlage für neue zu machen, ist natürlich deutlicher feststellbar, wenn es sich um Kommunikation oder Repräsentation handelt. Nicht jede Konvention kann sogleich geändert werden, selbst wenn der Handwerker mit einer

---

[21] E. H. Gombrich, *Art and Illusion* (New York, 1960), S. 25.

solch göttlichen Schöpferkraft begabt wäre, weil seine Schöpfung dann völlig unkommunizierbar und mehrdeutig wäre. Gombrich bringt das präzis zum Ausdruck: „Variables kann nur durch die Gegenüberstellung mit einer Gruppe von Invariablem kontrolliert und geprüft werden."[22] In unserem obigen Beispiel gehörte zum Invariablen eine Anzahl von Dingen, die sowohl bei der Armee als auch im bürgerlichen Leben Konventionen sind. In beiden Fällen wandte sich ein Vorgesetzter an einen Untergebenen. Im beiden Fällen wurde der Untergebene aufgefordert, etwas zu tun und mußte mit Unerfreulichem rechnen, wenn er es nicht tat. Das Variable waren die zwei verschiedenen Konventionen „Sie werden" und „Würde es Ihnen passen". So viele andere Faktoren waren jedoch gleich, daß es nur eines sehr kleinen Sprungs der Imagination bedurfte, um die eine Konvention der anderen anzunähern.

Dieser Vorgang der Annäherung findet bei jedem neuen Genre statt. Niemand würde je einen neuen Sinntyp erfinden oder verstehen, wenn er nicht fähig wäre, Analogien zu erkennen und neuartige Subsumierungen unter bekannte Typen vorzunehmen. Jedes Erschaffen eines neuen Typs geht mit dem gleichen Sprung der Imagination vor sich, der sich in Picasso abspielte, als er ein Spielzeugauto in den Kopf eines Pavians verwandelte. Das Auffinden einer solchen Analogie bedeutet nicht nur das Gleichsetzen zweier bekannter Typen – Pavian und Auto –, sondern die Schöpfung eines neuen – des Auto-Pavians. Was sich hier abspielt ist, in anderen Worten, eine metaphorische Übertragung. Die Literaturwissenschaftler haben uns schon vor langer Zeit erklärt, daß eine Metapher nicht auf ihre Einzelteile reduzierbar, sondern etwas völlig Neues ist. Jeder neue Worttyp ist in diesem Sinne eine Metapher, die einen imaginativen Sprung erforderlich machte. Das Wachstum neuer Genres ist auf dieses Quantenprinzip gegründet, das alles Lernen und alles Denken beherrscht: Durch einen imaginativen

---

[22] Ebenda, S. 323.

Sprung wird das Unbekannte dem Bekannten angenähert, und etwas völlig Neues entsteht. Dies kann auf zweierlei Weise geschehen: zwei alte Typen können *amalgamiert* werden, wie beim Auto-Pavian, oder ein bestehender Typ kann *erweitert* werden, wie es bei unserem aus dem Wehrdienst entlassenen Anfänger, der zum erstenmal mit einem zivilen Befehl zu tun hatte, der Fall war. Beide Vorgänge sind metaphorischer Art, d. h. sie hängen davon ab, daß eine neue, vorher nicht erdachte Identifikation vorgenommen wird.

Wir können, um zu verstehen wie dieser Vorgang der metaphorischen Annäherung etwas Neues erbringt, das Rätsel betrachten, dem sich ein Sprecher gegenüber sieht, der auf eine für ihn neuartige Situation verbal reagieren muß, wenn diese Situation nicht automatisch unter die ihm von früher her bekannten Typen des Sprachgebrauchs subsumiert werden kann. Er steht dann auf einer weiteren Ebene dem gleichen Problem gegenüber, das die Benützer einer Sprache lösen müssen, wenn sie einen Gegenstand zu bezeichnen haben, wie etwa ein Eisenbahngleis oder einen Laserstrahl, der eben erst zu existieren begonnen hat. Ein einfaches Beispiel, das einem in den Sinn kommt, ist die Frage, die sich mit der Erfindung des Telefons ergab. Was sollten die ersten Benützer eines Telefons sagen, wenn sie den Hörer aufhoben? Ein Sozialanthropologe könnte sich die Zeit damit vertreiben, daß er aus den verschiedenen Lösungen, die dieses Problem in verschiedenen Ländern ergab, Schlüsse zieht. Wenn die Amerikaner „hello" sagen, dann meinen sie zweifellos im wesentlichen das gleiche, das die Italiener meinen, wenn sie „pronto" sagen, nämlich, daß sie den Hörer aufgehoben haben und bereit sind zu hören. „Hello" war jedoch, im Gegensatz zu „pronto" eine Begrüßungsformel und die Verwendung von „hello" in dieser neuen Situation bedeutete eine Assimilation der Telefonantwort an die Begrüßung. Nachdem der metaphorische Sprung eben einmal gemacht war, hörte dieser neue Sprachgebrauch auf, eine Begrüßungsformel zu sein. Ein neues Genre war geschaffen worden.

Dies war ein einfaches Beispiel für die Bildung eines neuen Genres durch die Ausweitung eines bereits bestehenden. Viele neuen Genres werden sowohl durch metaphorische Ausweitung, wie „hello", als auch durch metaphorische Amalgamation, wie Auto-Pavian, gebildet. Wenn ein Autor beispielsweise ein neues literarisches Genre hervorbringt, dann verwendet er normalerweise beide Techniken. Er weitet nicht nur bestehende Konventionen aus, sondern er verbindet auch alte Konventionssysteme auf eine neue Weise. Die Beschreibung dieses Vorgangs ist die Aufgabe von „Einflußstudien", und die Gefahr bei solchen Beschreibungen ist, daß sie dazu neigen, das neue Genre auf die vorher existierenden Konventionen, aus welchen es gebildet wurde, zu reduzieren. Dies entspricht aber der Identifikation einer Metapher mit ihren Elementen; statt dessen sollte man erkennen, daß jede Metapher ein Sprung ins Unbetretene ist. So wird zum Beispiel bei retrospektiver Betrachtungsweise deutlich, daß Byron bestimmte Konventionen von Pulci, Frere, Homer und Vergil entlehnte, um *Don Juan* zu verfassen. Als Byron sagte, „My poem's epic", da verließ er sich darauf, daß der Leser die traditionellen epischen Konventionen kannte, und er verließ sich ebenso auf traditionelle Episoden als Schema seiner eigenen Imagination. Der Sturm auf dem Meer in *Don Juan* wurde eingefügt, weil Stürme auf dem Meer zu Epen gehören, und die Haidee-Episode befindet sich in diesem Werk, weil nach Stürmen auf dem Meer idyllische Romanzen folgen. Byrons Erfindungsgabe wurde von älteren Genre-Konventionen geleitet und genährt, aber es ist dennoch offensichtlich, daß die Genrevorstellung von *Don Juan* eine Eigenleistung Byrons ist, eine neue Art, die vorher nicht existierte. Ein Grund dafür, warum Byron sich veranlaßt fühlte, seine Dichtung mit so vielen ausführlichen Erklärungen seiner Absichten zu spicken, war die Tatsache, daß seine Leser solcher Wegweiser bedurften, die er in dem etwas traditionelleren Genre von *Childe Harold* nicht zu geben brauchte.

Die Beschreibung der Entstehung neuer Genres ist sowohl für die Interpretation als auch für die Theorie des Genres von beträchtlicher Bedeutung. Schleiermacher wies mit der bei ihm üblichen gedanklichen Durchdringungskraft darauf hin, daß ein Interpret in Betracht ziehen muß, ob ein Genre neu oder bereits gut entwickelt ist, da bei einem neuen Genre Wiederholungen und Tautologien eventuell nicht als Anzeichen für Betonungen zu verstehen sind, sondern sich einfach aus dem Versuch des Autors ergeben können, das Verständnis eines Sinns sicher zu stellen, das sonst nicht oder nur falsch erreicht werden würde.[23] Da wesentliche Elemente aller Genres historisch und kulturabhängig sind, ist es nicht überraschend, daß die besten Diskussionen über das Konzept des Genres nicht bei Aristoteles oder seinen modernen Jüngern zu finden sind, sondern bei jenen Gelehrten, die versuchten, die Geschichte traditioneller Genres zu beschreiben – Gelehrte wie Günther Müller, Karl Viëtor und Wolfgang Kayser, die die starke historische Geprägtheit ihres Themas erkannten. Dennoch verfielen auch sie manchmal in ein aristotelisches Hypostasieren, wenn sie nämlich annahmen, daß ein traditionelles Genre, wie etwa die Ode, irgendwie ein Gattungskonzept darstelle, welches alle unter ihm subsumierten Mitglieder definiere. „*Wie ist es möglich*", fragt Viëtor, *Gattungsgeschichte zu schreiben, wenn es keine vorher festzustellende Gattungsnorm gibt.*" Diese Normen sind, so schließt er, das Gattungshafte und bestehen aus drei Elementen: „der eigentümliche Gehalt, die eigentümliche innere und äußere Form, machen zusammen, in ihrer eigentümlichen Einheit, erst ‚die' Gattung aus."[24] In solchen Äußerungen erweckt Viëtor den Eindruck, daß er an die definitive Kraft weitgefaßter Gattungskonzepte glaubt; andererseits hat Günther Müller in einer genaueren Bemerkung festgestellt, daß „es so etwas wie ‚die' Gattung, die bestimmte Details notwendig macht und festlegt, gar nicht gibt, sondern nur verschiedene gattungshafte Strukturen, deren Verhältnisse zu einander untersucht werden müs-

---

[23] Schleiermacher, *Hermeneutik*, S. 106.
[24] Karl Viëtor, *Geist und Form* (Bern, 1952), S. 305, 300.

sen."²⁵ Müller lehnt trotzdem die nominalistischen Implikationen dieser Bemerkung ab. Das Genre ist für ihn etwas Wirkliches, etwas, das in der Geschichte zu finden ist, obwohl in einem gegebenen Fall nicht präzise definiert werden kann, was es ist.

Diese Gelehrten scheinen einer befriedigenden Lösung ihrer Probleme so nahe gekommen zu sein, daß man sagen könnte, sie hätten sie gelöst, ohne es zu wissen. Müller kam in seinem Kommentar zu den gattungshaften Strukturen einer Lösung sehr nahe, und nur seine Faszination durch verbale Schwierigkeiten behinderte ihn: „Das Dilemma aller Gattungsgeschichte ist, daß wir offensichtlich nicht entscheiden können, was zu einer Gattung gehört, ohne daß wir wissen, was gattungshaft ist, und wir können nicht wissen was gattungshaft ist, ohne zu wissen, daß dies oder jenes zu einer Gattung gehört."²⁶ Natürlich ist dies wieder der hermeneutische Zirkel, aber er ist nicht von direkter Relevanz bei der Definition der Seinsweise eines Genres. Auf der Ebene der Geschichte gibt es keine wirkliche Wesenheit wie ein Genre, wenn wir unter diesem Wort die Vorstellung von einem Typ haben, der auf adäquate Weise alle individuellen Fälle definieren und unter sich subsumieren kann, die den gleichen generischen Namen tragen, wie zum Beispiel Ode, Sonett, Befehl, Gebet oder Epos. Sicherlich kann eine zu weite Vorstellung vom Typ einige auf abstrakte Weise identische Züge unter all den Einzelfällen, die darunter subsumiert werden, richtig repräsentieren, aber es ist sicherlich nicht ein Gattungskonzept, das diese Einzelfälle hinreichend definiert. Müller und Viëtor wußten dies. Was sie nicht feststellten war, daß die Realität dieser größeren Genrevorstellungen allein in der Funktion existiert, die diese in der Geschichte tatsächlich erfüllten. *Don Juan* ist ein Epos, und zwar nur deshalb, weil dieses Wort sowohl für uns als auch für Byron einige der

---

[25] Günther Müller, „Bemerkungen zur Gattungspoetik", *Philosophischer Anzeiger*, 3 (1928), 146.
[26] Ebenda, S. 136.

Konventionen repräsentiert, unter welchen er diese Dichtung verfaßte. Auf keinen Fall definiert oder subsumiert dieser Terminus sein Gedicht.

Wenn dem aber so ist, warum sagte Byron dann „My poem's epic"? Wenn wir einmal die Ironie in der Feststellung beiseite lassen (Byron meinte wirklich, was er sagte), dann finden wir hier die wirkliche Daseinsweise breiterer Genrevorstellungen. Diese Vorstellungen sind weitgefaßte Konzeptionen von Typen, deren sich ein Sprecher so bedienen kann, wie ein Maler sich eines Bildschemas bedient. Außer in stark traditionellen und formelhaften Äußerungen handelte es sich dabei um metaphorische Assimilationen, durch die ein Sprecher und seine Hörerschaft sich auf etwas Neues hin orientieren können. Wären traditionelle Genres wirklich Gattungskonzepte, die Sprecher und Interpreten zwanghaft festlegten, dann könnten offensichtlich keine neuen Typen entstehen. Es ist nicht richtiger, ein Gedicht als Epos zu bezeichnen, als es ist, ein Drama als Tragikomödie zu bezeichnen.[27] Diese Begriffe mögen oft für Systeme von Konventionen stehen, innerhalb derer die Texte geschrieben wurden, und der Terminus „Tragikomödie" bezeichnet möglicherweise völlig richtig die Typvorstellung, unter der gewisse Dramatiker tatsächlich schrieben. Der Theoretiker muß jedoch, ebenso wie der Historiker, zwischen einer Typvorstellung, die ein Werk wahrhaft subsumiert, und einer Typvorstellung, die faktisch nichts als ein vorläufiges Schema ist, unterscheiden. Byron konnte sein Werk vernünftigerweise ein Epos nennen, da er tatsächlich Konventionen benutzte, die auch anderen Werken, die unter diesem Namen bekannt sind, gemein sind. Der Interpret oder der Historiker hat jedoch noch sehr wenig erreicht, wenn er *Don Juan* ein Epos nennt. Seine Verwendung eines derartigen Terminus sollte ebenso metaphorisch und vorläufig sein wie sie es für Byron war. Die breiteren

---

[27] Weitere Typvorstellungen, wie Epos, Tragödie, Satire, Versdichtung und Literatur werden im nächsten Abschnitt weiter untersucht werden.

Vorstellungen vom Genre repräsentieren etwas Wirkliches nur in dem Ausmaß, in dem sie Normen und Konventionen repräsentieren, die tatsächlich ins Spiel gebracht wurden. Wenn man sie auf diese Weise verwendet, dann ist die Anwendung dieser Termini richtig, selbst wenn sie nicht von zureichend definitivem Charakter sind.

Wem diese Ansicht des Konzepts traditioneller Genres allzu nominalistisch zu sein scheint, der hat den Zweck meiner Analyse mißverstanden; dieser besteht nicht darin, traditionelle Konzepte zu verwerfen, sondern im Gegenteil ihre Gültigkeit unter Beweis zu stellen. Einige der traditionellen Typen sind Leitvorstellungen, die tatsächlich von Dichtern verwendet wurden, und daher keine willkürlichen Klassifikation, die vom Interpreten vorgenommen wurden. Um sprechen oder um eine Rede verstehen zu können, muß man auf eine Genrevorstellung zurückgreifen können, und wenn die Äußerung nicht eine bloße Formel ist, so muß man in der Regel auf ein Genre zurückgreifen, das weiter ist als das wahre Genre. Das Genre „Befehl" bezeichnet einen Typus von Sprachverwendung, den ein Sprecher von früheren Verwendungen her kennengelernt hat; er weiß, daß das von ihm Gesagte wesentliche Elemente haben muß, die auch in den früheren Verwendungsweisen auftraten. Da aber einige seiner Verwendungsweisen neu sein mögen, subsumiert die Typvorstellung, auf die er sich verläßt, das wahre Genre nur metaphorisch. Sein Befehl ist vielleicht einem anderen Befehl ähnlicher als ein Auto und ein Pavian einander ähnlich sind. Das größere Genre „Befehl" ist folglich bestenfalls eine teilweise und vorläufige Klassifikation, wenn auch eine notwendige. Das wirkliche Verhältnis zwischen dem wahren Genre und weiteren Genrevorstellungen ist ein historisches.

Das Schema für dieses Verhältnis ist jedoch nicht das einer einfachen genealogischen Darstellung. Die Eltern eines wahren Genres sind mitunter äußerst zahlreich und können sehr verschiedener Herkunft sein. Überdies führt die Beschreibung dieser Vorgänger nicht zu einer Definition des Genres, ebensowenig wie die Beschreibung ihrer Elemente den Sinn einer

Metapher definiert. Die beste Art für die Definition eines Genres – wenn man nach einer solchen sucht – ist die Beschreibung gemeinsamer Elemente einer kleinen Gruppe von Texten, die in direkten historischen Beziehungen zueinander stehen. Solche Beschreibungen können mitunter äußerst nützliche propädeutische Werkzeuge sein; sie werden jedoch weniger nützlich für die Interpretation in dem Maße, in dem ihr Feld weiter und abstrakter wird.[28]

Das einzige weite Genrekonzept, welches von Natur aus illegitim ist, ist folglich jenes, welches vorgibt, ein Gattungskonzept zu sein, das seine Mitglieder irgendwie definiert und bestimmt. Dies ist, um ein Beispiel anzuführen, die große Gefahr der von Northrop Frye vorgenommenen Klassifikation literarischer Gattungen. Klassifikationen sind nützliche, manchmal unerläßliche Werkzeuge, die wir zur Bildung eines Kon-

---

[28] Natürlich brauchen wir nicht den Wert von Genre-Beschreibungen oder das Kriterium ihrer Nützlichkeit für die Interpretation untersuchen; wir könnten z. B. daran interessiert sein, wiederkehrende geistige Verhaltensmuster zu entdecken. Dies könnte jedoch nur *nach* der Interpretation geschehen, da wir sicher sein müssen, daß die definierenden Charakteristika im Text wirklich vorhanden sind. Da also Schlußfolgerungen über wiederkehrende geistige Verhaltensmuster erst nach der Interpretation möglich sind, liegt ihre heuristische und beschreibende Kraft nicht in erster Linie in der Interpretation selbst, sondern in anderen Bereichen, wie Psychologie und Anthropologie. Die von den interpretierten Texten abstrahierten Verhaltensmuster können nicht rechtens wieder als tieferer oder höherer Sinn auf die Texte zurücktransponiert werden. (Ich denke hierbei besonders an das einflußreiche System von Northrop Frye.) Solch ein zurücktransponiertes Verhaltensmuster könnte nur ein selektiver, abstrakter Sinn sein, dessen Bedeutung zu einer bestimmten Theorie über den Menschen gehört. Das Wesen eines Textes durch diesen Vorgang der Abstraktion zu finden, gliche dem Auffinden des Wesens einer beliebigen Gruppe von Gegenständen (Fahnenstangen, Billardqueues, Bleistifte) in der Tatsache, daß sie alle länglich sind. Die Verzerrung wird vollständig, wenn wir einen solchen Gegenstand – sagen wir einen Phallus – als primären Grund oder als Wesen der anderen betrachten.

zepts bei der Kontrolle eines bestimmten Materials benötigen; für die Zwecke der Klassifikation ist es von sehr geringer Bedeutung, ob wir römische Ziffern, die Wochen des Jahres oder die Phasen des Mondes benützen. Es kommt einzig und allein auf den Grad der Verläßlichkeit an, den wir dem definitiven Charakter dieser willkürlichen Schemata zuschreiben. Wenn wir glauben, daß sie bestimmend und nicht willkürlich und heuristisch sind, dann haben wir einen ernsten Fehler begangen, der dem richtigen Interpretieren im Wege steht.

E. Verschiedenheit der Genres und Einheit der Prinzipien

Die vorausgehenden Abschnitte über Art und Notwendigkeit einer Konzeption vom Genre haben meine Argumentation bis zu einer Stufe gedeihen lassen, auf der es möglich ist, einige allgemeine Schlüsse über Theorie und Praxis der Interpretation zu ziehen. Es stellte sich allmählich heraus, daß die Teilung der Sprache in *langue* und *parole eine* Konzeption darstellt, die das Verhältnis zwischen einer ganzen Reihe linguistischer Typen und den äußerst variablen Besonderheiten individueller Sprachvorgänge nicht zureichend beschreibt. Zwischen dem enorm weiten System von Typen und Möglichkeiten, die eine Sprache bilden, einerseits und den individuellen Sprachvorgängen, die sie gebildet haben und sie stets aufs neue bilden andererseits, gibt es eine vermittelnde Typvorstellung, die bestimmte Äußerungen als ein sinnvolles Ganzes bestimmen kann. Es ist schwer zu sagen, ob diese notwendigen Konzeptionen, die ich die wahren Genres genannt habe, mehr der *langue* oder der *parole* zuzurechnen sind, und es wäre nicht richtig, sie unter eine der Kategorien zu subsumieren. Es ist wichtiger zu erkennen, daß sie eine bestimmende Rolle bei der Interpretation spielen, denn sie bestimmen sowohl das Sprechen als auch das Verstehen. Daraus folgt, daß sie auf einer bewußteren und methodologisch höheren Ebene die Kategorien und Vorgänge der Interpretation als eine Art Disziplin bestimmen sollten. Dies ist die Schlußfolgerung, die ich in diesem letzten Abschnitt über die Genres betonen und entwickeln möchte, um so mehr als es eine Schlußfolgerung ist, die direkte Auswirkungen auf die folgenden Kapitel besitzt.

In der hermeneutischen Theorie war stets unbestritten, daß es verschiedene Arten der Textinterpretation gibt, die den jeweiligen Textarten entsprechen. Die ehrwürdigste dieser Unterscheidungen war die zwischen *hermeneutica sacra* und *hermeneutica profana*. Schleiermacher arbeitete mit aller Energie darauf hin, diese Trennung zu überwinden, wenngleich ihm dabei wenig Erfolg beschieden war, was man aus der Tatsache schließen kann, daß die Tradition der *hermeneutica sacra* weitergeführt wurde. Zu Beginn seiner berühmten *Encyclopädie* macht Boeckh, Schleiermachers treuester Schüler, die folgende sehr direkte Feststellung: „Da die Grundsätze, nach welchen man verstehen soll, die Functionen des Verstehens überall dieselben sind, so kann es keine specifischen Unterschiede der Hermeneutik nach dem Gegenstande der Auslegung geben. Der Unterschied zwischen einer *hermeneutica sacra* und *profana* ist demnach ganz unstatthaft."[29] Emilio Betti, der hervorragendste der neueren Theoretiker der Schleiermacherschen Tradition, hat jedoch festgestellt, daß eine praktische Notwendigkeit besteht, zwischen drei Typen der Interpretation zu unterscheiden. Für ihn gibt es die wiedererkennende, die präsentierende und die normative Interpretation, denen jeweils historische und literarische Texte, dramatische und musikalische Texte, juristische und religiöse Texte entsprechen.[30] Andererseits lehnt Hans-Georg Gadamer jede Unterscheidung zwischen Verständnis, Präsentation und Anwendung des Sinns eines Textes ab. Seiner Ansicht nach werden alle Typen der Interpretation unter den Gedanken der Anwendung subsumiert.[31]

---

[29] *Encyclopädie*, S. 80.
[30] *Teoria generale*, 1, 343–357.
[31] *Wahrheit und Methode: Grundzüge einer philosophischen Hermeneutik* (Tübingen, 1960), S. 280 ff.

Ein großer Teil der neueren Literaturtheorie kann in den Kontext dieser noch immer verlaufenden theoretischen Debatte gestellt werden. (Der Schlachtruf „zurück zum Text" war an sich weder ein Programm noch eine Theorie.) Der umfassendste programmatische Gedankengang, der in dem bewundernswürdigen theoretischen Kompendium von Wellek und Warren vorgetragen wurde, enthält die These, daß die literarische Interpretation aus sich selbst heraus zu erfolgen habe. Die Verfasser bestehen darauf, daß das Studium der Literatur literarisch sein müsse, ebenso wie das Studium und die Interpretation philosophischer Texte philosophisch zu sein hätten. Hinter dieser programmatischen Idee verbirgt sich der Gedanke der Richtigkeit: das literarische Studium der Literatur ist nicht einfach eine angemessene Interpretationsweise; es ist die einzig wirklich richtige Interpretationsweise. Behandelte man einen literarischen Text als wäre er ein historisches Dokument oder eine Biographie, so verfälschte man seine Natur, und eine derartige Verfälschung führt zu einer Perversion des Sinns. Alles richtige Interpretieren muß daher Interpretieren aus dem Text heraus sein: was immer man mit einem literarischen Text auch tun mag, *nachdem* er aus sich selbst heraus verstanden wurde, erhält Richtigkeit nur deshalb, weil jene vorausgehende Aufgabe erfüllt worden ist. Dieses Argument, welches *mutatis mutandis* meine eigene Ansicht darstellt, ist von offensichtlicher Wichtigkeit für die Frage, ob verschiedene Typen der Interpretation existieren, die verschiedenen Textarten entsprechen.

Ein Ergebnis der obigen Diskussion der Konzeption des Genres war die Feststellung, daß die Unterscheidung zwischen Typen der Interpretation der Vorstellung, daß die Funktionen des Verstehens überall dieselben sind, nicht eigentlich zuwiderläuft. Wenn das Verstehen stets von Genre-Konventionen einer Äußerung bestimmt wird, so folgt, daß verschiedene Textarten in der Tat verschiedener Interpretationsarten bedürfen. Das zugrundeliegende hermeneutische Prinzip ist jedoch immer und überall dasselbe: richtiges Interpretieren wird immer vom richtigen Erschließen des Genres bestimmt. Wenn also auch nicht die gleichen Methoden und Kategorien für alle Texte anwendbar sind, so werden doch die richtigen Kategorien stets von einem universalen Prinzip bestimmt, nämlich ihrer Angemessenheit in Hinsicht auf das wahre Genre eines Textes. Dieses kurze Ende einer alten Debatte bedarf nun weiterer Ausführungen. Ebenso werden einige der Annahmen, unter welchen die Debatte geführt wurde, widerlegt werden müssen.

Die erste zurückzuweisende Annahme ist die, daß die weiteren Klassifikationen von Texten eine adäquate Grundlage für die Definition der verschiedenen Typen der Interpretation darstellen. In dieser Frage stehe ich ganz auf der Seite von Schleiermacher und Boeckh und führe als Beispiel die Interpretation philosophischer Texte an. Bilden diese insgesamt gesehen ein einzelnes Genre, welches mit einem einzelnen Satz von Kategorien und Regeln der Interpretation adäquat beschrieben werden kann? Sagen wir zum Beispiel, daß alle philosophischen Texte philosophisch zu interpretieren seien. Bedeutet dies, daß wir stets die Frage zu stellen haben, ob der Text der Wahrheit entspricht? Wenn ja, wenden wir stets dasselbe Kriterium für Wahrheit an? Impliziert Wahrheit in allen Fällen Konsistenz und die Abwesenheit eines jeden Widerspruchs? Dies ist vielleicht so, wenn wir unter Wahrheit etwas Kohärentes verstehen aber nehmen wir einmal an, man sagte uns, daß Wahrheit ein bacchantisches Gelage sei, bei dem nicht ein Mitglied nüchtern ist, wie ein berühmter Philosoph einmal sagte. Oder nehmen wir an, man sagte uns, Wahrheit bedeute die Entsprechung zu einer Realität, die nicht notwendigerweise kohärent sein müßte. Würden wir solche Texte verstehen, wenn wir von der Annahme ausgingen, daß Wahrheit und Kohärenz äquivalent seien? Nehmen wir an, man sagte uns, jede Philosophie habe es letztlich mit dem Sein zu tun. Müßten wir dann einige unserer Texte beiseite legen und sie mit einem anderen Namen bezeichnen, oder würden wir die, die wir normalerweise philosophisch nennen, so verzerren, daß wir zeigen können, daß sie schließlich und endlich doch mit dem Sein befaßt sind? Philosophische Texte, so könnten wir andererseits sagen, sind immer

Versuche zur Klärung von Konzeptionen, nicht Versuche, das Denken in Konzeptionen zu überschreiten. Schon müßten wir Kierkegaard und Bergson aus dem Kreis der Philosophen ausschließen. Natürlich sagen uns die Philosophen ständig, was Philosophie ist, aber dieses „ist" bedeutet normalerweise „sein sollte", da jede Verallgemeinerung über philosophische Texte als unzutreffend erwiesen werden kann, und zwar in der gleichen Weise, in der ich die Feststellung, „daß alle philosophischen Texte die Wahrheit zum Ziel hätten", widerlegt habe.

Eine Verallgemeinerung besteht jedoch zu Recht: alle philosophischen Texte werden als philosophische Texte bezeichnet. Diese Tautologie ist nicht völlig sinnlos. Wir nennen einen Text philosophisch, weil er eine gewisse Ähnlichkeit mit einigen, wenn auch nicht mit allen Texten besitzt, die diesen Namen tragen. Das weitere Genre ist hier eine lose Gruppierung. Viele der Ähnlichkeiten, die die Mitglieder dieser Gruppierung aufweisen, haben sich durch historische Assimilation ergeben, während andere gänzlich aus den Notwendigkeiten des Denkens und der Wirklichkeit erwachsen sind. Diese Mitglieder werden in einer Klasse zusammengefaßt, weil sich daraus eine bequeme Konzeption ergibt, aber es gibt nicht ein einziges spezifisches Charakteristikum, das ihnen allen gemein wäre. Nichtsdestoweniger ist es angebracht, sie solchermaßen zu gruppieren, weil sie eine mehr oder weniger beständig verlaufende Serie bilden, innerhalb derer zwei beliebige Nachbarn einander äußerst ähnlich sein mögen und dennoch den Mitgliedern am anderen Ende der Serie äußerst unähnlich sein können. Unter der Überschrift „philosophische Texte" könnten wir an das eine Ende die *Principia Mathematica*, an das andere Popes *Essay on Man* stellen.

Dieses Arrangement der Glieder einer Serie würde allerdings dennoch einen etwas willkürlichen Vorgang darstellen. Es wäre unmöglich, ein definitives Arrangement vorzunehmen, wegen der Unmöglichkeit, eine lineare Reihe zu formulieren, die alle wichtigen Züge, die den einzelnen Gliedern gemein sein mögen, berücksichtigt. Steht *De Rerum Natura* Popes *Essay on Man* oder Schellings *Ideen zu einer Philosophie der Natur* näher? Unsere Antwort wird offensichtlich davon abhängen, welche Züge wir berücksichtigen. Dennoch ist das Modell einer linearen Reihe nützlich, ebenso nützlich wie die weite Familie, welche wir „philosophische Texte" nennen. Das konzipierte Modell einer Reihe legt die wichtige Tatsache nahe, daß es keine deutlichen und festen Grenzen zwischen den größeren Genre-Klassifikationen gibt. Diese Tatsache ist allgemein anerkannt. Was können wir aber, da es sich hier um eine Tatsache handelt, sinnvollerweise meinen, wenn wir von der philosophischen Interpretation der Philosophie oder der literarischen Interpretation der Literatur sprechen?

Ich möchte annehmen, daß wir nicht sinnvollerweise meinen können, es gebe eine besondere Gruppe von Kategorien und Regeln, die jeder Familie von Texten, ob wir sie nun als literarisch, philosophisch, juristisch oder sakral bezeichnen mögen, angemessen sei. Um es noch direkter auszudrücken: es gibt weder eine philosophische Interpretation der Philosophie noch eine literarische Interpretation der Literatur, aber es gibt ganz gewiß die wahre Interpretation eines Textes. Natürlich können bestimmte Kategorien und Regeln der Interpretation sinnvollerweise bei verhältnismäßig großen Gruppen von Texten angewandt werden. So versuchte beispielsweise Aristoteles, sie für eine Tradition des griechischen Dramas zu formulieren. Doch sind diese Textgruppen im allgemeinen kleiner als angenommen. Man betrachte beispielsweise Viëtors nützliche Verallgemeinerung über das Sonett:

Gedrängte Fülle macht die vornehmste Bedeutung des Sonetts aus, prägnanter Ausdruck von starkem Gefühl und reflektierendem Tiefsinn. Dieses In-eins von Geist und Gefühl, Gedanke und Empfindung haben auch andere lyrische Gattungen als Wesentliches, die Ode z. B.; aber beim Sonett ist diese Fülle eben so charakteristisch zusammengedrängt, so gebändigt und entschieden in ihren Verhältnissen von Spannung und Lösung, wie sonst nirgendwo. Die Neigung zum sentenziösen Schluß erklärt sich aus dieser Wesensart unschwer. Diese dialektische Spannung ist also für das Sonett gattungsmäßig konstitutiv.[32]

Dies ist sehr erhellend und bietet dem Interpreten einige nützliche begriffliche Kategorien, die sich bei der Interpretation vieler Sonette anwenden lassen. Aber sicherlich gilt dies nicht für alle Sonette – bestimmt nicht für alle der häufig sehr lockeren und komischen Sonette Bellis. Ebenso sind was W. H. Auden über die Logik der Detektivgeschichte und Thomas M. Greene über die Normen des Epos gesagt haben höchst nützliche Typifizierungen, die eine Art von Konzept für viele individuelle Texte bilden.[33] Solche Typifikationen sind aber nicht, wie Viëtor behauptet, konstitutiv. Wer so von ihnen denkt, wendet ein sehr wertvolles heuristisches Werkzeug falsch an.

Wenn schon keine besonderen Kategorien und Regeln formuliert werden können, die sich in jedem Fall auf begrenzte Genre-Konzeptionen, wie Sonett und Detektivgeschichte, anwenden lassen, wieviel weniger wahrscheinlich ist es dann, daß es eine Gruppe von Regeln, Kategorien und Prozeduren gibt, die größeren Familien, wie der Lyrik oder noch größeren, wie der Literatur und sakralen Schriften angemessen sind. Woher kommt es, daß Konzeptionen wie das Bild, die *persona*, der intellektuelle Raum, Spannung, Ironie und sogar das nützliche All-round-Wort „Stil" sich nicht als so universell anwendbar für die Literatur erwiesen haben, wie man ursprünglich gehofft hatte? Eine Antwort könnte sein, daß der Fehler nicht bei diesen literarischen Kategorien liegt, sondern bei ihrem unangemessenen und verständnislosen Gebrauch. Diese Antwort scheint richtig zu sein und legt eine andere nahe: diese Kategorien sind in unangemessener Weise benützt worden, weil sie nicht überall in gleicher Weise angemessen sind; man könnte ein Dutzend anderer finden, die ihren Zweck ebenso gut und in manchen Fällen

---

[32] *Geist und Form*, S. 298.
[33] W. H. Auden, „The Guilty Vicarage", in *The Dyer's Hand* (New York, 1962); Thomas M. Greene, *The Descent from Heaven* (New Haven, 1963), Kap. 1.

besser erfüllen würden. Ich werde im nächsten Kapitel mehr
über dieses Thema zu sagen haben; hier ist nur der Ort für die
Feststellung, daß die Anwendbarkeit einer interpretativen Kategorie ebenso eng mit den Angemessenheiten eines Genres verbunden ist wie die Züge des Sprachgebrauchs des Genres selbst.
Wie bei dem Problem der Implikation, kommt der richtigen
Betonung eine Schlüsselposition zu. Die Zwecke und Emphasen
eines Textes zu mißrepräsentieren, indem man einseitig einer
bestimmten Kategorie den Vorzug gibt, ist kaum besser als ein
völliges Mißverständnis, und meist treten die beiden Fehler sogar in Verbindung miteinander auf. Die Zwecke und Betonungen eines Textes falsch zu erschließen, heißt ihn mißzuverstehen.

Führt diese Gleichsetzung der wahren Interpretation mit den
besonderen Normen eines wahren Genres zu einem chaotischen
Atomismus? Wie könnten wir aber überhaupt über Texte sprechen, wenn wir nicht die weiteren Genre-Konzeptionen und
die ebenso toleranten interpretativen Kategorien hätten? Dies
sind die offensichtlichen Einwände gegen meine sehr detaillierte
Beschreibung der wahren Interpretation; diese Einwände sind
gültig. Wir müssen diese weiten und groben Werkzeuge benützen, wenn wir interpretieren wollen, aber jeder selbstkritische Interpret weiß, daß sein Kommentar keine adäquate Beschreibung darstellt, und daß seine Werkzeuge im wesentlichen
heuristischer Natur sind. Ihn daran zu erinnern, heißt nicht,
eine atomistische Ansicht zu vertreten, sondern eine angebrachte
Skepsis in Bezug auf beliebte Wörter und Denkgewohnheiten
bervorzurufen.

Ein sehr praktischer Vorzug der Konzeption vom Genre ist
es daher, daß sie die Fähigkeit besitzt, diese gesunde Skepsis
hervorzurufen. Nehmen wir einmal an, ein Student der Literatur sollte die zwei folgenden ähnlichen Passagen vergleichen:

1. Es besteht der Anschein, daß es zwei Methoden gibt, durch
welche diese extra-triangularen Regionen in einer weniger willkürlichen Weise determiniert werden können. Wir könnten uns

darauf einigen, sie so festzulegen, daß sie so groß wie möglich sind, oder wir können sie als so klein wie möglich festlegen.

2. Es scheint zwei Methoden zu geben, durch welche wir diese Regionen außerhalb des Dreiecks in einer weniger willkürlichen Weise festlegen können. Wir könnten uns darauf einigen, sie entweder so groß wie möglich oder so klein wie möglich zu machen.

Jeder einigermaßen schlaue Student, der Literatur als Hauptfach studiert, könnte die Unterschiede zwischen diesen beiden Passagen einigermaßen ordentlich analysieren. Er würde darauf hinweisen, daß die erste Passage mehr im Stil von Schulbüchern geschrieben ist. „Es besteht der Anschein" ist formeller und zugleich vorsichtiger ausgedrückt als „es scheint zu ... geben." Die Umschreibung im ersten Satz deutet auf eine vorsichtige, unengagierte und objektive Haltung hin, während die Kürze in der zweiten Passage eine größere Entschiedenheit und Entschlossenheit verrät. Dieser Gegensatz wird noch auffälliger, wenn wir „extra-triangulare Regionen" mit „Regionen außerhalb des Dreiecks" vergleichen; der erste Ausdruck ist abstrakt und klingt technisch, was zu dem unpersönlichen Ton paßt, während der zweite eher geradeheraus und konkret ist. Dieser Unterschied zwischen den beiden Abschnitten wird eindeutig bestätigt durch die Tendenz des ersten Autors, das Passiv zu benützen, während der zweite dem Aktiv den Vorzug gibt. Andererseits hat der erste Autor vielleicht den Vorzug der Präzision im letzten Satz, da „sie als ... festlegen" dem hypothetischen Charakter der Übung mehr gerecht wird als das direkte und konkretere „machen". Dennoch sind diese Präzision und diese Sorgfalt unangebracht, da der hypothetische Charakter der Überlegung bereits aus der Formel „wir könnten uns darauf einigen" hervorgeht.

Unser Student könnte zweifellos einen weiteren Abschnitt lang so fortfahren, und viele Leser seiner Analyse würden diese, wie ich glaube, überzeugend finden. Sie würde schließlich zeigen, daß der zweite Abschnitt in Ton und Stil dem ersten überlegen ist; daß der zweite größere Entschiedenheit, Klarheit und größeres Engagement impliziert, wohingegen der erste einen

Sinn impliziert, der eher kalt und unpersönlich ist; daß die Bilder, die *persona* und der Stil der zwei Passagen unterschiedlich sind. Unser Student wäre, ebenso wie vielleicht viele seiner Lehrer, schockiert, wenn irgend jemand sagte, der Sinn der ersten Passage sei mit dem Sinn der zweiten identisch.

Die erste Passage ist ein Zitat aus *Scientific Explanation* von R. B. Braithwaite[34]; die zweite ist von mir. Braithwaite ist im allgemeinen ein Schriftsteller von klarem und überzeugendem Stil und auf der Seite, die der zitierten vorausgeht, schreibt er: „Außerhalb dieses Dreiecks können die Figuren von jeder Größe oder Gestalt sein, die man sich nur denken mag, vorausgesetzt allein, daß sich keine zwei von ihnen gegenseitig überschneiden" – ein Satz, der alle Vorzüge besitzt, die wir dem zweiten Beispiel zugeschrieben haben. Braithwaite scheint sich nicht viel darum zu kümmern, ob er „extra-triangular" oder „außerhalb des Dreiecks" sagt, oder ob er das Passiv oder das Aktiv benützt. Wie kann das sein? Hat er seine Bildersprache, seine *persona* und seinen Stil von einer Seite zur anderen geändert? Ist es nicht vernünftiger anzunehmen, daß er in einem Genre schreibt, dessen Zwecke und Konventionen es erlauben, daß „extra-triangular" genau das gleiche bedeutet wie „außerhalb des Dreiecks" und das einen willkürlichen Wechsel zwischen dem Aktiv und dem Passiv zuläßt? Wir könnten antworten, daß es irgendeinen Grund für die Wortwahl Braithwaites und für die syntaktischen Muster, die in jedem der Einzelfälle verwendet wurden, gegeben haben muß, und daß dieser Grund für den von ihm intendierten Sinn nicht irrelevant sein kann. Aber nehmen wir einmal an, seine Gründe wären ein Streben nach Euphonie und ein Wunsch, ganz einfach die Ausdrucksweise zu variieren. Sind diese Gründe notwendigerweise für seinen Sinn relevant? Können sie nicht einfach symptomatische Implikationen sein, die mit dem Sinn nichts zu tun haben? Dies könnte sicherlich der Fall sein, wenn die Konventionen

---

[34] Harper-Torchback-Ausgabe, New York, 1960, S. 66.

seines Genres nicht subtile stilistische Normen einschlössen, sondern einzig und allein dem Zweck, Konzeptionen zu kommunizieren, die unabhängig von *jeder* besonderen symbolischen Formulierung sind, dienten. Ich glaube, daß jeder dies glauben könnte, wenn er seinen Blick ein wenig weiter hinunter auf dieser Seite, aus welcher unser Beispiel genommen wurde, richtete, wo er den Satz finden würde: „Dies versetzt uns in die **Lage, die Formeln abzuleiten** $\lambda \longleftrightarrow ((\gamma\upsilon\alpha)\upsilon\beta')$, $\mu \longleftrightarrow (\alpha\upsilon\beta)$, $\nu \longleftrightarrow (\beta\upsilon\gamma)$". Wenn der von uns zitierte Abschnitt darauf hinführte, warum sollte dann die Substitution des Aktivs für ein Passiv von irgendwelcher Bedeutung für den Zweck und den Sinn des Abschnitts sein?

Ich möchte hier ganz schnell einflechten, daß es selbst für das Genre, in dem Braithwaite schreibt, Grenzen für die Möglichkeit der Synonymität gibt. Ich denke beispielsweise, daß dieses Genre sehr nahe an einige weniger technische Typen der Darstellung herankommt und von diesen so viele Konventionen borgt, daß Braithwaite die Konvention nicht außer Acht lassen kann, welche es erforderlich macht, daß das Ende eines Satzes stärker betont wird als seine Mitte. Ich habe, als ich seinen Abschnitt neu schrieb, auch großen Wert darauf gelegt, seinen Sprachgebrauch in dieser Sache beizubehalten. Ich würde weiterhin sehr zögern, dogmatisch zu behaupten, daß es mir vollkommen gelungen sei, das Original zu reproduzieren. Ich möchte eher behaupten, daß die zwei Sinne innerhalb des besonderen Genres, in dem Braithwaite schrieb, vollkommen synonym sein *könnten*. Ich will damit sagen, daß die stilistische Analyse unseres Studenten nicht nur unangebracht, sondern auch irreführend ist. Sie würde die Unterschiede zwischen den Abschnitten notwendigerweise übertreiben und würde das System der Betonungen, das für dieses Genre angemessen ist, verzerren und deshalb notwendigerweise zu Fehlinterpretationen führen. Unser schlauer Student hat sich einfach geirrt und er mußte sich irren, solange er einseitig eine bestimmte Art stilistischer Analyse praktizierte. Er benützte unangemessene Kategorien, weil er der Variabilität der Genre-Konventionen und der Zwecke nicht genügend Aufmerksamkeit schenkte.

Man könnte natürlich sagen, daß sein Fehler darin bestand, literarische Kategorien auf einen nicht-literarischen Text anzuwenden, doch würde dieser Schluß das hier Wesentliche vereinfachen und verzerren. Schließlich leugne ich, daß es literarische Kategorien gibt, die sich auf alle literarischen Texte anwenden lassen. Ich weise nicht nur den Gedanken zurück, die literarische Analyse sei auf alle Texte anwendbar, sondern auch den Gedanken, sie könne automatisch auf die Texte, die wir literarisch nennen, angewandt werden. Wenn wir analytische Werkzeuge benützen, die die Zwecke und Betonungen eines Genres entweder in unwichtigen oder in wichtigen Einzelheiten falsch ermitteln, dann bedeutet es überhaupt nichts, wenn wir sowohl das Werkzeug als auch das Genre „literarisch" nennen. Das macht unsere Interpretation noch nicht zur wahren Interpretation, geschweige denn zur richtigen Interpretation.

Die enorme Wichtigkeit der Angemessenheit des Genres bei der Interpretation hat Robert Frost auf indirekte Weise in seiner berühmten Definition zusammengefaßt: „Dichtung ist, was bei der Übersetzung verloren geht." Unser theoretisches Interesse an dieser Bemerkung ergibt sich aus ihrer Implikation, daß das, was bei einem sehr großen Teil der Dichtung am meisten zählt, die Assoziationen der Wörter, die zu einer bestimmten Sprache gehören, und die rhythmischen und phonetischen Aspekte dieser Wörter sind. Keiner dieser Aspekte kann vollkommen übersetzt werden. Kann aber irgendein Leser daran zweifeln, daß man Braithwaites Buch vollkommen übersetzen könnte? Bezweifelt er dies, so habe ich ihn im Verdacht, daß er ein Literaturkritiker mit dem tief verwurzelten Glauben an „die Ketzerei der Paraphrase" ist. Diese Ketzerei gilt für die Lyrik, weil das, was wir Lyrik nennen, seinem Zweck und seinen Konventionen nach durch eine bestimmte Sprache determiniert ist. Ich bezweifle nicht, daß die meisten Texte, die wir literarisch nennen, zu einem gewissen Grade durch ihre Sprache bestimmt sind, doch wäre es ein Fehler zu glauben, daß dies immer gleichermaßen der Fall sei. Ist es nicht wahrscheinlich, daß nach diesem Kriterium sich so etwas wie eine kontinuierliche Reihe von Keats bis Braithwaite erstreckt, eine Reihe, die allerdings gewiß nicht von den üblichen Genre-Klassifikationen, wie Dichtung und Prosa, Lyrik und Roman, abhängig ist? Viele Gedichte sind weniger durch eine bestimmte Sprache ausgezeichnet und deshalb eher übersetzbar als die beiden Romane von Joyce, *Ulysses* und *Finnegan's Wake*. Der Grad, bis zu dem ein einmaliger Sinn an eine einmalige Ausdrucksweise gebunden ist, hängt nicht von diesen weiteren Unterscheidungen der Genres ab, sondern vom wahren Genre eines Textes, von den besonderen Normen und Konventionen, unter denen er verfaßt wurde. Die meisten Ketzereien, Täuschungen, Regeln und Methoden sollten kühl und skeptisch betrachtet werden, wenn sie vorgeben, Regeln für die Interpretation aller Texte, oder wenigstens einer sehr großen Anzahl von Texten, zu bieten.

Ein Prinzip bleibt jedoch allgemein anwendbar: das richtige Interpretieren hängt von einem richtigen Schluß über die Eigenschaften des wahren Genres ab. Die abschließende Frage, die nun noch in diesem Kapitel gestellt werden muß, ist: „Wie läßt sich diese Verallgemeinerung mit unserer früheren Identifikation des Verstehens als Wiedererkennen des vom Autor intendierten Sinns vereinbaren?" Ich habe bereits darauf hingewiesen, daß sowohl der Autor als auch der Interpret durch die Eigenschaften des Genres eingeschränkt sind, und daß der vom Autor intendierte Sinn durch sein Wollen eines bestimmten wahren Genres bestimmt wird. Man muß zu dieser Frage jedoch mehr sagen, besonders mit Beziehung auf jene Genres, die Emilio Betti als „normativ" bezeichnet hat. Im zweiten Kapitel, wo es mir vor allem um den Sinn und weniger um die Interpretation ging, identifizierte ich die Implikationen mit gewollten Typen, die kommuniziert werden können. Was ich danach als wahres Genre bezeichnet habe, ist eine größere, komplexere Konzeption, die all diese individuellen gewollten Typen als Ganzes bestimmt. Die Konzeption des Genres stellte sich als ein Prinzip heraus, nach welchem bestimmt werden konnte, ob ein besonderer Sinn gewollt war, ob er zum Text gehörte. Dennoch scheinen bestimmte Texte, wie z. B. die Verfassung der Vereinigten Staaten oder die Bibel, es zu erfordern, daß der Sinn über das hinaus geht, was ein menschlicher und historischer Autor gewollt haben kann. Dieselbe Problemart stellt sich oft, wenn literarische Texte von Gelehrten interpretiert werden. Shakespeare konnte nichts von der Psychologie Freuds gewußt haben, und doch haben viele festgestellt, daß *Hamlet* Freudsche Implikationen enthält. Gibt es, wie Betti angeregt hat, einen Unterschied zwischen juristischen und sakralen Beispielen einerseits und dem Beispiel Shakespeare andererseits? Ist es richtig, über den vom Autor intendierten Sinn hinauszugehen, wenn man Gesetze auslegt, nicht aber, wenn man die Stücke Shakespeares interpretiert?

Es wird nützlich sein, zuerst das Beispiel *Hamlet* zu untersuchen. Natürlich wäre es höchst unklug, die theoretische Streitfrage auf der Basis einer besonderen Interpretation des *Hamlet* zu entscheiden. Was wir brauchen, ist ein theoretischer Fall, der die Natur des Problems klärt. Nehmen wir also an, daß Shakespeare tatsächlich Hamlets Widerwillen gegen die Vorstellung, daß seine Mutter ein erotisches Verhältnis mit dem Mörder seines Vaters hatte, ausdrücken wollte, nicht jedoch, daß Hamlet den unbewußten Wunsch hatte, mit seiner Mutter zu schlafen. Obwohl Freud behauptet hat, daß jedes (nicht fiktionale) männliche Wesen dazu neigt, diesen Wunsch zu haben, ob es ihm nun bewußt ist oder nicht, haben wir dennoch angenommen, daß Shakespeares Hamlet dies weder wußte noch unbewußt unklar ausdrücken wollte. Natürlich ist es möglich, daß er es tun wollte, doch ist dies nicht unsere gegenwärtige Annahme. Was sollen wir also aus der Tatsache schließen, daß eine Freudsche Interpretation für viele Leser nicht nur möglich, sondern sogar überzeugend ist? Sie können darauf hinweisen, daß im Licht neuerer psychologischer Erkenntnisse die Situationen und die Äußerungen innerhalb des Stücks Freudsche Implikationen besitzen und daß nichts diese objektive Tatsache ändern kann. Sie ist ein Teil des Sinns des Stücks, ganz gleich ob Shakespeare oder irgend jemand sonst vor Freud es wußte oder nicht.

Hier haben wir, wie ich glaube, ein klares Problem, für das es eine definitive Lösung gibt. Wir haben den Fall gesetzt, daß Shakespeare nicht ausdrücken wollte, daß Hamlet den Wunsch besaß, mit seiner Mutter zu schlafen. Wir stellen dem eine Interpretation gegenüber, die behauptet, daß Hamlet den Wunsch besaß, mit seiner Mutter zu schlafen. Wenn wir, wie ich es getan habe, behaupten, daß nur eine wiedererkennende Interpretation eine richtige ist, dann müssen wir auf der Grundlage unserer angenommenen Voraussetzungen über das Stück sagen, daß die Freudsche Interpretation unrichtig ist. Sie entspricht nicht dem vom Autor intendierten Sinn; sie ist eine Implikation, die nicht unter den Sinntyp, den Shakespeare unserer willkürlichen Annahme nach gewollt hat, subsumiert werden kann. Es ist unwichtig, daß das Stück solch eine Interpretation erlaubt. Gerade die Variabilität möglicher Implikationen ist es, die eine Theorie der Interpretation und ihrer Richtigkeit erforderlich macht.

Handelt es sich bei der Verfassung der Vereinigten Staaten und bei der Bibel um andersgeartete Fälle? Ist die Identifikation der richtigen Interpretation mit der wiedererkennenden Interpretation bei Texten gerechtfertigt, die ihre Funktion verlieren würden, wenn ihr Sinn auf das, was der Autor wußte und bewußt oder unbewußt intendierte, begrenzt wäre? Muß man diese Texte in eine besondere Kategorie einreihen, und wenn ja, löscht dies den Anspruch aus, daß die der Interpretation zugrundeliegenden Prinzipien überall dieselben sind? Diese Art von Fragen veranlaßte Gadamer zu der Behauptung, daß jede Textinterpretation über das vom Autor Intendierte hinausgehen müsse, mehr meinen müsse, als er oder irgendein anderer individueller Interpret wissen oder verstehen kann. Für Gadamer sind alle Texte wie die Verfassung der Vereinigten Staaten und die Bibel.[35]

---

[35] *Wahrheit und Methode*, S. 280 ff. Meine Kritik an Gadamers Konzeption und meine Gründe für die Ablehnung der Analogie

Der aufmerksame Leser wird inzwischen erraten haben, was meine Antwort ist: daß nämlich bei einigen Genres der Autor sich der Konvention unterwirft, daß die von ihm gewollten Implikationen weit über das hinausgehen, was er explizit weiß. Dies ist bis zu einem gewissen Grade ein Aspekt der meisten Texte, wie ich in Kapitel 2 dargelegt habe. Das Prinzip für den Einschluß oder den Ausschluß von Implikationen ist nicht, was dem Autor bewußt war, sondern ob die Implikationen zu dem von ihm gewollten Sinntyp gehören oder nicht. Beim Beispiel *Hamlet* wiesen wir die Implikation zurück, daß Hamlet mit seiner Mutter schlafen wollte, weil wir von der Annahme ausgingen, daß solch eine Implikation nicht zu dem von Shakespeare gewollten Sinntyp gehört. Wir wiesen die Implikation nicht zurück, weil Shakespeare an sie nicht dachte oder weil er sie nicht genau in Freudschen *termini* ausdrücken konnte. Diese letzteren Gründe sind, bei genauerer Betrachtung irrelevant. Wir wiesen diese Implikation zurück, weil sie unserer Annahme nach nicht eine Art von Einzelzug war, die zu dem Charaktertyp, den Shakespeares Einbildungskraft schuf, gehörte. In beiden Fällen ist das Prinzip für den Einschluß oder den Ausschluß von Implikationen die Frage, ob sie vom Willen

---

zwischen Interpretationen und juristischem „Pragmatismus" oder „Aktivismus" finden sich in Anhang II. Das Inadäquate einer Gleichsetzung des Textsinns mit „Tradition" oder einer anderen veränderlichen Norm zeigt sich bereits in der völligen Zwecklosigkeit einer solchen Norm auf der Ebene gelehrter Interpretation. Gewiß können, in Fragen der Bibelauslegung, neue Interpretationen zu jedem beliebigen Zeitpunkt durch autoritative Verkündigung eines „consensus ecclesiae" institutionalisiert werden. Auf ähnliche Weise können in juristischen Fragen neue Interpretationen durch einen Spruch des höchsten Gerichts institutionalisiert werden. Im Bereich der Wissenschaft können jedoch solche Verkündigungen keinerlei Autorität beanspruchen. Niemand würde zum Beispiel der Meinung sein, daß der Sinn eines Gesetzes der sei, den die Richter für den Sinn des Gesetzes halten, wenn es nicht ein höchstes Tribunal gäbe, das darüber entscheidet, was die Richter sagen. Derartige willkürlich entscheidende Tribunale wären jedoch im Bereich des Wissens und der Wissenschaft unmöglich.

des Autors, „alle Züge, die zu diesem besonderen Typ gehören", zu meinen, umfaßt werden.

Die Verfassung der Vereinigten Staaten ist ein Dokument, das zu dem weiteren Genre, das man als „Gesetze" bezeichnet, gehört. Als Beispiel für die Art des Systems von Konventionen, unter welchen solche Texte verfaßt werden, könnten wir folgendes heranziehen. Nehmen wir einmal an, ich schriebe beim Entwurf zu einem Gesetzbuch: „Es soll verboten sein, daß Automobile, Fahrräder oder alle anderen Fahrzeuge mit Rädern, die öffentliche Straßen benützen, nicht zum völligen Stillstand gelangen, wenn die Verkehrsampel auf rot steht." Nehmen wir weiterhin an, daß einige Jahre nachdem das Gesetz wirksam wurde, ein neuer Fahrzeugtyp entwickelt wird, der auf einem komprimierten Luftstrom fährt und keine Räder besitzt. Gilt das Gesetz auch für solch ein Fahrzeug? Umfaßte mein Sinn diesen unbekannten und unvorhergesehenen Zustand? Wenn ich als Richter über die Richtigkeit dieser Interpretation zu entscheiden hätte, würde ich gewiß sagen: „Ja, der Sinn ist impliziert, und diese neue Fahrzeugart wird vom Gesetz erfaßt." Ich würde meine Entscheidung folgendermaßen begründen: Wenn das Gesetz sagt „alle anderen Fahrzeuge mit Rädern, die öffentliche Straßen benützen", dann war der gewollte Typ „alle Fahrzeuge", der Ausdruck „mit Rädern" war eine unglückliche Überspezifikation, die auf die Tatsache zurückzuführen war, daß beim Abfassen des Gesetzes alle Fahrzeuge auf öffentlichen Verkehrswegen Räder besaßen. Man kann folglich vernünftigerweise schließen, daß „alle Fahrzeuge mit Rädern" den Sinn „alle Fahrzeuge, die die Funktionen von Fahrzeugen mit Rädern innerhalb des Zwecks und der Absicht des Gesetzes erfüllen" umfaßt. Ich weiß, daß, da kein Gesetz alle in der Zukunft vorkommenden und zu diesem Typ gehörenden Fälle vorhersagen kann, die Konventionen der Gesetzgebung und der Interpretation von Gesetzen den Gedanken der Analogie einschließen müssen. Die Idee eines Gesetzes enthält den Gedanken *mutatis mutandis*, und diese generische Konvention war Teil des von mir gewollten Sinns.[36] Das auf komprimierter Luft fahrende Fahrzeug war von meinem Sinn impliziert, obwohl ich nie an ein solches Fahrzeug dachte. Es gehörte zu dem gewollten Typ.

Es mag scheinen, als sei dieser Fall anders behandelt worden als die Freudsche Interpretation des *Hamlet*, doch möchte ich sogleich einwenden, daß die zwei Beispiele im Prinzip völlig gleich behandelt wurden. Im Fall des *Hamlet* könnte ein Richter nie sinnvollerweise den Schluß ziehen, daß Ödipusimplikationen „innerhalb des Zwecks und der Absicht des Stückes" enthalten waren, wohingegen er im Fall des Gesetzes solch einen Schluß durchaus ziehen konnte. In beiden Beispielen war das normative Kriterium der vom Autor gewollte Sinn, und wir bemerkten, daß in einigen Genres dieser gewollte Sinn mit Absicht Analogie und nicht vorhersehbare Implikationen einschließt. Der Wille, die Implikationen auf die nicht vorhersehbare Zukunft auszuweiten, wird explizit in vielen Gesetzen erwähnt und gehört normalerweise zum System der Konventionen eines Gesetzes, ob er nun erwähnt wird oder nicht. Natürlich ist eine Ausweitung ins Unbekannte auch eine Konvention vieler ernster literarischer Werke, wo der Bereich der gewollten Implikationen ungeheuer weit ist, und man kann vernünftigerweise annehmen, daß Shakespeare beabsichtigte, daß seine Stücke einen möglichst weiten Bereich an Implikationen über menschliche Natur umfassen sollten. In diesem Fall könnte die Freudsche Auslegung richtig sein. (Es ist, wie ich im nächsten Kapitel darlegen werde, nicht grundsätzlich unvernünftig, bei einer Interpretation mit Begriffen zu operieren, die dem ursprünglichen Autor fremd sein würden.) Der Fehler läge nicht darin, daß man die Freudsche Terminologie benützt, sondern darin, daß man Ödipusimplikationen entdeckt, die nicht zu dem von Shakespeare ge-

---

[36] Die juristische Unterscheidung zwischen den Auslegungsweisen strafrechtlicher und zivilrechtlicher Gesetze ist eine rein praktische und humanitäre, ohne jegliche Relevanz für die Logik der Interpretation.

wollten Sinntyp gehören. Es ist möglich, daß er sehr weite Implikationen wollte, aber er wollte nicht notwendigerweise alle möglichen Implikationen – ebensowenig wie unser vorhin zitiertes Gesetz die Implikation wollte, daß „Fußgänger" in dem Ausdruck „Fahrzeuge mit Rädern" eingeschlossen sein sollten.

Das Prinzip der Subsumierung der Implikationen unter den vom Autor gewollten Typ ist ein wirklich universales Prinzip und erstreckt sich auch auf die Interpretation sakraler Texte. Ich ziehe es jedoch vor, jeden, der auf diesem Gebiet zu Hause ist, seine eigenen Folgerungen vornehmen zu lassen. Dies ist, wie ich glaube, leicht getan, wenn wir uns daran erinnern, daß das Erfordernis der Richtigkeit überall dasselbe ist, selbst dann, wenn die Erfordernisse der Interpretation bei verschiedenen wahren Genres sich außerordentlich unterscheiden. Richtigkeit macht eine Norm erforderlich – einen Sinn, der fest und determiniert ist, ohne Rücksicht darauf, wie weit der Bereich seiner Implikationen und Anwendungen ist. Ein fester und determinierter Sinn bedarf des determinierenden Willens eines Autors, und es ist deshalb manchmal wichtig, zu entscheiden welcher Autor derjenige ist, den wir interpretieren, wenn wir es mit Texten zu tun haben, die immer wieder gesprochen worden sind.[37] Jedes richtige Interpretieren gründet sich auf das Wiedererkennen dessen, was ein Autor meinte.

---

[37] Der „sensus plenior", eine Konzeption innerhalb der Bibelinterpretation, nach welcher der Sinn des Textes weit über das hinausgeht, was der menschliche Autor bewußt beabsichtigt haben konnte, ist natürlich ein völlig unnötiger Begriff. Der vom menschlichen Autor gewollte Sinn kann stets über das bewußt Intendierte hinausgehen, solange er im Bereich des gewollten Typs bleibt; stellt man sich aber den Sinn als noch darüber hinausgehend vor, so muß man auf einen göttlichen Autor zurückgreifen, der durch den menschlichen spricht. In diesem Fall müssen wir versuchen, den gewollten Typ dieses göttlichen Autors zu interpretieren, und der menschliche Autor wird bedeutungslos. Wir dürfen seinen Text nicht mit demjenigen Gottes verwechseln. In jedem Fall ist die Vorstellung von einem Sinn, der über den des Autors hinausgeht,

unzulässig. Dasselbe gilt natürlich für die Inspiration in der Dichtung: Entweder wir interpretieren den Text des Dichters oder den der Muse, die von ihm Besitz ergriffen hat. Die Tatsache, daß zwei Gehirne völlig unterschiedliche Sinne durch dieselbe Wortfolge ausdrücken wollen können, sollte mittlerweile nicht mehr überraschend sein. Man gewinnt nichts dadurch, daß man verschiedene „Texte" miteinander verwechselt, als wären sie irgendwie gleich, nur weil sie die gleiche Wortfolge benützen.

4. VERSTÄNDNIS, INTERPRETATION UND KRITIK

Man kann niemals Rhapsode sein, wenn man die Äußerung des Dichters nicht versteht, denn der Rhapsode muß für die Zuhörer zum Interpreten der Gedanken des Dichters werden. Dies kann nur dann gut geschehen, wenn man genau weiß, was der Dichter meint.
Plato

A. Das Babel der Interpretationen

Die Analysen und Argumente der vorausgehenden Kapitel haben den praktischen Schwierigkeiten der Textkommentierung nur geringe Aufmerksamkeit geschenkt. Diese Kapitel waren, grob gesagt, mit den Bedingungen beschäftigt, die richtiges Interpretieren ermöglichen, sowie mit den unveränderlichen theoretischen Prinzipien, die der Interpretation aller verbaler Texte zugrundeliegen. Ich habe versucht zu zeigen, daß das riesige Universum des Wortsinns, das sich von der beiläufigen Konversation bis zur epischen Dichtung erstreckt, einheitlich von dem sozialen Prinzip linguistischer Genres und von dem individuellen Prinzip des vom Autor intendierten Willens bestimmt wird. Beide Prinzipien sind zur Bestimmung des Wortsinns und zu seiner richtigen Interpretation formell notwendig. Ich habe im Verlauf dieser Analyse mehr als einmal die Unterscheidung zwischen Sinn und Bedeutung berührt und habe darauf hingewiesen, daß diese Unterscheidung für die Praxis der Literaturkritik von großer Wichtigkeit ist. Es wird nun mein Ziel sein, einige der Folgen dieser Unterscheidung in ihrer Anwendung auf die Praxis der Literaturkritik zu untersuchen und schließlich zu zeigen, daß richtiges Interpretieren ein durchführbares Unternehmen ist, trotz der anscheinenden Gesetzlosigkeit der Textkommentierung, die von der Blütezeit Alexandrias bis in die Gegenwart hineinreicht.

Wie kann Übereinstimmung über den Sinn eines Textes erreicht werden, wenn sich jede bekannte Interpretation eines jeden Textes immer in gewisser Weise von jeder anderen Interpretation des Textes unterscheidet? Die übliche Antwort auf diese Frage ist, daß jede Interpretation nur partiellen Charakter besitzt. Keine einzige Interpretation könne den Sinn eines Textes völlig wiedergeben. Deshalb solle man die Verschiedenheit der Interpretationen begrüßen, und zwar in dem Ausmaß, in dem verschiedene Interpretationen verschiedene Aspekte des Textsinns deutlich werden lassen; sie alle trügen zum Verständnis bei. Je mehr Interpretationen man kenne, um so genauer werde das Verständnis sein.

Ich will nicht andeuten, daß diese Antwort in jeder Hinsicht unzutreffend ist. Ich will statt dessen versuchen, genauer zu beschreiben, wie verschiedene Interpretationen einander unterstützen und wie sie unser Verständnis vertiefen können. Die Antwort ist nur insofern unzutreffend, als sie nicht die Unterscheidung zwischen zueinander passenden und nicht zueinander passenden Interpretationen erklärt. Die Antwort scheint vorauszusetzen, daß alle „plausiblen" oder „vernünftigen" Interpretationen zueinander passen, nur weil sie sich alle aus dem Text belegen lassen. Es passen jedoch nicht alle plausiblen Interpretationen zueinander. Eine Interpretation von *Hamlet*, die den Helden als zögernden Intellektuellen sieht, paßt nicht zu einer anderen, die ihn als kraftvollen Mann der Tat, den die Umstände an der Ausführung seiner Absichten hindern, betrachtet. Beide Interpretationen sind plausibel und vielleicht sind beide falsch, aber sie passen nicht zueinander. Diese Tatsache würde auch dadurch nicht beseitigt werden, daß wir den Schluß ziehen, beide Charakterzüge seien in Hamlet vorhanden. Dieser Kompromiß würde eine dritte Interpretation darstellen, die sich von jeder der beiden anderen unterscheidet und zu keiner von ihnen paßt.[1] Es gibt interpretative Meinungsverschiedenheiten,

---

[1] Siehe Anhang I, S. 282–285.

und sie sind nicht immer nur Meinungsverschiedenheiten über partielle oder triviale Dinge.

Die Tatsache, daß alle Interpretationen verschieden sind, stützt jedoch weder den optimistischen Glauben, alle plausiblen Interpretationen seien nützlich und paßten zueinander, noch die völlig unzutreffende These, daß alle Interpretationen persönlicher, zeitlich gebundener Natur und nicht miteinander zu vereinbaren seien. Das anscheinend vorliegende Babel der Interpretationen führt nur dann zu Unsicherheit oder Verzweiflung, wenn wir nicht zwischen den Arten von Unterschieden, die Interpretationen aufweisen, unterscheiden. Zwar sind alle Interpretationen auf die eine oder die andere Weise verschieden voneinander, doch sind nicht alle verschiedenen Interpretationen unterschiedlich oder nicht zueinander passend. So können zum Beispiel zwei Interpretationen auf sehr verschiedene Weise voneinander abweichen – in dem behandelten Thema, dem Vokabular, in dem sie geschrieben sind, in den Zwecken, denen sie dienen sollen – und dennoch könnten sie zu einer identischen Erschließung des Sinns führen. Andererseits können zwei Interpretationen sich in Vokabular und Zweck äußerst ähnlich sein, aber dennoch zu zwei völlig verschiedenen Auslegungen des Sinns führen. Nur die zweite Art von Unterschied sollte hier zum Thema gemacht werden, und in diesem Fall sollten wir nicht von verschiedenen, sondern von unterschiedlichen Interpretationen sprechen.

Diese Unterscheidung zwischen dem Sinn einer Interpretation und der Erschließung des Sinns, zu dem die Interpretation führt, ist eine der ehrwürdigsten in der hermeneutischen Theorie. Ernesti nannte sie die Unterscheidung zwischen der Kunst des Verstehens und der Kunst des Erklärens – die *subtilitas intelligendi* und die *subtilitas explicandi*.[2] Im normalen Sprachgebrauch umfaßt der Begriff „Interpretation" in vager Weise

---

[2] J. A. Ernesti, *Institutio Interpretis Novi Testamenti* (Leipzig, 1761), Kap. 1, Abschn. 4. Darauf bezieht sich Schleiermacher in *Hermeneutik*, S. 31.

diese beiden Funktionen. Es wäre jedoch viel klarer, wenn wir den Sinn jenes Wortes auf die *subtilitas explicandi* begrenzten – die Erklärung des Sinns – und die *subtilitas intelligendi* mit dem Terminus „Verständnis" wiedergäben.

Es ist offensichtlich, daß das Verständnis gegenüber der Interpretation den zeitlichen Vorrang besitzt und sich von ihr unterscheidet. Jeder, der schon einmal einen Kommentar zu einem Text geschrieben hat, ist sich der Tatsache bewußt, daß er eine Anzahl ganz verschiedener *modi* verwenden könnte, um sein Verständnis zu übermitteln, und daß weiterhin die Methode, die er wählt, von seinem Publikum abhängt, und daß ebenso auch sein Zweck in genau dem gleichen Maße von seinem Textverständnis abhängt. Andererseits wird jeder Leser von Interpretationen bemerkt haben, daß er einige von ihnen akzeptiert, während er andere ablehnt. Weiterhin gilt, daß wenn wir einer Interpretation zustimmen, ihr Effekt auf uns nicht immer darin besteht, daß sie unsere ursprüngliche Auffassung bestätigt. Gewiß wird eine Interpretation unser Verständnis manchmal nur „vertiefen", in manchen Fällen wird sie unser Verständnis grundsätzlich verändern. Diese zwei Funktionen veranschaulichen sehr deutlich den Unterschied zwischen verschiedenen und unterschiedlichen Interpretationen. Wenn ein Kommentar unser Textverständnis vertieft, so erleben wir nicht das Gefühl eines Konflikts mit unseren früheren Vorstellungen. Zwar legt der neue Kommentar Implikationen offen, an die wir nicht ausdrücklich gedacht hatten, aber er ändert nicht unsere bestimmende Vorstellung vom Textsinn. Wir stimmen von Anfang an zu und bewundern, mit welcher Subtilität der Interpret Implikationen darlegt, die uns entgangen waren, oder die wir nur undeutlich bemerkt hatten. Diese vertiefende Wirkung bestätigt jedoch in hohem Maße unser ursprüngliches Verständnis, anstatt es zu verändern, und überzeugt uns erst von dessen Richtigkeit. Die vorher unbemerkten Implikationen, die vom Interpreten dargelegt wurden, gehören zu dem Sinntyp, den wir bereits erschlossen hatten. Wenn wir andererseits einen Kommentar lesen, der unser Verständnis verändert, dann werden wir durch ein verstecktes oder offenes Argument überzeugt, das uns zeigt, daß unsere ursprüngliche Auslegung in bestimmter Hinsicht falsch war. Statt das Vergnügen einer Bestätigung zu erleben, werden wir gezwungen, unsere ursprüngliche Ansicht zu verändern, einzuschränken, anzupassen. Die zwei Funktionen des „Vertiefens" und „Veränderns" sind völlig verschieden voneinander und entsprechen den zwei Arten, in denen sich Interpretationen unterscheiden. Ein sehr kurzer und unvollständiger Kommentar kann völlig mit einem langen und umfassenden übereinstimmen, da sie sich beide auf genau dieselbe bestimmende Auffassung vom Sinn beziehen können. In diesem Fall wären die Interpretationen verschieden, nicht aber unterschiedlich.

Das Schlußkapitel gilt der Betrachtung des Problems der Unterscheidung zwischen unterschiedlichen Interpretationen sowie dem sich daraus ergebenden Problem, welche von ihnen wahrscheinlich die richtige ist. An dieser Stelle ist es jedoch wichtiger, die Tatsache zu betonen, daß zwei verschiedene Interpretationen nicht notwendigerweise unterschiedlich sind, denn alle Interpretationen sind verschieden. Könnte man nicht zwei verschiedene Interpretationen in Übereinstimmung miteinander bringen, dann gäbe es die Interpretation als wissenschaftliche Disziplin nicht. Natürlich werden zwei verschiedene Interpretationen sich immer um verschiedene Arten und Bereiche von Implikationen bemühen, aber sie werden sich nicht notwendigerweise in ihrer Konzeption der Implikationen, die sie gemeinsam behandeln, oder in der Wichtigkeit, die sie diesen Implikationen in Bezug auf die bestimmenden Zwecke und Betonungen des Textes zuweisen, unterscheiden. Zwei Interpretationen, die sich auf diese Weise unterscheiden, können sich auf einen absolut identischen Sinn beziehen. Wie ist dies möglich? Ist es nicht unpräzise, die geringfügigen Veränderungen des Sinns zu übersehen, die durch geringfügige Veränderungen geschriebener Kommentare angedeutet werden? Ist es nicht so, daß der Sinn sich niemals völlig von den Kategorien, die ein Interpret zufällig benützt, trennen kann?

Ich habe bereits angedeutet, daß die Kunst der Interpretation und die Kunst des Verstehens zwei verschiedene Funktionen sind, die allzu oft miteinander verwechselt werden. Schließlich ist es möglich, daß zwei Interpreten verschiedene Methoden und Kategorien benützen, um dieselbe Auffassung vom Sinn zu übermitteln. Die Schwierigkeiten des geschriebenen Kommentars erklären jedoch nicht alle Unterschiede zwischen verschiedenen Interpretationen. Einige dieser Unterschiede sind der Tatsache zuzuschreiben, daß Interpreten verschiedene Aspekte des Sinns bemerken und betonen – sogar auf der Ebene des Verständnisses. Ist es in solch einem Fall möglich oder vernünftig zu behaupten, daß ihre Interpretationen sich auf dieselbe Auslegung des Sinns beziehen? Selbst wenn ihre Interpretationen im großen ganzen miteinander vereinbar wären, ist dann nicht die Behauptung fragwürdig, daß sie letzten Endes identisch seien? Was sie sagen ist immer verschieden, aber ist es nicht auch so, daß das, was sie *sehen*, stets verschieden ist? Ist das Babel der Interpretationen nicht trotz allem vorhanden?

Diese Fragen berühren dieselbe Problemgruppe, der wir uns gegenüber sahen, als wir uns mit der Reproduzierbarkeit des Sinns und mit der psychologistischen Sinnauffassung befaßten. Gewiß kann sinnvollerweise angenommen werden, daß zwei Interpreten in jedem Fall leicht voneinander abweichende Aspekte des Sinns selbst auf der Ebene des Verständnisses bemerken, doch kann es sich bei diesen verschiedenen Aspekten nichtsdestoweniger um Züge handeln, die zu demselben Typ gehören. In ähnlicher Weise können die verschiedenen Sinne, welche verschiedene Leser eines Textes bemerken, sich auf genau denselben Typ beziehen – was besagen soll, auf denselben Sinn. Beispiele für dieses Prinzip begegnen uns ständig bei unseren visuellen Erlebnissen. Wenn zwei Beobachter ein Gebäude von verschiedenen Standpunkten aus betrachten, so sieht jeder von ihnen ganz verschiedene Aspekte des Gebäudes und doch sehen beide, was bemerkenswert ist, dasselbe ganze Gebäude. Sie betrachten vielleicht nicht einmal die gleiche Seite und doch stellt sich jeder von beiden (unklar oder ausdrücklich) die ungesehenen

Seiten vor – sonst würden sie den betrachteten Gegenstand nicht als Gebäude auffassen. Während also die expliziten Komponenten dieses Sehvorgangs in jedem Fall verschieden sind, so ist doch vielleicht das, worauf sich diese Komponenten beziehen, absolut identisch. Ein ähnliches Phänomen liegt vor, wenn ein Interpret Züge bemerkt oder betont, die von den von einem anderen bemerkten verschieden sind. Die expliziten Komponenten des Sinns sind verschieden, doch liegt ein Bezug auf den gleichen Sinn vor, nicht auf einen Teilsinn, und dieser Bezugsgegenstand kann für beide Interpreten der gleiche sein. Dies ist der Grund dafür, daß ein kurzer und unvollständiger Kommentar zu einem Text sich in völliger Übereinstimmung mit einer detaillierten Exegese befinden kann. Diese gegenseitige Vereinbarkeit gründet sich nicht auf Unvollständigkeit oder Teilcharakter der beiden Auslegungen, sondern ganz im Gegenteil auf die Identität des ganzen Sinns, auf welchen sie sich beziehen.

Die Intentionalität des Verstehens und der Interpretation, die ich gerade beschrieben habe und die ich ausführlicher in Anhang III behandeln werde, ist die Grundlage für die Interpretation als wissenschaftliche Disziplin. Natürlich besteht der Hauptzweck eines Textkommentars oft nicht darin, den Sinn eines Textes anderen verständlich zu machen, sondern seinen Wert aufzuzeigen, seine Wichtigkeit zu beurteilen, seine Bedeutung für gegenwärtige oder vergangene Situationen zu beschreiben, ihn zur Stützung eines Arguments zu verwenden, oder ihn als Quelle für biographische und historische Erkenntnisse zu benützen. Diese berechtigten Aufgaben des Textkommentars sowie außerdem viele andere gehören zum Bereich der Kritik. Es ist ein Erfordernis der Klarheit, daß diese Funktion – die der Kritik – von der der Interpretation unterschieden wird. In normaler Sprache ist es praktisch, diese verschiedenen Funktionen zusammenzuwerfen – Verständnis, Interpretation, Urteil und Kritik –, und zwar unter dem Begriff „Kritik". Gewiß ist es auch so, daß diese Funktionen in der Praxis unentwirrbar miteinander verbunden und voneinander abhängig sind, so daß eine Trennung als künstlich erscheinen könnte. Gleiches könnte jedoch von vielen voneinander abhängigen Aspekten der Realität gesagt werden — Licht und Hitze, Form und Inhalt, Farbe und Ausdehnung. Die Tatsache, daß die Funktionen der Kritik ineinander verwoben sind, macht keinesfalls eine imitative Gedankenverwirrung notwendig. Verständnis, Interpretation, Urteil und Kritik sind verschiedene Funktionen mit verschiedenen Erfordernissen und Zielen. Daß sie in jedem geschriebenen Kommentar zusammen auftreten und einander beeinflussen, sind Tatsachen, die wir in diesem Kapitel in Betracht ziehen müssen.

B. *Verständnis, Interpretation und Geschichte*

Verständnis der Sprache — gesprochener oder geschriebener — gehört zu den Fähigkeiten eines jeden, der selbst sprechen oder schreiben kann. Wegen der ihr wesentlich zugehörigen Zweiseitigkeit der Sprache impliziert der Akt des Sprechens an sich schon einen geplanten oder vorgestellten Akt des Verstehens. Tatsächlich war es einer der zentralen Gedanken meiner Untersuchung des Genres, daß die Genre-Konzeption, welche das Sprechen bestimmt, in enger Parallelle zu jener Genre-Konzeption verläuft, die das Verstehen bestimmt. Über Theorie und Praxis des Verstehens ist sehr viel geschrieben worden, besonders in der deutschen Tradition, wo das Wort „verstehen" schon seit langer Zeit die Großartigkeit eines institutionalisierten Begriffs besitzt und noch immer die emotionalen Untertöne und die begriffliche Ungenauigkeit hat, die solche Schlagwörter anzunehmen pflegen.[3] Gewiß ist die Psychologie des Verstehens ein ungeheuer faszinierendes Thema, das sowohl von Linguisten als auch von Psychologen mit Erfolg untersucht wurde; es spielt jedoch in diesem Buch keine Hauptrolle: betrachtet man den psychologischen Vorgang des Verstehens vom Blickpunkt der

---

[3] Siehe zum Beispiel den historischen Bericht in J. Wach, *Das Verstehen* (3 Bde., Tübingen, 1926–33).

Interpretation als wissenschaftlicher Disziplin aus, so handelt es sich dabei weder um ein theoretisches noch um ein praktisches Problem. Jeder, der glaubt, eine Äußerung zu verstehen, versteht sicherlich *irgendeinen* Sinn. Das eigentliche Thema unserer Untersuchung besteht folglich nicht darin, wie man etwas versteht, sondern wie man beurteilen und kritisch untersuchen kann, was man versteht. Das Problem besteht darin, zu entscheiden ob das gefundene Verständnis wahrscheinlich richtig ist. Dies ist letzten Endes das Problem des richtigen Interpretierens, welches das Thema meines Schlußkapitels bildet. Im vorliegenden Abschnitt werde ich einige der direkteren Folgerungen der einfachen (und im allgemeinen übersehenen) Tatsache, daß das Verständnis nicht etwas Vorgegebenes, sondern immer die Erschließung des Sinns physischer Zeichen ist, untersuchen.

Der endgültige Beweis dafür, daß das Verständnis einer aktiven Erschließung des Sinns bedarf und nicht einfach durch den Text gegeben ist, besteht in der offensichtlichen Tatsache, daß niemand eine Äußerung verstehen kann, der die Sprache dieser Äußerung nicht kennt. Dies scheint eine Binsenweisheit zu sein, doch können Binsenweisheiten Implikationen besitzen, die alles andere als trivial sind. Zunächst einmal besteht eine dieser Implikationen darin, daß das Verständnis autonom ist, daß es sich gänzlich innerhalb der *termini* und der Eigenschaften der Sprache des Textes und der allgemeinen Realitäten, welche diese Sprache umfaßt, vollzieht. Wenn wir eine Äußerung verstehen wollen, dann ist es in der Tat nicht nur wünschenswert, sondern absolut unvermeidlich, daß wir sie innerhalb ihrer eigenen *termini* verstehen. Es ist völlig unmöglich, den Sinn eines Textes in anderen, neuen *termini* auszudrücken, sofern wir nicht vorher den Text in seinen eigenen *termini* verstanden haben. Jeder Sprecher und jeder Interpret muß die Systeme der Konventionen und die allgemein verbreiteten Sinnassoziationen, die eine sprachliche Äußerung voraussetzt, beherrschen.

Die Beherrschung dieser notwendigen Konventionen (die für die Erschließung des Sinns aus linguistischen Zeichen in jedem Fall erforderlich ist) kann als die philologische Voraussetzung eines jeden Verständnisses betrachtet werden. Das Wort „philologisch" ist hierbei in dem älteren, weiteren Sinne zu verstehen, der den ganzen Bereich verbreiteter Realitäten und Konventionen – konkreter und gesellschaftlicher sowohl als auch linguistischer –, welche wir brauchen, um einen Sinn zu erschließen, umfaßt. Der Wortsinn kann nur auf der Basis seiner eigenen Voraussetzungen erschlossen werden, und diese sind nicht aus einem anderen Bereich vorgegeben, sondern müssen gelernt oder erraten werden – ein Vorgang, der jedem gesellschaftlichen und linguistischen System eigentümlich ist. Die offensichtliche Tatsache, daß wir einen griechischen Text nicht verstehen können, wenn wir nur Englisch können, gilt selbst auf den subtilsten Ebenen des Verstehens. Man kann Sinn nicht verstehen, ohne die Erfordernisse für die Erschließung des Sinns zu erraten oder zu lernen, und da jedes Verstehen „still" ist – d. h. nur in seinen eigenen Begriffen und nicht in fremden Kategorien ausgedrückt wird – so folgt, daß der ganze skeptische Historismus auf einer falschen Auffassung von der Natur des Verständnisses beruht.

Das ist die wichtigste Konsequenz des „banalen" Arguments, daß man die Sprache eines Textes kennen muß, um ihn zu verstehen. Der skeptische Historist zieht zu weitgehende Folgerungen aus der Tatsache, daß unsere heutigen Erfahrungen, Kategorien und Denkweisen nicht die der Vergangenheit sind. Es schließt daraus, daß wir einen Text nur aus *unseren termini* verstehen können. Dies ist jedoch eine in sich widersprüchliche Behauptung, da der Wortsinn aus *seinen* eigenen *termini* erschlossen werden muß, wenn er überhaupt erschlossen werden soll. Natürlich mag es sein, daß die Systeme der Konventionen, unter denen ein Text verfaßt wurde, nicht die gleichen sind, die wir voraussetzen, wenn wir den Text erschließen: dies hat jedoch keinerlei Konsequenzen für die theoretische Streitfrage, denn niemand leugnet, daß ein Mißverständnis nicht nur möglich, sondern manchmal vielleicht sogar unvermeidbar ist. Der skeptische Historist geht noch weiter. Er argumentiert – und damit kehren wir wieder zu unserer früheren Analogie zurück –, daß ein Sprecher mit der Muttersprache Englisch einen griechischen Text auf Englisch verstehen muß und nicht auf Griechisch. Er verkehrt den plausiblen Gedanken, daß die Beherrschung des unbekannten Sinns schwierig und unsicher ist, in den Gedanken, daß wir stets unsere eigenen, fremden Konventionen und Assoziationen zwangsweise zugrunde legen müssen. Dies ist jedoch einfach nicht wahr. Wenn wir einen Text nicht aus dem, was wir zu recht oder unrecht als seine eigenen *termini* betrachten, erschließen, dann erschließen wir ihn überhaupt nicht. Wir verstehen nichts, das wir danach in unseren eigenen *termini* wiedergeben könnten.[4]

Das Verständnis ist still, die Interpretation äußerst beredt. Die Interpretation – die *subtilitas explicandi* – kommt nur selten in reiner Form vor, ausgenommen in der Paraphrase oder der Übersetzung. Während das Verständnis das Erschließen eines Sinns (nicht einer Bedeutung, die ich später untersuchen werde) ist, so ist die Interpretation eine *Erklärung* des Sinns. Die meisten Kommentare, die wir Interpretationen nennen, haben jedoch sowohl etwas mit der Bedeutung als auch mit dem Sinn zu tun. Sie wenden ständig Analogien an und weisen auf Beziehungen hin, die uns nicht nur helfen, den Sinn zu verstehen, sondern uns auch dazu führen, Werte und Bedeutungen zu erkennen. Während jedoch Interpretationen fast immer mit Kritik vermischt sind, beziehen sie sich doch nichtsdestoweniger immer auch auf den Sinn, und wenn dieser Sinn falsch ist, dann ist die Interpretation auch falsch, ganz gleich, wie wertvoll sie in anderer Beziehung sein mag.

Wenn wir für einen Augenblick die interpretative Funktion

---

[4] Siehe Anhang II, S. 308–310. Der Perspektivismus des radikalen Historisten ist freilich noch lange nicht radikal genug. Er vergißt, daß der Sinn selbst von der jeweiligen Perspektive abhängig ist, und daß der Interpret, will er einen Wortsinn aus irgendeiner Zeit einschließlich seiner eigenen verstehen, einer zweifachen Perspektive unterliegt. Er bewahrt seinen eigenen Standpunkt und stellt sich gleichzeitig den Standpunkt des Sprechers vor. Dies ist ein Charakteristikum jeder verbalen Kommunikation.

von Kommentaren von ihrer kritischen Funktion trennen, so bemerken wir, daß die Kunst des Erklärens beinahe stets die Aufgabe, den Sinn auf eine Weise zu untersuchen, die dem ursprünglichen Text nicht eigentümlich ist, einschließt. Dies ist natürlich nicht immer der Fall: Viele gute Interpreten zitieren häufig das Original, und eines der besten interpretativen Mittel besteht einfach darin, den Text einer Zuhörerschaft laut vorzulesen. Alle Interpretationen rekurrieren jedoch an irgendeinem Punkt auf Kategorien und Begriffe, die dem Original nicht eigentümlich sind. Eine Übersetzung oder eine Paraphrase versucht, den Sinn in neuen Begriffen auszudrücken; eine Erklärung versucht, auf den Sinn in neuen Begriffen hinzuweisen. Dies ist der Grund dafür, daß die Interpretation ebenso wie die Übersetzung eine Kunst ist, denn der Interpret steht vor der Aufgabe, Mittel zu finden, Uneingeweihten in Begriffen, die ihnen vertraut sind, jene Annahmen und jenen Sinn zu vermitteln, der dem des Originaltextes äquivalent ist. Dabei können jedoch verschiedene Interpretationsweisen, wie ich bereits gezeigt habe, auf genau dieselbe Erschließung des Textes zurückgehen.

Die Tatsache, daß verschiedene Interpretationen sich in Übereinstimmung miteinander befinden können, läßt das alte Patentrezept, daß nämlich jedes Zeitalter die großen Werke der Vergangenheit neu interpretieren müsse, in der richtigen Perspektive erscheinen. Zwar ist dies eine tröstliche Wahrheit für jede neue Generation von Literaturkritikern, die schließlich mit neuen Interpretationen ihr Brot verdient; es handelt sich jedoch dabei um eine nur sehr begrenzt anwendbare Wahrheit. In dem Grade, in dem der Textkommentar als Interpretation im engeren Sinne und nicht als Kritik fungiert, bedeutet dieses alte Patentrezept nichts anderes, als daß jedes Zeitalter ein anderes Vokabular und eine andere Strategie der Interpretation benötigt.[5] Ja, jede Art von Zuhörerschaft bedarf einer anderen

---

[5] Mit dem „Patentrezept" ist vor allem gemeint, daß jeder neue Kritiker und jedes neue Zeitalter neue Arten von Bedeutung, neue

Strategie der Interpretation, wie alle Lehrer und Dozenten wissen. Die Historizität aller Interpretationen ist eine unbezweifelbare Tatsache, weil das historisch Vorgegebene, mit dem ein Interpret rechnen muß – nämlich Sprache und Interessen seiner Zuhörerschaft – von einer Epoche zur anderen variieren. Dies impliziert jedoch keineswegs, daß der Sinn eines Textes sich von einer Epoche zu anderen ändert, oder daß irgend jemand, der alles getan hat, was zum Verständnis des Sinns nötig ist, einen anderen Sinn als seine in früheren Jahrhunderten lebenden Vorgänger versteht. Zweifellos verstand Coleridge den *Hamlet* ganz anders als Professor Kittredge. Diese Tatsache spiegelt sich in den unterschiedlichen Interpretationen beider wieder; es wäre jedoch ganz falsch, zu folgern, daß diese Unterschiedlichkeit nur durch die Tatsache, daß beide in verschiedenen Epochen lebten, verursacht wurde. Man täte sowohl Coleridge als auch Kittredge Unrecht, wenn man argumentierte, daß die Zeit ihr jeweiliges Verständnis notwendig machte, oder daß ihre jeweiligen Positionen nicht auch umgekehrt werden könnten. Beide würden darin übereingestimmt haben, daß mindestens einer von ihnen eine falsche Interpretation vertreten haben muß. Andererseits hätten sie sicher, selbst wenn sie die gleiche Konzeption von *Hamlet* gehabt hätten, nicht in derselben Weise über das Stück *geschrieben*. Ihre Zwecke, ihre Epochen und ihre Leserschaft waren verschieden voneinander, und verschieden waren deshalb auch die Stile ihrer Darstellung, die Betonungen und die Kategorien. Die Historizität der Interpre-

---

Relevanzen für einen bestimmten kulturellen oder intellektuellen Zusammenhang finden. Es ist deshalb normalerweise treffender, wenn man sagt, daß jedes Zeitalter die Werke der Vergangenheit *wieder kritisieren* muß, um sie lebendig und uns selbst für sie aufnahmefähig zu erhalten. Als Kritiker sollten wir uns daran erinnern, daß wir weder ein neues Werk noch einen Sinn feststellen, sondern eine neue Bedeutung des Werks, die oft nur in unserem kulturellen Milieu existieren kann. Dieses Phänomen beweist an sich den auf eine Beziehung ausgerichteten Charakter der Bedeutung.

tation ist jedoch etwas ganz anderes als die Zeitlosigkeit der Verständnisses.

Alle, die die Texte der Vergangenheit ernsthaft erforschen – Texte aller beliebigen Genres – sind Historiker. Es ist nicht überraschend, daß Literaturwissenschaftler den formativen Einfluß historischer Gegebenheiten besonders aufmerksam registrieren und bemerken, daß Kritiker der Vergangenheit nicht nur anders interpretiert, sondern auch anders verstanden haben als Kritiker der Gegenwart. Es mag in der Tat richtig sein, daß im Jahre 1930 die Werke von John Donne von einer größeren Anzahl von Lesern richtig verstanden wurden als im Jahre 1730, und es ist auch möglich, daß dies allein der intellektuellen Atmosphäre der jeweiligen Zeit zuzuschreiben ist. Diese durchaus nicht überraschenden Möglichkeiten besitzen jedoch keineswegs die theoretische Wichtigkeit, die man ihnen üblicherweise beimißt. Nicht alle Leser aus der gleichen Epoche tendieren zu demselben Verständnis eines Textes, wie wir aus unseren Erfahrungen der Gegenwart wissen. Weiterhin sind die Betonungen und die Kategorien, die die Interpretation einer bestimmten Zeit charakterisierten, nicht dieselben wie die Betonungen und die Kategorien des Verständnisses einer Zeit. Jedes Verständnis ist notwendigerweise und von Natur aus zum Wesen des Textes gehörig, jede Interpretation ist notwendigerweise etwas Flüchtiges und Historisches.

Ein Kollege wies mir gegenüber einmal darauf hin, daß Simone Weil nicht so brilliant über die Art und Weise, in der die *Ilias* die Rolle brutaler Gewalt im menschlichen Leben enthüllt, hätte schreiben können, wenn sie nicht die Schrecknisse des Nazismus erlebt hätte; weiterhin, daß ihre Betonung dieses Aspekts der *Ilias* bei ihren Lesern keine derartig tiefgehende Wirkung ausgelöst hätte, wenn jene nicht ebenfalls diese Zeiten erlebt hätten. Wir können aus dieser Bemerkung ersehen, wie eng Verständnis, Interpretation und Kritik in der Praxis verbunden sind, und wie notwendig es ist, zwischen ihnen in der Theorie zu unterscheiden. Gewiß machte sich Simone Weil auf brilliante Weise die Erlebnisse zunutze, die sie mit ihrer Leserschaft teilte, indem sie die Rolle der Gewalt in der *Ilias* betonte, und wahrscheinlich handelte es sich dabei nicht um eine Überbetonung der Gewalt im Rahmen dessen, was sich Homer vorgestellt hatte. Das Element der *Literaturkritik* in ihrem Kommentar war ihre Implikation, daß Homer recht hatte – das menschliche Leben ist so, und wir, in diesen Zeitalter, wissen es. Das Element der *Interpretation* in ihrem Kommentar bestand darin, daß sie in geordneter Weise Homers Implikationen über die Rolle der Gewalt im Leben darlegte. Aber diese Interpretation spricht uns nicht nur deshalb an, weil wir in einem Zeitalter der Gewalt leben; wir stimmen mit ihr überein, weil auch wir die *Ilias* gelesen und den gleichen Sinn bemerkt haben – selbst wenn wir ihn nicht so explizit registrierten. Ich kann mir nicht vorstellen, daß irgendein genügend vorgebildeter Leser irgendeiner vergangenen Epoche nicht wenigstens implizit diesen Sinn der *Ilias* erfaßt, obwohl ich mir durchaus eine Zeit vorstellen kann, in der die Leser nicht bemerkten, daß dieser Sinn ein Kommentar über das Leben war, der der Darstellung in einem eigenen Buch wert war.

Wenn ein Interpret mit dem nötigen Einfühlungsvermögen vorgeht, dann kann er jeden beliebigen Gegenstand oder jedes beliebige Thema betonen, ohne damit eine falsche Betonung auszulösen. Ein einzelner einschränkender Kommentar von Zeit zu Zeit, eine gelegentliche bescheidene Ablehnung oder eine Anerkennung der Rolle, die sein Thema innerhalb des Sinns des Ganzen spielt, werden ausreichen, um falsche Eindrücke zu vermeiden. Es macht nichts aus, was jemand über einen Text sagt, solange man ihn versteht und solange man dieses Verständnis einem Leser übermittelt. Es gibt keine richtigen „Methoden" der Interpretation, keine einmalig anwendbaren Kategorien. Man tut das Nötige, um ein Verständnis einer bestimmten Leserschaft zu übermitteln. Es gibt viele Wege, eine Maus zu fangen. In seiner Funktion als Interpret besteht die erste Aufgabe des Kritikers darin, zu entdecken, welche Maus er fangen sollte.

C. Urteil und Kritik

Die Begrenzung des Wortsinns auf das, was ein Autor meinte, und die Definition von Verständnis als die Erschließung jenes Sinns ist, wie ich gezeigt habe, keineswegs eine enge und puristische Auffassung vom Sinn. Sowohl Sinn als auch Verständnis umfassen eine Welt, die den geistigen Kosmos eines jeden allzu beschränkt denkenden Interpreten übertreffen und seine Vorstellungskraft aufs äußerste in Anspruch nehmen kann. Weiterhin setzt diese Definition der Zahl der Implikationen, die ein Wortsinn haben kann, keine Grenzen, obwohl an einem bestimmten Punkt das Heranziehen weiterer, ähnlicher Implikationen banal wird. Meine Absicht bei der Definition des Verständnisses und des Sinns besteht nicht in der Annahme, daß die Aufgabe des Verständnisses leicht ist, sondern darin, zu zeigen, daß es sich dabei um eine fest bestimmte Aufgabe handelt, die von anderen Aufgaben abgegrenzt werden kann. Insbesondere habe ich ernsthaft versucht, die Vermischung der Begriffe Sinn und Bedeutung aufzuklären, um die Skepsis zu verringern, zu welcher diese Verwirrung, wie ich glaube, in hohem Maße beigetragen hat.

Ich habe an früherer Stelle die Bedeutung als jedes beliebige Verhältnis, das zwischen dem erschlossenen Wortsinn und etwas anderem besteht, definiert. In der Praxis beziehen wir unser Verständnis immer auf etwas anderes – auf uns selbst, unser relevantes Wissen, die Persönlichkeit des Autors, auf andere, ähnliche Werke. Wir können normalerweise einen Text nicht einmal verstehen, wenn wir solche Verhältnisse nicht bemerken, denn wir können den Akt der Erschließung des Wortsinns nicht künstlich von all jenen anderen Vorgängen, Auffassungen, Assoziationen und Urteilen isolieren, die diesen Vorgang begleiten und die eine instrumentale Rolle dabei spielen, wenn wir dabei sind, diesen Akt auszuführen. Wir können jedoch ein besonderes Ziel unserer Aktivität isolieren oder wenigstens betonen. Wir können in einem gegebenen Augenblick entscheiden, daß wir uns in der Hauptsache für die Erschließung des vom

Autor Gemeinten interessieren und nicht so sehr dafür, diesen Sinn zu etwas anderem in Beziehung zu setzen; wir können unsere Aufmerksamkeit auf diesen Sinn lenken und unser ganzes diesbezügliche Wissen in den Dienst dieses Ziels stellen. Wir könnten andererseits aber auch annehmen, daß wir bereits richtig verstanden haben, was der Autor meinte, und wir könnten infolgedessen unsere Aufmerksamkeit gänzlich darauf konzentrieren, diesen Sinn in irgendeinen Kontext oder eine Beziehung zu setzen. Manchmal werden die von uns bemerkten Beziehungen heuristisch im Dienst der Erschließung des Sinns benützt, manchmal werden sie selbst Gegenstand unserer Aufmerksamkeit. Fast alle Kommentare über Texte untersuchen diese Beziehungen sowohl um ihrer selbst willen als auch zu dem Zweck, ein Verständnis des Sinns des Textes herbeizuführen. Jeder Textkommentar ist eine Mischung aus Interpretation und Kritik, obwohl meistens eine Wahl dahingehend getroffen wird, welches Ziel in erster Linie zu betonen sei.

Wir können daher nicht im Voraus sagen, ob eine besondere Art von Feststellung von interpretativem oder von kritischem Charakter ist. Wenn man sagt, daß *The Waste Land* ein anspielungsreiches Gedicht ist, so hat man damit gewiß eine Beziehung zwischen dem Gedicht und einer weiteren Klasse beziehungsweise einem System von Attributen festgestellt; die solchermaßen festgestellte Beziehung könnte jedoch allein dazu benutzt werden, jemanden zu dem von Eliot gemeinten Sinn hinzuführen und nicht dazu, seine Aufmerksamkeit auf die Ähnlichkeiten oder Unähnlichkeiten zwischen dem Gedicht Eliots und anderen Werken zu lenken oder dazu, auf irgendeine andere Art von Beziehung hinzuweisen. Andererseits könnte diese Feststellung einfach davon ausgehen, daß der Leser Eliots Gedicht bereits versteht, und sie könnte dann auf eine ganz andere Dimension hinweisen, in der der Anspielungsreichtum von *The Waste Land* die Stimmung der Jahre um 1920, Eliots intellektuellen Snobismus, die Originalität des Sprachstils des Gedichts oder irgend etwas anderes Denkbares veranschaulicht. Im ersten Fall bestünde das Ziel der Feststellung in erster Linie darin, den Sinn des Werks erfaßbar zu machen, im zweiten Fall würde sie zuvorderst beabsichtigen, seine Bedeutung in Bezug auf irgendeinen bestimmten Kontext zu verdeutlichen. Die Angabe der Bedeutung setzt jedoch voraus, daß eine vorhergehende Erschließung des Sinns stattgefunden hat, die Angabe des Sinns geht von einer Beziehung, d. h. von einer Bedeutung aus. Die zwei Funktionen und Ziele sind verschieden, obwohl sie im Textkommentar niemals voneinander getrennt sind.

Die Unterscheidung zwischen Interpretation und Kritik, Sinn und Bedeutung, weist auf ein Phänomen hin, das nicht auf den Textkommentar begrenzt ist. Sie stellt eine allgemeine Unterscheidung dar, die auf allen Untersuchungsgebieten und bei allen Themen Anwendung findet. Auf dem Gebiet der Biographie entspricht die Interpretation beispielsweise dem Verständnis des Lebens eines Menschen wie es gelebt und erlebt wurde, während die Kritik dem Setzen dieses Lebens in ein größeres Bezugssystem entspricht. Es ist eine Sache, das Leben des Herzogs von Marlborough zu erforschen, eine andere, die Bedeutung seines Lebens in Bezug auf die politische Geschichte Europas im 17. u. 18. Jahrhundert zu untersuchen oder der Bedeutung seines Lebens für solch exemplarische moralische Werte wie Klugheit und Geduld oder für die Entwicklung der konstitutionellen Monarchie nachzugehen. Ohne solche Kritik wäre eine Biographie nicht viel wert, doch wird jeder zugeben, daß ein Unterschied zwischen dem Leben eines Menschen und dessen Bedeutung innerhalb verschiedener historischer, moralischer und sozialer Kontexte besteht. Wenn, und das gilt in ähnlicher Weise, das gewählte Thema ein noch weiterer Bereich ist, wie etwa das englische Parteiensystem im 17. Jahrhundert, so ist zu unterscheiden zwischen ihm und späteren Entwicklungen in der englischen Politik. Das jeweilige Thema kann so groß oder so klein sein wie es einem beliebt; die Unterscheidung zwischen dem Verständnis eines Gegenstandes, und der Darlegung von Beziehungen zwischen ihm und irgendeinem Kontext wird jedoch immer durchführbar sein und einem helfen, sich daran zu erinnern, was der jeweilige Untersuchungsgegenstand ist und welche Aspekte seiner Bedeutung man offenzulegen wünscht.

Aus diesem Grunde ist meine strenge Trennung zwischen Sinn und Bedeutung in Bezug auf den Textkommentar weniger künstlich als sie zunächst erscheinen mag. Ich muß den Leser nochmals daran erinnern, daß ich diese Wörter streng voneinander unterscheide, um jene Aspekte des Textkommentars, die im Dienste einer gemeinsamen Disziplin stehen und zu einem allgemein verbreiteten Wissen führen können, zu verdeutlichen. Der Begriff „Verständnis" wird im allgemeinen so verwendet, daß er nicht nur das Erfassen des vom Autor intendierten Sinns bedeutet, sondern auch das Erfassen der Tatsache, wie der Sinn in die Welt des Autors oder unsere eigene paßt. Diese Verwendung ist berechtigt, weil „Verständnis" Wissen impliziert, und das Erfassen der Bedeutung ebenso zu echtem Wissen gehört wie das Erfassen des Wortsinns. Ein großer Unterschied rechtfertigt jedoch eine strengere Definition für den Zweck der Analyse: wenn wir den von jemand anderem intendierten Sinn erschließen, so sind wir in unserem Handeln nicht frei. Solange der Sinn seiner Äußerung unser Ziel ist, sind wir völlig seinem Willen unterworfen, weil der Sinn seiner Äußerung der Sinn ist, der er übermitteln will. Wenn wir jedoch einmal seinen Sinn erschlossen haben, dann sind wir von seinem Willen ganz unabhängig. Wir brauchen nicht länger die von ihm vorgenommenen Wertsetzungen und Annahmen zu akzeptieren, wir können seinen Sinn zu all und jedem in Beziehung setzen und ihn bewerten, wie es uns beliebt.[6] Solange unser Ziel jedoch

---

[6] Selbst in diesem Fall können wir jedoch die Perspektive des Autors (d. h. seine Wertvorstellungen und Kategorien) nicht gänzlich aufgeben, da sein Sinn permanent an seine Perspektive gebunden ist, d. h. durch sie bestimmt wird. Wir müssen seinen Standpunkt ständig im Auge behalten, selbst wenn wir ihn falsch oder unangemessen finden, da wir seinen Sinn nicht erschließen oder ständig geistig präsent haben können, wenn wir uns nicht seine Perspektive zu eigen machen. Richtige Kritik muß notwendigerweise von dieser doppelten Perspektive ausgehen.

Wissen ist, sind wir nicht völlig frei. Wir befreien uns vom Autor nur, um weiter versklavt zu werden (wenn wir ehrlich und aufmerksam sind), und zwar von der Realität, zu der wir sein Werk in Beziehung setzen wollen. Dies ist jedoch eine neue Art von Unterordnung, die mit einem neuen Begriff bezeichnet werden sollte. Unter „Verständnis" verstehe ich demnach ein Erfassen oder Erschließen des vom Autor intendierten Wortsinns, nicht mehr, nicht weniger. Die Bedeutung jenes Sinns, seine Beziehung zu uns, zur Geschichte, zur Persönlichkeit des Autors, selbst zu den anderen Werken des Autors kann etwas ebenso Objektives sein und ist häufig sogar noch wichtiger. Wie sollen wir jene Funktion bezeichnen, mittels welcher wir die Bedeutung erfassen?

Unsere Wahl wird in erster Linie auf das Wort „Urteil" fallen: man versteht einen Sinn, man beurteilt seine Bedeutung. Im ersten Fall unterwirft man sich einem anderen; im zweiten Fall handelt man unabhängig, aus eigener Autorität, wie ein Richter. Eine Schwierigkeit besteht jedoch noch. Im allgemeinen Sprachgebrauch impliziert „Urteil" einen Akt der Bewertung, des Abwägens, während der Begriff „Bedeutung" deskriptive Urteile wie auch Werturteile einschließt. Die Berechtigung für diesen weiteren Gebrauch des Begriffes erhalten wir von der Logik, wo man unter einem Urteil das Verbinden zweier beliebiger Bezugsgegenstände – eines „Subjekts" und eines „Prädikats" – durch irgend etwas Verbindendes, welches diese Beziehung eingrenzt, versteht. Der Akt des Urteilens ist das Erschließen dieser Beziehung, sei es die zwischen einem Sinn und Wertkriterien oder die zwischen einem Sinn und irgend etwas Beliebigem bestehende.

Unsere geduldigen Leser müssen sich noch auf eine weitere terminologische Verfeinerung gefaßt machen. Statt der üblichen Praxis zu folgen, die im Englischen darin besteht, daß man alle Aufsätze über Texte als „Kritik" bezeichnet, habe ich es zuweilen passender gefunden, den neutraleren Begriff „Kommentar" zu verwenden und den Begriff „Kritik" für Kommentare zu verwenden, die hauptsächlich von der Bedeutung handeln.

Dies steht in Parallele zu meiner Verwendung des Begriffs „Interpretation" für Kommentare, die in erster Linie vom Sinn handeln. Ich habe bereits darauf hingewiesen, daß Interpretation und Kritik in allen Textkommentaren zusammen vorkommen und daß die zwei Funktionen nur durch die Entscheidung darüber unterschieden werden können, welches Ziel vorherrschend ist. Ich halte es jedoch für wichtig, daß wir uns diese verschiedenen Ziele vor Augen halten, und sei es auch nur deswegen, um klar zu stellen, daß Bedeutung sich von Kritik in genau derselben Weise unterscheidet, in der sich Sinn von Interpretation unterscheidet. Kritik ist nicht identisch mit Bedeutung, sondern bezieht sich auf sie, spricht über sie, beschreibt sie. Analog zu meiner früheren Analyse können sich zwei Kritiken auf dieselbe Bedeutung beziehen, obwohl die entsprechenden Kommentare ganz verschieden voneinander sein können. Dadurch wird noch einmal betont, daß die Bedeutung in einem gegebenen Fall ebenso determiniert und wirklich ist wie der Sinn; oft ist sie sogar wichtiger. Kritik ist von Natur aus wertvoller als bloße Interpretation, besonders wenn es sich um Kritik handelt, die Interpretation einschließt. Darüberhinaus ist die Bedeutung im gleichen Grade ein Wissensziel wie es der Sinn ist. Wertverhältnisse können ebenso wie andere Verhältnisse exakt erfaßt und übermittelt werden. Vielleicht besteht die wichtigste Funktion der Kritik, im Gegensatz zu der der Interpretation, darin, zu zeigen, daß ein Werk in bestimmter Hinsicht wertvoll oder wertlos ist. In welcher Hinsicht jedoch? Gibt es eine besonders richtige Art von Kritik? Gibt es so etwas wie die „wahre Kritik"? Dies ist das Thema, mit dem sich der nächste Abschnitt in der Hauptsache befassen wird.

D. Die wahre Kritik

Da die Kritik bestrebt ist, die Verhältnisse zwischen Texten und weiteren, mit ihnen in Verbindung stehenden Realitäten und Werten zu beschreiben, scheint der Ausdruck „wahre Kritik" (ein Losungswort der modernen kritischen Theorie) entweder ein Widerspruch in sich selbst oder etwas Sinnloses und Überflüssiges zu sein. Kritik ist nämlich immer insofern wahr, als sie dem besonderen Untersuchungsgegenstand, in den ein bestimmter Aspekt des Textes hineingerückt worden ist, eigentümlich ist, und sie ist immer „unwahre", d. h. nicht-immanente Kritik, in Bezug auf den Textsinn selbst, und zwar dadurch, daß der Kritiker seine Aufmerksamkeit auf Begriffe und Kriterien lenkt, die außerhalb des Sinns liegen. Der Begriff der wahren Kritik hat deshalb etwas Rätselhaftes. Eine literarische, d. h. wahre Kritik der Literatur, eine philosophische Kritik der Philosophie – worauf läuft diese Art von Begriff eigentlich hinaus? Bei der Betrachtung dieses gegenwärtig wichtigen Problems wird die Literaturkritik im Brennpunkt meiner Untersuchungen stehen; der größte Teil der Analyse dürfte jedoch auch dann Gültigkeit besitzen, wenn man das Wort „literarisch" durch „religiös", „philosophisch", naturwissenschaftlich", „historisch" oder „umgangssprachlich" ersetzt.

Wie jeder weiß ist die Tatsache, daß sich die Gelehrten seit kurzem vornehmlich auf eine literarische Untersuchung der Literatur eingestellt haben, das Ergebnis einer Reaktion gegen den Positivismus des 19. Jahrhunderts und seine Bemühungen um bloße Fakten und Kausalzusammenhänge. Die modernen Literaturwissenschaftler haben mit Recht die Gleichsetzung von Literaturwissenschaft und Naturwissenschaft kritisiert, da sie ebenso undurchführbar wie uninformativ ist. Literatur ist ein Gegenstand mit besonderen Eigenschaften, der auch seine ihm eigentümlichen Begriffe und Methoden verlangt; wenn man ihn von fremden Begriffen ausgehend betrachtet, so vernachlässigt man zwei zentrale und überaus wichtige Aspekte, nämlich Sinn und Wert. Heute gibt es nur wenige Kritiker in Europa und Amerika, die diese Einwände gegen die naiven Formen des Positivismus nicht teilen.

Der wiedererstarkte Impuls, zu untersuchen was ein Text bedeutet, und nicht wie, wann oder wo seine Entstehung verursacht wurde, ist andererseits die Fortsetzung einer Tradition, die weitaus ehrwürdiger ist als der Positivismus, gegen den sich die modernen Gelehrten stellten. Der genaue Textkommentar, besonders derjenige von religiösen Texten, geht viel weiter zurück als alle überlieferten Interpretationen, und zwar auf eine alte Tradition des Lehrens und der mündlichen Exegese. Die interpretative Seite der neuen Bewegung war folglich nicht das Neue an ihr, da das Hauptziel des textnahen Kommentars immer die Interpretation und nicht die Kritik war. Die Etablierung des Wortes „Kritik" als allumfassenden Terminus für Kommentar geht natürlich (wie René Wellek uns sagt) auf das 17. und 18. Jahrhundert zurück, und es ist in England und Amerika der dominierende Fachausdruck geblieben.[7] Emil Staiger zieht jedoch in seiner Version der neuen Art von wahrem literarischem Kommentar den Begriff „Interpretation" vor, ein Wort, das sehr oft die moderne Praxis besser beschreibt.[8] Der Ausdruck „wahre Interpretation" ist jedoch offensichtlich überflüssig. Jede Interpretation ist notwendigerweise eine wahre, immanente Interpretation, weil das ausschließliche Ziel der Interpretation das Verständnis ist, das, wie ich gezeigt habe, von Natur aus immanent und jedem Text eigentümlich ist.[9] Die moderne Bewegung war jedoch nicht nur darauf gerichtet, eine literarische Interpretation der Literatur zu erreichen, sondern sie strebte auch eine literarische Kritik der Literatur an, und wahre Kritik ist etwas ganz anderes.

Man hat sich sehr um die Formulierung spezieller *termini*, die für die Untersuchung einer besonderen Art von Texten geeignet sind, bemüht; diese Bemühungen haben sich auch zum größten Teil als äußerst fruchtbar erwiesen. Wie ich jedoch im vorausgehenden Kapitel bereits dargelegt habe, kann die Sprache des Kommentars niemals im absoluten Sinne richtig oder geeignet sein; ihr Wert richtet sich ganz nach ihrer praktischen

---

[7] René Wellek, „The Term and Concept of Literary Criticism," in *Concepts of Criticism*, hrsg. v. S. Nichols Jr. (New Haven, 1963).
[8] Staiger, *Die Kunst der Interpretation*, S. 9–33.
[9] Siehe oben S. 173–174.

Nützlichkeit für das Aufzeigen von Sinn und Bedeutung. Kein Vokabular ist für alle Zwecke und für alle Zuhörerschaften wahrer als irgendein anderes; wenn die Gelehrten ein gemeinsames Vokabular benützen, so geschieht dies, weil solche allgemein verbreiteten Begriffe für ein gegebenes Untersuchungsgebiet nützlich sind, und nicht weil etwa diese *termini* selbst absolut und unveränderlich wären. Darüberhinaus besteht die hauptsächliche Funktion eines besonderen Vokabulars in der Abgrenzung eines besonderen Untersuchungsgebietes, und die Wirkung eines solchen Vokabulars besteht folglich darin, die Aufmerksamkeit auf einen bestimmten Gegenstand, der weiter gefaßt ist als der Text selbst – wie zum Beispiel Rhetorik, Psychologie oder irgendeine bevorzugte Auffassung vom „Wesen der Literatur" – zu lenken. Kurz gesagt: die Verwendung eines besonderen Vokabulars macht noch nicht an sich die Kritik zur wahren Kritik. Der Begriff der wahren Kritik besteht im Wesentlichen in der Vorstellung von einem besonderen, bevorzugten Kontext, innerhalb dessen literarische Texte untersucht werden sollten.

Als der Ruf nach einer literarischen Untersuchung der Literatur erscholl, ging man, wie ich glaube, von der Annahme aus, daß dieser besondere, bevorzugte Kontext nicht Geschichte, Biographie, Moral oder Gesellschaft, sondern das Reich der Literatur selbst sein sollte. Die zu untersuchenden Beziehungen sollten jene sein, die zwischen einem literarischen Text und anderen, zum gleichen weiteren Genre oder zur gleichen literarischen „Tradition" gehörenden oder einfach zur Literatur im allgemeinen bestehen. Eliot definierte eine Version dieses besonderen bevorzugten Kontexts, als er von der „simultanen Ordnung" [Im Originaltext: „simultaneous order"] aller literarischen Texte sprach. Dies ist in der einen oder anderen Form – und es gab viele verschiedene Formen – die implizierte Konzeption, nach der ein großer Teil moderner akademischer Literaturkritik durchgeführt wird. Diese Konzeption war immer von großzügiger Toleranz; sie erlaubte es dem Kritiker, die Disziplin der Rhetorik, den Bereich der Kunst im allgemeinen, eine besondere, von ihm selbst ausgewählte oder erschaffene literarische Tradition, eine Periode oder Gattung der Literatur oder die literarische oder imaginative Welt eines Menschen oder einer Epoche als seinen Kontext aufzufassen. In anderen Worten: der literarische Kontext kann beliebig weit und variabel sein, vorausgesetzt allein, daß seine Komponenten in erster Linie der Welt der Literatur entstammen – d. h. literarischen Texten – und nicht aus externen, nicht-literarischen Dimensionen der Realität, wie zum Beispiel Psychologie, Wirtschaftslehre, Technologie oder Soziologie – es sei denn, diese Bereiche seien vorher der Literatur selbst assimiliert worden. Zwar hat diese Konzeption keineswegs die gesamte Literaturkritik beherrscht (offensichtliche Ausnahmen sind die freudianische und die marxistische Literaturwissenschaft), doch hat sie stets dominiert und die meisten Gelehrten unter den Literaturkritikern zu ihren Anhängern gemacht.

Das Recht einer derartigen Konzeption auf einen privilegierten oder besonderen Status kann man in einer Hinsicht ohne Zögern als begründet erachten. Die Untersuchung literarischer Texte innerhalb eines literarischen Zusammenhangs ist eine Form der Kritik, die von Natur aus der Interpretation nahe verwandt ist. Wenn der weitere Zusammenhang die Literatur ist, so folgt, daß alles was man über die Natur der Literatur entdeckt, von direktem Nutzen für das Verständnis der Natur eines besonderen Textes, der zur Literatur gehört, sein kann – ebenso wie die Botanik in direkterer Weise für das Verständnis der Natur eines Baums nützlich sein kann als Physik oder Meteorologie. Es ist grob gesprochen richtig zu sagen, daß der Gegenstand der modernen Richtung der Literaturwissenschaft die Literatur selbst ist – ihr Wesen, ihre besonderen Merkmale, ihre vorherrschenden und wiederkehrenden Schemata. Indem sie die Wortanalyse betonte, war diese moderne Literaturwissenschaft von großer Bedeutung für die Förderung der Disziplin der Interpretation und schon aus diesem Grunde von ungeheurem Wert. Nichtsdestoweniger gilt, daß der weitere Zusammenhang der Literatur im allgemeinen offensichtlich nicht immer der für die Interpretation nützlichste Kontext ist. Die Botanik ist für das Verständnis eines Baums von direkterem Nutzen als die Physik; noch nützlicher als die Botanik ist jedoch ihre besondere Sparte, die Baumkunde, und innerhalb der Baumkunde wiederum ist es von besonderem Nutzen, alles über die Besonderheiten einer bestimmten Baumart zu wissen, die man verstehen möchte. Anders ausgedrückt, es mag äußerst nützlich sein, literarische Texte innerhalb des allgemeinen Zusammenhangs der Literatur zu untersuchen, doch ist es nicht automatisch die besonders vorzuziehende Verfahrensweise. Weiterhin ist der besondere Wert einer bestimmten Art von Kritik nicht in jedem Fall in seinem Wert für die Interpretation zu finden, da das Ziel der Kritik durchaus nicht mit dem Ziel der Interpretation identisch ist. Der Anspruch, daß die Literatur der richtige Kontext für die Kritik literarischer Texte sei, muß deshalb seine Berechtigung von etwas anderem herleiten. Wenn es nämlich die Interpretation und nicht die Kritik ist, die die literarische Untersuchung der Literatur rechtfertigt, dann wird die ihres Wesens bewußte Literaturkritik eine untergeordnete Wissenschaft, deren instrumentaler Wert nicht größer ist als der eines beliebigen anderen Untersuchungsgegenstandes (wie Sprachwissenschaft oder Geschichte), der der Interpretation dient. Worin besteht dann also die besondere Rechtfertigung für eine literarische Kritik der Literatur?

Mir sind zwei Antworten bekannt, die von modernen Theoretikern gegeben wurden. Erstens bestehe der einzig geeignete Weg, ein Werk der Literatur zu beurteilen, darin, seinen Wert als Literatur zu ermessen, nicht als irgend etwas anderes. Zweitens sei die Literatur ein besonders privilegierter Untersuchungsgegenstand, der uns mehr über den Menschen schlechthin sage als irgendeine andere Disziplin. Dieser zweite Grund wird für jeden von Gewicht sein, der seine Kraft dem Studium der Literatur widmet; er ist jedoch kein Argument für die besondere Eignung der Literatur als Kontext zur Kritik literarischer Werke. Er ist ein Argument über den Wert eines Zweiges der Humanwissenschaften und überdies ein etwas provinzielles Argument – eines, das ein Historiker oder ein Philosoph nicht sonderlich überzeugend finden würden. Es macht in Wahrheit das Studium der Literatur zu einem Zweig der philosophischen Anthropologie. Wenigstens zwei wichtige Theoretiker – Emil Staiger und Northrop Frye – nehmen diese Konsequenz enthusiastisch an, und wer ihren Enthusiasmus für etwas so Wichtiges und Erregendes nicht wenigstens zu einem gewissen Grade teilt, müßte in der Tat ein geistig phlegmatischer Mensch sein. Dieser Standpunkt ist jedoch insofern provinziell, als er nichtliterarische Phänomene aus der philosophischen Anthropologie verbannt. Der Literaturkritiker hat zu diesem weiten Feld seinen Beitrag zu leisten, aber er hat außer seiner Bequemlichkeit keinen berechtigten Grund dafür, den Kontext seiner Arbeit allein in der Literatur zu sehen. Die einzige wirklich überzeugende Rechtfertigung für eine ausschließlich literarische Kritik der Literatur ist das erste Argument, daß nämlich der geeignete Weg, ein literarisches Werk zu bewerten, darin bestehe, es ausschließlich als Literatur zu beurteilen. Allein dies ist das entscheidende und einzig sinnvolle Element innerhalb des programmatischen Ideals einer literarischen Kritik der Literatur.

Ein Gedicht als Gedicht zu verstehen, ist ein Ziel, das mit Recht als ein zu bevorzugendes betrachtet werden kann, da es das einzige Verständnis eines Gedichts ist, das überhaupt bestehen kann. Der Sinn eines Textes bleibt solange unzugänglich, solange die Natur und die Zwecke eines Textes nicht erfaßt worden sind, da sein Sinn etwas Gewolltes, etwas Zweckhaftes ist. Wenn ich ein Gedicht als Zeitungsschlagzeile *verstehe* (vorausgesetzt, es handelt sich nicht um ein „Zeitungsschlagzeilengedicht"), dann habe ich es einfach mißverstanden. Darüberhinaus wäre es besonders einfältig, ein Gedicht als Zeitungsschlagzeile zu *bewerten* (oder – wie es Robert Graves einmal mit „The Solitary Reaper" getan hat – als Telegramm), da die angewandten Kriterien ohne jegliche Relevanz für die vom Autor intendierten Ziele und Zwecke sein würden.[10] Es ergibt sich somit der Eindruck, daß der einzig richtige Weg zur Bewertung eines Gedichtes darin besteht, es als Gedicht aufzufassen und nicht als irgend etwas von irrelevantem instrumentalem Wert innerhalb eines nicht-literarischen Kontexts.

Bis zu diesem Punkt herrscht unter den meisten Kritikern Übereinstimmung; jenseits dieses Punkts herrschen Verwirrung und Kontroversen. Die aufgeworfenen Probleme sind zwar äußerst komplex, doch ist der Hauptgrund für diese Verwirrung und diese Kontroversen ganz einfacher Natur: man hat sich bis heute nicht darüber einigen können, was ein Gedicht ist und worin die in ihm implizierten Ziele und Zwecke bestehen. Während wenigstens in geringem Maße Übereinstimmung darüber besteht, welche Gedichte „als Gedichte" gut sind, besteht weit weniger Übereinkunft darüber, was diese Gedichte zu guten Gedichten macht, d. h. über die besonderen Kriterien, die sie erfüllen. Diese mangelnde Übereinstimmung muß überdies andauern, weil die Annahmen, auf welche die Kontroversen normalerweise gegründet sind, falsch sind. Es ist beispielsweise falsch anzunehmen, daß Dichtung ein besonderes Wesen besitze, dessen wesentliche Attribute in all jenen Texten, die wir als Gedichte bezeichnen, gefunden werden können. Diese wesentlichen Attribute sind bis heute nicht und werden auch in Zukunft nicht so definiert werden, daß diese Definition allgemeine Zustimmung erzwingen würde. Im vorausgehenden Kapitel habe ich das Argument vertreten, daß Gedichte nicht ein bestimmtes Wesen besitzen, sondern eine vage Gruppierung wahrer Genres sind, deren Einzelglieder nicht irgendein einzelnes allgemeines Attribut oder ein Gruppe von Attributen, die sie von Nichtdichtung unterscheidet, teilen. Dasselbe kann man

---

[10] Siehe Robert Graves, „Wordsworth by Cable," *The New Republic*, *137* (9. Sept. 1967), 10–13: SOLITARY HIGHLAND LASS REAPING BINDING GRAIN STOP MELANCHOLY SONG OVERFLOWS PROFOUND VALE.

von Literatur oder von irgendeiner anderen weiten Gruppierung von Texten behaupten. In anderen Worten: es ist unmöglich, ein bestimmtes Gedicht als Gedicht schlechthin zu beurteilen, da diese Aufgabe falsch gestellt ist, was nur durch verbale Wiederholung verkleidet wird. Es ist richtig, etwas seinem Wesen gemäß zu beurteilen, doch besitzen solch grobe Auffassungen, wie „Literatur" und „Dichtung" keine feste Natur, außer einem sehr komplexen und variablen System von Gattungsähnlichkeiten.

Meine Wittgensteinsche Skepsis bezüglich der Beurteilung von Literatur als Literatur oder von Gedichten als Gedichte scheint nicht auf die Genrekritik anwendbar zu sein, die man mit der neoaristotelischen Theorie verbindet. Diese erkennt an, daß weder ein einzelner Maßstab noch eine Gruppe von Maßstäben sich auf alle Formen von Literatur oder Dichtung anwenden lassen. Nach dieser Theorie müssen die richtigen Normen aus dem Genre, zu dem ein bestimmter Text gehört, bestimmt werden: die richtige Art, ein lyrisches Gedicht zu beurteilen, besteht also nicht darin, es als Gedicht zu beurteilen, sondern darin, es als lyrisches Gedicht zu beurteilen. Hat aber jenes weite Genre, das wir lyrische Dichtung nennen, einen Status, der sich prinzipiell von den noch weiteren Genres „Dichtung" und „Literatur" unterscheidet? Gibt es einen implizierten Zweck oder eine Norm, die alle lyrischen Gedichte im Gegensatz zu anderen Gattungen besitzen? Sind nicht die Grenzen hier ebenso verwaschen wie in den anderen Fällen? Nehmen wir einmal an, wir definierten ein lyrisches Gedicht ganz streng als Gedicht von weniger als zweihundert Zeilen. Würde diese zugegebenermaßen unzweideutige Definition als Basis für die Bestimmung von Normen dienen können, die allen Gedichten dieser Gattung impliziert sind? Und wenn wir andere Definitionen formulierten, die wahre immanente Normen implizierten, würden dann diese für alle Texte, die wir als lyrische Gedichte bezeichnen, gelten? Ich bezweifle das sehr, da Gruppierungen, wie lyrische Gedichte, oder selbst noch engere Gruppierungen, wie Elegien, Oden und Gefühlsergüsse, überhaupt keine Gattungsvorstellungen, sondern vage Kategorien mit verwaschenen Grenzen sind. Diese Kategorien haben sich durch historische Anhäufung und wegen der begrifflichen Vorteile, die sie bieten, entwickelt.

Meine Einwände gegen diese verallgemeinerten Konzeptionen der wahren, d. h. immanenten Bewertung können noch auf andere Weise dargelegt werden. Es ist nicht nur eine falsche Beschreibung zu sagen, daß alle Texte einer bestimmten weiten Gruppe die gleichen weiten Ziele und implizierten Normen haben; es ist ebenso eine falsche Konzeption. Ein Text, der unter eine bestimmte Kategorie subsumiert wurde, muß nicht unbedingt an der besonderen Natur dieser Kategorie teilhaben, muß nicht unbedingt hilflos in ihr gefangen sein und eines eigenen Willens entbehren. Wenn ich unter dieser Konzeption einen Roman schriebe, dann müßte, was ich schreibe, an der Natur und den implizierten Zielen des Romans teilhaben. Was aber, wenn meine Ziele, sei es aus Unwissenheit, auf Grund einer genialen Veranlagung oder aus reinem Widerspruchsgeist, von jenen implizierten generischen Zielen abweichen? Wäre dann eine der folgenden Kritiken meines Romans die wahre Kritik? „Es ist ein schlechter Roman, weil er nicht das vollbringt, was ein Roman vollbringen sollte." „Er ist schlecht, weil er es nicht fertigbringt, ein Roman zu sein." „Er ist schlecht, weil, wie immer man ihn bezeichnen mag, seine Ziele von geringem oder gar keinem Wert sind." Offensichtlich können alle diese Kritiken sowohl nützlich als auch richtig sein; doch kann keine von ihnen mit Recht als die wahre Kritik bezeichnet werden. Die Ziele und Normen eines Textes werden nicht von der Kategorie bestimmt, der wir ihn zufällig zuteilen, sondern durch die Ziele und Normen, die der Autor im Sinn hatte, und die er, im weitesten Sinne der Kommunikabilität, übermitteln konnte.

Das echte wahre Urteil gründet sich einzig und allein auf die vom Autor intendierten Ziele und Normen; es wird heute als wichtige Form des Urteils allzu häufig unterschätzt. Wenn ich ein Buch schreibe, in welchem Klarheit eines meiner Ziele ist, und wenn es mir auf Grund von stilistischer und begrifflicher Unzulänglichkeiten nicht gelingt, meine Ideen deutlich werden zu lassen, dann ist es sowohl für mich als Autor als auch für meine Leser eine höchst wertvolle Form der Kritik, wenn jemand darauf hinweist, wo und wie ich mein Ziel erreicht oder nicht erreicht habe. Die „unwahre", d. h. nicht auf das Wesen des Werks bezogene Kritik ist andererseits im Normalfall von gleicher oder größerer Wichtigkeit. Es ist möglich, daß ich gar nicht darauf abzielte, Klarheit zu erreichen. Vielleicht hätte ich dies jedoch tun sollen – nicht weil ein Buch von der Art, wie ich es geschrieben habe, auf Grund seines eigenen Wesens klar sein sollte (keine Wesenheit außer meinem eigenen Willen ist auf ein wahres Genre, das von meinem kommunizierbaren Willen bestimmt worden ist, anwendbar), sondern weil ich ein Buch anderer Art hätte schreiben sollen. Die Art von Buch, die zu schreiben ich mich entschloß, ist aus dem einen oder anderen Grund oder in der einen oder anderen Hinsicht kein sehr wertvolles Unterfangen. Beide Arten der Bewertung sind wichtig und richtig, doch kann kein Gedankentrick die zweite Art in die wahre, immanente Bewertung umwandeln.

Wenn ich ein lyrisches Gedicht schriebe, in dem einige meiner Ziele darin bestünden, eine vollständige Phänomenologie der Sinneswahrnehmung, vollständige emotionale Gleichgültigkeit und eine bewußte Abkehr von der sogenannten konnotativen Dimension einzelner Wörter zu erreichen, dann ist es sehr gut möglich, daß mir dies mißlingen würde, weil die von mir gewählte Form mir die Erfüllung solcher Ziele, die so sehr in Widerspruch mit den üblichen Zielen der in dieser Form geschriebenen Texte stehen, nicht erlaubt. Nehmen wir aber einmal an, ich brächte es durch zielgerichtetes Streben und durch die reine Quantität meiner Produktion fertig, meine Leser für mein neues System von Konventionen auszubilden. Nehmen wir an, ich produzierte drei Bände folgender Art von Literatur:

> Outside, external and beyond the window
> And above, below, and on the window
> Was the sight of light, of dark, of the park
> Of the hill and the sky – through and on the window,
> Beyond and in the window.

Wenn ein Kritiker dann sagte: „Dies ist nicht wirklich Dichtung, denn Dichtung zielt darauf ab, Emotionen hervorzurufen und sie macht sich die konnotativen Werte von Wörtern zu nutze," wäre dann seine Feststellung eine Vorschrift oder eine Beschreibung? Wenn sie eine Beschreibung ist, dann ist sie nicht in sich selbst eine Bewertung; wenn sie eine Vorschrift ist, ist sie nicht wahre Kritik.

Lassen sie mich ein anderes Beispiel anführen. In einem Anhang zu diesem Buch habe ich an H. G. Gadamers Abhandlung über die Interpretation Kritik geübt, weil seine Konzeption uns nicht zu irgendeiner befriedigenden Norm für die Richtigkeit verhelfen kann. Ich war mir, als ich diesen Einwand erhob, durchaus bewußt, daß Gadamer sich für das Problem der Richtigkeit nicht sonderlich interessierte, daß er mit einem Problem ganz anderer Art befaßt war, mit der Frage nämlich, wie die Historizität des Verständnisses die Durchführung der Interpretation beeinflußt. Meine Kritik war also keine wahre Kritik, sie war nicht auf das Wesen und die Absichten des Buches bezogen; dies gilt um so mehr, als ich einige der grundlegenden Annahmen, auf welche sich seine Untersuchung stützt, ablehne. Wird aber meine Kritik schon allein dadurch unrichtig? Um Gadamers Buch zu verstehen, mußte ich herausfinden, welches Ziel er anstrebte, und ich konnte sehen, daß er seine Absichten auf eindrucksvolle Weise erreichte. Habe ich jedoch als Kritiker nicht das Recht (vielleicht sogar die Pflicht), seine Absicht an Hand äußerer Kriterien zu beurteilen, besonders wenn ich glaube, daß seine Absicht im bestimmter Hinsicht auf Irrtümern beruht oder schädlich ist? Hätte ich mich auf die wahre, die auf das Wesen des Buches bezogene Kritik beschränkt, dann hätte ich jenen Essay überhaupt nicht geschrieben, da er sowohl für mich als auch für meine Leser zum größten Teil uninteressant gewesen wäre. Wahre Kritik ist nicht immer nutzlos und ist gewiß eine Hilfe für ein einfühlsames Verständnis; sie ist jedoch häufig die am wenigsten interessante Form der Beurteilung. Sie ist sicherlich nicht sehr nützlich, wenn wir wissen wollen, ob ein Text in gewisser Hinsicht wertvoller ist als ein anderer.

Wahre Kritik ist darüber hinaus schwer zu praktizieren, da ein törichtes Ziel nicht in allen Fällen von unzulänglicher Durchführung unterschieden werden kann. Wenn jemand einen vagen und unklaren Aufsatz schreiben möchte, dann ist es sinnlos, seine stilistische Unfähigkeit zu kritisieren: es ist weitaus sinnvoller, an seinen Haltungen, Wertmaßstäben und seinem Mangel an gesundem Menschenverstand – alles äußere Kriterien – Kritik zu üben. Die Antiintentionalisten haben sicherlich recht, wenn sie darauf bestehen, daß das Ziel eines Autors nicht mit dem verwechselt werden darf, was er erreicht hat, daß sein Wunsch nicht einfach der Tat gleichgestellt werden kann, denn es geht bei der wahren Kritik überhaupt darum, den Wunsch und die Tat einander gegenüberzustellen, nicht die beiden zu verwechseln. Trotz ihrer Schwierigkeiten, der Gefahren, die sie mit sich bringt und ihrer oft anzutreffenden Langweiligkeit ist die wahre Kritik kein banales Unterfangen, besonders nicht im Hörsaal, wo sie eine Verständnishilfe sein kann, und im Journalismus, wo der Kritiker einem Autor und dessen Lesern direkte Hilfe leisten kann. Was wir jedoch üblicherweise über den Wert eines Textes wissen wollen, ist nicht wie gut er das gesteckte Ziel erreicht, sondern ob das Ziel des Erreichens wert ist, ob der Text die Mühe des Lesens lohnt und warum.

Ich möchte nicht andeuten, daß die literarische Kritik der Literatur ein völlig unvernünftiges Unternehmen sei, oder behaupten, daß weitere Genrekriterien ohne jegliche Relevanz für die Bewertung der Kritik seien. Solch extremer Nominalismus wäre unangebracht, weil das Verhältnis zwischen einem weiteren Genre und einem wahren Genre selten das eines rein willkürlichen Subsumierens ist. Die implizierten Ziele, die für die meisten Texte, die wir unter den Begriffen „Dichtung",

„lyrische Dichtung", „Elegie" u. s. w. subsumieren, charakteristisch sind, charakterisieren ebenso den besonderen Text oder die besonderen Texte, die wir einer kritischen Untersuchung unterziehen. Dies ist schließlich der Grund dafür, warum wir unsere Texte überhaupt jenen Kategorien zuordneten. Wie mein etwas weit hergeholtes poetisches Beispiel andeutete, erlauben es überdies die Anforderungen der Kommunizierbarkeit einem Autor niemals, allzusehr von den üblichen Zielen seiner Form abzuweichen. Die Bewertung eines bestimmten Texts im Verhältnis zu den implizierten Zielen und Kriterien eines weiten Genres ist häufig eine echte wahre Bewertung.

Nach dieser Einschränkung, daß nämlich die literarische Bewertung der Literatur in einem gegebenen Fall mit der wahren Bewertung identisch sein kann, ist noch ein weiterer wichtiger Einwand gegen die Annahmen des modernen literaturwissenschaftlichen Programms zu erheben. Dieser Einwand, den man in den vergangenen Jahren immer öfter gehört hat, ist der, daß die literarische Kritik der Literatur oft nach einer allzu formalistischen oder ästhetischen Konzeption von „literarisch" durchgeführt wurde. Eine Rechtfertigung für diese ästhetische Konzeption ist die, daß der Grad der Betonung, der auf technische, formale Vorzüge gelegt wird, bei literarischen Texten üblicherweise sehr viel größer ist als bei nichtliterarischen; es wäre sowohl falsche Kritik als auch falsches Verständnis, würde man diese Ziele bei Texten, in denen sie vorherrschend sind, vernachlässigen. Obgleich aber formale Makellosigkeit Ziel der meisten „literarischen" oder „imaginativen" Texte ist, ist sie doch gewiß nicht ein Ziel, das diese Texte von allen anderen unterscheidet; sie ist auch nicht das Hauptziel aller „literarischen" Texte. Literarische Ziele sind veränderlich, und sie wandeln sich mit dem Wachsen neuer Genres. Die einzige Textart, für die ästhetische Kriterien sowohl wahr als auch ausreichend sein würden, sind Texte, die ausschließlich ästhetische Ziele haben. Es ist im allgemeinen richtig zu sagen, daß viel von dem was als wahre, aus dem Wesen des betreffenden Texts hervorgehende Kritik bezeichnet wird, wahre Kritik innerhalb eines allzu engen Bereichs ist. Eine meiner Absichten im nächsten Abschnitt besteht darin, zu zeigen, daß sowohl die wahre Kritik als auch die, die nicht auf das Wesen des Texts selbst gegründet ist, unter viel weiteren Aspekten durchgeführt werden können als ihnen dies in der gelehrten Kritik manchmal gestattet wird, und daß beide mit der Disziplin der Interpretation als gemeinsames Unterfangen vereinbar sind.

E. *Kritische Freiheit und interpretativer Zwang*

Das Ideal der wahren, immanenten Kritik hat die Aktivität der Gelehrten zweifellos in Richtung auf eine willkommene und produktive Betonung der Interpretation zurückgeführt. Meine Bemerkungen im vorausgehenden Abschnitt wurden teilweise von einem Wunsch nach Klärung bestimmt, teilweise aber auch durch eine Besorgnis angesichts des bildenden Einflusses, den das Ideal der wahren Kritik an den Hochschulen des öfteren ausübt, wo viele Gelehrte die Überzeugung hegen, daß bestimmte Kategorien und Kontexte des literaturwissenschaftlichen Kommentars unzulässig weil „unliterarisch" sind. Dieser einengende Einfluß hat sich nicht nur auf die Art und Weise der Interpretation, sondern selbst auf die Kriterien der Bewertung ausgedehnt. Zwar haben kürzlich einige Kritiker damit begonnen, gegen die Zwänge, die eine „literarische Untersuchung der Literatur" auferlegt, zu rebellieren und haben für weniger formalistische und mehr gesellschaftlich orientierte Kategorien und Kriterien in der Literaturkritik plädiert.[11] Gesellschaftlich orientierte Kritik ist aber nicht notwendigerweise wertvoller oder weiter gefaßt als formalistische Kritik. Phänomenologische Kritik ist nicht besser oder tiefgehender als psychologische oder marxistische Kritik. Es ist in diesem Abschnitt meine Absicht, das Recht

---

[11] Siehe z. B. Walter Suttons zustimmenden Bericht über einige neuere Stimmen dieser Art in *Modern American Criticism* (Englewood Cliffs, N. J., 1963), S. 268–90.

der literarischen Kritik (oder jeder anderen Kritik, die auf eine weitgefaßte generische Vorstellung zurückgeht), so „literarisch" oder „unliterarisch" zu sein wie sie nur mag, zu verteidigen, und dennoch als objektive Erkenntnis und objektive Bewertung zu gelten. Gleichzeitig werde ich versuchen, die Einschränkungen der kritischen Freiheit zu definieren, die dann auftreten, wenn Kritik in irgendeiner Hinsicht als wahre Kritik aufgefaßt werden will. Ich werde zu beweisen versuchen, daß die Disziplin der Interpretation die Grundlage jeder richtigen Kritik ist.

Die Auffassung, daß das Verständnis dem Urteil vorausgeht, war zweifellos eine der Einsichten, die die Bewegung zu einer auf das Wesen der jeweiligen Sache bezogenen Hermeneutik begünstigten; es ist zweifellos auch der Fall, daß einige Arten der Kritik von größerem Nutzen für das Verständnis sind als andere. Es ist durchaus einsichtig, daß ein Literaturwissenschaftler einen Kontext, wie zum Beispiel Literaturgeschichte oder Rhetorik, einem Kontext, der der Interpretation weniger direkt dient, wie zum Beispiel Philosophie oder Wirtschaftsgeschichte, vorzieht; er weiß, daß seine erste Aufgabe in seiner Rolle als Bewahrer und Erneuerer eines Erbes die Interpretation ist. Heute gibt es jedoch viele Arbeiter auf dem Felde der Literaturwissenschaft und einige von ihnen können es sich durchaus leisten, am Rande gelegene Äcker, die für die Interpretation nur geringe Früchte tragen, zu bearbeiten. Es gibt außer der Stilistik, der Geistesgeschichte oder der Literaturgeschichte noch andere Untersuchungsgegenstände, die von eigenem Interesse und Nutzen sind, und literarische Texte können innerhalb dieser anderen Kontexte von großer Bedeutung sein. Darüberhinaus ist es nicht weniger literarisch, den Einfluß von massenweise produzierten Romanzen auf die gesellschaftlichen Haltungen zu untersuchen, als den Einfluß von *Paradise Lost* auf das religiöse Denken des 17. Jahrhunderts herauszufinden. Geistesgeschichte ist als Untersuchungsgegenstand nicht mehr und nicht weniger literarisch als Soziologie oder Rhetorik – als Untersuchungsgegenstand wohlgemerkt. Für jemanden, der an der Art und Weise interessiert ist, in der literarische Werke die

Entwicklung der Naturwissenschaft widerspiegeln, ist die Geschichte der Naturwissenschaft ein ebenso sinnvoller Untersuchungsgegenstand wie die Stilgeschichte. Literarische Werke sind hinreichend verschieden, und die Ziele und Interessen der Menschen unterschiedlich genug, um jede *a priori* vorgenommene Einschränkung der Arten der Kritik als unklug und vergeblich erscheinen zu lassen.

Man kann jedoch beim Vorliegen bestimmter Umstände sagen, daß einige Untersuchungsgegenstände unangemessen weil zwecklos sind. *Paradise Lost* könnte zur Geschichte der Mathematik in Beziehung gesetzt und so untersucht werden, doch wäre eine solche Untersuchung unangemessen, weil diese Dichtung in jenem Zusammenhang nicht bedeutend ist. Können wir aber andererseits von vornherein sagen, daß kein literarischer Text für die Mathematik von Wichtigkeit sein könnte? Die Dichtung Wordsworths besaß eine überraschende Bedeutung für die Entwicklung der induktiven Logik – wenn J. S. Mill die auf ihn wirkenden Einflüsse richtig analysierte. Sollten wir etwa die Betrachtung solcher Beziehungen ablehnen, nur weil sie uns ziemlich wenig über Wordsworths Dichtung sagen? Das Interesse des Kritikers gilt nicht immer hauptsächlich oder ausschließlich der Interpretation, und es ist daher unmöglich vorauszusagen, welche Art von Untersuchungsgegenständen seinen Zwecken bei der Betrachtung literarischer Texte jeweils angemessen sein wird. Die Angemessenheit oder Fruchtbarkeit eines Kontexts hängt einzig und allein von Zielen des *Kritikers* und von der Natur des von ihm betrachteten Texts ab.

Die für die Allgemeinheit bestimmte Bewertung von Texten scheint andererseits eine engere Konzeption des Begriffs der Angemessenheit zu erfordern. Diejenigen, die dem Kritiker das Recht zusprechen, einen Text im Zusammenhang mit jedem beliebigen Kontext zu untersuchen, würden ihm weitaus weniger bereitwillig das Recht der Bewertung auf Grund beliebiger Kriterien gewähren. Dies scheint nämlich einen willkürlichen Subjektivismus, der in der für die Allgemeinheit bestimmten Kritik bereits allzu häufig auftritt, herauszufordern. Man vermeidet jedoch Subjektivismus nicht dadurch, daß man einer bestimmten Methode folgt, ein besonderes Vokabular benützt und sich einer Gruppe von Kriterien bedient. Auch eine sehr fest etablierte Methode kann reinen Solipsismus verbergen, und je härter, „objektiver" die Methode zu sein scheint, um so effektiver ist nur die Verkleidung. Objektivität hängt in der Kritik wie anderswo weniger von der Methode oder den Kriterien, die ein Kritiker benützt, ab als davon, inwieweit er sich seiner Prämissen und Vorurteile, die sein Urteil beeinflussen, bewußt ist. Die Erfordernisse selbstkritischen Denkens haben nichts mit dem Untersuchungsgegenstand und den Wertkriterien eines Kritikers zu tun. Nichtsdestoweniger scheint doch eine Unterscheidung zwischen der Angemessenheit des Kontexts und der Angemessenheit eines Werturteils zu bestehen. Es ist wenigstens denkbar, daß *Paradise Lost* mit all seiner Wissensfülle irgendeine Bedeutung für die Geschichte der Mathematik im 17. Jahrhundert besitzt. Würde aber deshalb ein einigermaßen vernünftiger Historiker der Mathematik *Paradise Lost* nach dem Kriterium seiner Nützlichkeit für die Geschichte der Mathematik bewerten? Täte er dies, so wäre er eben *nicht* vernünftig. Wie also haben wir dann den von uns empfundenen Unterschied zwischen der Angemessenheit des Kontexts und der Angemessenheit von Wertkriterien zu definieren?

Ich habe im vorausgehenden Abschnitt die Ansicht vertreten, daß alle Untersuchungsgegenstände, die von weiterem Umfang sind als der Text, nicht wesentlich auf den Textsinn bezogen sind, selbst dann, wenn sie eine heuristische Funktion bei der Enthüllung jenes Sinns besitzen. Ähnlich war das von mir vertretene Argument, daß alle Wertkriterien nicht wesentlich auf den Text bezogen sind, die nicht exakt den vom Autor intendierten Zwecken entsprechen. Der größte Teil der bewertenden Kritik ist mit völligem Recht nicht allein auf den Text bezogen, da nicht nur die vom Autor intendierten Zwecke, sondern auch der Wert dieser Zwecke geeignete Objekte der bewertenden Kritik sind. Der Kritiker ist ebensowenig verpflichtet, die Werte des Autors als absolut anzuerkennen, wie er verpflichtet ist, die

Intention des Autors als erfüllt anzusehen. Wie sollen wir demnach die Art von Kritik, die *Paradise Lost* als Dichtung bewertet, und jene Art, die es nach seiner Wichtigkeit für die Geschichte der Mathematik beurteilt, unterscheiden? Beide können Formen einer nicht ausschließlich auf den Text bezogenen Kritik sein, aber dennoch ist ohne Zweifel die eine weitaus angemessener als die andere.

Was ist der genaue Unterschied zwischen einer nicht allein auf den Text bezogenen Bewertung, die angemessen, und einer solchen, die nicht angemessen ist? Der Einwand, daß Milton Gott wie einen Akademietheologen sprechen lasse, ist zweifellos eine nicht-werkimmanente Kritik von *Paradise Lost*, da Milton für seine Zwecke Gott so sprechen lassen wollte. Natürlich könnte Popes Einwand eine Form der allein auf den Text bezogenen Kritik sein, wenn Milton eine andere Wirkung angestrebt oder wenn der Effekt, den er anstrebte, mit seinen weiteren Absichten in Konflikt geraten wäre, da es eine Form der wahren Kritik ist, einander widerstrebende Absichten in einem literarischen Werk aufzudecken. Aber nehmen wir einmal für diesen Fall an, daß Popes Kritik nicht allein auf das Werk bezogen war, und daß Milton genau das erreichte, was er erreichen wollte, und zwar ohne daß er inkonsequente Absichten verfolgte, so würden doch viele Kritiker das Gefühl haben, daß Popes Einwand berechtigt ist, und ich gehöre ganz gewiß zu ihnen.

Warum aber sollte diese Art von nicht auf den Text bezogener Kritik als angemessener betrachtet werden als die des Historikers, der den Einwand erhebt, *Paradise Lost* sei keine sehr gute Quelle für mathematisches Wissen? Die Antwort ist weitaus schwieriger als es zunächst den Anschein haben mag. Wir mögen instinktiv erwidern, daß Popes Kommentar der Art von Werk, das Milton schrieb, angemessen ist, während der des Historikers dies nicht ist. Dennoch ist das Urteil des Historikers objektiv und richtig. Wenn es außerdem töricht ist, dann möglicherweise deshalb, weil niemand von *Paradise Lost* erwarten würde, daß es sich als Quelle mathematischer Informationen erweist. Angemessene Urteil würden demnach auf Kriterien gegründet sein, von denen wir vernünftigerweise annehmen können, daß ein Werk bestimmter Art sie erfüllt. Aber die Art von Werk, das Milton schrieb, erfüllt (wie wir angenommen haben) Miltons Absichten. Wenn Pope andere Absichten fordert, dann urteilt er wie unser angenommener Historiker. Warum ist dann sein Kommentar angemessen? Ein Werk, in dem man Gott weniger theologisch sprechen läßt (oder in dem er sogar überhaupt nicht spricht), könnte in jeder anderen Hinsicht dem *Paradise Lost*, das wir kennen, sehr ähnlich sein, aber es wäre nicht genau dieselbe Art von Werk.

Es scheint also, daß die angemessene, aber nicht allein auf den Text bezogene Kritik der wahren Kritik immer in einer Hinsicht ähnlich ist: Der Kritiker mag die Absichten des Autors und die Hierarchie dieser Absichten mißbilligen, er mag Geschmack und Methode des Autors ablehnen, aber er bezieht diese Absichten stets in seine Überlegungen ein. Das heißt, er urteilt unter Bezugnahme auf *einige* der Absichten und Werte, die der Autor schätzte und ignoriert nicht einfach die Konventionen, Ziele und Erwartungssysteme, unter denen das Werk verfaßt wurde. Die angemessene, nicht auf das Werk bezogene Kritik unterscheidet sich somit von der wahren Kritik hauptsächlich darin, daß sie den Werten und Zielen des Autors ein anderes Gewicht verleiht als dieser selbst. Solch eine Kritik ist nicht allein auf das Werk bezogen, weil die Hierarchie der Ziele und Werte anders ist als beim Autor, sie ist jedoch angemessen, weil viele der Kriterien des Kritikers mit denen des Autors übereinstimmen, obwohl sie ein anderes Gewicht erhalten oder anders bewertet werden. Pope implizierte zum Beispiel, daß dramatische Wirksamkeit und das Hervorrufen von Ehrfurcht wichtigere Ziele in Miltons Gottesportrait hätten sein sollen als die rationale theologische Rechtfertigung. Milton zielte in Buch III gewiß auf dramatische Wirksamkeit und das Hervorrufen von Ehrfurcht ab, aber er maß der theologischen Rechtfertigung größeren Wert bei als Pope. Wenn Kritiker und Autor sich über die relativen Werte nicht einigen können, so haben sie doch wenigstens eine gemeinsame Basis für ihren Meinungsunterschied.

Nichtsdestoweniger ist die kritische Freiheit unbegrenzt – was sie auch sein sollte. Eine unangemessene Bewertung kann ebenso richtig und objektiv sein wie eine angemessene. Der Bereich der angemessenen Bewertung ist in sich selbst bereits ungeheuer groß. Jede nicht ausschließlich aus dem Text hervorgehende Kritik impliziert eine Hierarchie von Kriterien, die sich von denen des Autors unterscheidet. Solange Kritiker keine Götter sind, können die Hierarchien ihrer Interessen und Zustimmungen auch keine absoluten Ansprüche erheben. Wahrheit und Objektivität eines Werturteils bestehen nur in ihrer Beziehung auf eine bestimmte Hierarchie von Kriterien. Außerhalb eines solchen Kontexts haben Urteile weder Wahrheit noch Objektivität. Der Kritiker ist zwar frei, nach beliebigen Kriterien zu urteilen, doch wird aus seinen Bewertungen keine objektive Erkenntnis, solange er nicht festgestellt hat, was diese Kriterien sind – solange er nicht weiß, was er tut und warum er es tut. Wenn er natürlich einfach ohne Begründung feststellt, daß er etwas vorzieht (wie es die meisten von uns tun, wenn wir nicht gerade eine für die Allgemeinheit bestimmte Kritik verfassen), dann tut er natürlich nicht etwas Unmoralisches, sondern verleiht lediglich seinem persönlichen Geschmack Ausdruck und leistet damit vielleicht einen nützlichen Dienst, besonders wenn er seine Zuhörerschaft mit Werten vertraut macht, die sie sonst übersehen hätte.

Die meisten normativen Theorien der Kritik unternehmen den Versuch, die kritische Freiheit einzuengen oder sie empfehlen wenigstens ein Programm, das auf eine bestimmte kulturelle Situation zugeschnitten ist. Neue Moden in der Kritik treten auf, wenn die alten verbraucht und langweilig geworden zu sein scheinen, oder wenn ihre Einseitigkeit Opposition und Reaktion hervorruft. Es wäre ein Fehler, in einem Buch dieser Art, das mehr auf die Darstellung von Prinzipien als auf die Formulierung eines neuen Programms abzielt, eine besondere Art von bewertender Kritik zu befürworten. Es ist jedoch nicht unangebracht, daß ich angebe, was ich selbst vorziehe und warum ich es vorziehe, da ich nicht den Eindruck erwecken möchte, meine Verteidigung der kritischen Freiheit solle eine Einladung zu kritischer Verantwortungslosigkeit sein. Es sei zugegeben, daß auch die unangebrachteste Bewertung objektiv, die subjektivste Bewertung nützlich sein kann. Selbst eine Bewertung, die auf einer falschen Interpretation beruht, kann sowohl nützlich als auch informativ sein, wenn wir den Kritiker mit Fantasie lesen, und zwar so, als ob seine Interpretation richtig wäre; wenn das Werk wirklich so wäre, wie er es sich vorgestellt hat, dann wäre das von ihm Gesagte sowohl richtig als auch interessant. In dieser Weise sollten wir gewiß jene Kritiker lesen, deren Ideen Interesse und Respekt hervorrufen, auch wenn sie ihre Autoren mißverstehen. Ich selbst bevorzuge jedoch eine bewertende Kritik, die auf richtigem Interpretieren beruht und die auch angemessen, in dem von mir definierten Sinne ist.

Bewertende Kritik sollte angemessen sein, weil sie fast immer im Zusammenhang mit der Interpretation steht und umgekehrt. Nichts wäre den Zwecken der Interpretation mehr entgegengesetzt als die Verkündung von Werturteilen, die von gar keiner oder von geringer Relevanz für die Absichten des Autors sind. Diese Absichten zu mißbilligen, anzudeuten, daß andere vorzuziehen seien, zu zeigen, daß diese Absichten auf andere Weise besser erfüllt werden könnten – all diese Urteile berücksichtigen die vom Autor intendierten Ziele, d. h. den von ihm intendierten Sinn. Es ist ebenso angemessen, darüber ein Urteil zu fällen, wie gut diese Ziele erreicht wurden und wie wertvoll sie sind. Es hieße jedoch Mißverständnisse herausfordern, wenn man Absichten mißbilligte, die der Autor nicht hatte, oder ihn für einen Sinn lobte, den er nicht meinte. Unangemessene bewertende Kritik steht im Widerspruch zur richtigen Interpretation, und ich halte richtiges Interpretieren für die höchste und erste Pflicht des Gelehrten und Kritikers. Andere würden argumentieren, daß Relevanz wichtiger als Richtigkeit ist. Falsche Relevanz – Relevanz, die auf ein falsches und erfundenes Bild und nicht auf den tatsächlichen Sinn und die tatsächlichen Ziele anderer gegründet ist – ist jedoch eine Form von Solipsismus, und da die meiste solipsistische bewertende Kritik sich auch als Interpretation ausgibt, verbindet sie schlechte Philosophie mit unbewußter Täuschung.

Unangemessene bewertende Kritik begeht noch eine andere Sünde, eine Unterlassungssünde. Indem sie nämlich nach Werten sucht, die für die vom Autor intendierten Ziele irrelevant sind, führt sie nicht nur zu falschen Interpretationen, sondern sie vermag es auch nicht, die besonderen und einmaligen Werte, die ein Werk potentiell für die Leserschaft des Kritikers besitzt, herauszuarbeiten. Dieser besondere Fehler findet sich immer bei kritischem Monismus – jener Form geistiger Faulheit, die dieselbe Methode und dieselben Kriterien ständig auf alle Texte anwendet. Solcher Monismus gründet sich im allgemeinen auf eine vorgefaßte Definition von guter Literatur: Gute Literatur ist immer originell, ironisch, prophetisch, kompakt, aufrichtig, unpersönlich u. s. w. Jedes solche universelle Kriterium muß sich bei einigen Werken als unangemessen, bei anderen als angemessen erweisen und wird unvermeidlich zu falscher Interpretation und Blindheit gegenüber jenen besonderen Qualitäten führen, die durch angemessenere Kriterien hätten ans Licht gebracht werden können. Dies ist der Grund dafür, daß neue Programme, Methoden und Untersuchungsverfahren der Kritik mit Mißtrauen betrachtet werden können; sie waren niemals dauerhaft und werden es niemals sein. Keine Methode und kein Untersuchungsverfahren bei der beschreibenden oder bewertenden Kritik kann für jede große Zahl heterogener Texte angemessen sein – selbst wenn diese Texte mit einem einzelnen generischen Namen bezeichnet werden, wie zum Beispiel als „Literatur", „Tragödie" oder „die soundso Tradition".

Während ich fest daran glaube, daß unangemessene bewertende Kritik oft von Nachteil für die Zwecke der Interpretation ist, daß sie häufig die einmaligen Werte einmaliger Werke ignoriert und daß sie oft völlig sinnlos ist, muß ich doch jedem bewertenden Kritiker das Recht zugestehen, nach allgemeingültigen Aussagen zu suchen, das von ihm bevorzugte Wertsystem anzuwenden und nur lokal auftretende Werte zu ignorieren, wenn diese seinen Absichten nicht entsprechen. Ebenso muß ich dem beschreibenden Kritiker das Recht zugestehen, lokal auftretende Einzelheiten nicht zu beachten, wenn es ihm hauptsächlich darum geht, einen Untersuchungsgegenstand, der sehr viel weiter gefaßt ist als ein bestimmter Text, zu untersuchen. Die wichtige Tatsache, daß fast alle bewertende und beschreibende Kritik auf das Verständnis gegründet ist, kann man jedoch weder übersehen noch kann man ihr ausweichen. Dies gilt selbst dann, wenn die Interpretation nicht ein Hauptziel darstellt. Ein Sinn muß erschlossen werden, bevor irgend etwas über seine weiteren Beziehungen oder Werte gesagt werden kann. Wenn ein Bericht über diese Beziehungen und Werte richtig sein soll, dann muß die vorausgehende Erschließung des Sinns (wenigstens aber jenes Aspekts des Sinns, auf den man sich bezieht) richtig sein. Vom Standpunkt des Wissens ist richtige Kritik von richtigem Interpretieren abhängig.

Daraus folgt, daß jeder Kritiker einen Anteil an der Disziplin der Interpretation hat, sei er nun aktiv an der Untersuchung von Texten beteiligt oder für sein Verständnis von den Untersuchungen und Interpretationen anderer abhängig. In welcher Hinsicht ist die Interpretation eigentlich eine Disziplin? Diese Frage ist der anderen äquivalent, ob nämlich wirklich eine Möglichkeit besteht, die Richtigkeit einer Interpretation zu beweisen. Kann die Erkenntnis des Sinns eines Textes ebenso objektiv festgestellt werden wie andere Formen der Erkenntnis? Kann eine Interpretation auf eine Weise als richtig erwiesen werden, die Zustimmung von allen oder doch von den meisten qualifizierten Beobachtern erzwingt? Schließlich, ist Interpretation eigentlich eine Disziplin oder nur ein Tummelplatz für den Kampf von Meinungen, Fantasien und persönlichen Einschätzungen, wo es nicht um Wissen, sondern um die sogenannten höheren menschlichen Werte geht? Dieses Buch hat sich bis jetzt damit beschäftigt, festzustellen, daß Interpretation wenigstens ein determiniertes Objekt der Erkenntnis besitzt – den vom Autor intendierten Wortsinn – und es hat gezeigt, daß solche

Erkenntnis im Prinzip erreichbar ist. Die Prüfung der Richtigkeit – die Geltungsprüfung – ist der Vorgang, der zeigt, daß solche Erkenntnis in einem bestimmten Fall wahrscheinlich erreicht worden ist. Ohne diese Prüfung der Richtigkeit kann von keiner Interpretation nachgewiesen werden, daß sie wahrscheinlicher ist als irgendeine andere, und kein Interpret könnte hoffen, Erkenntnis in irgendeinem objektiven Sinn zu erreichen. Wir müssen uns nun endlich den praktischen und theoretischen Erfordernissen der Prüfung der Richtigkeit stellen, so problematisch sie auch immer sein mögen.

5. PROBLEME UND PRINZIPIEN DER GELTUNGSPRÜFUNG

Die einzig richtige Haltung, eine erfolgreiche Interpretation, ein richtiges Verständnis zu betrachten, ist die, sie als Triumph gegen alle Gesetze der Wahrscheinlichkeit aufzufassen.

I. A. Richards

A. Die Fähigkeit von Interpretationen, sich selbst zu bestätigen

Die Tätigkeit des Interpretierens kann nur dann Anspruch auf intellektuelle Achtbarkeit erheben, wenn ihre Resultate Anspruch auf Richtigkeit erheben können. Andererseits müssen diese Ansprüche maßvoll gehalten werden, damit den Besonderheiten und Schwierigkeiten, die das Unterfangen der Interpretation umgeben, Rechnung getragen wird. Aristoteles machte die passende Bemerkung zu diesem Punkt in seiner *Ethik*, wo er feststellte, daß keine Schlußfolgerung Anspruch auf größere Gewißheit oder Präzision erheben könne als der Untersuchungsgegenstand erlaube. Ich werde in diesem Abschnitt eine grundsätzliche Schwierigkeit der Interpretation beschreiben, die jede kurze und präzise Formulierung einer korrekten Methodologie verhindert und jeden von sich selbst überzeugten Interpreten eines Texts ernüchtern muß. Die Tatsache, daß Gewißheit stets unerreichbar ist, stellt eine Beschränkung dar, welche die Interpretation mit vielen anderen Disziplinen gemeinsam hat. Das besondere Problem der Interpretation besteht darin, daß Gewißheit sehr oft notwendig und unvermeidlich zu sein *scheint*, während sie es tatsächlich niemals ist. Der Anschein der Unvermeidlichkeit ist ein Produkt der Phantasie, das durch den Zirkelcharakter des interpretativen Vorgangs entsteht.

Der Glaube, daß geschriebene Sprache ihre eigene unbezweifelbare Kraft in sich trage, hat einen Stammbaum, der so alt ist wie der primitive Glaube an die magischen Eigenschaften von Wörtern. Eine näherliegende Quelle für den stets vorhandenen und nun epidemisch auftretenden Glauben an die semantische Autonomie der Sprache ist jedoch die Tatsache, daß Interpretation sehr oft ein tiefes Gefühl der Überzeugung herbeiführt. Der Interpret ist davon überzeugt, daß der Sinn, den er versteht, unvermeidlich ist, und dieses altehrwürdige Erlebnis – ganz abgesehen von irgendwelchen unserer besonderen modernen Neigungen – hat es stets vermocht, der Vorstellung, daß der Sinn direkt durch die Wörter gegeben sei, Glaubhaftigkeit zu verleihen. Wenn ein Interpret seine unerschütterliche Gewißheit trotz gegenteiliger Meinungen behält, dann können wir annehmen, daß er im hermeneutischen Zirkel gefangen und das Opfer der Fähigkeit von Interpretationen, sich selbst zu bestätigen, geworden ist.

Eine zwar nur teilweise richtige, nichtsdestoweniger aber nützliche Analogie zu der Fähigkeit von Interpretationen, sich selbst zu bestätigen, ist in dem Vorgang verborgen, völlig unbekannte Zeichensysteme zu dechiffrieren. Die Erinnerung an die Leistung von Ventris auf diesem Gebiet ist noch frisch; trotz all ihrer überzeugenden Brillianz wurde jedoch die Dechiffrierung des Linears B durch Ventris zunächst nicht allgemein akzeptiert. Einige Gelehrte wandten mit Recht ein, daß solch eine Dechiffrierung die Eigenschaft habe, sich selbst zu bestätigen, da ihre innere Konsistenz von vornherein garantiert sei. Die entzifferten Elemente waren dazu benützt worden, eben das System zu konstruieren, das die entzifferten Elemente hatte entstehen lassen. Der Text bestätigte unfehlbar die Theorie, weil es nichts in ihm gab, was nicht von vornherein aus der Theorie geboren worden war. Der einzige Sinn, der aus einer stummen Reihe unerklärbarer Zeichen herausgelesen werden konnte, war der, der aus der Theorie kam, die er bestätigen sollte. Ventris konnte diesen Einwand erst dann überzeugend widerlegen, als seine Dechiffrierung durch neuentdeckte Texte bestätigt worden war, die bei der Aufstellung seiner Hypothese keine Rolle gespielt hatten.

Der Zirkelcharakter einer solchen Dechiffrierung erinnert uns daran — auch wenn er nur teilweise dem Zirkelcharakter der Interpretation analog ist —, daß ein stummes Zeichensystem erschlossen werden muß, bevor es die Bestätigung einer Interpretation erbringt. Weiterhin ist die Art und Weise, in der die Zeichen erschlossen werden, teilweise durch die Interpretation selbst vorbestimmt. Wenn Interpreten Texte verschieden auslegen, dann sind die Einzeldaten, die sie benützen, um ihre Erschließung zu stützen, bis zu einem gewissen Grade durch jene Erschließung gegeben. Wir haben es also mit einem reichlich schlüpfrigen Phänomen zu tun, wenn wir einen Text lesen. Die Wortmuster und die stilistischen Wirkungen, die eine Interpretation stützen, können bei einer unterschiedlichen Interpretation zu anderen Mustern und anderen Wirkungen werden. Derselbe Text kann ganz verschiedene Einzeldaten ergeben (obwohl natürlich einige dieser Daten dieselben bleiben werden), und jede Gruppe dieser Daten wird mit großer Kraft jene interpretative Theorie stützen, die ihre Entstehung begünstigte.

Ich habe ein beiläufiges Beispiel dieser inzestuösen Beziehung in meinem Kommentar zu Donnes „Valediction Forbidding Mourning" gegeben. Die Wörter des Texts nehmen ein konsistentes Sinnmuster an, wenn wir von der Annahme ausgehen, daß sie von einem Sterbenden gesprochen werden; sie werden jedoch unter einer andersgearteten Hypothese zu einem ganz anderen Muster. Unterschiedliche Meinungen zwischen Experten sind vielleicht schwerer beizulegen als dieser Meinungsunterschied, aber sie folgen normalerweise demselben Muster. Jeder Interpret leidet unter dem Nachteil des unvermeidlichen Zirkels: sein ganzes inneres Beweismaterial wird die Tendenz besitzen, seine Hypothese zu stützen, weil viel davon durch seine Hypothese geformt wurde. Dies ist eine andere Art der Beschreibung der Beziehung zwischen einem wahren Genre und den Implikationen, die es hervorbringt. Eine interpretative Hypothese, d. h. eine Vermutung über das Genre, neigt dazu, eine sich selbst bestätigende Hypothese zu sein.

Die bedauerliche Unwilligkeit vieler Interpreten, ihr Gefühl der Gewißheit aufzugeben, ist also nicht das Ergebnis angeborener Engstirnigkeit, sondern ein Gefangensein im hermeneutischen Zirkel. Die Interpreten von Literatur und Bibel sind von Natur aus keineswegs eigensinniger und weniger selbstkritisch als andere Menschen. Im Gegenteil; sie hören anderen Meinungen oft willig zu und entscheiden oft nur nach sehr sorgfältiger Überlegung, daß die anderen Hypothesen „dem Text nicht entsprechen." Und natürlich haben sie recht. Der Sinn, den sie ablehnen, könnte sich auf keinen Fall ergeben, es sei denn, auf der Basis einer völlig andersartigen Auffassung vom Text. Es ist sehr schwierig, seine eigene Vorstellung vom Genre zu verändern oder aufzugeben, da diese Vorstellung dem Text völlig adäquat zu sein scheint. Wie sollte schließlich eine Hypothese nicht als unvermeidlich und gewiß erscheinen, da der Text doch zum großen Teil durch sie gebildet wird?

Leider ist dieses Gefangensein in einem Kreis nicht lediglich ein psychologisches Problem. Die Schwierigkeit der richtigen Beurteilung von Interpretationen wird nicht einfach dadurch gelöst, daß sich der Interpret entschließt, alternative Hypothesen über seinen Text aufzustellen – obwohl dies die notwendige Voraussetzung für ein objektives Urteil ist. Der Interpret sieht sich dem weitaus schwierigeren Problem gegenüber, Hypothesen zu vergleichen, die in mehrerer Hinsicht unvereinbar sind: wenn ein Text unter verschiedenartigen generischen Konzeptionen erschlossen wird, so werden einige der Einzeldaten, die durch eine Konzeption entstehen, von denjenigen, die aus einer anderen hervorgegangen sind, abweichen.

Diese Tendenz der Interpretationen, sich selbst zu genügen und miteinander unvereinbar zu sein, ist, wie ich glaube, die Grundschwierigkeit, die die Disziplin der Interpretation stets verfolgen wird. Interpretationen haben eine Neigung, die Pope an Uhren des 18. Jahrhunderts bemerkte – keine zwei von ihnen gehen gleich, und doch glaubt jeder Interpret seiner eigenen. Paradoxerweise ist es gerade diese Verbreiterung der Meinungen, die sowohl unberechtigten Optimismus als auch ebenso unberechtigten Zynismus hervorruft. Der Optimist nimmt an, daß so viele überzeugte und fähige Leser sich doch nicht irren könnten und betrachtet daher ihre unterschiedlichen Meinungen nicht so, als ob sie echte Meinungsunterschiede repräsentierten, sondern als Reflexion verschiedener Aspekte und Möglichkeiten des Textes. Bei meiner Kritik dieser Konzeption habe ich bereits bemerkt, daß verschiedene Interpretationen in der Tat miteinander vereinbar sein können, nicht weil sie komplementär sind, sondern weil sie manchmal auf verschiedenen Wegen auf den gleichen generischen Sinn zugehen.[1] Ich habe jedoch ebenso festgestellt, daß mitunter die generischen Sinne, die in Interpretationen impliziert sind, unterschiedlich sind. Der Traum, daß alle von Experten aufgestellten Interpretationen letztlich Glieder einer einzigen glücklichen Familie seien, ist mit einer Kapitulation des kritischen Denkens gleichzusetzen.

In einer Hinsicht kommt der Optimist der Wahrheit näher als der unbelehrbare Zyniker, der allen Interpretationen gleichermaßen mißtraut. Seine Bereitschaft, verschiedene Interpretationen aneinander anzupassen und miteinander in Übereinstimmung zu bringen, um „den gemeinsamen Übereinstimmungsraum" zu zeigen, vermeidet wenigstens vergebliche Kontroversen über bloße Formulierungsfragen und hebt Meinungsunterschiede auf, die nur scheinbar bestehen, während keine substantiellen Unterschiede existieren. Der Optimist überdeckt jedoch auch Meinungsunterschiede, wo sie tatsächlich bestehen, und weicht damit der Verantwortung einer rationalen Wahl aus. Der Zyniker bemerkt andererseits völlig zu Recht, daß unterschiedliche Meinungen manchmal endgültig sind und nicht miteinander vereinbart werden können. Er bemerkt, daß nur selten ein Interpret den anderen überzeugt, weil jeder sich seiner Sache ebenso sicher ist wie der Zyniker selbst. Dieser zieht daraus den Schluß, daß das Gefühl der Überzeugung, das ein Interpret besitzt, keine objektive Grundlage besitzen könne,

---

[1] Siehe Kap. 4, Abschn. A.

sondern aus der besonderen Konstitution des Interpreten hervorgehen müsse – seiner Geschichtlichkeit, seiner Psyche, seiner Persönlichkeit u. s. w. Letzten Endes wäre demnach die Wahl einer bestimmten Interpretation durch den Kritiker dessen persönlichem Geschmack zuzuschreiben. Der Zyniker gibt natürlich seinem eigenen fähigen Verständnis den Vorzug gegenüber jedem anderen, doch erkennt er ohne Engstirnigkeit das Recht anderer an, ebenso fröhlich engstirnig zu sein wie er selbst. Insgeheim mag er andere Ansichten als einfältig oder geschmacklos verurteilen, da er jedoch keine objektiven Gründe für ihre Ablehnung besitzt, toleriert er alle interpretativen Meinungen gleichermaßen, soweit sie nicht in Widerspruch zu bekannten Tatsachen stehen. In der Praxis ist es manchmal schwierig, einen Zyniker von solch rauhem Geiste von seinem optimistischen Gegenüber zu unterscheiden, da beide für eine große Breite verschiedener Auffassungen gleichartige Toleranz aufweisen. Beide repräsentieren dieselbe feige intellektuelle Kapitulation, denselben Verzicht auf Verantwortlichkeit.

Im Gegensatz zu diesem intellektuellen Rückzug gibt es unter vielen Interpreten einen beständigen Glauben an die Möglichkeiten selbstkritischen und rationalen Denkens. Tatsächlich ist ja jede geschriebene Interpretation, die ich kenne, implizit oder explizit ein Argument, das den Leser zu überzeugen versucht. Die Verwendung von Zitaten zielt beispielsweise nicht nur darauf ab, eine interpretative Theorie zu veranschaulichen, sondern auch darauf, sie zu stützen, was bedeutet, ihre Richtigkeit zu beweisen. Die Prüfung der Richtigkeit, die Geltungsprüfung, wird selbst von den unsystematischsten und willkürlichsten Interpreten durchgeführt, und die Prinzipien der Geltungsprüfung werden selbst von jenen praktiziert, die selbstkritischen Denkgewohnheiten höchst verächtlich gegenüberstehen. Überdies ist der Versuch, durch die Geltungsprüfung Anhänger für eine interpretative Theorie zu gewinnen, im allgemeinen ein implizierter Versuch, die Leser davon zu überzeugen, daß andere Theorien abgelehnt oder abgeändert werden sollten.

Meine Absicht in diesem Kapitel besteht darin, die grundsätzlichen Prinzipien, die die Prüfung der Richtigkeit von Interpretationen bestimmen und die zu einer objektiv begründeten Unterscheidung zwischen einander widersprechenden Interpretationen führen, zu beschreiben – trotz der Zirkularität und der Komplexität, die das Unterfangen der Interpretation verwirren. Wie in den vorausgehenden Teilen dieses Buchs besteht mein Ziel darin, Begriffe zu klären und ein gewisses Maß an Methodenbewußtsein herbeizuführen, nicht darin, ein neuartiges Wundermittel anzubieten. Die Grundsätze der Geltungsprüfung werden ständig praktiziert, sehr oft mit einem hohen Grad an geistiger Raffinesse und selbstkritischer Integrität. Angeborener Verstand und Hingabe an die Erkenntnis sind stets in der Lage gewesen, zu richtigen Schlußfolgerungen zu gelangen, aber sie müssen manchmal gegen die Angriffe skeptischer Theorien verteidigt werden, die Zynismus und Opportunismus begünstigen. Natürlich ist es weitaus wichtiger, alles konkrete Beweismaterial, das für ein bestimmtes interpretatives Problem relevant ist, im Auge zu behalten, als komplizierten Prinzipien der Geltungsprüfung zu folgen. Ein Gefühl des Vertrauens darin, daß solche Prinzipien existieren, kann jedoch eine gewisse praktische Wirksamkeit besitzen. Eines meiner praktischen Ziele in diesem Kapitel besteht darin, zu zeigen, daß dieses Vertrauen nicht unangebracht ist.

B. Der Prozeß der Auslese

Die Verwendung von Zitaten ist zwar eine allgemein angewandte Technik bei der Feststellung der Richtigkeit, sie ist jedoch nicht allein ausreichend. In Gegenteil macht die Zirkularität des interpretativen Vorgangs das allein verwendete Zitat zu einem völlig inadäquaten Mittel der Geltungsprüfung. Das Zitieren ist der erste, primitive Schritt des Vorgehens und dient lediglich zum Beweis der Tatsache, daß eine bestimmte interpretative Hypothese berechtigt ist und folglich richtig sein könnte. Die Geltungsprüfung hat ein weitaus ehrgeizigeres Ziel, nämlich zu zeigen, daß eine Interpretation nicht nur berechtigt, sondern mit größerer oder mindestens mit ebenso großer Wahrscheinlichkeit wie jede andere bekannte Hypothese über den Text richtig ist. Das Ziel der Geltungsprüfung ist es, eine bestimmte interpretative Hypothese als richtig festzustellen und dadurch die einzig mögliche Grundlage für einen *consensus omnium* bezüglich des Textes herzustellen. Dieser Konsens würde natürlich nicht *eine* bestimmte geschriebene Interpretation stützen, sondern eher den ganzen Sinn, auf den sich verschiedene Interpretationen beziehen können – eine besondere Art von wahrem Genre, das Implikationen bestimmen kann, nicht eine bestimmte Auswahl unter Implikationen trifft. Eine solche Auswahl wird immer unterschiedlich ausfallen und kann es auch, ohne den ganzen, generischen Sinn des Textes in irgendeiner Beziehung zu verändern.

Die Probleme der Geltungsprüfung sollten nicht mit den Problemen des Verständnisses verwechselt werden. Es ist vollkommen richtig, daß der komplexe Vorgang der Erschließung eines Textes stets ebenso interpretative Vermutungen einschließt wie auch die Prüfung jener Vermutungen am Text und an jeder relevanten Information, die dem Interpreten zugänglich ist. Der Prozeß der Erschließung des Sinns eines Textes schließt folglich bereits selbst eine gewisse Art von Geltungsprüfung ein. Der Vorgang und die Psychologie des Verständnisses lassen sich jedoch nicht auf eine systematische Struktur zurückführen (trotz vieler Versuche, dies zu tun), weil man auf keine Weise eine richtige Vermutung durch Regeln und Prinzipien erzwingen kann. Jede Interpretation beginnt und endet als Vermutung, und bis heute hat noch niemand eine Methode zur Erstellung intelligenter Vermutungen erfunden. Der systematische Teil der Interpretation beginnt, wo der Prozeß des Verständnisses aufhört. Das Verständnis kommt zu einer Erschließung des Sinns; die Aufgabe der Geltungsprüfung besteht darin, unterschiedliche Erschließungen, zu denen das Verständnis gelangt ist, gegeneinander abzuwägen. Die Geltungsprüfung ist folglich die fundamentale Aufgabe der Interpretation als Disziplin, da da, wo

Übereinstimmung bereits besteht, kein praktisches Bedürfnis für die Feststellung der Richtigkeit vorliegt.

Solch ein Konsens kann natürlich durchaus temporärer Natur sein, da der Geist des Menschen stets neue Vermutungen aufstellt, und da seine Neugier stets neue wichtige Informationen entdeckt. Eine Geltungsprüfung kann also nur bezüglich bekannter Hypothesen und bekannter Fakten durchgeführt werden: sobald neue relevante Tatsachen beziehungsweise Vermutungen auftauchen, müssen die alten Schlußfolgerungen möglicherweise zugunsten neuer aufgegeben werden. Um den falschen Eindruck zu vermeiden, daß die Feststellung der interpretativen Richtigkeit oder der Konsensus, den sie zu erreichen sucht, in irgendeiner Weise permanent ist, ziehe ich heute den Begriff „Geltungsprüfung" dem endgültiger klingenden Wort „Verifizierung" vor. Etwas zu verifizieren heißt, zu zeigen, daß eine Schlußfolgerung richtig ist; die Prüfung der Gültigkeit ist die Demonstration der Tatsache, daß eine Schlußfolgerung auf der Grundlage der bekannten Tatsachen wahrscheinlich richtig ist.[2] Es ergibt sich aus der Natur der Sache, daß das Ziel der Interpretation als Disziplin ein bescheidenes sein muß, nämlich die so definierte Richtigkeit festzustellen. Es folgt aber auch aus dem Wesen der Sache, daß Interpretation implizit eine stets fortschreitende Disziplin ist. Ihre neuen Schlußfolgerungen, auf größeres Wissen gegründet, sind wahrscheinlicher als die früheren Schlußfolgerungen, die sie zurückgewiesen hat.

---

2 In der transzendentalen Philosophie entspricht das Wort „Geltungsprüfung" einer *a priori* gegebenen Gewißheit, wohingegen „Verifizierung" empirische Verifizierung bedeutet. Ich nehme jedoch an, daß die meisten Leser im täglichen Gebrauch von einer „gültigen Schlußfolgerung" dann sprechen würden, wenn sie durch überzeugende Argumentation erreicht wurde, auch wenn sie möglicherweise nicht mit Sicherheit richtig ist. Der Ausdruck, „eine verifizierte Schlußfolgerung", deutet andererseits auf direkte Bestätigung und Gewißheit hin. Ich habe aus diesem Grunde meine frühere Verwendungsweise von „Verifizierung" (Anhang I) zugunsten des weniger endgültig klingenden Begriffs aufgegeben.

Geht man von der Interpretation als Disziplin aus, so verlangt die Demonstration der Tatsache, daß eine Interpretation richtig ist, infolgedessen sehr viel mehr als der einzelne Interpret im allgemeinen leistet. Eine Feststellung der Richtigkeit hat nicht nur zu zeigen, daß eine Interpretation plausibel ist, sondern daß sie plausibler als jede andere zur Verfügung stehende ist. Natürlich sind das Leben zu kurz und die Gefahr der Langeweile zu groß, als daß man von jedem Interpreten verlangen könnte, er solle alle Überlegungen darlegen, die zu so einer Entscheidung geführt haben. Wenn jedoch Meinungsunterschiede hinsichtlich einer Interpretation auftreten, dann ist echte Erkenntnis nur dann möglich, wenn jemand die Verantwortung auf sich nimmt, die Streitfrage im Lichte all dessen, was man weiß, zu beurteilen. Daß es nur wenige solche Beurteilungen gibt, ist nur ein starkes Argument dafür, daß es sehr viele mehr geben sollte. Ein Interpret täuscht sich normalerweise selbst, wenn er glaubt, es gäbe etwas Wichtigeres zu tun. Gewiß ist die Aufgabe einer derartigen Beurteilung häufig Teil der Funktion des Herausgebers, und sie wird auch von einigen Herausgebern als solche anerkannt, obwohl viel zu viele von ihnen Mittel und Wege finden, ihrer Verantwortung in dieser Frage auszuweichen.[3]

Eine Hypothese kann erst dann aus der harten Prüfung einer solchen Bewertung erfolgreich hervorgehen, wenn sie mit jeder unterschiedlichen Hypothese einzeln oder mit solchen Hypothesen, die sich bereits als anderen überlegen erwiesen haben, verglichen worden ist. Dieses Vorgehen ist unvermeidlich, weil Entscheidungen nach individuellen Vergleichen getroffen werden müssen. Eine Interpretation steht oder fällt insgesamt. Sobald nämlich der Richtende Elemente aus verschiedenen Hypo-

---

[3] Die zwischen verschiedenen Lesarten eines Textes zu treffende Wahl hängt häufig von Interpretationen ab, ebenso wie umgekehrt Interpretationen vom Text abhängen. Das Ziel des Herausgebers eines Textes besteht in einer Entscheidung darüber, was der Autor schrieb oder zu schreiben beabsichtigte; ein völlig mechanisches System, das Interpretationen nicht berücksichtigt, könnte eine solche Entscheidung niemals zuverlässig treffen.

thesen herauszulösen beginnt, schafft er nur neue, eklektische Hypothesen, die ihrerseits wieder als Ganzes richtig oder falsch sind. Der Glaube an die Möglichkeiten eines bloßen Eklektizismus gründet sich auf mangelndes Verständnis der Tatsache, daß jede Interpretation notwendigerweise zu einem ganzen Sinn in Beziehung steht. Es ist möglich, daß Einzelheiten der Exegese in brillianter Weise richtig, die Tendenz des Ganzen aber falsch ist. Die Richtigkeit solcher Einzelheiten bestätigt jedoch lediglich die Auffassung, daß unterschiedliche Interpretationen einige Implikationen gemeinsam haben können. Die erste Funktion des Richtenden besteht nicht darin, sich an brillianten Einzelschlußfolgerungen zu berauschen, sondern darin, das gültigste Prinzip zu bestimmen, nach welchem sie aufgestellt werden können. Dieses Prinzip wäre selbst dann anzuwenden, wenn der zur Debatte stehende Text nur ein kleines Problem innerhalb eines größeren Texts darstellte.

Manchmal sind die Argumente für zwei interpretative Hypothesen so stark, und unser Wissen ist so begrenzt, daß eine definitive Entscheidung unmöglich ist. Folglich besteht das Ziel der Feststellung der Richtigkeit nicht notwendigerweise darin, einen einzelnen Sieger zwischen zwei solchen Hypothesen festzustellen, sondern darin, zu einem objektiven Schluß über die relative Wahrscheinlichkeit einer jeden Hypothese zu gelangen. Es ist immer möglich, beim Vergleich zweier Interpretationen zu einer festen Entscheidung zu gelangen, doch kann es einfach der Fall sein, daß die zwei Hypothesen, gemessen an der Grundlage der bekannten Tatsachen, gleichermaßen wahrscheinlich sind, und daß daher keine endgültige Wahl zwischen ihnen getroffen werden kann. Man mag zu dem Schluß kommen, daß die Interpretation A wahrscheinlicher ist als die Interpretation B, daß sie weniger wahrscheinlich ist oder daß keine dieser beiden Entscheidungen gerechtfertigt ist. Diese dritte Entscheidung ist ebenso fest und objektiv wie die beiden anderen, sie ist ebenso sehr eine Entscheidung wie die beiden anderen. Eine Funktion der Geltungsprüfung kann folglich darin bestehen, zu zeigen, daß zwei oder mehr unterschiedliche Interpretationen gleichermaßen gültig sind. Damit kann diese Prüfung der Forschung einen Ansporn geben, da zwei unterschiedliche Interpretationen nicht zugleich richtig sein können.[4]

Diese Unterscheidung zwischen der momentanen Gültigkeit einer Interpretation (die festgestellt werden kann) und ihrer letztlichen Richtigkeit (über die niemals endgültig entschieden werden kann) bedeutet jedoch nicht ein impliziertes Zugeständnis, daß richtige Interpretationen unmöglich seien. Richtigkeit ist nach wie vor das Ziel der Interpretation und dies kann in der Tat erreicht werden, obwohl man niemals wissen kann, ob es erreicht worden ist. Wir können im Besitz der Wahrheit sein, ohne sicher zu sein, daß wir sie besitzen; und auch in der Abwesenheit von Gewißheit können wir Wissen haben, Wissen über das Wahrscheinliche. Wir können im Lichte der bekannten Tatsachen die wahrscheinlichsten Schlußfolgerungen feststellen und Übereinstimmung über sie erreichen. Die Objektivität einer solchen Erkenntnis über Texte ist immer in Zweifel gezogen worden und wird auch weiterhin in Zweifel gezogen werden, solange Literaturkritik durch ihre Tendenz, sich für bestimmte Thesen einzusetzen, sie aber nicht mit gleichem Interesse einer Bewertung zu unterziehen, beeinträchtigt wird. Dennoch ist solche Erkenntnis objektiv und auf solide etablierte Prinzipien gegründet. Das Wesen jener Prinzipien wird Gegenstand der zwei folgenden Abschnitte sein.

---

[4] Ich möchte den Leser daran erinnern, daß ich mit dem Ausdruck „unterschiedliche Interpretationen" verschiedene Erschließungen (d. h. ein jeweils verschiedenes Verständnis) meine, nicht nur verschiedene Interpretationen. Bei meiner Verteidigung der Objektivität einer Bewertung, an die ich ungeachtet der Tatsache, daß sie später durch eine andere ersetzt werden kann, glaube, folge ich der Auffassung vom J. M. Keynes, dem ich viel verdanke. Keynes wies (in *A Treatise on Probability*) darauf hin, daß die Ablehnung eines Wahrscheinlichkeitsurteils im Lichte neuen Beweismaterials die Objektivität oder Gültigkeit des früheren Urteils in keiner Weise berührt. Dessen Gültigkeit war ganz und gar eine Funktion des Beweismaterials, auf das es gegründet war.

C. Die Logik der Geltungsprüfung: Prinzipien der Wahrscheinlichkeit

Es ist entschieden zu bedauern, daß sich die bekanntesten Schriftsteller, die sich zur Wahrscheinlichkeitstheorie geäußert haben, vornehmlich an der Mathematik und an den Naturwissenschaften orientierten; die Logik der Ungewißheit ist nämlich auch für alle Humanwissenschaften von grundsätzlicher Bedeutung. Es ist überdies bedauerlich, daß in den Augen der Uneingeweihten die Wahrscheinlichkeitstheorie ein Spiel ist, dessen Regeln allein arithmetisch und statistisch sind. Die meisten Urteile über Wahrscheinlichkeit, die wir im täglichen Leben fällen, lassen sich jedoch nicht auf definitive numerische Quantitäten zurückführen. Wir sind es zufrieden, ein Ereignis als wahrscheinlich, höchst wahrscheinlich oder fast sicher einzustufen, ohne diesen Urteilen irgendwelche numerischen Werte zuzuordnen. J. M. Keynes kam auf der Basis dieser Beobachtung zu dem Schluß, daß Wahrscheinlichkeiten eher qualitativer als quantitativer Natur sein können.[5] Seine Auffassung ist heftig und mit Recht angegriffen worden; aber selbst wenn es wahr ist, daß Urteile über die Wahrscheinlichkeit im Grunde quantitativer Art sind, so ist es doch ebenso wahr, daß die Quantitäten, um die es sich handelt, vage Begriffe, wie „mehr", „weniger", „sehr" und „ein wenig" sein können.[6] Der Mangel an numerischer Präzision beeinträchtigt bei diesen Urteilen in keiner Weise ihre Richtigkeit. Man kann leicht und richtig beurteilen, daß ein Haufen Sand größer ist als ein anderer, ohne daß man in der Lage ist, die genaue Anzahl der in jedem Haufen vorhandenen Körner oder auch nur das relative Verhältnis des einen Haufens zum anderen zu schätzen. Überdies mag es Um-

---

[5] J. M. Keynes, *A Treatise on Probability* (Torchback ed. New York, 1962), S. 34–37.
[6] Selbst diese vagen Begriffe implizieren Schätzungen der relativen Häufigkeit. Siehe die überzeugenden Argumente von Hans Reichenbach in *Experience and Prediction* (Chicago, 1938), S. 301–404.

stände geben, in denen keine Möglichkeit besteht, ein Urteil numerisch präziser zu gestalten. Dies ist sowohl im täglichen Leben als auch in den Humanwissenschaften oft der Fall. Man fällt einer Täuschung zum Opfer, wenn man die numerische Präzision eines Urteils über die Wahrscheinlichkeit mit seiner Richtigkeit gleichsetzt. In der Tat sind „mehr" und „weniger" unter gewissen Umständen die anschaulichsten und genauesten Urteile, zu denen man gelangen kann.

Da Wahrscheinlichkeitsurteile den Hauptteil aller historischen Wissenschaften bilden und der Aktivität des Interpretierens in jedem Augenblick zugrundeliegen (von der Erschließung eines Textes bis zur Feststellung der Richtigkeit einer bestimmten Erschließung), ist es in einem Versuch über grundsätzliche Fragen einigermaßen nützlich, die allgemeine Grundlage von Wahrscheinlichkeitsurteilen und deren Anwendung auf die Interpretation kurz zu beschreiben. Die Haupttatsache aller Wahrscheinlichkeitsurteile ist ihre Ungewißheit. Sie nehmen auf eine Wirklichkeit Bezug, die teilweise unbekannt ist und die (wie im Falle der Interpretation) vielleicht niemals mit Gewißheit gewußt werden wird. Die Nichtbeachtung dieses grundsätzlichen, definierenden Charakteristikums der Wahrscheinlichkeitsurteile hat einige Theoretiker zu der falschen Auffassung geführt, daß derartige Urteile in einer notwendigen Beziehung zu der unbekannten Realität stehen, und daß ihre Richtigkeit an dem nachfolgenden Erlebnis jener Realität gemessen werden kann. Wie Keynes jedoch richtig bemerkte, besitzen Wahrscheinlichkeitsurteile eine notwendige Beziehung nur zu dem Beweismaterial, auf das sie sich gründen.[7] Da die Realität, um die es sich handelt, teilweise unbekannt ist, folgt, daß ein Wahrscheinlichkeitsurteil in Bezug auf bekanntes Beweismaterial völlig richtig, als Feststellung über die unbekannte Realität jedoch völlig falsch sein kann. Dieses unvermeidliche und konsistente Paradoxon aller Wahrscheinlichkeitsurteile

---

[7] Keynes, S. 3–9.

leitet sich aus der einfachen Tatsache ab, daß wir über eine Realität, die unserer direkten Erfahrung nicht zugänglich ist, nichts wissen können, bis wir sie erfahren – ganz gleich, wieviel wir über sie nachdenken mögen. Wäre sie unserer Erfahrung direkt zugänglich, so brauchten wir nicht Vermutungen über sie anzustellen, wenn wir aber nur Vermutungen über sie anstellen, so können unsere Vermutungen unter Umständen falsch sein. Wahrscheinlichkeitsurteile sind auf Informationen beruhende Vermutungen. Sie enthalten keine magische Kraft, die in der Lage wäre, unzugängliches Unbekanntes in Bekanntes umzuwandeln. Sie sind ein rationales Mittel zu Erreichung von Schlüssen in Fällen, in denen direkt erfahrene Gewißheit unmöglich ist.

Aus der Tatsache, daß ein Wahrscheinlichkeitsurteil zu einer Schlußfolgerung über etwas dem Erleben Unzugängliches gelangt (sei es nun etwas Vergangenes oder etwas Zukünftiges), folgt, daß das Urteil sein unbekanntes Objekt irgendwie dem Bekannten assimilieren muß. Dies ist der Hauptzweck eines Wahrscheinlichkeitsurteils, und alles, was in das Urteil einfließt, dient diesem Zweck. Das Unbekannte muß irgendwie (und sei es auch nur vorsichtig, tastend und falsch) dem Bekannten angenähert werden, sonst gäbe es überhaupt keinen rationalen – auch keinen versuchsweisen – Zugang zu allem Unbekannten. Dieser Zweck und dieses Erfordernis aller Wahrscheinlichkeitsurteile bestimmen das fundamentale Axiom und die Annahme, die allen solchen Urteilen zugrundeliegen müssen, seien sie nun im Dienste der Statistik oder im täglichen Leben gemacht: die Annahme nämlich, daß alle Glieder derselben Klasse die Neigung besitzen, sich in derselben Weise zu verhalten. Wenn wir das Unbekannte nicht unter irgendeine Art bekannter Klasse subsumieren können, dann können wir auch keine Wahrscheinlichkeitsurteile abgeben, da wir dann keine Methode besitzen, nach der wir das Unbekannte dem Bekannten assimilieren könnten. Die fundamentale und notwendige Annahme aller Wahrscheinlichkeitsurteile ist die Uniformität der Klasse.

Diese Annahme ist keineswegs willkürlich und kann leicht

verteidigt werden. Der Begriff der Klasse enthält auf einer bestimmten Ebene an sich den Gedanken der Uniformität, da wir ja verschiedene Individuen nur deshalb in der gleichen Klasse zusammenfassen, weil wir bemerken, daß diese Individuen in gewisser Hinsicht gleich sind. Die Punkte, in denen sie sich gleichen, werden zu den definierenden Charakteristika der Klasse. Klassenuniformität auf bestimmter Ebene ist also eine notwendige Voraussetzung des Begriffs der Klasse. Dieser Gedanke läßt sich auf Wahrscheinlichkeitsurteile anwenden, und zwar wegen der Tatsache, daß das Unbekannte, auf welches sie sich beziehen, niemals ganz unbekannt ist. Wäre gar nichts über es bekannt, so hätten wir überhaupt keinen Gegenstand, sondern einfach ein bloßes Nichts, über das nichts, aber auch gar nichts gesagt werden könnte. Die bekannten Aspekte des Gegenstandes erlauben es uns, ihn in eine Klasse einzureihen, die einige der gleichen Einzelzüge aufweist. Je mehr wir über den Gegenstand wissen, desto genauer und verläßlicher können wir die Klasse bestimmen. Dann stellen wir, auf der Grundlage des uns über andere Individuen, die zur gleichen Klasse gehören, Bekannten, Vermutungen darüber an, daß die unbekannten Einzelzüge eines jeden derartigen Gegenstandes dieselben sind wie die entsprechenden Züge der meisten Individuen der Klasse, jedenfalls, daß dies öfter als nicht der Fall ist. Solchermaßen ist die Struktur eines jeden Wahrscheinlichkeitsurteils. Es ist ein auf Häufigkeit basierendes Urteil, das auf unsere frühere Erfahrung von anderen Individuen, die wir uns als zur selben Klasse wie das unbekannte gehörend vorstellen, gegründet ist.

Bevor ich nun einige der Implikationen, die diese Struktur für die Interpretation besitzt, untersuche, sollte ich mir die Mühe machen, auf ein unmittelbar relevantes Problem einzugehen, das eine Bürde aller historischen Wissenschaften sein soll: die Tatsache nämlich, daß ihre Erkenntnisziele nicht regelmäßig und uniform sind wie in der fest bestimmten, natürlichen Ordnung, sondern individuell und einmalig, wie es dem Reich menschlicher Freiheit zukommt. Diese Unterscheidung ist einer der Hauptgründe für die Behauptung gewesen, das Prinzip kritischen Denkens sei in den zwei Zweigen der Erkenntnis radikal verschieden. Soweit jedoch diese radikale Trennung auf die notwendige Verwendung von Wahrscheinlichkeitsurteilen in den beiden Erkenntniszweigen Anwendung findet, ist die Theorie der zwei getrennten Kulturen nicht richtig. Es ist einfach unwahr, daß die Erkenntnisgegenstände in den Kulturwissenschaften völlig einmalig seien. Wäre dem so, dann könnten sie keine Erkenntnisgegenstände sein. Diltheys Motto, *Individuum est ineffabile*, hat als Folge, *Individuum non est intellegibile*.[8] Dieser Grundsatz muß auf jeden Fall für Erkenntnisse über Individuen gelten, wenn wir diese Erkenntnisse auf Grund von Wahrscheinlichkeitsurteilen erhalten. Die unbekannten Züge menschlicher Wesen, menschlicher Handlungen und eines von Menschen intendierten Sinns sind uns völlig unzugänglich, sofern wir nicht zu dem Urteil kommen, daß sie zu einer Klasse gehören, in der solche Züge öfter als nicht so oder so sind. Wenn wir annehmen, daß die unbekannten Züge völlig einmalig sind, dann können wir nicht Individuen in einer Klasse zusammenfassen und auch keine auf Informationen beruhenden Vermutungen über ihre Einzelzüge anstellen.

Daß Wahrscheinlichkeitsurteile ein wesentlicher Bestandteil aller Aspekte der Textinterpretation sind, läßt sich leicht veranschaulichen. Zunächst stellen wir fest, daß die Erschließung des Sinns aus einem Text Elemente umfaßt, die bereits erschlossen und für den Augenblick als erkannt akzeptiert worden sind; außerdem umfaßt die Erschließung andere Elemente, die wir als unbekannt auffassen, und die die Ziele unseres Erschließens sind. Das typische Beispiel dafür ist die Erschließung eines Wissenselements durch Auswertung eines bekannten Kontexts. Dieses Beispiel eines Wissenselements stellt jedoch nicht einfach einen beonderen Fall dar. Das Ziel unserer Erschließung ist für den Augenblick stets eine Frage, d. h. ein Problem, und die

---

[8] Der Ausdruck geht auf einen Brief Goethes an Lavater vom September 1780 zurück. Vorher war er ein scholastischer Grundsatz unbekannter Herkunft.

Grundlage für unsere Wahl einer bestimmten Art von Sinn ist stets unsere Hinwendung zu dem, was wir als über den Text bekannt voraussetzen. Auf der Grundlage jener Annahme schließen wir, daß die und die Wörter an der und der Stelle eines Textes einer bestimmten Art wahrscheinlich den oder den Sinn besitzen. Auf der einen Seite haben wir den Kontext und die Wortfolge; auf der anderen haben wir die Sinne, die die Wörter unserer Meinung nach in diesem Fall repräsentieren. Wir gelangen zu diesen Sinnen einzig und allein auf der Grundlage unseres Urteils, daß solche Sinne in einem Fall dieser Art öfter vorkommen werden als andere, und wir können diesen Schluß ziehen, weil wir zu dem Ergebnis gelangt sind, daß der gegebene Einzelfall von dieser bestimmten Art *ist*, d. h. zu dieser Klasse und nicht zu einer anderen gehört. Könnten wir die unbekannten Sinne nicht auf der Basis des uns Bekannten in eine Klasse einreihen, dann könnten wir eine solche Schlußfolgerung nicht ziehen. Die Schwierigkeiten von Wahrscheinlichkeitsurteilen besitzen in dieser Hinsicht eine direkte Verwandtschaft mit den Typ-Einzelzug-Urteilen, die ich in dieser Untersuchung bereits früher beschrieben habe. Diese Verwandtschaft ist nicht zufällig. Das Typ-Einzelzug-Modell, das wir brauchen, um Implikationen zu bestimmen, ist eine besondere Anwendung der Klasse-Einzelfall-Struktur in allen Wahrscheinlichkeitsurteilen.[9]

Es besteht noch eine andere Art von Identität zwischen allgemeinen Wahrscheinlichkeitsurteilen und der besonderen Art, die wir beim Verständnis eines Texts verwenden. Ich habe darauf hingewiesen, daß es zur Feststellung des Sinns einer Wortfolge nötig ist, das angenommene Genre eines Texts in solchem Maße einzuengen, daß der Sinn nicht länger zweifelhaft ist. Diese sehr enge und spezialisierte Auffassung von einem Text als Ganzes habe ich als sein gesetztes wahres Genre bezeichnet. Dieser Vorgang der Einengung des Genres ist eine Abart des in

---

[9] Der Hauptunterschied besteht darin, daß das Typ-Einzelzug Modell die Ganzheit des Typs impliziert, während der Begriff der Klasse dies nicht tut. Siehe Kap. 2, Abschn. D, S. 71–73.

der Wahrscheinlichkeitstheorie sehr bekannten Prinzips der Einengung der Klasse. Dieses Prinzip entsteht, weil sich bei jedem Wahrscheinlichkeitsurteil zwei Fragen erheben: erstens, welcher Art sind wahrscheinlich die unbekannten Züge des Objekts und zweitens, wie groß ist die Wahrscheinlichkeit dafür, daß unser Urteil richtig ist? Es geht stets um diese doppelte Frage, und es hängt von unserer Antwort auf den zweiten Teil ab, ob wir sagen, daß unsere Schlußfolgerung selbst wahrscheinlich, sehr wahrscheinlich oder fast sicher ist. Der Grad der Wahrscheinlichkeit, den wir einem Wahrscheinlichkeitsurteil zumessen, hängt von dieser sekundären Entscheidung über die Wahrscheinlichkeit seiner Richtigkeit ab. Diese Wahrscheinlichkeit wird mit unserem Wissen über das Objekt zunehmen und ebenso durch die zunehmende Einengung der Klasse, zu der es gehört. Engen wir die Klasse so stark ein, daß unser Objekt mit anderen bekannten Objekten (je mehr desto besser) fast identisch wird, dann können wir immer weniger Zweifel über die unbekannt bleibenden Züge unseres Objekts haben.

Ich habe bereits ein bekanntes Beispiel für die Art, in der sich durch Einengung der Klasse die Zweifelhaftigkeit verringert, gegeben, indem ich auf die Wahrscheinlichkeit hinwies, die dafür besteht, daß eine Frau einen Mann gleichen Alters überleben wird. Solch ein Urteil ist zwar richtig, doch für den einzelnen Fall außerordentlich zweifelhaft; wenn man die Klasse, zu der der Mann und die Frau jeweils gehören, einengen könnte (wie es die Versicherungsgesellschaften zu tun versuchen), dann könnte es sein, daß man das Urteil völlig umkehren müßte und zu der Feststellung käme, daß ein bestimmter Mann wahrscheinlich länger leben wird als eine bestimmte Frau. In ähnlicher Weise könnte man mit völligem Recht das Urteil abgeben, daß ein erzählendes mittelalterliches Gedicht wahrscheinlich allegorisch ist, da dies meistens der Fall ist; dennoch könnte ein bestimmtes erzählendes mittelalterliches Gedicht auf Grund bestimmter Züge zu einer Klasse gehören, deren Angehörige in der Mehrzahl der Fälle nicht allegorisch sind. Alles was wir zur Einschränkung der Klasse tun können, zum Beispiel die Bestimmung des Autors, des Entstehungsdatums, der jeweiligen Tradition u. s. w. vermindert die Fragwürdigkeit unseres Wahrscheinlichkeitsurteils – d. h. vermehrt die Wahrscheinlichkeit seiner Richtigkeit.

Drei Kriterien sind für die Bestimmung der Verläßlichkeit unserer Vermutung über einen unbekannten Zug entscheidend: der Grad der Einengung der Klasse, die Anzahl der zu ihr gehörenden Glieder und die Häufigkeit des betreffenden Einzelzugs bei jenen Gliedern. Zwar muß die Häufigkeit der Einzelfälle sich selbstverständlich mit der Einengung der Klasse verringern, doch gelangen wir dennoch durch die Einengung zu einer erhöhten Verläßlichkeit. Dies gilt selbst dann, wenn die engere Klasse lediglich aus zwei Gliedern besteht, von denen das eine bekannt, das andere das zu untersuchende unbekannte Objekt ist. Dies ergibt sich aus der grundsätzlichen Annahme von Wahrscheinlichkeitsurteilen – der Annahme der Uniformität der Klasse. Wenn mehr und mehr dieser Einzelzüge identisch sind, so besteht eine ständig wachsende Wahrscheinlichkeit dafür, daß die unbekannten Züge unseres Objekts mit den bekannten Zügen der Unterklasse identisch sind. Wenn wir die Klasse einengen, so verringern wir zwar die Anzahl der Fälle, wir erhöhen jedoch zur gleichen Zeit die Anzahl der bestimmenden Züge der Klasse und das ist schließlich das entscheidende Ziel. Dieser Vorgang der Einengung der Klasse ist, wie ich im nächsten Abschnitt zeigen werde, das entscheidende Element bei der Feststellung der Richtigkeit von Interpretationen.

D. Die Logik der Geltungsprüfung:
Interpretatives Beweismaterial

Eine interpretative Hypothese ist letztlich ein Wahrscheinlichkeitsurteil, das durch Beweismaterial gestützt wird. Es setzt sich normalerweise aus zahlreichen Unterhypothesen (Erschließungen des Sinns einzelner Wörter und Satzteile) zusammen, die ebenfalls durch Beweismaterial gestützte Wahrscheinlichkeitsurteile sind. Die Objektivität der Interpretation als Disziplin hängt folglich von unserer Fähigkeit ab, eine objektiv begründete Wahl zwischen zwei unterschiedlichen Wahrscheinlichkeitsurteilen auf der Basis des ihnen gemeinsamen Beweismaterials zu treffen. Weder die Interpretation noch irgendeine andere auf Wahrscheinlichkeitsurteilen beruhende Disziplin kann Anspruch auf objektives Wissen erheben, solange keine festen Grundsätze bestehen, die solche vergleichenden Urteile erlauben. Das Bestehen solcher Grundsätze garantiert freilich nicht, daß sie angewandt werden, ebensowenig wie die Existenz der Logik garantiert, daß die Menschen logisch denken; ihre Existenz garantiert jedoch die Möglichkeit objektiver Erkenntnis, und das ist die Hauptthese, die zu verteidigen dieses Buch unternimmt.

Da wir die Richtigkeit einer Theorie niemals allein dadurch beweisen können, daß wir sie stützendes Beweismaterial sammeln, besteht die einzig sichere Methode der Entscheidung zwischen zwei Hypothesen darin zu beweisen, daß eine von ihnen falsch ist. In den voraussagenden Wissenschaften kann dies durch die Durchführung eines Experiments erreicht werden, das den folgenden Bedingungen entspricht: Wenn Theorie A richtig ist, dann muß das Ergebnis des Experiments so und so sein. Erweist sich, daß das Resultat nicht so und so ist, so ist Theorie A in ihrer ursprünglichen Form ein für allemal als falsch erwiesen. Theorie B ist jedoch immer noch in Übereinstimmung mit den neuen Ergebnissen und muß für den Augenblick akzeptiert werden. Es ist nach diesem entscheidenden Experiment noch nicht sicher, daß Theorie B richtig ist, aber es ist sicher, daß Theorie A falsch ist, und das ist ein großer Schritt nach vorne. In den historischen Wissenschaften kann ein derartiges Ergebnis selten erreicht werden, weil entscheidungbringende, die Falschheit feststellende Daten nicht nach Belieben geschaffen werden können, und wenn solche Daten bereits bekannt gewesen wären, so hätte es keine ernsthafte Konkurrenz zwischen den beiden Hypothesen gegeben. Mitunter tauchen zwar solche entscheidungbringenden Daten durch Zufall auf, doch kann normalerweise keine der beiden miteinander konkurrierenden Hypothesen als falsch erwiesen werden; nach wie vor bieten beide – jeweils in ihrer Weise – eine Erklärung für das Beweismaterial. Da in diesem Fall der direkte Weg der Feststellung der Falschheit nicht gangbar ist, müssen wir uns unseren Weg durch ein Dickicht von Wahrscheinlichkeitsurteilen, die wir auf der Basis des vorhandenen Beweismaterials aufstellen, bahnen.

Dieses Beweismaterial ist, wie jeder Interpret weiß, meist widersprüchlicher Natur. Wäre dem nicht so, dann brauchten wir uns im allgemeinen nicht mit einander widerstreitenden Hypothesen abzugeben. Wie ich bereits früher bemerkte, ist es sogar so, daß das eine Hypothese stützende Beweismaterial manchmal unter der anderen Hypothese nicht gültig ist, da aus dem Werk selbst abgeleitete Beweise zum Teil nur durch eine bestimmte Interpretation hervorgebracht werden können. Solch abhängiges und nicht übertragbares Beweismaterial kann natürlich keine direkte Funktion beim Vergleich von Interpretationen ausüben, und ich werde deshalb später die Mittel behandeln, durch welche dieser Nachteil ausgeglichen werden kann. Auf jeden Fall ist dies jedoch nicht eine so wichtige Frage wie das Problem, das durch Beweismaterial, welches zu anderem in direktem Widerspruch steht, auftritt. Normalerweise steht der Interpret dem Dilemma gegenüber, daß ein Teil der unabhängigen Beweise eine Hypothese begünstigt, während ein anderer Teil eine gegenteilige Hypothese stützt. Dies ist der Normalfall bei Interpretationen.

Ich lege ein ziemlich detailliertes Beispiel eines derartigen Konflikts in Anhang I vor, wo ich aus zwei unterschiedlichen Interpretationen von Wordsworths „A Slumber Did My Spirit Seal" zitiere. Zur Debatte steht dabei die Tatsache, daß die Beweise für einen Ton des Pessimismus und der Trostlosigkeit in dem Gedicht den Beweisen für einen Ton unüberwindbarer Gewißheit widersprechen. Ich habe auf kurzem Raum zu zeigen versucht, daß die eine Art von Beweismaterial Übergewicht gegenüber der anderen besitzt, wenn auch mein – vor einigen

Jahren veröffentlichter – Vergleich nicht annähernd so detailliert ist wie er sein müßte, um von allgemeiner Überzeugungskraft zu sein. Eine wirklich gründliche Überprüfung, in der von mir nicht berücksichtigtes Beweismaterial vorgebracht würde, könnte das Urteil revidieren oder darauf hinweisen, daß das Beweismaterial keine eindeutige Entscheidung für eine der beiden Interpretationen zuläßt. Ich betrachte mein Anschauungsbeispiel nicht als vollkommenen Bewertungsvorgang, wenngleich es zeigt, wie interpretatives Beweismaterial widersprüchlich sein kann und meist auch widersprüchlich ist, wenn Interpretationen einander widersprechen.

Ein anderes Beispiel ist das widersprüchliche Beweismaterial, das zwei unterschiedliche Interpretationen von Blakes *Songs of Innocence and of Experience* stützt. Auch für diesen Fall habe ich (an anderer Stelle) das widersprüchliche Beweismaterial dargelegt, und ich war dort in der Lage, gründlicher als bei Wordsworths Gedicht vorzugehen;[10] dennoch kann ich nicht den Anspruch erheben, daß mein Versuch das Muster eines Bewertungsvorgangs darstellt, da die Streitfrage noch immer nicht entschieden ist. Wollte man eine wirklich endgültige Entscheidung zwischen diesen beiden Hypothesen über Blake erreichen, so wäre es klüger, darauf zu warten, daß Befürworter der jeweiligen Anschauungen negatives Beweismaterial vorlegen, das ich vielleicht übersehen habe. Eine verläßlichere Bewertung wäre dann wahrscheinlich möglich, da die Vertreter der jeweiligen Thesen dann vermutlich nahezu alles wichtige relevante Beweismaterial vorgelegt hätten. Als exemplarische Diskussion typischen widersprüchlichen Beweismaterials könnte der Leser „Five Types of Lycidas"[11] von M. H. Abrams heranziehen. Solche Beispiele erinnern uns daran, daß wider-

---

[10] *Innocence and Experience: An Introduction to Blake* (New Haven, 1964).
[11] In C. A. Partrides (Hrsg.), *„Lycidas": The Tradition and the Poem* (New York, 1961).

sprüchliches Beweismaterial das Hauptproblem bei der Bewertung von Interpretationen darstellt.

Das entscheidende Problem bei der Beurteilung unterschiedlicher Interpretationen ist also normalerweise das vergleichende Abwägen relevanten Beweismaterials. Wir müssen zu dem Schluß gelangen können, daß das eine Hypothese stützende Material das zu dieser in Widerspruch stehende, die Gegenhypothese stützende überwiegt; sonst besteht keine Grundlage dafür, eine Hypothese der anderen vorzuziehen. Weiterhin muß unser Urteil über das relative Gewicht des Beweismaterials eine objektive Grundlage besitzen, wenn wir für unsere Entscheidung den Anspruch auf Objektivität erheben. Die Objektivität unserer Entscheidung kann jedoch nicht (wie bei der bequemen Methode des Beweises der Unrichtigkeit) darin bestehen, daß wir ein Mittel finden, den direkten, wertenden Vergleich zu vermeiden. Unsere Entscheidung wird nur dann allgemeine Anerkennung erzwingen, wenn unsere Wahrscheinlichkeitsurteile auf objektiv definierten und allgemein akzeptierten Prinzipien beruhen. Wir benötigen Prinzipien zur Entscheidung darüber, ob Beweismaterial zulässig d. h. relevant ist, und um das relative Gewicht von Beweismaterial abzuwägen.

Natürlich braucht eine interpretative Hypothese nicht das ganze Beweismaterial, das sich zur Auswertung anbietet, zu erklären. Zwar ist es richtig, daß die beste Hypothese stets eine Erklärung für den größten Teil des Beweismaterials darstellt, doch muß dieses Beweismaterial auch das relevanteste sein. Es kann durchaus der Fall sein, daß eine weniger wahrscheinliche Hypothese auf eine numerisch größere Menge an Daten gegründet ist als die wahrscheinlichere. So ist beispielsweise die voraussagende Hypothese, daß eine bestimmte Frau länger leben wird als ein bestimmter Mann auf eine riesige Anhäufung von Beweismaterial gegründet, das sich aus Millionen von Einzelfällen zusammensetzt; andererseits kann zum Beispiel das Beweismaterial über die relative Lebenserwartung gesunder Männer im Vergleich zu Frauen gleichen Alters, die an chronischer Nierenentzündung leiden, recht bescheiden sein – sagen wir, nur 100 Fälle umfassen. Solch eine bescheidene Untersuchung kann dennoch unter Umständen Beweismaterial bereitstellen, das für unseren vorliegenden Fall sehr viel wichtiger ist als die Millionen von Einzelfällen, die die andere Hypothese stützen. Wir sind uns durchaus der Tatsache bewußt, daß *ein* Gegebenes nicht notwendigerweise in einer relevanten Beziehung zu einem anderen stehen muß, und glücklicherweise brauchen wir uns auch nicht in die Alice-im-Wunderland-Welt der „materiellen Implikation" zu begeben, in der wir argumentieren müssen: „Wenn New York eine große Stadt ist, dann ist Gras grün". Das Beweismaterial, mit dem wir uns beim Vergleich der Wahrscheinlichkeit einer Hypothese mit der einer anderen beschäftigen, ist das relevante Beweismaterial, und unsere unmittelbare Sorge muß daher der Aufgabe gelten, den Begriff Relevanz bezüglich seines Verhältnisses zu interpretativem Beweismaterial zu definieren.

Da eine interpretative Hypothese stets ein Wahrscheinlichkeitsurteil ist, muß auch das für dieses Urteil relevante Beweismaterial von Einfluß auf die jeweiligen Wahrscheinlichkeiten sein. Besitzt eine Tatsache oder eine Beobachtung keinerlei Auswirkungen auf diese Wahrscheinlichkeiten, dann ist sie offensichtlich ohne Relevanz für dieses bestimmte Wahrscheinlichkeitsurteil. Nun ist ein Wahrscheinlichkeitsurteil stets eine Vermutung über unbekannte Züge eines teilweise bekannten Falls. Diese Vermutung wird auf der Grundlage bekannter Züge, die andere Fälle aufweisen, welche zu derselben Klasse wie der zu untersuchende Fall gehören, angestellt. Wir schließen, daß ein Autor des 18. Jahrhunderts, der das Wort „wit" verwendet, wahrscheinlich etwas Allgemeines, wie „Intelligenz, Geisteskraft" und nicht einfach „geschickte, witzige Antwort" meint, weil das bei Autoren des 18. Jahrhunderts meist so ist. In unserem Fall heißt die subsumierende Klasse „Verwendungsweisen des Wortes ‚wit' im 18. Jahrhundert", und unsere Vermutung bezüglich des Sinns dieses Falls gründet sich auf das häufige Vorkommen jenes Sinns in anderen bekannten Fällen der Klasse. Wüßten wir nicht, daß unser Text zum 18. Jahrhundert gehört, so könnten wir diesen Fall nicht jener Klasse zuordnen. Aus dieser Struktur aller Wahrscheinlichkeitsurteile ergibt sich, daß jenes Beweismaterial relevant ist, welches dazu dient, die subsumierende Klasse einzugrenzen, und das die Anzahl der Fälle innerhalb der subsumierenden Klasse vermehrt. Diese zwei Kriterien für relevantes Beweismaterial beeinflussen direkt das Problem des Abwägens von Beweisen.

Um entscheiden zu können, ob eine Vermutung über einen Zug wahrscheinlich richtig ist, brauchen wir nur eine Frage zu beantworten: Ist das Vorkommen oder ist die Abwesenheit dieses Zuges in der subsumierenden Klasse häufiger? Es ist offensichtlich, daß einige Vermutungen verläßlicher sein werden als andere, d. h. die Wahrscheinlichkeit, daß das Wahrscheinlichkeitsurteil richtig ist, variiert außerordentlich. Hätten wir zum Beispiel fünfzig Fälle des Wortes „wit" im 18. Jahrhundert und fänden wir, daß in fünfunddreißig davon das Wort in seiner allgemeineren Bedeutung verwendet wird, dann müßten wir mangels anderer einengender Daten vermuten, daß der zur Untersuchung stehende Fall ebenfalls jene allgemeine Bedeutung besitzt. Unser Urteil wäre dann auf der Grundlage der bekannten Daten richtig, doch könnten wir uns nicht allzusehr darauf verlassen und würden zweifellos versuchen, unserer Vermutung mehr Verläßlichkeit zu verleihen. Wenn andererseits alle bekannten Fälle des Vorkommens von „wit" im 18. Jahrhundert die allgemeinere Bedeutung des Wortes besäßen, dann könnten wir unsere Vermutung für sehr viel verläßlicher halten, da die Wahrscheinlichkeit ihrer Richtigkeit sich erheblich erhöht hätte. Wenn andererseits nur siebenundzwanzig von fünfzig Fällen die allgemeine Bedeutung aufwiesen, so sollten wir sinnvollerweise den Schluß ziehen, daß die Verläßlichkeit unserer Vermutung so klein und die jeweilige Wahrscheinlichkeit der einander widersprechenden Vermutungen in etwa gleich groß ist, so daß in Abwesenheit anderer Daten keine entscheidende Aussage angebracht ist. Wir müssen den Schluß ziehen, daß breite subsumierende Klassen, wie „Verwendungsweisen von ‚wit' im 18. Jahrhundert" nach mehr detaillierten Daten verlangen, wenn wir unsere Vermutung verläßlich oder gewichtig machen wollen.

Bei den von uns benötigten ergänzenden Daten handelt es sich nicht einfach um weitere Fälle des Vorkommens von „wit" im 18. Jahrhundert; vermutlich haben wir bereits alle überlieferten Fälle gesammelt. Die von uns benötigte Art von Beweismaterial sind Informationen über jene Fälle, die dem Fall, über den wir Vermutungen anstellen, besonders nahe kommen. Wenn wir zum Beispiel feststellen, daß unser Text von einem Mann namens Rivers stammt, und wir entdecken, daß Rivers „wit" anscheinend immer im Sinne von „geistreiche Antworten" verwendet, dann wären wir auf Grund dieses neuen Beweismaterials zu der Vermutung berechtigt, daß im vorliegenden Fall ebenfalls „geistreiche Antwort" gemeint ist, selbst wenn diese Vermutung jener anderen, die auf der Basis aller bekannten Verwendungsweisen des Wortes im 18. Jahrhundert gemacht wurde, widerspricht. Denn dieses neue, eng begrenzte Beweismaterial ist für unsere Hypothese weitaus relevanter als das bisherige, allgemeine Beweismaterial. Das neue dient der Definition einer viel engeren subsumierenden Klasse von Fällen, und ein auf diese engere Klasse gegründetes Wahrscheinlichkeitsurteil ist notwendigerweise wichtiger und verläßlicher als ein auf einer weiteren Klasse beruhendes. Diese Notwendigkeit ergibt sich, wie ich im vorausgehenden Abschnitt bemerkte, aus der allen Wahrscheinlichkeitsurteilen zugrundeliegenden Annahme, nämlich der Uniformität der Klasse. Durch die Einengung der Klasse haben wir eigentlich eine neue Klasse geschaffen, die für unsere Vermutung relevanter ist als die frühere; diese engere subsumierende Klasse ist stets in der Lage, das aus der weiteren Klasse abgeleitete Beweismaterial sowie die daraus hervorgegangene Vermutung zu widerlegen oder zu bestätigen. Die vorher festgestellten Häufigkeiten besitzen nun keine Funktion mehr. Was nun in der Hauptsache zählt, ist die relative Häufigkeit des Zuges, über den wir Vermutungen anstellen, innerhalb der neuen, engeren Klasse. Hier ergibt sich also ein Prinzip für das Abwägen einander widersprechenden interpretativen Beweismaterials: die Beweiskraft der engeren Klasse ist stets größer, ungeachtet der Häufigkeit des betreffenden Falls innerhalb jener Klasse oder innerhalb einer weiteren, die jene umfaßt. Das Hinzufügen weiterer Fälle zu unserer engen Klasse erhöht zwar Gewichtigkeit und Verläßlichkeit unseres Beweismaterials ebenso wie eine Erhöhung der relativen Häufigkeit des Vorkommens der zur Hypothese passenden Fälle innerhalb der Klasse, doch gilt für jede gegebene Anhäufung von Daten, daß die Beweiskraft der engsten subsumierenden Klasse stets am stärksten ist.

Dieser Schluß war bereits bei unserem Vergleich zwischen der Lebenserwartung eines gesunden Mannes mit der einer gleichaltrigen, an chronischer Nierenentzündung leidenden Frau impliziert, doch ist dieses Beispiel weit entfernt von interpretativen Problemen und jedenfalls in einer Hinsicht irreführend. Wir gelangen zu solch einem Urteil nicht einfach deshalb, weil wir zufällig wissen, daß ein direkter Kausalzusammenhang zwischen einem Zug (chronische Nierenentzündung) und einem anderen (Nähe des Todes) besteht. Die Relevanz des Beweismaterials hängt nicht immer von unserem Wissen darüber ab, daß eine Verbindung zwischen einem Zug und einem anderen existiert. Sie ergibt sich einfach aus unserer früheren Beobachtung, daß ein Zug innerhalb der subsumierenden Klasse in der Mehrzahl der Fälle mit dem Vorkommen eines anderen Zuges zusammentrifft.

Im Bereich der Interpretation finden wir die einfachsten und einleuchtendsten Beispiele für die Art, in der eine engere, genauer definierte Klasse Beweismaterial gewichtiger macht, im Werk des Textkritikers. Der Herausgeber alter Manuskripte muß stets Wahrscheinlichkeitsurteile fällen, wenn er unter den verschiedenen Lesarten seiner Manuskripte seine Wahl trifft – selbst dann, wenn er alle diese Lesarten ablehnt. Sein einziges Ziel besteht darin, das vom Autor intendierte Wort zu erraten, und er muß, um eine solche Vermutung anzustellen, ein ungeheures Maß an Beweismaterial berücksichtigen, einschließlich des von einigen Herausgebern offenbar übersehenen, das sich aus der gültigen Interpretation des Gesamttextes ergibt. Die meisten gewissenhaften Herausgeber sind sich der Tatsache bewußt, daß es keine Daumenregel gibt, die mechanisch zu der wahrscheinlichsten Lesart führt. Manchmal verleiht die Genealogie des Manuskripts (wenn wir sie kennen) einer besonderen Variante größeres Gewicht, doch weiß der Herausgeber, daß auch ein normalerweise vorzuziehendes Manuskript nicht bei allen Textstellen verläßlich ist, und daß die allgemeine Wahrscheinlichkeit, daß es die richtige Lesart enthält, durch anderes Beweismaterial widerlegt werden kann, da selbst in Handschriften von Autoren Übertragungsfehler vorkommen können.

Ein sehr anschauliches Beispiel für die Art und Weise, in der textkritische Beweise gewichtiger werden, wenn die Klasse der Fälle eingeengt wird, wurde mir vom Herausgeber eines mittelalterlichen englischen Homilienverfassers gegeben. An einer Stelle des Textes hatte der mittelalterliche Autor den heidnischen Gott Jupiter mit zwei Attributen versehen. Eines von ihnen war nach allen Manuskripten pejorativ, das zweite nach vielen Manuskripten positiv. Es bestand zwischen den Manuskripten ein Unterschied bezüglich des zweiten Attributs, nämlich ob das Wort *þrymlic* (prächtig, großartig) oder *þwyrlic* (widerspenstig, eigensinnig) heißen sollte. Ich kann natürlich nicht versuchen, das gesamte Beweismaterial, das zu diesem Konflikt gehört und die eine oder die andere Lesart stützt, vorzulegen, doch kann ich zu Anschauungszwecken einige entscheidende Elemente des Beweismaterials beschreiben. Erstens ist es im allgemeinen sehr wahrscheinlich, daß ein mittelalterlicher Homilet heidnischen Göttern gegenüber feindlich eingestellt ist. Es ist zweitens nicht üblich, daß ein Homilet dadurch Verwirrung herbeiführt, daß er nur ein halbherziges negatives Urteil abgibt. Drittens ist das positive Wort *þrymlic* unwahrscheinlich, da der Autor *þrymlic* nur selten verwendet, wohingegen seine Homilien mit dem pejorativen Wort *þwyrlic* geradezu gespickt sind. All dieses Beweismaterial zusammengenommen ergibt, daß *þwyrlic* die wahrscheinlichere Lesart ist; wäre es das gesamte vorhandene Beweismaterial, so müßten wir uns für *þwyrlic* entscheiden. Ein einziger vierter Beweis widerlegt jedoch alle diese sich gegenseitig stützenden Klassenhäufigkeiten: einige wenige Zeilen vorher schrieb der fragliche Autor über einen anderen heidnischen Gott, nämlich Saturn, und die Manuskripte lassen keinerlei vernünftigen Zweifel darüber zu, daß er Saturn zwei Attribute, ein pejoratives und ein positives gab. Dieser zweite, allein dastehende Fall ähnelt dem zu untersuchenden in so vieler Hinsicht – Autor, Kontext, Thema, Zeitpunkt u. s. w. –, daß er dazu dient, eine enge Klasse zu bestimmen, unter welche die problematische Lesart subsumiert werden kann. Offensichtlich bildet diese breite Reihe identischer Züge eine Klasse, die dem unbekannten Fall wesentlich näher kommt als die weitere und entferntere Klasse von Häufigkeiten, die die Lesart mit zwei pejorativen Adjektiven stützt. Diese enge Klasse ist nicht besonders verläßlich, da sie nur aus zwei Gliedern besteht. Somit ist die Wahl von *þrymlic* zwar gültig, doch immer noch etwas zweifelhaft. Sie ist jedoch die richtige Wahl, da ein auf eine engere Klasse gegründetes Urteil stets in der Lage ist, ein auf eine weitere Klasse gegründetes umzukehren.[12] Die Beweiskraft einer solchen Klasse ist bezüglich eines bestimmten Zuges stets gewichtiger als die Beweiskraft einer weiteren Klasse. Jeder Herausgeber, der über gesunden Menschenverstand verfügt, würde auf der Grundlage des gegebenen Beweismaterials *þrymlic* wählen. (Auf Sachkenntnis beruhender gesunder Menschenverstand folgt stets der Logik von Wahrscheinlichkeitsurteilen, da Logik die Grundlage gesunden Menschenverstands ist.)

Das Beispiel zeigt, wie man Beweismaterial nach der Enge der subsumierenden Klasse abwägen kann; es ergibt sich daraus

---

[12] Dabei wird natürlich davon ausgegangen, daß keine anderen *Arten* von Beweismaterial, die diese Entscheidung stützen oder in Frage stellen, existieren. (Dies war der Grund dafür, daß ich ein vereinfachtes Beispiel heranzog.) Das Problem der Koordination und der Abwägung verschiedener Arten von Beweismaterial wird nachfolgend behandelt.

auch, daß die Aufgabe der Einengung der Klasse die Auffindung möglichst vieler detaillierter Informationen erfordert. Beweise, die aus anderen Werken derselben Zeit abgeleitet sind, sind weniger gewichtig oder verläßlich als solche, die sich aus Werken desselben Autors ergeben; Beweise, die auf seinem Gesamtwerk beruhen, sind weniger gewichtig als solche, die aus Werken abgeleitet sind, die dem zu untersuchenden ähneln; Beweise auf Grund aller ähnlichen Werke des Autors sind weniger gewichtig als solche, die von ähnlichen Werken, die zur gleichen Zeit wie der zu untersuchende Text abgefaßt wurden, abgeleitet sind und *mutatis mutandis* so weiter für andere klassenbestimmende Züge. Wenn es keine Ausnahmen gibt, wenn ein Zug selbst in der weiteren Klasse stets vorkommt, dann wird er offensichtlich auch in der engeren Klasse immer vorhanden sein. Besteht jedoch eine Inkonsistenz im Auftreten des Zugs, und gibt es folglich widersprüchliches Beweismaterial, so kann man zu einer Entscheidung gelangen, indem man eine Schlußfolgerung auf eine subsumierende Klasse gründet, die nicht nur alle bestimmenden Züge jener Klasse, die die andere Schlußfolgerung stützt, enthält, sondern auch weitere eigene, bestimmende Züge.

Die Auflösung widersprüchlichen Beweismaterials bei der Interpretation ist sehr oft weniger einfach als im hier gezeigten Fall, weil es mitunter einzelne einander widersprechende Beweise gibt, deren Klassen sich nicht miteinander vergleichen lassen. Im Falle *þrymlic* gegen *þwyrlic* hätte ja beispielsweise der beunruhigende Befund auftreten können, daß die Mehrheit der Manuskripte die Lesart *þwyrlic* enthält (was in Wirklichkeit nicht so ist). Wenn wir in Erfahrung gebracht hätten, daß bei diesem Text die in der Mehrheit auftretende Lesart gewöhnlich die richtige ist, dann würden unsere zwei Ergebnisse einander widersprechen; es gibt keine eindeutige Möglichkeit, den von der Mehrheit der Lesarten abgeleiteten Beweis mit jenem anderen zu vergleichen, der sich aus den in diesem Text heidnischen Göttern verliehenen Attributen ergibt – wenigstens ist es unmöglich, sie hinsichtlich des Kriteriums der relativen Enge der Klasse miteinander zu vergleichen.[13] Wir können aber andererseits die Verläßlichkeit oder das Gewicht eines jeden der beiden Urteile in anderer Hinsicht miteinander vergleichen – zum Beispiel, indem wir zeigen, daß die Mehrheit der Manuskripte nur in ungefähr sieben von zehn Fällen Recht behält, wohingegen der Autor, wenn er ähnliche Beispiele verwendet, diese Beispiele *immer* in ähnlicher Weise behandelt. Könnten wir zu keiner derartigen Entscheidung über die Verläßlichkeit gelangen, so müßten wir den Schluß ziehen, daß die zwei Lesarten gleichermaßen wahrscheinlich sind – eine Situation, die ein aufrichtiger Herausgeber in seinem Apparat zugibt.

Der Vergleich solch disparater Klassen läßt sogleich die Frage nach textimmanenten Beweisen, die sich nicht gegeneinander aufwiegen lassen, aufkommen. Es ist manchmal möglich, zwei einander widersprechende Interpretationen lediglich auf der Grundlage textimmanenter Beweise zu vergleichen, doch ist diese Gelegenheit weit seltener als viele Interpreten glauben. Ich erwähne in Anhang I skeptisch einige mögliche Kriterien, die bei solchen Vergleichen Anwendung finden können – Legitimität, gattungsmäßige Angemessenheit, Entsprechung und Kohärenz. Ich möchte bemerken, daß Vergleiche auf der Grundlage der Kohärenz nicht allein nach textimmanenten Beweisen durchgeführt werden können, da der Begriff der Kohärenz variabel ist. Der gleiche Einwand läßt sich gegen das Kriterium der gattungsmäßigen Angemessenheit erheben, da auch die Gattung des Textes ein variabler Begriff, d. h. etwas Erschlosse-

---

[13] Eine Grundlage für die vom Herausgeber zu treffende Wahl bildet die „schwierigere" Lesart. Auch dieses Kriterium ist auf die Subsumierung unter eine Klasse gegründet: Schreiber wandeln *normalerweise* ein zu erwartendes Wort nicht in ein nicht zu erwartendes um. Offensichtlich ist dies nur eine Art von Kriterium, das unter verschiedenen Umständen verschiedenes Gewicht besitzt, und es kann stets übertrumpft werden, wenn gewichtigeres gegenteiliges Beweismaterial vorliegt.

nes oder eine Hypothese, nicht etwas Gegebenes ist. Legitimität (d. h. die Möglichkeit, daß ein Wort den erschlossenen Sinn tatsächlich haben könnte) ist oft ebenso unbestimmt, da Legitimität nicht durch einen Erlaß festgelegt werden kann, sondern nur dadurch, daß man beobachtet, ob zeitgenössische Leser das Wort in jener Weise auslegen konnten. Wenn erfahrene Leser das Wort so ausgelegt haben, dann ist Legitimität nicht länger ein Kriterium. Kurzum, textimmanente Beweise können üblicherweise nur nach dem Kriterium der Entsprechung zu einer Entscheidung zwischen den Ansprüchen verschiedener Hypothesen führen.[14] Das heißt, daß textimmanente Beweise allein möglicherweise Hinweise dafür liefern können, daß eine Hypothese mehr Elemente des stummen Textes funktional macht als eine rivalisierende Hypothese; die Hypothese, welche die größere Anzahl an Zügen funktional macht, muß – nach jenem begrenzten Beweismaterial – als die wahrscheinlichere betrachtet werden.

Dieser Schluß ergibt aus der allgemeinen Wahrscheinlichkeit, daß Stil und gedanklicher Inhalt, Wortwahl und intendierter Sinn sich gegenseitig stützen. Wir wissen, daß die Wortwahl in der Mehrzahl der Fälle eine Funktion besitzt. Jedoch wäre der Schluß, es sei entscheidend, wenn eine Interpretation der größeren Anzahl textimmanenter Züge entspricht, ein schwerer Fehler. Erstens ist die Vorstellung, daß der intendierte Sinn derjenige ist, der die meisten Elemente funktional macht, nicht allgemeingültiges Gesetz, sondern lediglich eine allgemeine Wahrscheinlichkeit, deren Gewichtigkeit bei verschiedenen Textarten, ja sogar bei zwei verschiedenen Texten unterschiedlich ist. Zweitens ist es normalerweise unmöglich, beim Vergleich verschiedener ernsthafter Anwärter auf das Prädikat der Richtigkeit, in dieser Frage eine wirklich endgültige Entschei-

---

[14] Unter „Entsprechung" verstehe ich hier, daß der interpretierte Sinn dem Vokabular, dem Stil und der Syntax des Textes „entspricht", d. h. sie erklärt. Dieses Kriterium wird nachfolgend weiter untersucht.

dung herbeizuführen, da die eine Hypothese bestimmte Züge funktional macht, die andere Hypothese andere Züge. So macht zum Beispiel die Theorie, daß Wordsworths Gedicht untröstlichen Schmerz ausdrückt, die Negative in

> No motion has she now, no force,
> She neither hears nor sees

äußerst funktional. Die entgegengesetzte Theorie, daß das Gedicht letztlich positiven Sinn besitzt, muß diese wiederholten Negative als bloße Kontraste zu dem lebendigen Mädchen erklären, d. h. sie sind dann nicht so absolut negativ wie es die Wiederholungen anzudeuten scheinen. Andererseits wird die Serie „rocks, and stones, and trees," in der letzten Zeile durch die Theorie des positiven Sinns sehr funktional. Diese Interpretation kann erklären, warum lebende „trees" die Reihe beschließen, wohingegen die Theorie von der Untröstlichkeit „trees" nur als statische, unbewegte und passive Objekte wie die Leiche des toten Mädchens betrachten muß. Nach der einen Theorie müssen folglich „trees" wegerklärt werden, während nach der anderen Theorie die Negative aus dem Weg zu räumen sind. Der Gedanke, daß eine Theorie eine größere Anzahl von Zügen des Textes funktional macht als die andere, wäre also sicherlich nicht angemessen, da jede Theorie andere Züge funktional macht. Dies ist meist der Fall wenn textimmanentes Beweismaterial an diesem quantitativen Kriterium gemessen wird.

Wenn wir ein Beispiel entdecken wollen, in dem das Kriterium der Entsprechung zu einer klaren Entscheidung führen kann, dann werden wir in der Regel außerhalb der unterschiedlichen Interpretationen von Fachleuten Umschau halten müssen, denn wenn eine klare Entscheidung auf Grund dieser ziemlich offensichtlichen textimmanenten Feststellungen getroffen werden könnte, dann hätten die meisten Fachleute dies getan, bevor sie sich in etwas Gedrucktem festgelegt hätten. Das Kriterium könnte vielleicht entscheidend sein, wenn man beispielsweise die bereits früher analysierte Meinung meiner Studenten über Donnes „Valediction Forbidding Mourning" mit der Meinung der Fachleute vergleicht, daß das Gedicht nicht von einem Sterbenden gesprochen wird.[15] Wie ich bereits bemerkte ist die Ansicht der Studenten plausibel, zusammenhängend und auch legitim, denn es gibt nicht ein einziges Wort in dem Gedicht, das zur Zeit Donnes nicht mit Recht so hätte aufgefaßt werden können wie es unsere Studenten verstehen: „Mourning" könnte die Trauer um einen Toten, „go" könnte sterben bedeuten. Darüberhinaus paßt der Gedanke, daß die Seelen des Sprechers und seiner Geliebten weiterleben, durchaus zu dem Gedanken an den physischen Tod, während der berühmte Vergleich mit dem Zirkel, mit dem das Gedicht schließt, vernünftigerweise als Hinweis auf eine Wiedervereinigung im Himmel verstanden werden könnte.

Mit diesem abschließenden Vergleich verringert sich jedoch die Fähigkeit der von den Studenten aufgestellten Hypothese, die Einzelzüge des Gedichts zu erklären. Donne nennt die Seele seiner Geliebten den „fixt foot" des Zirkels und fährt fort:

> And though it in the center sit,
>   Yet when the other far doth rome,
> It leaves, and hearkens after it,
>   And grows erect, as that comes home.
> Such wilt thou be to mee, who must
>   Like th'other foot, obliquely runne;
> Thy firmness makes my circle just,
>   And makes me end, where I begunne.

Die übliche Erklärung macht wesentlich mehr Züge dieses abschließenden Vergleichs funktional als die Interpretation der Studenten. Sie erklärt zum Beispiel, warum der feste Schenkel des Zirkels sich niemals bewegen muß, um eine Wiedervereinigung herbeizuführen; versteht man unter dem Weggehen des anderen Schenkels den Tod, so müßte der feste Schenkel sich ebenfalls bewegen, damit eine Wiedervereinigung erreicht

---

[15] Siehe S. 99 f.

werden kann. Die Standardinterpretation läßt auch eine Verbindung zwischen der Fixiertheit des Mädchens (d. h. ihrer Treue) und der Rückkehr des Sprechers erkennen. Bei der Erklärung der Studenten besitzen die meisten Elemente dieses Vergleichs keine Funktion, der Vergleich wirkt lose und unpassend. Es ist also durchaus richtig zu sagen, daß eine Hypothese mehr Züge des Textes funktional macht als eine andere und demnach, gemessen am textimmanenten Beweismaterial *allein*, die wahrscheinlichere Hypothese ist.

Unser Beispiel war jedoch nur deshalb so überzeugend, weil es sich bei unseren Studenten nicht um Experten und bei ihrer Interpretation nicht um eine besonders gute handelte. Diese Art von Demonstration genügt nicht, um auch nur eine einzige mir bekannte fachmännische Interpretation gegenüber anderen fachmännischen Interpretationen als richtig zu erweisen. Es ist nicht nur in den meisten Fällen schwierig zu entscheiden, ob eine Hypothese mehr Züge des Textes funktional macht als eine andere, sondern es genügt auch keineswegs, es dabei bewenden zu lassen. Eine Geltungsprüfung erfordert die Berücksichtigung aller bekannten relevanten Daten. Wenn Donne zum Beispiel verschiedene Gedichte mit dem Titel „Valediction" geschrieben hätte, und sie alle von Sterbenden gesprochen würden, so würde diese Tatsache uns unserer Schlußfolgerung im obigen Fall weitaus weniger sicher sein lassen. Es ist nun freilich der Fall, daß Donnes andere Abschiedsgedichte nicht von Sterbenden gesprochen werden, sondern eher die Ähnlichkeiten zwischen Tod und momentaner physischer Abwesenheit umspielen. Dieser zusätzliche Beweis stützt zufällig die Schlußfolgerung, zu der wir auf Grund des Kriteriums der Entsprechung gelangt waren. Wir können uns jedoch bei der Geltungsprüfung nicht mit der Tatsache zufrieden geben, daß eine einzige Beweisart eine unserer Hypothesen stützt. Wir müssen wissen, wie die Hypothesen sich zu *allem* relevanten Beweismaterial, das vorgetragen worden ist, verhalten. Wie ich andeutete, dürften die aus dem Text abgeleiteten Beweise am wenigsten in der Lage sein, allein eine Entscheidung herbeizuführen. Selbst bei anonymen Texten ungesicherter Datierung gibt es immer noch relevantes Beweismaterial außer dem rein textimmanenten, und wenn man es nicht verwendet, so werden unsere Vermutungen unzuverlässig und alle Versuche, eine Bewertung verschiedener Interpretationen herbeizuführen, geradezu unmöglich.

Da das sehr begrenzte und zweifelhafte Kriterium der Entsprechung das einzige ist, das bei isoliert betrachtetem textimmanentem Beweismaterial Anwendung findet, müssen wir andere Arten von Beweismaterial entdecken und schaffen, die zu einer Entscheidung zwischen unterschiedlichen Interpretationen dienlich sind. Interpreten können, um solche Entscheidungen zu treffen, auf Urteile zurückgreifen, die auf zwei verschiedenen Ebenen liegen. Auf der umfassendsten Ebene können sie entscheiden, welche von zwei zur Auswahl stehenden Interpretationen mit größerer Wahrscheinlichkeit innerhalb der kontrollierenden oder generischen Konzeption des Textes richtig ist. Auf dieser Ebene können wir beispielsweise feststellen, daß Donnes „Valediction Forbidding Mourning" wahrscheinlich von der zeitweiligen physischen Abwesenheit eines Liebhabers spricht und nicht von seinem Tod, und wir gelangen zu diesem Urteil teilweise deshalb, weil uns die Klasse von Gedichten vertraut ist, die Donne „valedictions" nennt. Ich stellte ein generisches Wahrscheinlichkeitsurteil ähnlicher Art über „A Slumber Did My Spirit Seal" auf, als ich bemerkte, daß in Wordsworths übriger Dichtung aus derselben Periode die Verbindung zwischen dem Tod einer Person und Naturvorgängen („earth's diurnal course") fast immer eine Bestätigung des fortbestehenden Lebens, eines unauslöschlichen Funkens impliziert. Wir wissen, daß dies im vorliegenden Fall vielleicht nicht so ist, aber wir müssen die Tatsache akzeptieren, daß solches Beweismaterial eine Hypothese auf der Ebene des Genres stützt.

Derart allgemeine, umfassende Wahrscheinlichkeitsurteile können jedoch nicht zu einer Entscheidung führen, weil stets sehr viel detaillierteres Beweismaterial übrig bleibt, das eine solche Schlußfolgerung stützen oder widerlegen kann. Dieses detaillierte Beweismaterial wird manchmal als „textimmanent"

[Orig.: „internal"] bezeichnet, da es aus einzelnen Wörtern und Satzteilen des Textes besteht, doch ist diese Bezeichnung irreführend, da man notwendigerweise „äußere" Informationen anwenden muß, um zu Wahrscheinlichkeitsurteilen über diese Elemente *im* Text zu gelangen. Die Untereinheiten erhalten nämlich ihre Beweisfunktion folgendermaßen: wir setzen, was eine Einheit bei einer Interpretation bedeuten und was sie bei einer anderen Interpretation für einen Sinn haben müßte. Dann fragen wir – *diese Einheit von anderen Teilen des Textes isolierend* – welche dieser beiden untergeordneten Erschließungen mit größerer Wahrscheinlichkeit richtig ist. Die sorgfältige Isolation ist notwendig, um Argumente auszuschalten, die sich auf die Entsprechung zwischen einer Subhypothese und dem Rest des Textes beziehen. Ein derartiger Blick auf den Zusammenhang ist zwecklos, da er, wie ich dargelegt habe, zu Zirkelschlüssen führt.[16] Jede Detailerschließung wird automatisch dem Rest des Textes entsprechen, wenn man von der kontrollierenden Konzeption vom Text ausgeht, die diese Erschließung erst ermöglicht hat. Überdies umfaßt eine solche Art der Isolation von Detailerschließungen jeden Vergleich, den man nach dem Kriterium der Entsprechung machen könnte. Sie macht damit jenes Kriterium überflüssig.

Wir können zum Beispiel die Anfangszeilen von Donnes „Valediction" isolieren und die Erklärung des Vergleichs, zu der meine Studenten gelangt sind, mit derjenigen der Experten vergleichen. Nach Ansicht der Studenten beziehen sich die Zeilen fünf und sechs ebenso wie der Anfangsvergleich auf den Tod:

> As virtuous men passe mildly away,
>   And whisper to their soules to goe,
> Whilst some of their sad friends doe say,
>   The breath goes now, and some say no:
> So let us melt and make no noise,
>   No tears-floods, nor sigh-tempests move.

---

[16] Siehe Kap. 4, Abschn. A sowie Anhang I, S. 291–293.

Der von den Studenten erschlossene Sinn ist möglich, d. h. legitim: „unser Abschied im Tod sei wie der friedliche Tod tugendhafter Menschen." Das ist die Art von Vergleich, die man einem Dichter zutrauen könnte; die romantischen Dichter benützen sogar gern Vergleiche oder Metaphern, die Ton und Ausdrucksmittel verschmelzen (in den *termini* W. K. Wimsatts: „fuse tenor and vehicle"). Es ist jedoch eine weitaus weniger wahrscheinliche Interpretation als die übliche, weil sie nicht die Art von Vergleich voraussetzt, die Donne üblicherweise benützt. Donne pflegt die Disparität zwischen Ton und Ausdrucksmittel möglichst auffällig erscheinen zu lassen – wie er es auch (nach beiden Interpretationen) sonst in diesem Gedicht tut. Dieses Wahrscheinlichkeitsurteil ist offensichtlich nicht nur auf textimmanente Beweise gegründet. Es beruht auf der Tatsache, daß Donnes Vergleiche in der überwiegenden Anzahl der Fälle einen bestimmten Charakter besitzen; dieses Beweismaterial haben wir aus allen auffindbaren Fällen zusammengestellt.

Ähnlich verhält es sich mit den unterschiedlichen Interpretationen von Wordsworths Gedicht, die zwei verschiedene Auslegungen der Zeile „She seemed a thing that could not feel" erfordern. In der den Gedanken der Untröstlichkeit betonenden Interpretation wird das Wort „thing" als zutiefst ironische Vorausdeutung auf die Zeit, in der aus dem Mädchen ein Ding wird, betrachtet. Die Interpretation macht diese Auslegung geradezu nötig, da sie auf einem auffallenden Kontrast zwischen dem lebenden und dem toten Mädchen beruht. Wenn das Wort „thing" nicht als ironische Vorausdeutung verwendet worden ist, dann würde es diese Gegenüberstellung eher aufheben als bekräftigen. Nach der positiveren Auslegung ist das Wort „thing" jedoch in keiner Weise pejorativ oder ironisch, sondern es dient der Verstärkung des Gedankens an die fortlaufende Gleichheit in Leben und Tod. Welche dieser zwei Auslegungen von „thing" ist die wahrscheinlich richtige? Wenn wir von der normalen Verwendungsweise des Wortes in der Zeit Wordsworths ausgehen, dann werden wir zu dem Schluß gelangen, daß die erste Auslegung die wahrscheinlichere ist. Wenn wir jedoch Wordsworths ständigen Gebrauch des Wortes in aus der gleichen Zeit stammenden Gedichten untersuchen, so wird sich ergeben, daß die zweite Auslegung mit größerer Wahrscheinlichkeit richtig ist. Offensichtlich ist diese zweite Schlußfolgerung, die auf eine engere Klasse gegründet ist, das gültige Urteil.

Weder unsere Schlußfolgerung über das Wort „thing" noch die über Donnes ersten Vergleich können jedoch an sich zu einer Entscheidung führen. In beiden Fällen handelt es sich um einzelne Detailurteile, die zusammen mit anderen umfassenden und detaillierten Urteilen betrachtet werden müssen. Jedes unserer Detailurteile bezieht sich auf die Wahrscheinlichkeit einer Subhypothese, die durch eine bestimmte umfassende Hypothese nötig gemacht wurde. Wir beurteilen die relativen Wahrscheinlichkeiten unterschiedlicher individueller Implikationen, die durch unterschiedliche Auffassungen vom Ganzen hervorgebracht wurden. Wenn wir diese Detailurteile fällen, so besteht unser Hauptzweck stets darin, zu entscheiden, welche umfassende Interpretation in der Mehrzahl der Fälle als die richtigste bezeichnet werden muß, denn jedes Ergebnis eines Vergleichs der Wahrscheinlichkeiten zweier Subhypothesen wird danach als Teilbeweis für die eine oder die andere generische Interpretation betrachtet. Wenn eine der größeren interpretativen Hypothesen sich in der Mehrzahl der Fälle als richtiger erweist, so sagen wir, daß sie mehr Beweismaterial „erklärt" und folglich wahrscheinlicher ist. Dies ist oft gemeint, wenn Interpreten sagen, daß eine Interpretation dem Text besser entspricht oder ihn erklärt. Wie ich gezeigt habe, ist solch eine Beschreibung durchaus inexakt und irreführend; beide Interpretationen entsprechen dem Text gleichermaßen und beide erklären alles im Text. Wirklich gemeint ist, daß die Erklärungen oder Subhypothesen, die durch eine Interpretation impliziert werden, sich auf der Basis allen relevanten Beweismaterials üblicherweise als die wahrscheinlicheren Erklärungen erweisen. Wenn das Ergebnis dieser Detailurteile eine umfassende Interpretation, die aus anderen Gründen (wie bei Donnes Gedicht) ebenfalls die wahrscheinlichere ist, stützt, dann können wir unsere Wahl als in hohem Grade verläßlich betrachten. Besteht jedoch ein Widerspruch zwischen diesen beiden Ebenen, dann müssen wir entscheiden, ob das Gesamtgewicht der Detailurteile (d. h. ihr individuelles Gewicht und ihre Konsistenz) groß genug ist, um die auf einer umfassenderen Ebene sich ergebende Wahrscheinlichkeit zu übertreffen. Dies wird normalerweise der Fall sein, wenn es jedoch nicht so ist, dann müssen wir eventuell zu der entgegengesetzten Entscheidung oder zu dem Schluß kommen, daß beide Hypothesen gleichermaßen wahrscheinlich sind.

Der Grund dafür, daß ich meine früher veröffentlichte Meinung über Wordsworths Gedicht weder verteidige noch widerrufe, ist, daß viele Leser mich persönlich auf Probleme hinwiesen, die ich nicht explizit behandelte. Es wäre in diesem Kontext eine Abschweifung und würde zu keiner Entscheidung führen, wollte man alle diese Schwierigkeiten untersuchen, doch stellt sich auf Grund dieser meiner Erfahrung eine höchst relevante Frage hinsichtlich der Beurteilung unterschiedlicher Interpretationen. Die wirklich entscheidende Notwendigkeit beim Erreichen verläßlicher Schlußfolgerungen besteht darin, zahlreiche unterschiedliche Subhypothesen von der Art, wie ich sie eben als Anschauungsmaterial dargelegt habe, vorzubringen. Es waren genau solche Subhypothesen, die jene Leser, die nicht meiner Meinung waren, vorbrachten. Dies veranschaulicht den Hauptvorteil, den das in der Rechtsprechung angewandte Anwaltsystem bei der Interpretation besitzen würde. Die Anwälte haben die Aufgabe, Beweismaterial vorzubringen, das für ihre Partei günstig und für die Gegenpartei ungünstig ist. Sie bringen dabei vielleicht Beweise ans Licht, die zu betrachten ein Richter möglicherweise nicht erwogen hätte. Ohne einen Richter schweben jedoch alle diese relevanten Teilbeweise nutzlos im Raum. Anwälte werden benötigt, damit sie Subhypothesen entdecken, die Entscheidungen stützen können, und damit sie andere Arten von Beweismaterial auffinden, das eine Interpretation bekräftigen kann. Solange es jedoch keine Anwälte gibt, die manchmal auch die Funktion des Richters ausüben, wird diese Aktivität nicht wirklich zu Erkenntnissen führen.

Ich kann nun die Prinzipien, nach denen sich Entscheidungen über Gewicht und Relevanz interpretativen Beweismaterials richten müssen, zusammenfassen. Es muß, soll eine verläßliche Bewertung von Interpretationen vorgenommen werden, alles relevante Beweismaterial, sei es nun „textimmanent" oder „äußerlich", in die Betrachtung einbezogen werden. Die Zulässigkeit von Beweismaterial richtet sich nach dem Kriterium der Relevanz. Beweismaterial muß als relevant betrachtet werden, wenn es dazu dient, eine Klasse, unter welche das Objekt der Interpretation (ein Wort oder ein ganzer Text) subsumiert werden kann, zu definieren, oder wenn es die Zahl der zu einer solchen Klasse gehörenden Einzelfälle erhöht. Das relative Gewicht oder die Verläßlichkeit eines Urteils, das auf solches Beweismaterial gegründet ist, richtet sich nach der relativen Enge der Klasse, der Menge der Einzelfälle innerhalb der Klasse und nach der relativen Häufigkeit des jeweiligen Einzelzugs bei diesen Fällen. Ein Urteil, das auf eine engere Klasse gegründet ist, ist stets gewichtiger oder verläßlicher als ein auf eine weitere Klasse gegründetes, ohne Rücksicht darauf, wie wenig umfassend die engere Klasse sein mag. Liegt widersprüchliches Beweismaterial aus zwei unterschiedlichen subsumierenden Klassen vor, so sollten wir zunächst versuchen, eine dritte, engere Klasse zu bilden, indem wir die definierenden Züge der Klassen kombinieren. Ist dies unmöglich, und stehen die auf die zwei Klassen gegründeten Urteile in Widerspruch zueinander so müssen wir entscheiden, welches Urteil das wahrscheinlichere ist, indem wir die Menge der zu den subsumierenden Klassen gehörenden Einzelfälle und die relative Häufigkeit des vorherrschenden Zugs innerhalb der Klassen vergleichen. Solche Vergleiche sind jedoch oft unzuverlässig und führen selten zu sicheren Ergebnissen.

Die Anwendung dieser Prinzipien bei der Beurteilung zweier Interpretationen vollzieht sich auf zwei Ebenen. Auf der Ebene des Genres betrachten wir die relative Wahrscheinlichkeit (getrennt von einer Berücksichtigung des textimmanenten Beweismaterials), daß der Text eher von der einen Art als von einer anderen sein wird. Diese generische Vermutung sollte für sich allein durchgeführt werden, isoliert von vielen sie stützenden textimmanenten Zügen, weil jene Züge bis zu einem gewissen Grade durch diese generische Vermutung selbst hervorgebracht wurden. Das Beweismaterial, das sich in dieser Vermutung niederschlägt, ist somit teilweise „äußerlich" – Datierung, Autorschaft, Milieu u. s. w. – aber es ist notwendigerweise auf solch unzweifelhaft textimmanente Züge, wie Vokabular, Form und Titel, gegründet. Andererseits können wir auch Wahrscheinlichkeitsurteile über Details fällen, und zwar über unterschiedliche Erschließungen von Details, die durch die unterschiedlichen generischen Hypothesen gefördert wurden. Das Beweismaterial, das sich in diesen Urteilen niederschlägt, ist ebenfalls, wie ich bereits gezeigt habe, sowohl textimmanent als auch äußerlich. Bemüht man sich, diese Prinzipien anzuwenden, so wird das Ergebnis normalerweise die Schlußfolgerung sein, daß die wahrscheinlichere generische Vermutung jene ist, die oft von sekundären Wahrscheinlichkeitsurteilen gestützt wird. Kommt es nicht zu diesem glücklichen Ergebnis, so ist die sich aus den sekundären Urteilen ergebende Tendenz üblicherweise der verläßlichere Beweis, da er mehrere Urteile umfaßt, die auf ziemlich engen Klassen beruhen. Wenn jedoch in einem solchen Konflikt die Urteile nicht eindeutig nach einer bestimmten Richtung tendieren, dann ist keine klare Entscheidung angebracht. Das Hauptbemühen des Interpreten, der ein solches Wahrscheinlichkeitsurteil fällt, besteht in der Einengung der Klasse. Dies bedeutet, daß er sich darum bemühen muß, möglichst viel über seinen Text und alles was damit im Zusammenhang steht, herauszufinden. Daß diese Schlußfolgerung schon immer allgemein bekannt war, ist ein weiteres Beispiel für die Tatsache, daß die Logik der Ungewißheit die Logik des gesunden Menschenverstands ist.

E. Methoden, Kanons, Regeln und Prinzipien

Das Endziel der theoretischen Begründung einer Disziplin besteht, so sollte man meinen, in der Formulierung zuverlässiger Methoden, deren Befolgung zu gültigen Ergebnissen führt. Demnach sollte die Theorie der Interpretation zu einer Methodologie der Interpretation führen. Dieses Ideal schwebte von Zeit zu Zeit dem fruchtbaren Geist Schleiermachers vor und leitete seine Versuche, verläßliche Kanons der Interpretation zu formulieren. Mit größerer Zuversicht und auf systematischere Weise nahm Boeckh dieses Ziel wieder auf; er verwendete das Wort *Methodologie* im Titel seiner Abhandlung. Kanons der Interpretation existierten jedoch schon lange bevor Schleiermacher schrieb – in der *hermeneutica sacra* der Bibelgelehrten, in den methodologischen Anmerkungen der Schulen von Pergamon und Alexandria und am umfassendsten in der langen Tradition der Gesetzesinterpretation, deren Regeln teilweise immer noch von ihrer Herkunft aus dem mittelalterlichen Recht Zeugnis ablegen: *noscitur a sociis; reddendo singula singulis*. In der Literatur besteht diese praktische Tradition in sehr einflußreicher Form in den vielen Handbüchern, die den Studenten mit Methoden der Interpretation literarischer Texte versehen, indem sie ihm sagen, welche Fragen er stellen und welche Kategorien er anwenden soll.

Das bemerkenswerteste Charakteristikum dieser Tradition ist die von ihr hervorgebrachte Vielfalt interpretativer Regeln. Nicht immer widersprechen diese Regeln einander, doch führen sie in die verschiedensten Richtungen. Offensichtlich braucht der Literaturwissenschaftler andere Kanons als der Jurist oder der Bibelgelehrte, und selbst innerhalb dieser großen Bereiche sind die Kanons, die für den jeweiligen Text benötigt werden, recht verschieden. Der Jurist interessiert sich nicht für Kanons, die zu einer Entscheidung darüber führen, ob ein Text allegorisch ist, doch kann es durchaus sein, daß der Literaturwissenschaftler in einem gegebenen Fall ebenfalls nicht an solch einem Kanon interessiert ist. Der Gelehrte, der es mit einem interpolierten

Text zu tun hat, findet vielleicht den folgenden Kanon Schleiermachers nützlich: „Ein Saz in welchem ohne Unterbrechung noch dasselbe Subject herrscht oder dasselbe Prädicat ist noch als zum unmittelbaren Zusammenhange gehörig zu betrachten."[17] Wenn der Text jedoch nicht interpoliert ist, so ist dieser Kanon natürlich völlig zwecklos. Andererseits wäre es nicht nur völlig zwecklos, sondern irreführend, auf alle Texte den juristischen Kanon anzuwenden, daß „das Wort ‚und' als ‚oder' und umgekehrt aufgefaßt werden kann."[18] Jeder, der über praktische Regeln der Interpretation nachdenkt, bemerkt schnell, daß ihr Anwendungsbereich stets begrenzt ist. Bis heute gibt es keinen konkreten und praktischen Kanon der Interpretation, der sich auf alle Texte anwenden läßt, und ich bin der festen Überzeugung, daß praktische Kanons sich nicht einmal auf den kleinen Bereich von Texten, für den sie formuliert wurden, konsistent anwenden lassen.

Der beachtlichste Versuch, wirklich allgemeine Kanons, die auf alle Texte anwendbar sein sollten, zu formulieren, war derjenige Schleiermachers, doch verraten seine Bemühungen einige sehr widersprüchliche Impulse, aus denen hervorgeht, wie wenig wohl ihm zuweilen bei seinem Projekt der Formulierung einer Methode der Interpretation zumute war. Mit einem Auge ständig die Probleme der Interpretation des Neuen Testamentes betrachtend, produzierte er stets Kanons über „das Hauptthema" und „das Nebenthema", die offensichtlich stärker spezialisiert als ursprünglich beabsichtigt waren. Selbst einige seiner mit voller Absicht allgemein formulierten Kanons, die allgemeinsten, die je formuliert wurden, lassen sich nicht wirklich universell anwenden. Sein erster und festester Kanon heißt zum Beispiel folgendermaßen: „Erster Kanon. Alles was noch einer näheren Bestimmung bedarf in einer gegebenen Rede, darf nur aus dem dem Verfasser und seinem ursprünglichen Publikum

---

[17] *Hermeneutik*, S. 100.
[18] F. J. McCaffrey, *Statutory Construction: A Statement of the General Rules of Statutory Construction* (New York, 1953), S. 52.

gemeinsamen Sprachgebiet bestimmt werden."[19] Dies ist offensichtlich, da der von einem Autor intendierte *Wortsinn* nur ein Sinn sein kann, der er mit seinem Publikum irgendwie teilen kann. Diese Teilbarkeit wird durch den Ausdruck „gemeinsames Sprachgebiet" impliziert, und die Absicht des Kanons besteht darin, private und anachronistische Auffassungen von einem Text auszuschließen. Diese löbliche Intention umfaßt jedoch nicht jene Texte, die ein Streben nach zukünftiger Anwendung beinhalten – zum Beispiel Gesetzestexte. Zwar müssen die „Bestimmungen" eines Gesetzestextes erst aus jenem gemeinsamen Sprachgebiet, von dem Schleiermacher spricht, abgeleitet werden, doch dürfen sie nicht auf jenes Gebiet begrenzt werden, da sie auch auf Gegenstände und Situationen, die bei der Formulierung des Gesetzes nicht existierten und folglich innerhalb des ursprünglichen Sprachgebiets nicht verstanden werden und nicht verständlich sein konnten, angewandt werden sollen.

Steht es mit dem zweiten Kanon besser? „Zweiter Kanon. Der Sinn eines jeden Wortes an einer gegebenen Stelle muß bestimmt werden nach seinem Zusammensein mit denen die es umgeben."[20] Diese „Regel" ist natürlich eine Beschreibung dessen, was jeder Interpret schon immer getan hat, ob er die Regel kannte oder nicht, da er, wenn er ein Wort erschließen wollte, er zuerst dessen Funktion erschließen mußte, und dies konnte nicht isoliert von dem weiteren Sinn, den das Wort mit den es umgebenden Wörtern kooperativ kommuniziert, geschehen. Dieser Kanon besitzt daher zweifellos echte Allgemeinheit, doch ist er als praktische Regel völlig nutzlos. Er sagt jedermann, man solle tun, was man schon immer getan hat und auch ohne die Regel tun wird; aber, wichtiger noch, er ist nicht in der Lage, praktische Entscheidungen herbeizuführen. Jedes Wort *wird* immer in Verbindung mit seinen Nachbarn erschlossen werden, und wenn es verschiedene Auslegungen gibt, so wird der Sinn

---

[19] *Hermeneutik*, S. 90.
[20] Ebenda, S. 95.

der umgebenden Wörter entsprechend variieren. Der Kontext ist nicht ein festes Gegebenes, sondern etwas, das ebenso variabel sein kann, wie das zur Debatte stehende Wort. Man könnte also ebenso gut als sich daraus ergebenden Kanon festlegen, daß „der Sinn eines Wortes den Sinn der umgebenden Wörter bestimmen muß." Beide Elemente sind variabel und voneinander abhängig, wie Schleiermacher in seiner Lehre vom Teil und vom Ganzen selbst oft impliziert hat. Der wirkliche Wert von Schleiermachers epochemachenden Ausführungen über Hermeneutik findet sich in der Tat nicht in seinen Kanons, sondern in den intelligenten, ausführlichen und abschweifenden Einschränkungen derselben.

Man kann als allgemeine Regel der Interpretation festlegen, daß es keine interpretativen Regeln gibt, die sowohl allgemein als auch praktisch anwendbar sind. Wie das obige Beispiel zeigt kann uns eine wahrhaft allgemeine Regel in einem spezifischen Fall nicht leiten, während eine praktische Regel – d. h. eine spezifische und konkrete – nicht wirklich allgemein sein kann. Sie führt möglicherweise zu der gültigen Entscheidung; vielleicht aber auch nicht. Schleiermacher verwandte einen großen Teil seiner Energie darauf, sowohl seine eigenen als auch die überlieferten, ererbten Regeln einzuschränken. Er machte beispielsweise die folgende kluge Bemerkung: „Hiedurch wird die alte Regel: wenn sich noch Spuren in der Schrift selbst fänden die Erklärungsmittel nicht außerhalb derselben zu suchen gar sehr beschränkt."[21] Ähnlich ist seine Aussage über Kanons, die von der Wiederholung von Wörtern handeln: „Die Maxime so viel als möglich tautologisch zu nehmen ist eben so falsch als die so viel als möglich emphatisch zu nehmen."[22] Wir finden genau die gleichen Einschränkungen in den traditionellen Kanons der juristischen Interpretation. „Wir sollten nicht vom normalen Sprachgebrauch abweichen, *es sei denn* wir hätten

---

[21] Ebenda, S. 103.
[22] Ebenda, S. 105.

sehr wichtige Gründe dafür". „Wenn ein Wort als *terminus technicus* eine feste Bedeutung besitzt, so ist es in diesem Sinne zu verstehen, *es sei denn* der Kontext oder andere Hinweise auf den Sinn geben Anlaß zu der Annahme, daß eine entgegengesetzte legislative Absicht damit verbunden ist". „Wenn in verschiedenen Teilen eines Gesetzes die gleiche Sprache verwendet wird, ... so ist sie auf die gleiche Weise auszulegen ..., *es sei denn* der allgemeine Sinn und die Absicht des Gesetzes machen eine andere Auslegung erforderlich" u. s. w.[23] Jede praktische Regel der Interpretation zieht ein impliziertes „es sei denn" nach sich, was natürlich bedeutet, daß sie kein wirkliche Regel ist.

Welchen Status, welchen Zweck besitzen dann also die vielen traditionellen Kanons der Interpretation? Sie sind eindeutig vorläufige Richtlinien oder Daumenregeln. In Ermangelung zwingender gegenteiliger Weisungen folgen wir ihnen, weil sie in der Mehrzahl der Fälle das Richtige sagen. In anderen Worten: die praktischen Kanons der Interpretation sind vorläufige Wahrscheinlichkeitsurteile, die sich auf frühere Erfahrungen gründen. In der Mehrzahl der Fälle wird ein Gesetzestext denselben Sinn besitzen, wenn er dieselben Wörter verwendet – dafür gibt es sehr plausible Gründe. Da jedoch alle praktischen interpretativen Kanons nur vorläufige Wahrschein-

---

[23] Siehe z. B. die verschiedenen Regeln der Erschließung von Texten von Vattel, Domat und Lieber in Theodore Sedgwick, *A Treatise on the Rules Which Govern the Interpretation and Application of Statutory and Constitutional Law* (New York, 1857), S. 266–290. Sedgwick besitzt trotz des eindrucksvollen Titels seines Werks eine gesunde Skepsis gegenüber seinem Gegenstand: „Ich glaube auch nicht, daß man leicht ein System von Interpretationsregeln für Fälle von Zweideutigkeit in geschriebener Sprache aufstellen kann, das wirklich dazu dienlich ist, den Geist in Zweifelsfällen zu leiten ... Es dürfte ebenso vergeblich sein, bestimmte und feste Interpretationsregeln zu erstellen, wie es das Bemühen ist, in gleicher Weise die Methode festzulegen, nach welcher man Schlußfolgerungen aus Zeugenaussagen ziehen soll" (S. 228).

lichkeitsurteile sind, ergeben sich zwei Konsequenzen bezüglich ihrer vernünftigen Anwendung. Erstens, der Kanon ist um so verläßlicher, je enger der intendierte Anwendungsbereich ist. Praktische Kanons, die auf eine sehr streng begrenzte Klasse von Texten angewandt werden, sind für diese Texte verläßlicher als jene Kanons, die Anspruch auf einen weiteren Anwendungsbereich erheben. Zweitens, da jeder interpretative Kanon dadurch aufgehoben werden kann, daß man den Text unter eine noch engere Klasse subsumiert, in welcher der Kanon entweder nicht oder nur für eine solch knappe Mehrheit der Fälle gilt, daß er zweifelhaft wird, folgt, daß interpretative Kanons oft eine verhältnismäßig nutzlose Belastung darstellen. Sind sie allgemein, so können sie keine Entscheidung herbeiführen, und selbst wenn sie eng und praktisch sind, können sie aufgehoben werden. Das Wichtige an einer Daumenregel ist, daß sie keine Regel ist.

Der Gedanke, daß eine verläßliche Methodologie der Interpretation auf einer Gruppe von Kanons aufgebaut werden kann, ist also eine Trugvorstellung. Vorgefertigte Maximen besitzen weniger Autorität als auf Informationen beruhende Wahrscheinlichkeitsurteile über bestimmte Fälle, und die Erschließung von Wörtern kann auf keinen Fall durch *irgendwelche* Methoden geregelt werden. Es ist keine Gruppe von Regeln oder Riten der Vorbereitung denkbar, die Einsicht in das vom Autor Intendierte hervorbringen oder erzwingen kann. Der Akt des Verstehens ist zunächst eine geniale (oder falsche) Vermutung, und es gibt keine Methoden für das Anstellen von Vermutungen, keine Regeln für das Hervorbringen von Einsicht. Die methodische Aktivität der Interpretation beginnt, wenn wir anfangen, unsere Vermutungen zu prüfen und zu kritisieren. Diese zwei Seiten des interpretativen Vorgangs, der hypothetische und der kritische, lassen sich natürlich nicht säuberlich trennen, wenn wir über einem Text brüten; denn wir sind ständig dabei, sowohl unsere detaillierten als auch unsere umfassenden Vermutungen zu überprüfen, während wir allmählich eine zusammenhängende Sinnstruktur aufbauen.

Wir wollen sicher gehen, daß wir die Sache im Griff haben, und wir fragen uns immer wieder, ob eine Vermutung im Lichte des uns über den Text bisher Bekannten wahrscheinlich richtig ist. Die Tatsache, daß diese zwei Aktivitäten im Vorgang des Verstehens einander bedürfen und einander begleiten, sollte uns jedoch nicht dazu führen, die launische Gesetzlosigkeit des Vermutens mit dem letztlich methodischen Charakter des Überprüfens zu verwechseln. Beide Vorgänge sind bei der Interpretation notwendig, doch wird nur einer von ihnen durch logische Prinzipien bestimmt. Der juristische Ausdruck „Kanons der Auslegung" ist demnach eine typische Fehlbezeichnung, welche die lange währende Verwechslung jener zwei Vorgänge widerspiegelt. Es kann keine Kanons der *Auslegung* geben, sondern nur solche Kanons, die uns bei der Auswahl zwischen einem Sinn und einem anderen, die wir beide bereits aus dem Text erschlossen haben, behilflich sind.

Schleiermacher legt trotz seines Flirts mit Kanons der Erschließung diese Unterscheidung zwar unpräzise aber eindrücklich fest:

> Für das ganze Geschäft giebt es vom ersten Anfang an zwei M e t h o d e n , die divinatorische und die comparative, welche aber wie sie auf einander zurückweisen auch nicht dürfen von einander getrennt werden. Die divinatorische ist die welche indem man sich selbst gleichsam in den anderen verwandelt, das individuelle unmittelbar aufzufassen sucht. Die comparative sezt erst den zu verstehenden als ein allgemeines, und findet dann das Eigenthümliche indem mit andern unter demselben allgemeinen befaßten verglichen wird. Jenes ist die weibliche Stärke in der Menschenkenntniß, dieses die männliche.[24]

Was Schleiermacher die „divinatorische Methode" nennt, ist die produktive Vermutung oder Hypothese, für die keine Regeln formuliert werden können, ohne die jedoch der Vorgang der Interpretation nicht einmal beginnen kann. Die kritische, männliche Funktion kann andererseits nichts hervorbringen, aber sie

---

[24] *Hermeneutik*, S. 105.

kann beurteilen und prüfen. Schleiermacher nennt sie „comparativ", teilweise weil er erkannt hat, daß interpretative Vermutungen immer durch Vergleiche geprüft werden, indem man den Gegenstand der Interpretation unter eine Klasse ähnlicher Fälle subsumiert. Er erkannte damit implizit die komparative Natur von Wahrscheinlichkeitsurteilen, und obwohl er mit Recht darauf insistiert, daß die divinatorische und die komparative Funktion untrennbar sind, bemerkte er nicht, daß eine Funktion stets der anderen vorausgeht, daß die weibliche Intuition jene Ideen hervorbringt, die das männliche komparative Urteil sodann prüft und entweder annimmt oder verwirft.

Trotz seiner metaphorischen und unpräzisen Ausdrucksweise lohnt es sich noch aus einem anderen Grunde, Schleiermacher zu zitieren. Er deutet an, daß die weibliche, divinatorische Funktion und die männliche, komparative Funktion die zwei grundsätzlichen Kräfte nicht nur der Interpretation, sondern der menschlichen Erkenntnis überhaupt sind. Die Implikationen dieser Einsicht erstrecken sich über die gängige Diskussion des Gegensatzes zwischen naturwissenschaftlicher und humanistischer Kultur und deren jeweiliger „Methoden" hinaus. Es geht nicht um irgendeine ideale Fusion der beiden verschiedenen Kulturen und ihrer Denkweisen, sondern um das Recht der Interpretation (und implizit aller humanistischen Disziplinen), echte Erkenntnis als ihr Ziel zu beanspruchen. Die zwei Kräfte, die Schleiermacher bei der Interpretation und beim menschlichen Denken überhaupt bemerkte, sind Varianten der zwei Vorgänge, die in der Tat in jedem Bereich des Denkens, der Anspruch auf Erkenntnis erheben kann, enthalten sind. So stellt Sir Peter Medawar folgende Behauptung auf:

Was man üblicherweise für zwei alternative, ja konkurrierende Erklärungen *eines* Denkvorgangs hält, sind in Wahrheit Erklärungen *zweier* sukzessiver und komplementärer Abschnitte des Denkens, die bei jedem Fortschritt des wissenschaftlichen Verständnisses vorkommen... Die Hauptschwäche der Millschen Induktion lag darin, daß sie nicht zwischen den in Entdeckung und Beweis enthaltenen Geisteshandlungen unterschied... Mill glaubte, daß sein Vorgang der „Induktion" diese beiden Funktionen ausfüllen könnte; leider irrte er sich dabei, denn nicht der Ursprung einer Hypothese, sondern nur deren Annahme hängt von der Autorität der Logik ab ... „Eine Idee zu haben", ist offensichtlich eine irgendwie imaginative Tat, das Werk eines einzelnen Geistes; „es auszuprobieren", muß offensichtlich ein Vorgang rücksichtsloser Kritik sein, zu dem viele Talente und viele Hände beitragen können.[25]

Während es also keine Methode und kein Modell der richtigen Interpretation gibt und geben kann, kann es einen rücksichtslos kritischen Vorgang der Geltungsprüfung geben, an dem viele Talente und viele Hände teilhaben können. Ebenso wie jeder individuelle Interpretationsvorgang sowohl eine hypothetische als auch eine kritische Funktion umfaßt, so besteht auch die Disziplin der Interpretation aus dem Haben der Ideen und deren Überprüfung. Theoretisch können diese zwei „Momente" oder „Abschnitte" in einer Weise getrennt werden, wie es im Verlauf der Auslegung eines Textes nicht geschehen kann, denn jede geschriebene Interpretation ist eine Hypothese, die eine Reihe von Subhypothesen impliziert, die wiederum alle einer Überprüfung offenstehen. Widersprüchliche Interpretationen können im Lichte relevanten Beweismaterials einer Prüfung unterzogen werden, und objektive Schlußfolgerungen sind erreichbar. Natürlich bedarf es der Imagination – eines divinatorischen Talents, wie es auch gebraucht wird, um interpretative Vermutungen anzustellen – einfach um in hohem Maße relevantes Beweismaterial zu entdecken. Das Aufstellen interpretativer Hilfshypothesen, die Wahrscheinlichkeitsentscheidungen fördern, unterscheidet sich im Prinzip nicht vom Erfinden von Experimenten, die Entscheidungen zwischen Hypothesen in den Naturwissenschaften fördern können. Aber obwohl die divinatorische Fähigkeit selbst beim Vorgang der Geltungsprüfung von wesentlicher Bedeutung ist, besteht das Wesen

---

[25] „Anglo-Saxon Attitudes," *Encounter*, 25 (August 1965), 54. Medawar steht nach eigener Erklärung in der Schuld Karl Poppers.

jenes Vorgangs im Fällen von Urteilen auf der Grundlage allen relevanten Beweismaterials, das bis dahin vorgebracht worden ist; solche Urteile können im hellen Licht des Tages gefällt werden.

Selbst die Tatsache, daß einige eigensinnige oder wenig selbstkritische Geister den so erreichten Schlußfolgerungen ihre Zustimmung stur verweigern könnten, schließt diese Schlußfolgerungen nicht aus dem Bereich echter Erkenntnis aus. Denn wenn ein Gelehrter gesagt hat: „Hier ist das gesamte vorgebrachte Beweismaterial und hier sind die Schlußfolgerungen, die dieses Beweismaterial erfordert", dann ist seine Feststellung nicht mehr durch bloße rhetorische Künste anzugreifen. Sein Anspruch kann als falsch erwiesen werden – entweder weil er etwas von dem bekannten Beweismaterial übersehen hat oder weil er einen logischen Fehler begangen hat. Solch eine Aufdeckung eines Fehlers oder einer Nachlässigkeit kann seine Schlußfolgerung auf objektive Weise widerlegen – aber nichts anderes. Seine Schlußfolgerung gilt, bis neues Beweismaterial vorgebracht worden ist.

Die Disziplin der Interpretation gründet sich also nicht auf eine Methodologie der Auslegung, sondern auf eine Logik der Geltungsprüfung. Die Prinzipien jener Logik, die in den vorausgehenden Abschnitten dieses Kapitels dargelegt wurden, sind im wesentlichen die Prinzipien, nach denen Wahrscheinlichkeitsurteile in allen Bereichen des Denkens gefällt werden. Die unausweichliche Tendenz dieser logischen Prinzipien führt weg von verallgemeinernden Maximen und hin zu einer zunehmenden Partikularität relevanter Beobachtung. Als eigentliches Reich der Verallgemeinerungen innerhalb des Gebiets der Hermeneutik erweist sich das Reich der Prinzipien, nicht das der Methoden, denn die Prinzipien, nach denen sich Wahrscheinlichkeitsurteile richten, erfordern, daß jedes praktische interpretative Problem in seiner Besonderheit gelöst wird und nicht in Übereinstimmung mit Maximen und Methoden, die den Namen einer Theorie usurpieren. Das Grundproblem der Interpretation ist jedoch trotz seiner praktischen Konkretheit und

Unterschiedlichkeit immer das gleiche – zu erraten, was der Autor meinte. Wenn wir auch niemals sicher sein können, daß unsere interpretativen Vermutungen richtig sind, so wissen wir doch, daß sie richtig sein *können* und das Ziel der Interpretation als Disziplin besteht darin, die Wahrscheinlichkeit ihrer Richtigkeit dauernd zu erhöhen. In den früheren Kapiteln dieses Buches zeigte ich, daß nur ein interpretatives Problem objektiv gelöst werden kann: „Was wollte der Autor aller Wahrscheinlichkeit nach mitteilen?" In diesem abschließenden Kapitel habe ich insbesondere zu zeigen versucht, worin jene Objektivität besteht. Sie besteht in unserer Fähigkeit, auf Grund fester Prinzipien zu sagen: „Ja, diese Antwort ist richtig" oder „Nein, sie ist falsch."

ANHANG I: OBJEKTIVE INTERPRETATION

Die Tatsache, daß der Begriff „Kritik" heute zu einer Bezeichnung für alle Arten von Kommentaren über den Sinn eines Textes geworden ist, spiegelt die allgemeine Annahme der Meinung wider, daß bei der Untersuchung von Literatur Beschreibung und Wertung untrennbar verbunden sind. Es wäre natürlich vergeblich, bei jeder ersten Begegnung mit Literatur zu versuchen, alle wertenden Aussagen rigoros zu verbannen. Dies gibt uns jedoch nicht das Recht, die jeweils vorliegenden Texte falsch zu verstehen oder falsch zu interpretieren, sie als Grundlage einer kreativen Übung zu benützen, oder eine Argumentation für einen bestimmten ethischen, kulturellen oder ästhetischen Standpunkt als ernsthaften Textkommentar verkleidet vorzulegen. Das Hauptanliegen der Kritik, die augenblickliche Relevanz eines Textes, ist auch nicht unbedingt ein notwendiger Aspekt des Textkommentars. Die gleiche Art von Theorie, die für die Untrennbarkeit von Beschreibung und Wertung eintritt, verwendet sich auch dafür, daß der Sinn eines Textes einfach in seinem Sinn „für uns heute" bestehe. Beide Arten der Argumentation stärken die Vorstellung, daß Interpretation Kritik sei und umgekehrt. Es ist sicherlich sinnvoll zu sagen, daß wir weder einen Text bewerten können noch in der Lage sind, zu beurteilen, was er für uns bedeutet, solange wir nicht richtig erfaßt haben, was er überhaupt bedeutet. Verständnis (und damit auch Interpretation im strengen Sinne des Wortes) steht sowohl logisch als auch psychologisch vor dem, was man allgemein als Kritik bezeichnet. Zugegebenermaßen kann sich diese Unterscheidung zwischen Verständnis und Wertung nicht immer in der fertigen kritischen Arbeit zeigen – vielleicht sollte sie es auch gar nicht; würde jedoch diese Unterscheidung generell erfaßt und akzeptiert, so könnte das dazu dienen, einige der wichtigsten Fehler heutiger Kritik (ihren Subjektivismus und ihren Relativismus) zu korrigieren, und es vielleicht sogar möglich machen, daß die Untersuchung von Literatur als gemeinschaftliches Unternehmen und fortschreitende Disziplin betrachtet wird.

Natürlich wird niemand leugnen, daß die wichtigere Frage nicht die nach dem Status des Faches ‚Literaturwissenschaft', sondern die nach der Lebendigkeit der Literatur – besonders der älteren – in der Welt ganz allgemein ist. Der Kritiker darf annehmen, daß der Text zu uns sprechen sollte. Was jedoch vom Kritiker klar erfaßt werden muß, ist die Tatsache, daß wir einen Text nicht dazu bringen können, zu uns zu sprechen, solange das, was er sagt, nicht verstanden worden ist. Dies soll kein Argument für den Historismus und gegen die Kritik sein – es handelt sich einfach um eine simple ontologische Tatsache. Der Textsinn ist kein bloßes Gegebenes wie ein physikalischer Gegenstand. Der Text ist, wie die Partitur eines Musikstücks, eine auf Konventionen beruhende Darstellung. Was diese Partitur darstellen soll, kann richtig oder falsch erschlossen werden. Der literarische Text besitzt (trotz der fast mystischen Ansprüche, die hinsichtlich seiner Einmaligkeit erhoben werden) keinen besonderen ontologischen Status, der den Leser irgendwie von den Aufgaben, die von allen sprachlichen Texten stets aufgegeben werden, befreien könnte. Nichts kann einer auf Konventionen beruhenden Darstellung den Status eines unmittelbar Gegebenen verleihen. Zum Beispiel muß der Text eines Gedichtes vom Kritiker ausgelegt werden, bevor er in ihm ein Gedicht sehen kann. Es wird dann zweifellos zu einem Artefakt mit besonderen Merkmalen. Bevor der Kritiker das Gedicht erschließt, ist es jedoch für ihn überhaupt kein Artefakt, und wenn er es falsch erschließt, dann wird er danach über das falsche Artefakt sprechen, nicht über das durch den Text wiedergegebene. Wenn Kritik in irgendeinem wesentlichen Sinn objektiv sein soll, dann muß sie auf eine selbstkritische Erschließung des Textsinns gegründet sein, d. h. auf eine objektive Interpretation.

Die von mir vorgenommene Unterscheidung zwischen Interpretation und Kritik war eines der Hauptprinzipien der nunmehr nur noch in Resten vorhandenen Wissenschaft der Hermeneutik. August Boeckh teilte zum Beispiel den theoretischen Teil seiner *Encyclopädie* in zwei Abschnitte ein, von denen er einen der Interpretation (Hermeneutik), den anderen der Kritik widmete. Boeckhs Untersuchung dieser Unterscheidung ist erhellend: Interpretation ist die Erschließung des Textsinns an sich; sie legt allein jenen Sinn aus, den der Text explizit oder implizit wiedergibt. Kritik andererseits baut auf den Ergebnissen der Interpretation auf; sie setzt sich nicht mit dem Textsinn an sich auseinander, sondern betrachtet ihn als Komponente innerhalb eines größeren Kontexts. Boeckh definierte die Kritik als „diejenige philologische Funktion, wodurch ein Gegenstand nicht auf sich selbst und um seiner selbst willen, sondern zur Festsetzung eines Verhältnisses und einer Beziehung auf etwas anderes verstanden werden soll der Gestalt, daß das Erkennen dieses V e r - h ä l t n i s s e s selbst der Zweck ist."[1] Boeckhs Definition ist inso-

---

[1] *Encyclopädie*, S. 170.

fern nützlich, als sie betont, daß Interpretation und Kritik es mit zwei völlig verschiedenen „Gegenständen" zu tun haben, denn dies ist der fundamentale Unterschied zwischen den zwei Tätigkeiten. Gegenstand der Interpretation ist der Textsinn an und für sich; er kann als der *Sinn* des Textes bezeichnet werden. Gegenstand der Kritik ist andererseits, was jener Sinn für etwas anderes (Wertvorstellungen, unsere heutigen Interessen u. s. w.) bedeutet; dieser Gegenstand kann daher als die *Bedeutung* des Textes bezeichnet werden.

Die Unterscheidung zwischen Sinn und Bedeutung eines Textes wurde zuerst von Frege in seinem Artikel „Über Sinn und Bedeutung" deutlich vorgenommen. Frege zeigte dort, daß der Wahrheitswert zweier Texte identisch sein kann, auch wenn ihr Sinn verschieden ist.[2] So ist zum Beispiel die Feststellung, „Scott ist der Autor des *Waverley*", wahr, und dennoch ist der Sinn von „Scott" nicht gleich dem von „der Autor des *Waverley*". Der Sinn ist jeweils verschieden, aber die Bedeutung (oder ein Aspekt der Bedeutung – das Designatum von „Scott" und „der Autor von Waverley") ist dieselbe. Frege betrachtete nur Fälle, bei denen verschiedene Sinne eine identische Bedeutung besitzen, doch ist ebenso wichtig, daß der gleiche Sinn unter Umständen verschiedene Bedeutungen haben kann. So ist zum Beispiel der Satz, „Im Garten befindet sich ein Einhorn", auf den ersten Blick falsch. Nehmen wir jedoch einmal an, daß die Feststellung getroffen wurde, als sich tatsächlich ein Einhorn im Garten befand, wie es in der imaginativen Welt Thurbers vorkommt; die Feststellung wäre dann richtig, ihre Relevanz hätte sich verändert. Ohne Rücksicht darauf bliebe aber der Sinn der Proposition gleich, denn wenn ihr Sinn nicht mit sich selbst identisch bliebe, dann gäbe es auch nichts, das wir als richtig oder falsch bezeichnen könnten. Freges mittlerweile von den Logikern weithin akzeptierte Unterscheidung ist ein besonderer Fall von Husserls allgemeiner Unterscheidung zwischen dem inneren und dem äußeren Horizont eines jeden Sinns. Ich werde in Abschnitt A versuchen, Husserls Konzeption zu klären und zu zeigen, wie sie sich auf die Probleme der Untersuchung von Texten und besonders auf die der Textinterpretation zugrundeliegenden Annahmen anwenden läßt.

Meine Absicht ist vor allem konstruktiver, nicht polemischer Art. Ich möchte nicht das Argument vertreten, Interpretation solle stets streng von Kritik getrennt werden. Ich werde die Kritik einfach

---

[2] Gottlob Frege, „Über Sinn und Bedeutung", *Zeitschrift für Philosophie und philosophische Kritik*, 100 (1892). Eine englische Übersetzung des Artikels findet sich in H. Feigl u. W. Sellars, *Readings in Philosophical Analysis* (New York, 1949).

deshalb außer acht lassen, damit ich mich mit den besonderen Problemen befassen kann, die bei der Erschließung des Sinns eines Textes auftreten. Die meisten meiner Ansichten erheben keinen Anspruch auf Originalität. Mein Ziel besteht darin, einige vergessene Einsichten über die Untersuchung der Literatur mit neuem Leben zu erfüllen und gewisse andere Einsichten aus den Gebieten der Linguistik und Philosophie auf die Theorie der Interpretation anzuwenden. Zwar hat die analytische Richtung der Literaturkritik die Sache einer ‚literarischen' Analyse der Literatur dauerhaft gefördert, doch schenkte sie dem Problem, Normen und Grenzen der Interpretation festzulegen, noch nicht genügend Aufmerkamkeit. Wenn ich argumentative Intentionen zeige, dann richten sich diese also nicht gegen die analytische Richtung, mit der ich übereinstimme, sondern lediglich gegen bestimmte moderne Theorien, die die Etablierung normativer Prinzipien der Interpretation erschweren und somit Subjektivismus und Individualismus, die für viele damit Befaßte die analytische Bewegung diskreditiert haben, unterstützen. Als ‚normative Prinzipien' betrachte ich jene Auffassungen, die um das Wesen der richtigen Interpretation bemüht sind. Wenn ein Kritiker eine klare Vorstellung davon hat, was im Prinzip eine richtige Interpretation ist, dann besitzt er eine Leitvorstellung, an welcher er seine Auslegung messen kann. Ohne eine solche Leitvorstellung ist eine selbstkritische bzw. objektive Interpretation kaum möglich. Die heute geläufige Theorie versieht uns jedoch nicht mit einem derartigen Prinzip. Die einflußreichste und charakteristischste Formulierung der heute gängigen Theorie ist *Theory of Literature* von Wellek und Warren, ein Buch, dem ich viel verdanke. Undankbarerweise wähle ich es (besonders Kapitel 12) als Angriffsziel, doch tue ich dies einmal, weil das Buch so einflußreich ist, zum anderen, weil ich ein spezifisches, konkretes Beispiel jener Art von Theorie, die einer Ergänzung bedarf, benötige.[3]

A. Die zwei Horizonte des Textsinns

Moderne Theoretiker benützen den metaphorischen Lehrsatz, daß ein Text sein eigenes Leben führe, um der Vorstellung, daß sich der Textsinn im Verlauf der Zeit ändere, Ausdruck zu verleihen.[4] Diese Theorie von einem sich wandelnden Sinn dient dazu, die Fusion von Interpretation und Kritik sowie gleichzeitig die Vorstellung, daß die augen-

---

[3] Wellek u. Warren, *Theory of Literature*, Kap. 12. Dieses Kapitel wurde von Wellek verfaßt.
[4] Siehe z. B. ebenda, S. 31.

blickliche Relevanz eines Textes allen Kommentaren über ihn zugrundeliegen müßte, zu stützen. Diese Ansicht sollte jedoch nicht unbezweifelt übernommen werden, da es, wenn sie richtig wäre, kein objektives Wissen über Texte geben könnte. Jede Feststellung über den Textsinn könnte nur für den Augenblick richtig sein, und selbst diese zeitweilige Richtigkeit bliebe unüberprüfbar, da es keine dauerhaften Normen, auf welche man die Überprüfung gründen könnte, gäbe. Während die Theorie vom „Leben eines Textes" die Tatsache, daß verschiedene Zeitalter einen Text oft verschieden interpretieren, zu erklären und zu festigen vermag, und während sie die Wichtigkeit der augenblicklichen Relevanz eines Textes betont, ignoriert sie das Faktum, daß solch eine Ansicht *jeder* Kritik zuwiderläuft, selbst der Art von Kritik, die die augenblickliche Bedeutung betont. Wäre die Meinung gültig, dann würde es der Kritik nicht nur an dauerhafter Richtigkeit ermangeln, sondern sie könnte nicht einmal Richtigkeit für den Zeitpunkt der Drucklegung beanspruchen. Sowohl der Sinn des Textes als auch die Stimmung des Zeitalters hätten sich inzwischen geändert. Die Theorie vom „Leben des Textes" maskiert in Wirklichkeit die Vorstellung, daß der Leser seinen eigenen, neuen Sinn, statt des durch den Text dargestellten erschließt.

Die Theorie vom „Leben eines Textes" impliziert also eindeutig und einleuchtenderweise, daß das Prinzip der Veränderung nicht im Textsinn als solchem, sondern in den sich ändernden Lesergenerationen liegt. Nach Wellek z. B. ändert sich der Sinn eines Textes, während er „den Geist von Lesern, Kritikern und Dichterkollegen durchzieht".[5] Offensichtlich muß sich also der Textsinn ändern, wenn auch nur einige der Normen, die den Sinn eines Textes bestimmen, den Lesern zugeschrieben und von deren Haltungen und Interessen abhängig gemacht werden. Ist es jedoch angebracht, den Textsinn von den kulturellen Gegebenheiten des Lesers abhängig zu machen? Man wird zugeben, daß diese sich mit der Zeit ändern; impliziert dies jedoch Änderungen des Textsinns selbst? Sobald man es den Anschauungen des Lesers erlaubt, zu bestimmen, welchen Sinn ein Text besitzt, dann haben wir es nicht nur mit einem sich ändernden Sinn, sondern möglicherweise mit ebensoviel Sinnen wie Lesern zu tun.

Der Verfechter der gängigen Theorie weist angesichts einer solchen *reductio ad absurdum* darauf hin, daß viele Leser eines bestimmten Zeitalters in ihrer Auslegung eines Textes übereinstimmen und die in einer früheren Epoche akzeptierte Interpretation einmütig ablehnen. Aus Gründen der Fairness soll unterstellt werden, daß es diese

---

[5] Ebenda, S. 144.

angenommene Einstimmigkeit wirklich gibt. Muß sie jedoch mit dem Argument erklärt werden, daß sich der Sinn eines Textes verändert hat? Erinnert man sich an Freges Unterscheidung zwischen Sinn und Bedeutung, so könnte ein solcher Wandel mit der Feststellung begründet werden, der Sinn des Textes sei der gleiche geblieben, während sich die Bedeutung jenes Sinnes verändert habe.[6] Für Leser der gleichen Epoche werden häufig ähnliche kulturelle Gegebenheiten bestehen, weshalb sie auch darin, was der Text für sie bedeutet, übereinstimmen werden. Aber kann es nicht so sein, daß sie sich deshalb darüber einig sind, was der Text „für sie" bedeutet, weil sie zuerst seinen Sinn verstanden haben? Könnte sich der Textsinn selbst ändern, so hätten auch Leser derselben Epoche keine Grundlage für Übereinstimmung oder Meinungsunterschiede. Niemand würde sich die Mühe machen, etwas so Gestaltloses ernsthaft zu untersuchen. Die Bedeutung des Textsinns ist weder fundiert noch objektiv, sofern nicht der Sinn selbst unveränderlich ist. Eine Verschmelzung von Sinn und Bedeutung oder von Interpretation und Kritik durch die Konzeption eines autonomen, lebendigen, sich verändernden Sinns befreit den Leser in Wirklichkeit nicht von den Fesseln des Historismus; sie zerstört ganz einfach die Grundlage jeder Übereinstimmung zwischen Lesern und auch jeder objektiven Untersuchung überhaupt.

Das durch die Fusion von Sinn und Bedeutung in der gängigen Theorie geschaffene Dilemma zeigt sich, sobald der Theoretiker versucht zu erklären, wie bei der Untersuchung von Texten Normen bewahrt werden können. Die Widersprüchlichkeit der Erklärung ist offenbar: „Es läßt sich kaum leugnen, daß [im Textsinn] eine substantielle *Identität* der ‚Struktur' besteht, die durch die Epochen hindurch die *gleiche* geblieben ist. Diese *Struktur* ist jedoch dynamisch: sie *wandelt sich* im Verlauf der Geschichte, während sie den Geist von Lesern, Kritikern und Dichterkollegen durchzieht."[7] Zuerst ist diese „Struktur" mit sich selbst identisch, dann verändert sie sich! Was in einem Atemzug gegeben wird, wird im nächsten wieder genommen. Obwohl es eine allgemeine Erfahrungstatsache ist, daß ein Text uns anders erscheint als früheren Epochen, und obwohl wir zutiefst davon überzeugt sind, daß es überzeitliche Normen für die Untersuchung von Texten *gibt*, können wir diese Tatsache nicht richtig erklären, wenn wir das Veränderte und das Unveränderte

---

[6] Man könnte den Wandel natürlich auch damit erklären, daß man sagt, bestimmte Lesergenerationen neigen dazu, bestimmte Texte mißzuverstehen.

[7] Wellek u. Warren, S. 144. Kursivdruck von mir.

gleichsetzen oder verschmelzen. Wir müssen zwischen beiden unterscheiden und beide angemessen berücksichtigen.

Ein Verspaar von Marvell, das Wellek dazu verwendet, eine Änderung des Sinns zu zeigen, wird meine These veranschaulichen:[8]

> My vegetable love should grow
> Vaster than empires and more slow.

Wellek gibt zu, daß „vegetable" hier wahrscheinlich mehr oder weniger das bedeutet, was man heute mit „vegetative" ausdrückt; er fährt jedoch mit dem Hinweis fort, daß wir es nicht vermeiden könnten, die moderne Konnotation von „vegetable" (was es „für uns heute" bedeutet) zu assoziieren. Er bemerkt ferner, daß diese Bereicherung des Sinns sogar wünschenswert sein könnte. Zweifellos *ist* der assoziierte Sinn hier wünschenswert, da er die durch das Gedicht erzeugte Stimmung stützt, doch könnte Wellek diesen Hinweis nicht geben, wenn wir nicht zwischen dem, was „vegetable" wahrscheinlich gemäß seiner Verwendungsweise im Text, und zwischen dem, was es gemeinhin für uns bedeutet, unterscheiden. Allein schon die Diskussion dieser Frage beinhaltet das Eingeständnis, daß Marvells Gedicht wahrscheinlich die moderne Konnotation nicht impliziert; denn wenn wir den Sinn von „vegetative" nicht von der Vorstellung eines „erotischen Kohlkopfs" trennen könnten, dann wären wir auch nicht fähig, über die Schwierigkeit, eine solche Trennung vorzunehmen, zu sprechen. Man braucht gar nicht zu sagen, daß das Vergnügen, das uns ein derartiger neuer Sinn vielleicht bereitet, illegitim sei. Im Gegenteil; haben wir einmal den Text selbstkritisch verstanden, dann gibt es kaum Gründe dafür, wertvolle oder angenehme Assoziationen, die seine Bedeutung erhöhen, auszuschließen. Es ist jedoch wesentlich, daß diese Assoziationen beim Vorgang der Interpretation, d. h. beim Vorgang des Verstehens des Textsinns ausgeschlossen werden. Der Ausweg aus dem theoretischen Dilemma besteht darin, zu erfassen, daß sich der Sinn eines Textes nicht ändert, und daß die moderne, andere Konnotation eines Wortes wie „vegetable" – sofern ihr überhaupt Aufmerksamkeit geschenkt werden soll – zu der sich ständig wandelnden Bedeutung des Sinns eines Textes gehört.

Literaturkritische Theorien, wie die von T. S. Eliot, müssen im Lichte der Unterscheidung zwischen Sinn und Bedeutung gesehen werden.[9] Eliot besteht wie andere moderne Kritiker darauf, daß der Sinn eines literarischen Werks sich mit der Zeit ändere; im Gegen-

---

[8] Ebenda, S. 166–167.
[9] Eliot, „Tradition and the Individual Talent".

satz zu Wellek betrachtet er jedoch nicht den Wandel der Anschauungen der Leser direkt als veränderndes Prinzip. Für Eliot besteht es in einem Wandel der literarischen Tradition. Seiner Ansicht nach ist die literarische Tradition eine „simultane" (nicht eine temporale) Ordnung literarischer Texte, die sich durch die Publikation neuer literarischer Werke ständig umformiert. Jedes Erscheinen eines neuen Werks verursacht eine Neuordnung der gesamten Tradition, was wiederum eine Veränderung des Sinns eines jeden zu ihr gehörigen literarischen Textes mit sich bringt. Als zum Beispiel Shakespeares *Troilus* in diese Tradition eintrat, veränderte er nicht nur den Sinn von Chaucers *Troilus*, sondern in gewissem Maße auch den Sinn jedes anderen Textes der literarischen Tradition.

Betrachtet man die Wandlungen des Sinns, von denen Eliot spricht, als Veränderungen der Bedeutung, dann ist seine Auffassung durchaus einleuchtend. In der Tat spricht Eliot *per definitionem* eher von der Bedeutung als vom Sinn, da er das Werk in seiner Beziehung zu einem größeren Bereich, als Teil und nicht so sehr als in sich geschlossene Welt ansieht. Selbstverständlich ändert sich das Wesen einer Komponente, wenn der größere Bereich, dem sie angehört, sich ändert. Ein roter Gegenstand scheint verschiedene Farbqualitäten zu haben, wenn man ihn gegen unterschiedlich gefärbten Hintergrund betrachtet. Das gleiche gilt vom Textsinn. Aber der Sinn eines Textes ändert sich ebensowenig wie Schattierung und Farbsättigungsgrad des roten Gegenstandes, wenn man diesen vor einem jeweils verschiedenen Hintergrund betrachtet. Allerdings ist eine Analogie zu gefärbten Gegenständen nur teilweise gegeben: Ich kann einen roten Bleistift vor dem Hintergrund eines grünen Löschpapiers ansehen und die Farbe des Bleistifts in diesem speziellen Kontext aufnehmen, ohne Schattierung und Farbsättigungsgrad von Bleistift oder Löschpapier zu kennen. Der Textsinn ist jedoch etwas Erschlossenes, nicht ein bloßes Gegebenes wie ein roter Gegenstand, und ich kann den Textsinn nicht zu einem größeren Bereich in Beziehung setzen, solange ich ihn nicht erschlossen habe. Bevor ich beurteilen kann, wie die veränderte Tradition die Bedeutung eines Textes verändert hat, muß ich seinen Sinn verstehen.

Dieser überzeitliche Sinn ist und kann nur der vom Autor intendierte Sinn sein. Natürlich hat es verschiedene andere Definitionen des Textsinns gegeben: was die Zeitgenossen des Autors im Idealfalle erschlossen, was der ideale heutige Leser erschließt, was der Text den Normen der Sprache nach bedeuten kann, was die besten Kritiker sich als den besten Sinn vorstellen u. s. w. Verschiedene ästhetische und psychologische Einwände sind zur Unterstützung dieser anderen Kandidaten gegen den Autor erhoben worden: erstens sei der von ihm bestimmte Sinn, da er durch Geschichte und Kultur bedingt sei, zu begrenzt und einfach; zweitens bleibe der von ihm intendierte Sinn in jedem Falle für uns unzugänglich, weil wir in einer anderen Zeit leben oder weil die Vorgänge in seinem Geist privater Natur seien oder weil er selbst nicht gewußt habe, welchen Sinn er intendierte. Ich werde nicht den Versuch unternehmen, mich mit diesen Einwänden getrennt auseinanderzusetzen, sondern versuchen, jenes allgemeine Prinzip, das sie alle beantwortet, zu beschreiben und dabei die Unterscheidung zwischen Sinn und Bedeutung weiter zu klären. Ziel meiner Darlegung wird es sein zu beweisen, daß der vom Autor intendierte, vom Text wiedergegebene Sinn unwandelbar und reproduzierbar ist. Mein Problem besteht darin zu zeigen, daß, obwohl der Textsinn durch psychische Akte eines Autors *determiniert* und durch die eines Lesers aktualisiert wird, der Textsinn selbst jedoch nicht mit jenen psychischen Akten des Autors oder Lesers *identifiziert* werden darf. Zur Klärung dieser entscheidenden Frage werde ich mich der Husserlschen Analyse des Wortsinns bedienen.

Husserl versuchte in seinem Hauptwerk *Logische Untersuchungen* unter anderem, eine Identifikation von Wortsinn und psychischen Akten eines Sprechers oder Zuhörers, eines Autors oder Lesers zu vermeiden; er ging dabei jedoch nicht von einem strengen platonischen Idealismus aus, nach welchem Sinne eine eigene, von Sinnerlebnissen getrennte Existenz besitzen. Er betonte statt dessen die Objektivität des Sinns, indem er die beobachtbare Beziehung zwischen ihm und jenen durchaus geistigen Vorgängen, in denen er aktualisiert wird, analysierte; Objektivität und Beständigkeit des Sinns werden nämlich durch jene Sinnerlebnisse selbst bestätigt.

Husserls Argument kann mit Hilfe eines Beispiels aus der Sphäre visuellen Erlebens leichter erfaßt werden.[10] Wenn ich eine Schachtel anschaue, meine Augen dann schließe und dann wieder öffne, nehme ich beim zweiten Blick die gleiche Schachtel wahr, die ich zuvor sah. Die zwei Sehvorgänge sind jedoch, obwohl ich die gleiche Schachtel wahrnehme, eindeutig verschieden – in diesem Falle zeitlich ver-

---

[10] Die meisten der von mir in diesem Abschnitt angeführten Beispiele sind nicht verbaler, sondern eher visueller Art, da sie so leichter verstanden werden können. Wenn ich an dieser Stelle verbale Beispiele heranzöge, so müßte ich sie erst interpretieren, bevor ich mein Argument darlegen könnte. Ich untersuche einen literarischen Text in den Abschnitten B u. C. Auf das Beispiel der Schachtel wurde ich durch Helmut Kuhn, „The Phenomenological Concept of ‚Horizon'", in *Philosophical Essays in Memory of Edmund Husserl*, hrsg. v. Marvin Farber (Cambridge, Mass., 1940), gebracht.

schieden. Die gleiche Art von Resultat erhält man, wenn man die Sehvorgänge räumlich ändert. Wenn ich auf eine andere Seite des Zimmers gehe oder mich auf einen Stuhl stelle, dann ändert sich das von mir wirklich „Gesehene" mit dem Wechsel der Perspektive, und dennoch ist es noch immer die gleiche Schachtel, die ich wahrnehme; ich bin immer noch der Meinung, daß der von mir gesehene *Gegenstand* derselbe ist. Wenn ich den Raum verlasse und die Schachtel in mein Gedächtnis zurückrufe, so weiß ich überdies, daß der *Gegenstand*, an den ich mich erinnere, identisch mit dem von mir gesehenen Gegenstand ist. Wüßte ich das nicht, so könnte ich kaum darauf bestehen, daß ich mich an etwas erinnere. Diese Beispiele sind paradigmatisch: Alle Ereignisse des Bewußtseins, nicht nur die, bei denen es sich um visuelle Wahrnehmung und Erinnerung handelt, werden durch die Fähigkeit des Geistes, nach Art und Weise sowie zeitlich verschiedene Bewußtseinsvorgänge auf die gleichen Gegenstände des Bewußtseins zu beziehen, charakterisiert. Ein Gegenstand bleibt für den Geist derselbe, selbst wenn das, was „im Geist vorgeht", nicht dasselbe ist. Der Gegenstand des Geistes kann also nicht mit den psychischen Vorgängen als solchen gleichgesetzt werden; der geistige Gegenstand ist im Gegensatz zur Pluralität geistiger Vorgänge mit sich selbst identisch.[11]

Husserl nennt die Beziehung zwischen einem Akt des Bewußtseins und seinem Gegenstand „Intention", wobei er den Begriff in seinem traditionellen philosophischen Sinn verwendet, der wesentlich weiter ist als der von „Absicht" und in etwa „sich einer Sache bewußt sein" entspricht. (Ich werde, wenn ich das Wort nachfolgend verwende, es im Sinne Husserls gebrauchen.)[12] Der Begriff ist zur Unterscheidung zwischen den Komponenten eines Sinnerlebnisses nützlich. Wenn ich

---

[11] Siehe Aaron Gurwitsch, „On the Intentionality of Consciousness," in *Philosophical Essays*, hrsg. v. Farber.

[12] Husserls Begriff ist zwar ein Standardbegriff der Philosophie, für den es keinen geeigneten Ersatz gibt, doch könnten ihn Literaturwissenschaftler versehentlich mit dem Intentionalitätstrugschluß, dem Unterschied zwischen Absicht und Verwirklichung verwechseln. Die zwei Verwendungsweisen des Wortes sind jedoch völlig verschieden. Im Sprachgebrauch der Literaturwissenschaftler bezieht sich der Begriff auf eine Absicht, die der Verfasser entweder verwirklichen konnte oder nicht. Bei Husserl bezieht sich der Begriff auf einen Vorgang des Bewußtseins. Demnach kann man in literaturwissenschaftlicher Diktion von nichtverwirklichten Intentionen sprechen (und damit Probleme der Rhetorik einbeziehen), während ein solcher Ausdruck bei Verwendung des Wortes im Husserlschen Sinn völlig widersinnig wäre.

zum Beispiel eine Schachtel „intendiere", so gibt es dabei wenigstens drei zu unterscheidende Aspekte. Erstens gibt es den Gegenstand wie er von mir wahrgenommen wird; zweitens gibt es (bei materiellen Objekten) den Gegenstand, der unabhängig von meinem Akt der Wahrnehmung existiert. Die ersten beiden Aspekte nennt Husserl „intentionales Objekt" und „intentionalen Akt". Husserls Argument ist also, daß *verschiedene* intentionale Akte bei verschiedenen Gelegenheiten einen *identischen* Gegenstand „intendieren".

Der allgemeine Begriff für intentionale Objekte ist ‚Sinn'. Der Wortsinn ist einfach eine besondere Art von intentionalem Objekt und bleibt, wie alle anderen intentionalen Objekte, mit sich selbst identisch – anders als die vielen verschiedenen Vorgänge, die ihn „intendieren". Das bemerkenswerte Charakteristikum des Wortsinns ist allerdings sein überpersönlicher Charakter. Er ist nicht nur für eine Person ein intentionales Objekt, sondern für viele – potenziell sogar für alle. Der Wortsinn ist *per definitionem jener Aspekt einer ‚Intention' des Sprechers, der innerhalb sprachlicher Konventionen mit anderen ‚geteilt' werden kann.* Alles was in diesem Sinne nicht teilbar ist, gehört weder zur verbalen Intention noch zum Wortsinn. Wenn ich also sage: „Die Luft ist frisch", dann denke ich vielleicht unter anderem: „Ich hätte weniger zu Abend essen sollen" und „Frische Luft erinnert mich an meine Kindheit in Vermont" u. s. w. Bei gewissen Arten von Äußerungen sind solche unausgesprochenen Nebensinne vielleicht teilbar; im allgemeinen sind sie es jedoch nicht und gehören dann auch nicht zum Wortsinn. Husserl nennt die nicht verbalen Aspekte der Intention eines Sprechers „Erfahrung", die verbalen „Inhalt". Unter Inhalt versteht er jedoch nicht einfach intellektuellen Inhalt, sondern all jene Aspekte der Intention – den kognitiven, emotionalen, phonetischen (und beim Schreiben sogar den visuellen) – die anderen durch die verwendeten sprachlichen Mittel kommuniziert werden können.[13]

Nach meiner kurzen Darlegung ergeben sich also aus Husserls Analyse die folgenden Aussagen: Als intentionales Objekt ist der Wortsinn unveränderlich, d. h. er kann durch verschiedene intentionale Akte reproduziert werden und bleibt bei all diesen Reproduktionen mit sich selbst identisch. Der Wortsinn ist der mit anderen teilbare Inhalt des intentionalen Objekts des Sprechers. Da dieser Sinn sowohl unveränderlich als auch überpersönlich ist, kann er durch geistige Akte verschiedener Personen reproduziert werden. Husserls Ansicht ist dem-

---

[13] Edmund Husserl, *Logische Untersuchungen. Zweiter Band. Untersuchungen zur Phänomenologie und Theorie der Erkenntnis.* I. Teil (2. Aufl. Halle, 1913), S. 96–97.

nach wesentlich historistisch; er behauptet zwar, daß sich der Wortsinn nicht verändere, besteht aber auch darauf, daß jede bestimmte verbale Äußerung, sei sie nun geschrieben oder gesprochen, historisch determiniert sei. Dies bedeutet, daß der Sinn ein für alle Mal durch den Charakter der Intention des Sprechers bestimmt ist.[14]

Husserls Ansichten bieten einen ausgezeichneten Kontext für die Diskussion der Hauptprobleme der Interpretation. Wenn wir erst einmal den Wortsinn als Inhalt der Intention des Autors (die ich der Kürze halber einfach „verbale Intention" des Autors nennen werde) definiert haben, dann ist das Problem für den Interpreten völlig eindeutig: er muß herausfinden, welcher Sinn zu jener verbalen Intention gehört und welcher nicht. Dieses Problem kann natürlich anders formuliert werden, so daß fast jeder die Formulierung akzeptieren wird: der Interpret muß zwischen dem, was ein Text impliziert, und dem, was er nicht impliziert, unterscheiden; er muß den Text voll ausschöpfen, gleichzeitig aber auch dessen Normen und Grenzen beachten. Das Problem der hermeneutischen Theorie besteht darin, ein *Prinzip* zu finden, nach welchem beurteilt werden kann, ob verschiedene mögliche Implikationen als zulässig zu erachten sind oder nicht.

Ich nenne dieses Problem ein Problem der Implikationen, da sie für die praktische Arbeit von zentraler Bedeutung sind. Im allgemeinen kann der explizite Sinn eines Textes zur Befriedigung der meisten Leser erschlossen werden; Probleme ergeben sich bei der Bestimmung der inexpliziten oder „ungesagten" Sinne. Wenn ich zum Beispiel sage: „Ich habe Kopfschmerzen", dann kann man das „Gesagte" leicht erschließen; es kann jedoch sehr schwierig sein, Implikationen, wie „Ich möchte etwas Mitleid" oder „Ich habe das Recht, unangenehmer Arbeit aus dem Wege zu gehen" zu erschließen. Solche Implikationen können zum Wortsinn gehören, müssen es aber nicht. Sie stellen meist den Bereich dar, auf welchem der Interpret eines leitenden Prinzips bedarf.

Es wird oft gesagt, daß Implikationen durch Bezugnahme auf den Kontext der Äußerung bestimmt werden müssen; dieser ist bei gewöhnlichen Feststellungen („Ich habe Kopfschmerzen") die konkrete Situation, in der sich die Äußerung ereignete. Bei geschriebenen Texten ist der Kontext im allgemeinen jedoch verbaler Natur: die expliziten Sinne in der Umgebung des problematischen Textabschnitts. Diese expliziten Sinne allein umfassen jedoch nicht all das, was wir unter Kontext verstehen, wenn wir Implikationen ableiten. Die den

---

[14] Ebenda, S. 91.

fraglichen Text umgebenden expliziten Sinne versehen uns mit einer Vorstellung vom Gesamtsinn, und wir entscheiden auf Grund dieser Vorstellung vom Ganzen, was der problematische Textabschnitt impliziert. Wir fragen nicht einfach: „Gehört diese Implikation zu den anderen expliziten Sinnen?" Die Frage lautet eher: „Gehört diese Implikation zu den anderen Sinnen *innerhalb einer bestimmten Art von Gesamtsinn?*" So können wir zum Beispiel nicht entscheiden, ob „Wurzel" zu „Rinde" gehört oder „Rinde" impliziert, solange wir nicht wissen, daß der Gesamtsinn „Baum" und nicht „Gras" ist. Die Basis für die Ableitung von Implikationen ist eine Vorstellung vom Gesamtsinn; sie ist ein unentbehrlicher Aspekt dessen, was wir unter Kontext verstehen.

Ich habe oben den Gesamtsinn einer Äußerung als die verbale Intention des Autors definiert. Bedeutet dies nun, daß das Kriterium für den Ein- oder Ausschluß von Implikationen die Frage sein muß: „Dachte der Autor an eine solche Implikation?" Wäre dies der Fall, dann müßte man alle Hoffnung auf eine objektive Interpretation fahren lassen, da es in den meisten Fällen sogar für den Autor selbst unmöglich ist, genau zu entscheiden, woran er zu der Zeit oder zu den Zeiten, da er seinen Text verfaßte, dachte. Diese Frage ist jedoch eindeutig nicht das richtige Kriterium. Bei der Bemerkung, „Ich habe Kopfschmerzen", impliziere ich vielleicht wirklich, „Ich möchte etwas Mitleid". Dennoch kann es durchaus sein, daß ich mir einer solchen Implikation nicht explizit bewußt war. Der erste Schritt zur Entdeckung eines Kriteriums für den Ein- oder Ausschluß von Implikationen besteht also im Verstehen des fundamentalen Unterschieds zwischen der verbalen Intention des Autors und den Sinnen, deren er sich explizit bewußt war. Auch hier ist wieder Husserls Ablehnung psychologistischer Anschauungen nützlich. Die verbale Intention des Autors (sein gesamter Wortsinn) kann meiner „Intention" einer Schachtel verglichen werden. Normalerweise bin ich mir, wenn ich eine Schachtel sehe, explizit nur dreier Seiten bewußt, und doch behaupte ich ohne Hemmungen (obwohl ich mich natürlich irren kann), daß ich eine Schachtel „intendiere", also einen Gegenstand mit *sechs* Seiten. Die drei ungesehenen Seiten gehören in genau derselben Weise zu meiner „Intention" wie die unbewußten Implikationen einer Äußerung zur Intention des Autors gehören. Sie gehören zu der als Ganzes aufgefaßten Intention.

Die meisten, wenn nicht gar alle Sinnerlebnisse oder Intentionen sind der Art, daß nicht der ganze Sinn dem Bewußtsein explizit gegenwärtig ist. Wie soll man aber die Art und Weise, in der diese unbewußten Sinne implizit gegenwärtig sind, definieren? Der Analyse Husserls zufolge sind sie in Form eines „Horizontes" gegenwärtig, der als System typischer Erwartungen und Wahrscheinlichkeiten definiert werden kann.[15] Der „Horizont" ist also ein wesentlicher Aspekt dessen, was wir normalerweise als Kontext bezeichnen. Er ist eine inexplizite Vorstellung vom Ganzen, die aus den dem Bewußtsein gegenwärtigen, expliziten Sinnelementen abgeleitet ist. So hat mein Blick auf drei Oberflächen, die sich in einer mir bekannten und typisch schachtelartigen Weise darbieten, einen Horizont typischer Weiterführungen; anders gesagt, meine „Intention" einer ganzen Schachtel definiert den Horizont meines Blicks auf die drei sichtbaren Seiten. Die gleiche Art von Beziehung liegt bei einer verbalen Intention zwischen dem expliziten und dem impliziten Sinn vor. Der explizite Sinn ist Komponente eines durch einen Horizont begrenzten Gesamtsinns. Der Autor kann sich der vielfältigen typischen Weiterführungen innerhalb dieses Horizonts nicht explizit bewußt sein; auch wäre es keine sonderlich wichtige Aufgabe zu entscheiden, an welche Komponenten seines Sinns der Autor dachte. Es ist jedoch von größter Bedeutung, den Horizont zu bestimmen, der die Intention des Autors als Ganzes definiert, denn nur unter Bezugnahme auf diesen Horizont bzw. auf die Vorstellung vom Ganzen kann der Interpret jene Implikationen, die typische und richtige Komponenten des Sinns sind, von denen, die es nicht sind, unterscheiden.

Das Ziel des Interpreten besteht also darin, den Horizont des Autors hypothetisch zu setzen und eigene, zufällige Assoziationen sorgfältig auszuschließen. Ein Wort wie „vegetable" besaß in Marvells Sprache einen Sinnhorizont, der sich von dem, den es im Gegenwartsenglischen besitzt, offensichtlich etwas unterscheidet. Dies ist der sprachliche Horizont des Wortes; er begrenzt strikt alle potenziellen Implikationen. Keineswegs aber gehören alle möglichen Implikationen zum Horizont der besonderen Äußerung. Was das Wort in seiner besonderen Verwendungsweise impliziert, muß bestimmt werden, indem wir fragen: „Welche Implikationen sind typische Komponenten des von uns betrachteten Gesamtsinns?" Analog gilt, daß ich die typischen Fortführungen der Oberflächen kennen muß, wenn drei Oberflächen sich mir in einer bestimmten Weise darbieten. Wenn ich niemals zuvor eine Schachtel gesehen habe, dann könnte ich meinen, daß die von mir nicht gesehenen Oberflächen konkav oder unregelmäßig seien; ich könnte auch einfach glauben, daß es zwar andere Seiten gibt, ohne jedoch eine Vorstellung von ihrem Aussehen zu besitzen. Der Grad der Wahrscheinlichkeit für die richtige Ableitung der Implikationen

---

[15] Siehe Edmund Husserl, *Erfahrung und Urteil*, hrsg. v. L. Landgrebe (Hamburg, 1948), S. 26–36 und Kuhn, „The Phenomenological Concept of ‚Horizont' ".

hängt von meiner Vertrautheit mit dem von mir betrachteten Sinntyp ab.

Dies ist natürlich der Grund dafür, daß der Begriff des Genres für die Untersuchung von Texten so wichtig ist. Der Interpret setzt, indem er den Text als zu einem bestimmten Genre gehörig klassifiziert, automatisch einen allgemeinen Horizont für den Sinn. Das Genre bietet eine Vorstellung vom Ganzen, von typischen Sinnkomponenten. So klassifizieren wir oft einen Text, bevor wir ihn interpretieren, als beiläufige Konversation, lyrisches Gedicht, militärischen Befehl, wissenschaftliche Prosa, Gelegenheitsdichtung, Roman, Epos u. s. w. Analog dazu muß ich einen Gegenstand, den ich sehe, als Schachtel, Kugel, Baum u. s. w. klassifizieren, bevor ich den Charakter seiner ungesehenen oder inexpliziten Komponenten ableiten kann. Diese generischen Klassifikationen sind jedoch nur vorläufige Hinweise. Sie bieten nur eine grobe Vorstellung vom Horizont eines bestimmten Sinns. Ziel der Interpretation ist es, den Horizont so genau wie möglich zu bestimmen. So ist der von mir gesehene Gegenstand nicht nur eine Schachtel, sondern eine Zigarettenschachtel, und nicht einfach das, sondern die Schachtel einer bestimmten Zigarettenmarke. Wenn ein Farbenhersteller oder ein Färber einen bestimmten Farbton bezeichnen will, dann nennt er ihn nicht einfach blau, sondern z. B. Williamsburg Blau. Das Beispiel des Farbtons ist paradigmatisch für alle bestimmten Wortsinne. Sie sind weder einfach *Sinnarten* noch einzelne Sinne, die individuellen intentionalen Akten entsprechen (Williamsburg Blau ist nicht einfach ein individueller Farbfleck); sie sind *typische* Sinne, besonders und doch reproduzierbar, und die typischen *Komponenten* solcher Sinne sind in ähnlicher Weise charakteristisch. Aufgabe des Interpreten ist es, den Horizont des Textes so genau wie möglich zu charakterisieren, was letztlich bedeutet, daß er sich mit den für die geistige und die Erfahrungswelt des Autors typischen Sinnen vertraut machen muß.

Die Bedeutung des Horizontbegriffs besteht darin, daß er prinzipiell die Normen und Grenzen bestimmt, die für den durch den Text ausgedrückten Sinn gelten. Zugleich enthebt dieser Begriff den Interpreten von der einengenden und unlösbaren Aufgabe herauszufinden, woran der Autor explizit dachte. Der Interpret, der den Textsinn als den vom Autor intendierten Sinn definiert, schränkt also nicht, wie oft behauptet wird, den Sinn ein; er schließt lediglich aus, was nicht dazu gehört. Wenn ich zum Beispiel sage: „Bei meinem Auto ging das Benzin aus", dann wäre eine typische Implikation: „Der Motor lief nicht mehr". Ob ich auch implizierte: „Das Leben ist ironisch", hängt von der Art meiner Intention ab. Einige sprachliche Äußerungen, unter ihnen viele Werke der Literatur, besitzen einen äußerst breiten Horizont, der an einigen Punkten die Grenzen des geistigen Kosmos des Menschen berühren mag. Ob dies so ist, kann jedoch nicht aus einer *a priori* geführten Diskussion hervorgehen; dieser Entscheidung müssen auf Informationen beruhende Schlußfolgerungen bezüglich der zu untersuchenden besonderen Intention zugrundeliegen.

Innerhalb des Horizonts eines Textsinns unterliegt der Vorgang der Erklärung jedoch keiner Begrenzung. In dieser Hinsicht hatte Dryden recht: kein Text wird jemals vollständig erklärt. Unternähme ich es beispielsweise, meine „Intention" einer Schachtel zu interpretieren, dann könnte ich eine unbegrenzte Anzahl von Implikationen explizit machen, die ich in meiner ursprünglichen Intention nicht bemerkte. Ich könnte nicht nur die drei ungesehenen Seiten ableiten, sondern auch die Tatsache, daß die Oberflächen der Schachtel 24 rechte Winkel enthalten, daß die Fläche zweier aneinandergrenzender Seiten weniger als die Hälfte der gesamten Oberfläche beträgt u. s. w. Früge mich jemand, ob solche Sinne implizit zu meiner Intention einer Schachtel gehörten, dann müßte ich dies bejahen. Bei einem sprachlichen Sinn, wo der Horizont ein viel komplexeres intentionales Objekt definiert, sind solche Begrenzungen weit schwieriger vorzunehmen. Die Wahrscheinlichkeit der von einem Interpreten angestellten Schlußfolgerungen kann jedoch allein nach zwei Kriterien beurteilt werden: nach der Genauigkeit, mit der er den Horizont des Ganzen erfaßt hat, und dem Grad der Typkonformität eines jeweiligen Sinns innerhalb des jeweiligen Ganzen. In dem Maße, in dem eine Folgerung diesen Kriterien entspricht, ist sie richtige Erklärung des Textes. Sie expliziert dann lediglich, was bewußt oder unbewußt in der Intention des Autors lag.

Der Horizont, der Schlüsse hinsichtlich des Textsinns begründet und rechtfertigt, ist der „innere Horizont" des Textes. Er ist überzeitlich und mit sich selbst identisch. Jenseits dieses inneren Horizonts besitzt jeder Sinn einen „äußeren Horizont", was besagt, daß jeder Sinn in Beziehungen zu anderen Sinnen steht; er ist stets eine Komponente größerer Bereiche. Dieser äußere Horizont ist die Domäne der Kritik. Er ist jedoch nicht nur unbegrenzt, er verändert sich auch, da sich die Welt selbst verändert. Im allgemeinen setzt sich die Kritik nur einen Ausschnitt aus diesem äußeren Horizont als jeweiliges Objekt. So nimmt z. B. Eliot den als simultane Ordnung literarischer Texte definierten Aspekt des äußeren Horizonts eines Textes heraus. Die simultane Ordnung zu einem gegebenen Zeitpunkt ist demnach der innere Horizont des von Eliot untersuchten Sinns, und dieser innere Horizont ist ebenso bestimmt, zeitlos und objektiv wie der innere Horizont, der den Textsinn begrenzt. Der Kritiker muß jedoch, wie der Interpret, die Komponenten des inneren Horizonts richtig erschließen; eine Hauptkomponente ist der Textsinn selbst. Der Kritiker muß zuerst den Text richtig interpretieren. Er braucht keine detaillierte Auslegung zu geben, doch muß er jene klare und charakteristische Vorstellung vom Gesamtsinn, die eine detaillierte Auslegung ermöglicht, schaffen und als richtig erweisen.

B: Die Bestimmtheit des Textsinns

Ich habe im vorausgehenden Abschnitt den Textsinn als die verbale Intention des Autors definiert und damit implizit argumentiert, daß die Hermeneutik besonderes Gewicht auf die Rekonstruktion der Ziele und Haltungen des Autors legen muß, damit sie Richtlinien und Normen für die Erschließung des Sinns eines Textes hervorbringen kann. Häufig wird jedoch das Argument vertreten, daß der Textsinn nichts mit dem Geist des Autors, sondern nur etwas mit dessen verbaler Schöpfung zu tun habe, daß nicht der Autor, sondern sein Text Gegenstand der Interpretation sei. Dieses plausible Argument setzt natürlich voraus, daß der Text automatisch einen Sinn besitzt, und zwar einfach deswegen, weil er eine unveränderliche Wortfolge darstellt. Es setzt voraus, daß der Sinn einer Folge von Wörtern durch die öffentlichen Normen der Sprache dieser Wortfolge direkt auferlegt wird, daß der Text als ein „Stück Sprache" etwas Öffentliches ist, dessen Charakter von öffentlichen Normen bestimmt wird.[16] Diese Ansicht ist in einer Hinsicht vernünftig, da der Textsinn öffentlichen Normen entsprechen muß, wenn er überhaupt Wortsinn, d. h. mit anderen teilbarer Sinn sein soll; der Interpret darf es seinen Vorstößen in den Geist des Autors keinesfalls gestatten, private Assoziationen (Erfahrungen) auf die Ebene öffentlicher Implikationen (Inhalt) zu erheben.

Dieses an sich vernünftige Argument ist jedoch einseitig, denn obwohl der Wortsinn sich an die öffentlichen Sprachnormen (die natürlich eine große Toleranz aufweisen) halten muß, kann keine bloße Wortfolge allein durch Bezugnahme auf öffentliche Normen einen bestimmten Wortsinn darstellen. Solange er lediglich an ihnen orientiert ist, bleibt der Sinn des Textes unbestimmt. Dies gilt selbst für einfachste Aussagen wie „My car ran out of gas" [Der Satz bedeutet im Englischen: „Bei meinem Auto ging das Benzin aus". Er könnte

---

[16] Der Ausdruck „Stück Sprache" entstammt dem ersten Abschnitt von Empsons *Seven Types of Ambiguity*. Er ist für die von Empson begründete Schule der Literaturwissenschaft charakteristisch.

theoretisch auch bedeuten: „Mein Auto sauste aus einer Gaswolke hervor". Anm. d. Übers.] Die Tatsache, daß niemand einen solchen Satz völlig mißverstehen würde, weist einfach darauf hin, daß er häufig genug ist, um seinem normalen Sinn den Anschein von etwas unmittelbar Gegebenem zu verleihen. Diese anscheinende Unmittelbarkeit verunklart jedoch ein komplexes Verfahren der Bewertung von Sinnmöglichkeiten. Richtet man sich allein nach den öffentlichen Sprachnormen, dann können solche Bewertungen nicht geschehen, da die Reihe der Möglichkeiten völlig indifferent aussieht. Die Reihe der Möglichkeiten fängt erst dann an, ein selektiveres System von *Wahrscheinlichkeiten* zu werden, wenn wir nicht mehr nur eine Wortfolge als unser Untersuchungsobjekt betrachten, sondern auch einen Sprecher setzen, der sehr wahrscheinlich etwas Bestimmtes meint. Dann und nur dann wird der übliche Sinn der Wortfolge der wahrscheinlichste oder „offensichtlichste" Sinn. Natürlich gilt dieses Argument noch mehr, wenn wir es mit Wortfolgen, deren Sinn weniger offensichtlich ist, etwa denen der Dichtung, zu tun haben. Eine sorgfältige Darlegung dieses Gedankens findet sich im ersten Band von Cassirers *Philosophy of Symbolic Forms*, der hauptsächlich der Demonstration der These gewidmet ist, daß der Wortsinn sich aus der „reziproken Determination" durch öffentliche sprachliche Möglichkeiten ergibt.[17] Ebenso wie die Sprache Subjektivität bildet und färbt, färbt auch die Subjektivität die Sprache. Der subjektive Akt des Autors oder Sprechers ist für den Wortsinn unentbehrlich; jede Theorie, die den Autor als sinnbestimmendes Element abschaffen will, indem sie behauptet, der Textsinn sei völlig objektiv determiniert, jagt Truggebilden nach. Die Aufgabe dieses Abschnitts besteht folglich darin, die Ansicht, ein Text sei „ein Stück Sprache", anzugreifen und die Auffassung, daß ein Text den determinierten Wortsinn eines Autors wiedergebe, zu verteidigen.

Eine sich aus der Ansicht, ein Text sei ein Stück Sprache, also etwas ganz und gar Öffentliches, ergebende Konsequenz, ist die Unmöglichkeit, das Wesen der richtigen Interpretation grundsätzlich zu definieren. Wir haben es dabei mit der gleichen Handlungsunfähigkeit zu tun, die auch aus der Theorie resultiert, daß ein Text sein eigenes Leben führe; man kann sogar sagen, daß die zwei Auffassungen

---

[17] Band I, *Language*. Es liegt Ironie in der Tatsache, daß Cassirers Werk zur Stützung der These benützt wird, daß ein Text für sich selbst spreche. Der Bereich der Sprache ist für Cassirer nur in dem Sinne autonom, daß er einer unabhängigen Entwicklung folgt, die von objektiven *und* subjektiven Faktoren reziprok bestimmt wird. Siehe S. 69, 178, 213, 249–250 und passim.

einander bedingen, da jedes „Stück Sprache" einen sich ändernden Sinn besitzen muß, wenn man die sich wandelnden öffentlichen Sprachnormen als die einzigen Normen betrachtet, die den Sinn eines Textes bestimmen. Es ist daher nicht überraschend, daß Wellek implizit der Theorie, ein Text sei ein Stück Sprache, zustimmt. Der Text gibt nach dieser Ansicht nicht einen bestimmten Sinn wieder, sondern eher ein System potenzieller Sinne, die nicht von einem Sinngeber bestimmt werden, sondern von der Lebenskraft der Sprache selbst. Wellek bemerkt scharfsinnig die Gefahr dieser Ansicht:

> Das System der Normen wächst und verändert sich also und bleibt in gewisser Hinsicht stets unvollständig und unvollkommen verwirklicht. Diese dynamische Auffassung führt jedoch nicht zu bloßem Subjektivismus und Relativismus. Keineswegs sind alle verschiedenen Ansichten gleichermaßen richtig. Man wird immer entscheiden können, welche Anschauungsweise den Gegenstand am gründlichsten und tiefsten erfaßt. Im Begriff der adäquaten Interpretation ist eine Hierarchie der Anschauungen, eine Kritik der Durchdringungskraft der Normen impliziert.[18]

Natürlich liegt die Gefahr dieser Ansicht genau darin, daß sie zu Subjektivismus und Relativismus verführt, da sprachliche Normen zur Unterstützung eines jeden verbal möglichen Sinns angeführt werden können. Es ist weiterhin unklar, wie man die Durchdringungskraft sich verändernder Normen einer Kritik unterwerfen kann.

Welleks kurzer Kommentar zu dem bei der Definition und Überprüfung der Richtigkeit von Interpretationen vorliegenden Problem entspricht der unter Literaturwissenschaftlern weitverbreiteten Überzeugung, daß die richtige Interpretation diejenige ist, die am meisten „einschließt". Diese Ansicht ist sogar so allgemein anerkannt, daß Wellek seine von ihm als „Perspektivismus" bezeichnete Version gar nicht ausführlich zu verteidigen brauchte. Die hinter dieser Theorie stehende Anschauung spiegelt sich in Ausdrücken, wie „stets unvollständig und unvollkommen verwirklicht" und „den Gegenstand am gründlichsten erfaßt", wider. Sie besagt einfach, daß keine einzelne Interpretation das umfassende System der im Text enthaltenen Sinnmöglichkeiten erschöpfen könne. Folglich sei jede einleuchtende Auslegung, die sich innerhalb der öffentlichen Sprachnormen hält, im Rahmen ihrer Grenzen richtig. Jede Auslegung besitze unvermeidlicherweise nur Teilcharakter, da sie nicht alle Möglichkeiten des Textes wahrnehmen könne. Leitender Grundsatz der Kritik sei folglich, daß die Interpretation so inklusiv wie möglich sein solle. Die „adäqua-

---

[18] Wellek u. Warren, *Theory of Literature*, S. 144.

teste" Erschließung sei diejenige, die die umfassendste zusammenhängende Darstellung aller potenziellen Sinne des Textes gibt.[19]

Das Streben nach einer möglichst umfassenden Interpretation ist insofern zu begrüßen, als es die Bereitschaft, die Ergebnisse anderer zu betrachten, fördert; abgesehen von der Förderung schätzenswerter Toleranz besitzt es jedoch nur geringen theoretischen Wert. Es kann, obwohl sein Ziel darin besteht, verschiedene einleuchtende Auslegungen zu einer idealen, umfassenden Interpretation zu vereinen, in Wirklichkeit weder verschiedene Auslegungen vereinen noch zwischen ihnen wählen. Es ist als normatives Ideal oder als Prinzip der Richtigkeit nutzlos. Diese These kann durch die Zitierung zweier von Experten angefertigter Interpretationen eines bekannten Gedichts von Wordsworth exemplifiziert werden. Ich zitiere zuerst das Gedicht, dann Auszüge aus zwei veröffentlichten Auslegungen, um damit die Handlungsunfähigkeit zu veranschaulichen, die das Streben nach allumfassender Interpretation stets herbeiführt, wenn der Versuch unternommen wird, verschiedene Interpretationen zu vereinen; dabei wird auch genau die Art von interpretativem Problem veranschaulicht, die eines leitenden Prinzips bedarf:

> A slumber did my spirit seal;
> I had no human fears:
> She seemed a thing that could not feel
> The touch of earthly years.
>
> No motion has she now, no force;
> She neither hears nor sees;
> Rolled round in earth's diurnal course,
> With rocks, and stones, and trees.

Nun die Exzerpte aus zwei Kommentaren zu den Schlußzeilen des Gedichts; das erste ist von Brooks, das zweite von F. W. Bateson:

Der Dichter versucht, etwas von dem schmerzhaften Schock, den der Liebende angesichts der jetzigen Bewegungslosigkeit der Ge-

---

[19] Jede Interpretation ist notwendigerweise insofern unvollständig, als sie nicht alle Implikationen eines Texts aufzeigen kann. Eine solchermaßen unvollständige Interpretation kann jedoch dennoch ein absolut richtiges System von Betonungen und eine exakte Vorstellung vom Gesamtsinn besitzen. Diese Art Unvollständigkeit unterscheidet sich grundsätzlich von der, die die Verfechter einer allumfassenden Interpretation postulieren; für sie ist eine Vorstellung vom Gesamtsinn das Erfassen der verschiedenen Sinne, die ein Text einleuchtenderweise repräsentieren kann.

liebten erfährt, wiederzugeben – sein Verhalten gegenüber ihrer äußersten und schrecklichen Ruhe... Natürlich ist die Wirkung teilweise dadurch bedingt, daß völlige Leblosigkeit im Herumwirbeln eines Gegenstandes durch etwas anderes deutlicher veranschaulicht wird als von einem Bild eines in Ruhelage befindlichen Gegenstandes. Anderes wirkt hier jedoch noch mit: die Vorstellung von dem Mädchen, das in das Durcheinander der Dinge zurückfällt und dabei von Gegenständen, die, wie ein Baum, an einen bestimmten Ort gefesselt sind oder von völlig Unbelebtem, wie Felsen und Steinen, begleitet wird. ... Es ist hilflos in dem leeren Wirbel der Erde, der Zeit mißt und bildet, gefangen. Es wird von irdischer Zeit in ihrer machtvollsten und schrecklichsten Ausprägung berührt und gehalten.

Der letzte von dem Gedicht hervorgerufene Eindruck ist nicht der zweier entgegengesetzter Stimmungen, sondern der einer einzigen Stimmung, die in der pantheistischen Größe der zwei letzten Zeilen zu einem Höhepunkt geführt wird... Die vage lebende Lucy dieses Gedichts wird der großartigeren toten Lucy gegenübergestellt, die in die erhabenen Naturvorgänge einbezogen worden ist. Wir legen das Gedicht befriedigt aus der Hand, weil es seinen zwei letzten Zeilen gelingt, eine Versöhnung zwischen den zwei Weltanschauungen oder gesellschaftlichen Haltungen zu bewirken. Lucy ist nun, da sie tot ist, in Wahrheit lebendiger, weil sie jetzt ein Teil des Lebens der Natur, nicht nur ein menschliches „Ding" ist.[20]

Wenn wir zugeben – was wir meiner Meinung nach müssen –, daß beide angeführten Interpretationen vom Text her zulässig sind, dann besteht das Problem für den nach einer umfassenden Interpretation Strebenden darin, die zwei Auffassungen zu vereinen.

Für die Anfertigung einer Inklusivinterpretation bieten sich drei Möglichkeiten an. Erstens: die Ansicht von Brooks schließt die von Bateson ein; sie zeigt, daß alle positiven Elemente im Gedicht durch das bitter ironische Portrait des bewegungslosen Mädchens, das durch die, wie Bateson sie nennt, „erhabenen Naturvorgänge" herumgewirbelt wird, negiert werden. Zweitens: Batesons Ansicht schließt die von Brooks ein; der ironische Gegensatz zwischen dem aktiven, anscheinend unsterblichen und dem passiven, bewegungslosen, toten Mädchen wird durch eine abschließende, uneingeschränkte Bestätigung der Unsterblichkeit überwunden. Drittens: jede Ansicht ist teilweise richtig, doch müssen beide miteinander verbunden werden und einan-

---

[20] Cleanth Brooks, „Irony as a Principle of Structure", in *Literary Opinion in America*, hrsg. v. M. D. Zabel (2. Aufl. New York, 1951), S. 736; F. W. Bateson, *English Poetry: A Critical Introduction* (London, 1950), S. 33, 80–81.

der ergänzen. Schon die Tatsache, daß die Kritiker verschiedener Meinung sind, legt nahe, daß der Sinn im wesentlichen zweideutig ist. Die ausgedrückte Emotion ist ambivalent, sie umfaßt sowohl bittere Reue als auch Bejahung. Die dritte Art der Vereinigung der zwei Interpretationen wird am häufigsten angewandt und ist in diesem Fall wahrscheinlich die befriedigendste. Eine vierte Art der Entscheidung, die in der Behauptung bestehen würde, daß Brooks recht und Bateson unrecht hat (oder umgekehrt), bietet sich dem nach einer Inklusivinterpretation Strebenden nicht, da der Text rein sprachlich beide Anschauungen als einleuchtend erscheinen läßt.

Bei genauer Überprüfung wird jedoch deutlich, daß keine der drei Verfahrensweisen geeignet ist, die zwei verschiedenen Auslegungen zu verschmelzen oder die Widersprüche zwischen ihnen aufzulösen. So geht Verfahren 1 von der Voraussetzung aus, daß die Auslegung von Brooks die von Bateson umfaßt; nun ist es zwar denkbar, daß Brooks den gesamten von Bateson erfaßten Sinn impliziert, doch impliziert Brooks auch ein System von Akzentuierungen, das nicht mit der Auslegung von Bateson vereinbar ist. Während Batesons Interpretation einen Hauptakzent auf Lebendigkeit und positive Haltung legt, betont Brooks Tod und Bewegungslosigkeit. Wie immer man auch manipulieren mag, diese divergierenden Akzentuierungen lassen sich nicht vereinen, da ein System von Akzentuierungen andere unwiderruflich ausschließt. Da die jeweils gesetzten Akzente stets von größter Wichtigkeit für den Sinn sind, lassen sich die zwei Erschließungen des Sinns nicht miteinander vereinbaren. Der gleiche Einwand gilt natürlich für das Argument, daß die Auslegung von Bateson die von Brooks einschließe. Auch Verfahren 3 kann nicht unwidersprochen bleiben. Es scheint zwar sowohl die negierende als auch die bejahende Haltung zu betonen und damit beide Auslegungen zu verschmelzen, doch schließt es in Wirklichkeit beide Auslegungen aus und erklärt sie nicht nur zu Teilauslegungen, sondern für falsch. Denn wenn ein Gedicht bittere Ironie und bejahende Haltung gleichermaßen betont, dann ist jede Auslegung, die einen der beiden Sinne primär akzentuiert, einfach falsch.

Das in meiner Analyse implizierte allgemeine Prinzip ist sehr einfach. Bei den Untersinnen eines Texts handelt es sich nicht um Blöcke, die rein additiv zusammengefügt werden können. Da der Wortsinn, wie jeder andere Sinn, aus *strukturierten* Sinnkomponenten besteht, ist es bei der Interpretation nicht damit getan, daß man diese Sinnkomponenten lediglich aufzählt. Der Interpret muß auch ihre wahrscheinliche Struktur bestimmen, besonders die Struktur ihres jeweiligen Systems von Akzentuierungen. Die relative Betonung ist nicht nur für den Sinn von entscheidender Bedeutung (sie ist vielleicht das entscheidendste und problematischste Element überhaupt), sie ist auch höchst restriktiver Natur; sie schließt Alternativen aus. Man kann als allgemeine Regel aufstellen, daß stets dann, wenn es ein Leser mit zwei Interpretationen zu tun hat, die ähnlichen Sinnkomponenten ein jeweils verschiedenes System der Akzentuierung auferlegen, mindestens eine der Interpretationen falsch sein muß. Sie lassen sich dann nicht miteinander vereinbaren.

Wenn ich behaupte, daß der Wortsinn stets eine determinierte Akzentuierungsstruktur aufweist, dann meine ich damit nicht, daß ein Gedicht bzw. irgendein anderer Text unzweideutig sein muß. Es ist z. B. durchaus möglich, daß Wordsworths Gedicht in zweideutiger Weise sowohl bittere Ironie als auch eine positive Haltung impliziert. In der Dichtung werden häufig solche komplexen Emotionen ausgedrückt; wenn jedoch dies die durch den Text wiedergegebene Sinnart ist, dann tun Brooks und Bateson unrecht daran, die eine Emotion auf Kosten der anderen hervorzuheben. Zweideutigkeit bzw. Vagheit ist nicht dasselbe wie Unbestimmtheit. Das ist bei diesem Problem entscheidend. Wer die Determiniertheit des Wortsinns behauptet, schließt damit nicht dessen Komplexität aus, sondern er besteht lediglich darauf, daß der Sinn eines Textes etwas Bestimmtes und nicht auch allerhand anderes ist. Dies wird auch nicht durch den Hinweis widerlegt, daß ein Text veränderliche Akzentuierungen, wie jene magischen Vierecke, die zuerst nach außen und dann nach innen gerichtet zu sein scheinen, aufweisen könnte. Bei solchen Texten (wenn es sie gibt) muß lediglich gesagt werden, daß die Betonungen sich verändern und deshalb nicht statisch ausgelegt werden dürfen. Jede statische Auslegung des Textes wäre dann einfach falsch. Der fundamentale Mangel der „Theorie der umfassendsten Interpretation" ist der, daß sie das Problem der Akzentuierung übersieht. Da sich verschiedene Systeme der Akzentuierung gegenseitig ausschließen, ist das Streben nach Inklusivität weder eine echte Norm noch ein adäquates Leitprinzip für die Herstellung einer Interpretation.

Abgesehen von der Tatsache, daß das Streben nach einer umfassenden Interpretation seine ihm gestellte Aufgabe nicht erfüllen kann, gibt es noch fundamentalere Gründe dafür, es und alle anderen interpretativen Ideale, die auf die Vorstellung gegründet sind, daß ein Text ein System von Sinnmöglichkeiten darstelle, abzulehnen. Niemand wird leugnen, daß ein Text für den Interpreten zunächst eine Quelle zahlreicher möglicher Interpretationen ist. Es liegt im Wesen der Sprache, daß eine bestimmte Wortfolge mehrere verschiedene Sinne darstellen kann, was ja auch der Grund dafür ist, daß die öffentlichen Sprachnormen allein für die Textinterpretation nicht ausreichen. Wenn man jedoch sagt, daß ein Text verschiedene Sinnstrukturen wiedergeben *kann,* so heißt das keineswegs auch, daß er tatsächlich alle Sinne wiedergibt, die eine bestimmte Wortfolge legitimerweise ausdrücken kann. Es besteht doch ein offensichtlicher Unterschied zwischen dem, was ein Text vielleicht bedeutet, und dem, was er tatsächlich bedeutet. Nach einer anerkannten linguistischen Theorie ist es weit richtiger zu sagen, daß etwas Geschriebenes nicht nur ein Ort verbaler Möglichkeiten, sondern eine durch die Erfindung des Schreibens ermöglichte Aufzeichnung aktualisierter Sprache ist. Die Aufgabe des Interpreten besteht darin, einen bestimmten tatsächlichen Sinn, nicht ein bloßes System von Möglichkeiten zu rekonstruieren. Wenn der Text wirklich ein System von Möglichkeiten darstellte, dann wäre jede Interpretation unmöglich, da keine tatsächliche Auslegung einem bloßen System von Möglichkeiten entsprechen kann. Wenn weiterhin der Text als die Repräsentation aller *tatsächlichen* Sinnstrukturen, die innerhalb der öffentlichen Sprachnormen statthaft sind, aufgefaßt wird, dann könnte keine einzelne Auslegung (mit ihrem auf Exklusivität beruhenden System von Akzentuierungen) richtig sein; die eine legitime Auslegung wäre dann ebenso ungenau wie die andere. Wird ein Text als ein Stück Sprache betrachtet, so ergibt sich daraus eine bekannte und allzu häufige Anarchie. Abgesehen davon, daß sie so unerfreuliche Folgen nach sich zieht, widerspricht die Theorie auch noch einem weithin akzeptierten linguistischen Prinzip, nämlich Saussures Unterscheidung zwischen *langue* und *parole.*

Saussure definierte *langue* als das einer Sprachgemeinschaft zu einem gegebenen Zeitpunkt gemeinsame System sprachlicher Möglichkeiten.[21] Dieses System von Möglichkeiten umfaßt zwei zu unterscheidende Ebenen. Die erste besteht aus Gewohnheiten, Engrammen, Verboten u. s. w., die aus dem Sprachgebrauch der Vergangenheit stammen; dies sind die „Virtualitäten" der *langue.* Gegründet auf diese Virtualitäten gibt es zusätzlich kommunizierbare Sinnmöglichkeiten, die nie zuvor aktualisiert wurden, nämlich die „Potentialitäten". Zusammen bilden die zwei Typen von Sinnmöglichkeiten die *langue,* aus der die Sprachgemeinschaft schöpft. Dieses System von Möglichkeiten muß jedoch von den tatsächlichen verbalen Äußerungen Einzelner, die sich seiner bedienen, unterschieden werden. Die tat-

---

[21] Dies ist der „synchronische" im Gegensatz zum „diachronischen" Sinn des Wortes. Siehe Ferdinand de Saussure, *Cours de linguistique générale* (Paris, 1931). Wertvolle Untersuchungen finden sich bei Stephen Ullmann, *The Principles of Semantics* (Glasgow, 1951) und W. v. Wartburg, *Einführung in die Problematik und Methodik der Sprachwissenschaft* (Halle, 1943).

sächlichen Äußerungen werden als *parole* bezeichnet; sie sind Verwendungsweisen der Sprache und aktualisieren einige (niemals jedoch alle) Sinnmöglichkeiten, die die *langue* bilden.

Saussures Unterscheidung verdeutlicht das Problem: stellt ein Text ein Segment der *langue* dar (wie moderne Theoretiker glauben) oder ein Stück *parole?* Ein einfacher Test vermag uns die Antwort zu geben. Wenn der Text aus Sätzen besteht, dann handelt es sich um *parole,* d. h. um den bestimmten Wortsinn eines Mitglieds der Sprachgemeinschaft. *Langue* enthält Wörter und satzbildende Regeln, aber keine Sätze. Sie kann schriftlich nur durch isolierte, unverbundene Wörter (*Wörter* im Gegensatz zu *Worten*) wiedergegeben werden. *Parole* besteht andererseits stets aus Sätzen – eine Behauptung, die durch den anerkannten Grundsatz, daß der Satz die elementare Einheit der Sprache ist, erhärtet wird.[22] Es gibt natürlich zahlreiche elliptische und aus einem Wort bestehende Sätze, doch wo immer man zu dem berechtigten Schluß gelangen kann, daß ein Text Sätze und nicht nur isolierte Wörter enthält, kann man auch folgern, daß er *parole* darstellt, d. h. tatsächlichen, bestimmten Wortsinn.

Lexikalische Definitionen geben eine nette Veranschaulichung dieses Arguments ab. Die fettgedruckten Buchstaben am Beginn der Definition stellen das Wort als *langue* mit all seinen reichen Sinnmöglichkeiten dar. In einer der Untergruppen, in einem Beispielsatz, repräsentieren jedoch die gleichen Buchstaben das Wort als *parole,* als besondere, selektive Aktualisierung aus dem Bereich der *langue.* In einem anderen Beispielsatz, einer anderen Einzeldefinition, stellt genau dasselbe Wort wieder eine andere selektive Aktualisierung dar. Natürlich aktualisieren viele Sätze, besonders in der Dichtung, weit mehr Möglichkeiten als Beispielsätze in einem Lexikon. Jedes Wortspiel aktualisiert z. B. mindestens zwei divergierende Sinnmöglichkeiten gleichzeitig. Dennoch ist das Wortspiel eine Aktualisierung der *langue* und nicht nur ein System von Sinnmöglichkeiten.

Abgesehen davon, daß sie die Bestimmtheit des Textsinns bestätigt, klärt die Unterscheidung zwischen *langue* und *parole* auch die besonderen Probleme, die sich bei revidierten und interpolierten Texten ergeben. Wie sollen wir bei einem revidierten Text, dessen Entstehung sich über einen langen Zeitraum erstreckte (z. B. *Faust*), die unrevidierten Abschnitte auslegen? Sollen wir annehmen, daß sie noch immer ihre ursprüngliche Bedeutung besitzen oder daß sie einen neuen Sinn erhielten, als der Rest des Textes geändert bzw. erweitert wurde? Sollen wir bei kompilierten oder interpolierten Texten (z. B. vielen

---

[22] Siehe z. B. Cassirer, *Symbolic Forms*, Bd. I, *Language*, S. 304.

Büchern der Bibel) annehmen, daß Sätze verschiedenartiger Herkunft ihren ursprünglichen Sinn behalten haben oder daß diese heterogenen Elemente zu integralen Komponenten eines neuen Gesamtsinns geworden sind? In den *termini* von Saussures Unterscheidung lautet die Frage: haben wir von der Auffassung auszugehen, daß der Text eine Kompilation verschiedener *paroles* darstellt, oder von der, daß er eine neue einheitliche *parole*, die vom neuen Autor oder Herausgeber „neu gesprochen" ist, bildet? Ich möchte behaupten, daß es auf diese Frage keine definitive Antwort geben kann, es sei denn in Beziehung auf einen bestimmten wissenschaftlichen oder ästhetischen Zweck; denn in Wirklichkeit lautet die Frage nicht: „Wie sollen wir den Text interpretieren?". Sie lautet: „*Welchen* Text sollen wir interpretieren?" Soll es die heterogene Kompilation früherer *paroles*, von denen jede für sich betrachtet werden müßte, sein oder die neue, homogene *parole*? Beide können durch den geschriebenen Text wiedergegeben sein. Das Problem besteht nur darin, zwischen den beiden Texten zu wählen; hat man einmal gewählt, dann muß man sich strikt davor zurückhalten, die zwei ganz verschiedenen und getrennten „Texte" miteinander zu verwechseln oder irgendwie gleichzusetzen. Saussures Unterscheidung löst also keine konkreten Probleme, bekräftigt aber dennoch das Recht des Kritikers, seinen Text in den meisten Fällen als Wiedergabe einer einzelnen *parole* aufzufassen.

Ein anderes durch Saussures Unterscheidung zu erhellendes Problem stellt sich bei mißlungenen Texten, bei denen der Autor einen Sinn zu übermitteln versuchte, den seine Worte anderen Mitgliedern der Sprachgemeinschaft nicht kommunizieren. Man sieht sich diesem Problem mitunter bei Aufsätzen von Studienanfängern gegenüber. Die Frage ist dann, ob der Sinn des Textes sich nach dem Willen des Autors oder nach der Auffassung der Sprachgemeinschaft richtet. Diesem Problem ist seit der Veröffentlichung von Wimsatts und Beardsleys Aufsatz „The Intentional Fallacy" im Jahre 1946 viel Aufmerksamkeit gewidmet worden.[23] In jenem Essay wurde die (wenn auch durch gewisse Einschränkungen modifizierte) Haltung eingenommen, daß der Text als etwas Öffentliches seinen Sinn durch die Ansicht der Sprachgemeinschaft über ihn erhält. Ethisch gesehen ist diese Position berechtigt, und die Sprache besitzt infolge ihres sozialen Charakters einen starken ethischen Aspekt: Wenn der Autor so großen Murks gemacht hat, daß seine Äußerung mißverstanden wird, dann geschieht es ihm recht, wenn man ihn mißversteht. Diese Haltung wirkt jedoch unbefriedigend, wenn man sie in linguistische Begriffe

---

[23] Siehe Kap. 1, Fußn. 11.

faßt. Sie impliziert, daß der durch den Text wiedergegebene Sinn nicht *parole* eines Autors, sondern vielmehr *parole* der Sprachgemeinschaft ist. Da aber nur Individuen *parole* äußern, ist die *parole* einer Sprachgemeinschaft nicht existent oder, wie man im Deutschen sagt, ein „Unding". Ein Text kann nur die *parole* eines Sprechers oder Autors wiedergeben oder, anders ausgedrückt: kein Sinn ohne Sinngeber.

Es ist jedoch nicht nötig, daß der Text die *parole*, die der Autor übermitteln wollte, tatsächlich repräsentiert. Häufig gibt der Text, wenn er dem Autor mißlungen ist, überhaupt keine *parole* wieder. Es gibt in der Tat nur zwei Alternativen: der Text stellt entweder den vom Autor intendierten Wortsinn dar oder überhaupt keinen determinierten Wortsinn. Natürlich kann man mitunter nicht entdecken, daß der Autor sich falsch ausgedrückt hat; in diesem Fall wird der Text in alle Zukunft zu Unrecht so ausgelegt werden, als hätte er einen Sinn, obwohl er überhaupt keinen Wortsinn darstellt – und niemand wird es merken. Bei den meisten Fehlern sind wir uns jedoch der Diskrepanz zwischen den Worten des Autors und dem von ihm wahrscheinlich intendierten Sinn bewußt. Eliot kritisierte beispielsweise Poe dafür, daß dieser „My most immemorial year" sagte, als Poe sein „most *memorable* year" meinte.[24] Wir sind uns darüber einig, daß Poe nicht ausdrücken wollte, was man im Englischen allgemein mit dem Wort „immemorial" ausdrückt; also kann das Wort nicht den üblichen Sinn haben. (Ein Autor kann nicht meinen, was er nicht meint.) Die einzige Frage ist also: Bedeutet das Wort mehr oder weniger das, was wir mit „unvergeßlich" ausdrücken, oder bedeutet es überhaupt nichts? Hat Poe so gegen die sprachlichen Normen gesündigt, daß wir seiner Äußerung jeden Wortsinn oder Inhalt absprechen müssen?

Die Frage kann wahrscheinlich nicht dekretiv beantwortet werden; da der von Poe intendierte Sinn jedoch allgemein verstanden wird, und da das einzige Kriterium für den Wortsinn die Kommunikabilität ist, neige ich dazu, den von Poe intendierten Sinn als Wortsinn zu bezeichnen.[25] Ich stelle mich gerne auf die Seite der Poes und Malaprops dieser Welt, denn die Sprachnormen sind weitaus toleranter als Lexika und Kritiker wie Eliot einen glauben machen. Andererseits hat jedes Mitglied der Sprachgemeinschaft, besonders aber der

---

[24] T. S. Eliot, „From Poe to Valéry", *Hudson Review*, 2 (1949), S. 232.
[25] Eigentlich ist dieses Wort ziemlich wirkungsvoll. Es vermittelt den Sinn von „denkwürdig" durch die Komponente „memorial" und den Sinn von „unvergeßlich" durch das negative Präfix. Der Unterschied zwischen diesem und unklaren Wörtern besteht darin,

Kritiker, die Pflicht, Mangel an Klarheit und Präzision sowie unnötige Zweideutigkeit im Sprachgebrauch zu vermeiden und zu tadeln, und zwar ganz einfach deshalb, damit die Effektivität der *langue* erhalten bleibt. Es muß darüberhinaus einen Trennungsstrich zwischen normalem Wortsinn und jenem Sinn geben, den wir durch übersprachlichen Gebrauch der Fantasie halb erahnen. Man muß zwischen Poes erfolgreicher Mißachtung des normalen Sprachgebrauchs und den nicht kommunikablen Wortfolgen eines schlechten Anfängeraufsatzes unterscheiden können. Ein derartiger Trennungsstrich trennt jedoch nicht den vom Autor intendierten von dem vom Leser erfaßten Sinn, sondern er unterscheidet vielmehr zwischen der *parole* des Autors und überhaupt keiner *parole*.

Natürlich können theoretische Prinzipien das Problem des Interpreten nicht direkt lösen. Die Feststellung, daß ein Text den bestimmten Wortsinn eines Autors wiedergibt, ist eine Sache; eine ganz andere ist es, diesen Sinn zu erschließen. Derselbe Text könnte zahlreiche verschiedene *paroles* wiedergeben, wie jeder ironische Satz zeigt („Das ist ein *kluger* Gedanke" oder „Das ist ein kluger Gedanke"). Es sollte jedoch von einer gewissen praktischen Bedeutung für den Interpreten sein, wenn er weiß, daß er eine präzis definierte Aufgabe hat, nämlich den vom Autor intendierten Sinn zu entdecken. Es ist daher nicht nur vernünftig, sondern nötig, daß der Interpret die Frage stellt: „Was meinte der Autor aller Wahrscheinlichkeit nach? Ist das von mir erschlossene System mit Akzentuierungen das vom Autor intendierte?" Sowohl unrichtig als auch vergeblich wäre jedoch die Frage: „Was sagt die Sprache des Textes?" Auf diese Frage kann es keine fest determinierte Antwort geben.

C. Verifizierung

Da der durch einen Text wiedergegebene Sinn von jemand anderem stammt, kann der Interpret nie sicher sein, daß seine Auslegung richtig ist. Er weiß ferner, daß die Normen der *langue*, für sich allein genommen, viel zu weit sind, als daß sie die besonderen Sinne und Akzentuierungen, die durch den Text gegeben sind, genau bestimmen könnten; er weiß darüberhinaus, daß diese besonderen Sinne durch besondere Arten subjektiver Akte des Autors bestimmt wurden und

---

daß es ein normales Wort in einem Kontext normaler Wörter ist. Vielleicht tadelt Eliot Poe mit Recht, jedoch kann er nicht rechtens behaupten, das Wort besitze keinen festen Wortsinn.

daß diese Akte als solche unzugänglich bleiben.[26] Ein weniger selbstkritischer Leser, der annimmt, daß ein Text einen offensichtlichen Sinn darstellt, einfach weil er aus einer unveränderlichen Wortfolge besteht, nähert sich andererseits einem Solipsismus. Wenn nämlich dieser offensichtliche Sinn nicht irgendwie verifiziert wird, dann ist er einfach vom Interpreten geschaffener Sinn, der Konnotationen und Akzentuierungen aufweist, die dieser ihm auferlegt hat. Natürlich muß sich der Leser den Wortsinn durch seine eigenen subjektiven Akte ins Bewußtsein bringen; das kann ihm niemand abnehmen. Wenn er sich jedoch daran erinnert, daß seine Aufgabe darin besteht, den vom Autor intendierten Sinn zu erschließen, dann wird er versuchen, seine eigenen geistigen Neigungen fernzuhalten und die des Autors zur Grundlage seines Tuns zu machen. Niemand kann jedoch den von einem anderen intendierten Sinn mit Sicherheit feststellen. Das Ziel des Interpreten besteht einfach darin, eine gegebene Auslegung als wahrscheinlicher zu erweisen als andere. Verifizierung ist in der Hermeneutik der Vorgang der Feststellung relativer Wahrscheinlichkeiten.

Man kann eine Auslegung nur dann für wahrscheinlich halten, wenn gezeigt worden ist, daß sie innerhalb der Sprachnormen möglich ist. Dies ist das Kriterium der *Legitimität:* die Auslegung muß innerhalb der öffentlichen Normen der *langue,* in der der Text abgefaßt wurde, statthaft sein. Das zweite Kriterium ist das der *Entsprechung:* die Auslegung muß jede sprachliche Komponente des Texts erklären. Wenn eine Auslegung willkürlich sprachliche Komponenten ignoriert oder sie inadäquat erklärt, dann darf diese Lesart für unwahrscheinlich gehalten werden. Das dritte Kriterium ist das der *generischen Angemessenheit:* folgt der Text den Konventionen eines wissenschaftlichen Artikels, dann wäre es z. B. unangemessen, einen auf Anspielungen beruhenden Sinn zu erschließen, wie man ihn etwa in beiläufiger Konversation findet.[27] Ist diesen drei vorläufigen Kriterien genüge getan, so bleibt ein viertes, welches allen anderen ihre Bedeutung verleiht, nämlich das Kriterium der Plausibilität oder der *Kohärenz.* Die drei vorläufigen Normen gestatten normalerweise mehrere Auslegungen, was bei einem problematischen Text *per definitionem* der Fall ist. Hat der Interpret es mit Alternativen zu tun,

---

[26] Es sei an Husserls Argument erinnert, daß ein bestimmter Wortsinn von einer besonderen Art intentionaler Akte und nicht von einem einzelnen, unwiederholbaren Akt abhängt.

[27] Dieses dritte Kriterium beruht jedoch auf einem hohen Grad von Anmaßung, da der Interpret leicht zu einer falschen Auffassung vom Genre des Textes gelangen kann.

so wählt er die Auslegung, die dem Kriterium der Kohärenz am besten gerecht wird. Kohärenz bleibt selbst dann das entscheidende Kriterium, wenn der Text nicht problematisch ist, da der Sinn nur deshalb „offensichtlich" sein kann, weil er „sinnvoll" ist. Ich möchte deshalb das Kriterium der Kohärenz in den Mittelpunkt stellen und die Forderung der Legitimität, der Entsprechung und der generischen Angemessenheit für akzeptiert halten. Ich werde zu zeigen versuchen, daß die Verifizierung nach dem Kriterium der Kohärenz und damit schließlich die Verifizierung allgemein, eine Rekonstruktion relevanter Aspekte der Geisteshaltung des Autors erfordert. Meine These läßt sich in dem Paradoxon zusammenfassen, daß objektive Textinterpretation eine ausdrückliche Bezugnahme auf die Subjektivität des Sprechers verlangt.

Dieses Paradoxon spiegelt das besondere Wesen der Kohärenz, die nicht eine absolute, sondern eine abhängige Eigenschaft ist, wider. Die Gesetze der Kohärenz sind veränderlich; sie hängen vom Wesen des zu betrachtenden Gesamtsinns ab. Zwei Sinne (z. B. „dunkel" und „hell"), die in einem Kontext kohärent sind, sind es in einem anderen vielleicht nicht.[28] „Dark with excessive bright" [„Vor übergroßer Helle dunkel"] ist in *Paradise Lost* äußerst sinnvoll, fände ein Leser den Ausdruck jedoch in einem Lehrbuch über pathologische Erscheinungen bei Pflanzen, so würde er annehmen, er habe es mit einem Druckfehler zu tun, und die Stelle solle eigentlich heißen: „dark with excessive blight" [„Durch ein Übermaß an Meltau dunkel"]. Da die Kohärenz vom Kontext abhängt, ist es nützlich, daß wir uns unsere Definition von „Kontext" noch einmal vergegenwärtigen: er ist eine Vorstellung vom Gesamtsinn, die aus expliziten Teilsinnen plus einem Horizont von Erwartungen und Wahrscheinlichkeiten gebildet wird. Ein Sinn ist zu einem anderen kohärent, wenn er in Bezug auf das Ganze typisch oder wahrscheinlich ist (Die Kohärenz ist demnach ein Vetter der Implikation). Das Kriterium der Kohärenz läßt sich nur mit Bezug auf einen bestimmten Kontext anwenden, und dieser Kontext läßt sich nur erschließen, indem wir den Horizont des Autors, seine Disposition zu einer bestimmten Sinnart, hypothetisch setzen. Diese Schlußfolgerung bedarf noch weiterer Ausführungen.

Die Tatsache, daß Kohärenz eine abhängige Eigenschaft ist, führt zu einer unvermeidlichen Zirkularität beim Vorgang der Interpretation. Der Interpret setzt hypothetisch Sinne der Wörter und Wort-

---

[28] Ausnahmen davon sind synkategorematische Sinne (z. B. Farbe und Ausmaß), die, ungeachtet des Kontexts, notwendigerweise kohärent sind.

folgen, mit denen er zu tun hat; zur gleichen Zeit muß er einen Gesamtsinn oder Kontext setzen, bezüglich dessen die Untersinne zueinander kohärent sind. Dieser Vorgang hat durch und durch Kreischarakter; der Kontext wird von den Untersinnen abgeleitet, und die Untersinne werden unter Bezugnahme auf den Kontext genauer bestimmt und kohärent gemacht. Wie jeder Lehrer weiß, kann man wegen dieser Zirkularität einen Leser nur sehr schwer bewegen, seine Interpretation zu ändern. Mancher eigenwillige Student läßt sich nicht davon abbringen, daß seine Auslegung ebenso plausibel sei wie die seines Lehrers, und sehr oft hat dieses Verhalten seine Berechtigung; die Auslegung des Studenten ist sinnvoll. Oft besteht der einzige Fehler seiner Auslegung darin, daß sie wahrscheinlich falsch ist, nicht darin, daß sie nicht kohärent ist. Der Student bleibt ja gerade deswegen bei seiner Meinung, weil seine Interpretation kohärent und in sich überzeugend ist. Er hat in solch einem Fall unrecht, weil er den Kontext, d. h. die Vorstellung vom Ganzen falsch erschlossen hat. In dieser Hinsicht unterscheidet sich seine Dickköpfigkeit nicht von der aller von sich selbst überzeugten Interpreten. Unsere Interpretationen sind zu plausibel, als daß wir sie aufgeben möchten. Wenn wir einmal eine verzerrte Vorstellung vom Gesamtsinn des Textes haben, dann werden wir unsere abwegige Auslegung um so fester bestätigt finden, je genauer wir hinsehen.

Da die Eigenschaft der Kohärenz vom erschlossenen Kontext abhängt, gibt es keinen absoluten Standard, nach welchem wir eine Wertung verschiedener kohärenter Auslegungen vornehmen könnten. Verifizierung nach dem Kritierum der Kohärenz meint daher Verifizierung auf Grund von Tatsachen, die die Auslegung zu einer kohärenten machen. *Es muß gezeigt werden, daß der Kontext, auf den man sich beruft, der wahrscheinlichste ist.* Nur danach, also unter Bezugnahme auf einen bereits erwiesenen Kontext, können wir das Urteil fällen, daß eine Auslegung kohärenter ist als eine andere. Letztlich müssen wir also den wahrscheinlichsten Horizont des Textes setzen, und dies ist nur möglich, wenn wir die typische Geisteshaltung des Autors, die charakteristischen Assoziationen und Erwartungen, die teilweise den Kontext seiner Äußerung bilden, setzen. Dies ist nicht nur die einzige Möglichkeit, die relative Kohärenz einer Auslegung zu überprüfen, sondern auch die einzige Art und Weise, in der reine Zirkularität bei der Erlangung des Textverständnisses vermieden werden kann.

Eine wesentliche Aufgabe beim Vorgang der Verifizierung besteht folglich in einer bewußten Rekonstruktion der subjektiven Haltung des Autors, soweit diese Haltung für den zu untersuchenden Text relevant ist.[29] Die Bedeutung einer derartigen psychologischen Rekonstruktion kann durch eine Bewertung verschiedener Auslegungen von Wordsworths „A Slumber Did My Spirit Seal" veranschaulicht werden. Die Interpretationen von Brooks und Bateson sind, obwohl verschieden, gleichermaßen kohärent und frei von inneren Widersprüchen. Die von Brooks erschlossenen Implikationen sind mit dem expliziten Sinn des Gedichts innerhalb des von diesem Interpreten angedeuteten Kontexts vollauf kohärent. Gleiches läßt sich von Batesons Auslegung sagen. Daß die eine Auslegung plausibler und kohärenter ist als die andere, kann man am besten zeigen, indem man die größere Wahrscheinlichkeit des einen Kontexts nachweist. Implizit ist das Problem, mit dem wir es bei der Wahl zwischen den Auslegungen von Bateson und Brooks zu tun haben, dasselbe, das jeder Interpret bewältigen muß, wenn er seine Auslegung zu verifizieren sucht. Er muß den wahrscheinlichsten Kontext ermitteln.

Wenn nun der *homme moyen sensuel* es mit einem Verlust zu tun hat, wie ihn Wordsworths Gedicht explizit schildert, dann stellt er sich im Normalfalle einen Horizont vor, der Sorge und Untröstlichkeit einschließt. Dies sind für ihn Komponenten innerhalb des Sinns des Verlusts eines Menschen. Man wird zwangsläufig Sorge und Untröstlichkeit mit dem Tod assoziieren, wenn man sich den oder die Geliebte, einen vorher so aktiven und lebendigen Menschen, als in der Erde liegend, hilflos, stumm, bewegungs- und gefühllos vorstellt. Da es keine Andeutung eines Lebens im Himmel, sondern nur den körperlichen Tod gibt, befinden sich die Tröstungen des Christentums jenseits des Horizonts des Gedichts. Eine von Bateson behauptete positive Einstellung, die zu tiefgehend ist, als daß sie sich in Tränen

---

[29] Vielleicht hat der Leser das Gefühl, daß ich hier einige Stufen zusammengefaßt habe. Der vom Autor intendierte Wortsinn oder die verbale Intention ist das Ziel komplexer intentionaler Akte. Will der Interpret diesen Sinn reproduzieren, so muß er intentionale Akte der gleichen Art wie die vom Autor vollzogenen vornehmen. (Zwei verschiedene intentionale Akte gehören zur gleichen Art, wenn sie dasselbe intentionale Objekt „intendieren".) Aus diesem Grund wird die Frage nach der „Haltung" relevant. Der Interpret muß der Haltung des Autors gegenüber (seiner Neigung, bestimmte intentionale Akte zu vollziehen) eine positive Einstellung einnehmen, so daß er mit einer gewissen Wahrscheinlichkeit dieselben intentionalen Objekte wie der Autor „intendieren" kann. Dies wird besonders bei *implizitem* Wortsinn deutlich, wo die Einnahme der Haltung des Autors durch den Interpreten den Horizont des Textes determiniert.

ausdrücken könnte, ist mit dem expliziten Sinn des Gedichts einfach nicht kohärent; sie gehört nicht zum Kontext. Die Auslegung von Brooks mit ihrer Betonung eines untröstlichen und bitter ironischen Tons ist daher nicht nur vom Text her, sondern auch durch Bezugnahme auf allgemeine menschliche Haltungen und Gefühle eindeutig gerechtfertigt.

Das Problematische einer solchen Auslegung ist jedoch den meisten Wordsworth-Anhängern bekannt. Der Dichter ist kein *homme moyen sensuel;* seine charakteristischen Haltungen sind pantheistisch gefärbt. Felsen, Steine und Bäume werden von ihm nicht als bewegungslose Objekte, sondern im Jahre 1799 wahrscheinlich als zutiefst von Leben erfüllt, als Teil des unsterblichen Lebens der Natur betrachtet. Er empfand den physischen Tod als eine Rückkehr zur Quelle des Lebens, als eine neue Art der Teilnahme an der „kreisenden Unsterblichkeit" der Natur. Aus allem, was wir über die typischen Haltungen Wordsworths während der Periode, in der er das Gedicht verfaßte, wissen, müssen wir annehmen, daß Untröstlichkeit und bittere Ironie nicht zu ihrem Horizont gehörten. Ich glaube jedoch, daß Bateson bei seiner Argumentation übertreibt und die negativen Implikationen des Gedichts („No motion has she now, no force") nicht hinreichend betont. Er übersieht, daß der Dichter zurückhaltend und offensichtlich nicht willens ist, irgendeine uneingeschränkte Bewertung seines Erlebens auszudrücken. Ich würde sagen, daß Bateson dem Kriterium der Entsprechung nicht genügend Aufmerksamkeit geschenkt hat. Wie ich glaube bleibt Batesons Auslegung, obwohl sie anscheinend wenig einleuchtend ist, trotzdem etwas wahrscheinlicher als die von Brooks. Sein Vorgehen ist auch objektiver. Selbst wenn er seine Tätigkeit mangelhaft erledigt und eine wenige wahrscheinliche Auslegung als Brooks hervorgebracht hätte, so bliebe seine Methode doch grundsätzlich richtig. Er projiziert nicht seine eigenen Haltungen in das Gedicht (Bateson ist vermutlich kein Pantheist) und setzt nicht eine allgemeine Schablone menschlicher Haltungen (die es nicht gibt), sondern er versucht, die vom Autor wahrscheinlich gehegten Haltungen, soweit sie zur Bestimmung des Sinns des Gedichts relevant sind, zu rekonstruieren. Es ist natürlich noch immer möglich, daß Brooks recht und Bateson unrecht hat. Die für einen Dichter charakteristischen Haltungen gelten nicht immer für ein bestimmtes Gedicht, obwohl Wordsworth in einer gegebenen Periode beständiger ist als die meisten Dichter. Wie dem auch sei – wir werden niemals sicher sein, was irgendein Schriftsteller meint, und da Bateson seine Interpretation auf eine bewußte Erschließung der Haltungen des Dichters gründet, muß seine Auslegung als die wahrscheinlichere beurteilt werden, solange nicht auf Grund der Entdeckung einiger gegenwärtig unbekannter Daten eine andere Haltung des Dichters als wahrscheinlicher betrachtet werden muß.

Batesons Methode ist allen, auch anonymen Texten angemessen. Bei oberflächlicher Betrachtung scheint es unmöglich zu sein, sich auf die wahrscheinliche Haltung des Dichters zu berufen, wenn dieser unbekannt bleibt. In einem solchen Fall gelangt der Interpret jedoch einfach auf der Grundlage von weniger Daten zu seiner psychologischen Rekonstruktion. Selbst bei anonymen Texten ist es entscheidend, nicht nur einen beliebigen Autor hypothetisch zu setzen, sondern eine bestimmte subjektive Haltung, zu welcher der erschlossene Kontext in Beziehung gesetzt und als wahrscheinlich erwiesen werden kann. Aus diesem Grunde ist die Datierung anonymer Texte wichtig. Der Interpret braucht alle Hinweise, die er sich beschaffen kann, und zwar nicht nur bezüglich der *langue* und des Genres des Textes, sondern auch über die kulturellen und persönlichen Haltungen, von denen wir erwarten können, daß der Autor sie vielleicht bei der Bestimmung seines Wortsinns zur Geltung gebracht hat. In diesem Sinne werden alle Texte, einschließlich der anonymen, jemandem „zugeschrieben". Der objektive Interpret versucht lediglich, seine Zuschreibung zu explizieren, so daß die Grundlagen seiner Auslegung freimütig anerkannt werden. Dies öffnet den Weg zu fortschreitender Genauigkeit der Interpretation, da es dann möglich wird, die Annahmen, die hinter einer Auslegung stehen, sowie die Kohärenz der Auslegung selbst zu überprüfen.

Aus der Tatsache, daß anonyme Texte erfolgreich interpretiert werden können, ergibt sich jedoch nicht, daß alle Texte als anonyme behandelt werden und *quasi* für sich selbst sprechen sollten. Ich habe bereits die Ansicht vertreten, daß kein Text für sich selbst spricht, und daß jeder erschlossene Text notwendigerweise jemandem zugeschrieben wird. Diese Argumente weisen eindeutig darauf hin, daß es nicht sehr sinnvoll ist, auf einer textimmanenten Auslegung zu bestehen. Wenn wir beispielsweise einen anonymen Text datieren, dann wenden wir Wissen an, das aus einer Anzahl sehr verschiedener Quellen gewonnen wurde und mit aus dem Text gewonnenen Daten in Beziehung gesetzt wird. Diese externen Daten werden jedoch nicht in den Text hineingelesen. Sie werden im Gegenteil dazu verwendet, das zu verifizieren, was wir aus ihm herauslesen. Letztlich besitzt die externe Information eine rein verifizierende Funktion.

Gleiches gilt für Informationen über die subjektive Haltung des Autors. Sie sind ungeachtet ihrer Quellen (der Text allein oder in Verbindung mit anderen Daten) in Bezug auf den Wortsinn als solchen äußerlich. Genau genommen ist die subjektive Haltung des Autors selbst dann nicht Teil seines Wortsinns, wenn er ausdrücklich über seine Gefühle und Haltungen spricht. Auch hierin steckt wieder Husserls These. Das durch einen Text wiedergegebene intentionale Objekt unterscheidet sich von den intentionalen Akten, die es verwirklichen. Wenn der Interpret die Haltung des Autors hypothetisch setzt, dann vollbringt er eine einfühlsame Wiederholung der intentionalen Akte des Autors; wenn auch dieser imaginative Akt zur Verwirklichung des Sinns nötig ist, so muß man ihn doch von dem Sinn an sich unterscheiden. In keiner Weise repräsentiert der Text die subjektive Haltung des Autors. Der Interpret setzt eine solche Haltung einfach deshalb, um den Text verständlich zu machen, und wenn er selbstkritisch ist, so versucht er, seine Interpretation zu verifizieren, indem er zeigt, daß die von ihm gesetzte Haltung aller Wahrscheinlichkeit nach die des Autors ist.

Natürlich ist der jeweils vorliegende Text die zuverlässigste Quelle für Hinweise auf die Haltung des Autors, da man bei verschiedenen Gelegenheiten verschiedene Haltungen einnimmt. Obwohl jedoch der Text selbst die primäre Quelle für Hinweise sein sollte und stets letzte Autorität sein muß, sollte der Interpret sich bemühen, wo nur möglich über seinen Text hinauszugehen, da allein auf diese Weise ein *circulus vitiosus* vermieden werden kann. Je genauer man einen Text von einem unrichtigen Standpunkt aus betrachtet, um so überzeugender wird die unrichtige Erschließung. Mitunter ist es schwierig, Schlüsse über die Haltung des Autors zu ziehen, selbst wenn alle relevanten Daten berücksichtigt werden, und man schadet sich selbst, wenn man den Vorgang des Schlußfolgerns schwieriger als nötig macht. Da diese Schlußfolgerungen letztlich einem Bereich außerhalb des Textes angehören, ist es kein Vorteil, sie allein aus dem Text zu ziehen. Das Ergebnis einer Erschließung (das Verständnis des Interpreten vom Sinn des Textes) darf nicht mit dem *Vorgang* der Erschließung oder der Prüfung der Richtigkeit jenes Verfahrens verwechselt werden. Der Sinn muß durch den Text repräsentiert werden und wird allein durch ihn begrenzt; der Vorgang der Erschließung und der der Feststellung der Richtigkeit beziehen psychologische Rekonstruktionen ein und sollten daher auf alle erhältlichen Informationen gegründet sein.

Nicht nur das Kriterium der Kohärenz, sondern alle anderen bei der Verifizierung von Interpretationen verwendeten Kriterien müssen unter Bezugnahme auf eine psychologische Rekonstruktion angewandt werden. Das Kriterium der Legitimität muß beispielsweise auf ein sprechendes Subjekt bezogen werden, da es die *langue* des Autors als dessen innerer Besitz und nicht die des Interpreten ist, die den Bereich der Sinnmöglichkeiten, die der Text repräsentieren kann, begrenzt. Das Kriterium der Entsprechung besitzt nur deshalb Gewicht, weil wir annehmen, daß der Autor durch jede der von ihm verwendeten sprachlichen Komponenten etwas ausdrücken wollte, und das Kriterium der gattungsmäßigen Angemessenheit ist nur in soweit relevant, als solche Konventionen dem Autor vertraut waren und von ihm akzeptiert wurden. Die Tatsache, daß diese Kriterien letztlich alle auf eine psychologische Erschließung Bezug nehmen, ist kaum überraschend, wenn wir uns daran erinnern, daß die Verifizierung eines Textes einfach in der Feststellung besteht, daß der Autor wahrscheinlich das meinte, was wir als Sinn des Textes erschließen. Die primäre Aufgabe des Interpreten ist es, in sich selbst die „Logik" des Autors, seine Haltungen, seine kulturellen Gegebenheiten, kurzum seine Welt zu reproduzieren. Der Vorgang der Verifizierung ist zwar höchst komplex und schwierig, das letzte Prinzip der Verifizierung ist jedoch sehr einfach: die imaginative Rekonstruktion des sprechenden Subjekts.[30]

Das sprechende Subjekt ist allerdings nicht mit der Subjektivität des Autors, wie sie sich in dessen tatsächlicher, historischer Person zeigt, identisch; es entspricht eher einem sehr begrenzten und speziellen Aspekt der gesamten Subjektivität des Autors; es ist gewissermaßen jener „Teil" des Autors, der den Wortsinn bestimmt.[31] Dieser Unterschied ist im Falle einer Lüge völlig klar. Wenn ich jemanden täuschen möchte, so ist mein insgeheim bestehendes Bewußtsein, daß ich lüge, ohne Relevanz für den Wortsinn meiner Äußerung. Die einzig richtige Interpretation meiner Lüge ist es paradoxerweise, sie als wahre Aussage zu behandeln, da allein dies die richtige Erschließung meiner

---

[30] Ich bringe hier absichtlich meine Sympathie für Diltheys Begriffe „Sichhineinfühlen" und „Verstehen" zum Ausdruck. Im Grunde kann meine gesamte Argumentation als Versuch aufgefaßt werden, einige der hermeneutischen Prinzipien Diltheys auf Husserls Epistemologie und Saussures Linguistik zu gründen.

[31] Spranger bezeichnet dies mit Recht als das „kulturelle Subjekt". Siehe Eduard Spranger, „Zur Theorie des Verstehens und zur geisteswissenschaftlichen Psychologie", in *Festschrift Johannes Volkelt zum 70. Geburtstag* (München, 1918), S. 369. Ich möchte keinen Zweifel daran lassen, daß ich hier mit den amerikanischen Anti-Intentionalisten (normale Verwendung des Begriffs) im wesentlichen übereinstimme. Ich glaube, daß sie zu Recht private Assoziationen vom Wortsinn ausschließen. Es ist jedoch nicht ohne praktische Bedeutung, wenn darauf insistiert wird, daß der Wortsinn jener Aspekt des vom Autor intendierten Sinns ist, der zwischenmenschlich kommunizierbar ist. Damit ist impliziert, daß sein Wortsinn von solcher Art ist, daß man ihn innerhalb der sprachlichen Normen verstehen *kann*, auch wenn dies mitunter nur nach einiger Mühe möglich ist.

verbalen Intention bedeutet. Erst wenn der Zuhörer den von mir intendierten (als wahr dargestellten) Sinn verstanden hat, kann er zu dem Urteil gelangen, daß es sich um eine Lüge handelt. Da ich die Haltung eines die Wahrheit Sprechenden einnahm, ist es für den Wortsinn meiner Äußerung ohne Belang, ob ich nun absichtlich log oder der falschen Überzeugung zum Opfer gefallen war, meine Äußerung sei richtig. In anderen Worten: ein Autor kann eine Haltung einnehmen, die sich von seinen innersten Haltungen unterscheidet; ebenso muß auch der Interpret stets eine Haltung einnehmen, die von seiner eigenen verschieden ist.[32] Für den Vorgang der Interpretation sind jedoch die privaten Erfahrungen des Autors ohne Bedeutung. Der einzige relevante Aspekt der Subjektivität ist der, der den Wortsinn oder, in den *termini* Husserls, den Inhalt determiniert.

Im gewissen Sinne sind natürlich alle Dichter Lügner, und bis zu einem gewissen Ausmaße sind es alle Sprecher; die absichtliche, zum Zwecke der Täuschung gesprochene Lüge ist jedoch ein Grenzfall. Bei den meisten verbalen Äußerungen besteht kein fundamentaler Unterschied zwischen der öffentlichen Haltung des Sprechers und seiner privaten Einstellung. Selbst ist jenen Fällen, in denen der Sprecher bewußt eine Rolle einnimmt, ist diese mimetische Haltung normalerweise nicht die endgültige Determinante seines Sinns. Bei einem Drama ist beispielsweise der Gesamtsinn einer Äußerung nicht das intentionale Objekt des dramatischen Charakters; dieser Sinn ist lediglich eine Komponente der komplexeren Intention des Dramatikers. Der Sprecher wird selbst gesprochen. Die beste Beschreibung dieser allmählich zurückweichenden Ebenen der Subjektivität schufen die scholastischen Philosophen in ihren Unterscheidungen zwischen „erster Intention", „zweiter Intention" u. s. w. Z. B. führt Ironie stets zu einer Zusammenfassung zweier kontrastierender Haltungen (intentionaler Ebenen) in einer dritten und letzten, komplexen Intention. Das sprechende Subjekt läßt sich als letzte und umfassendste Ebene des für den Wortsinn determinativen Bewußtseins definieren. Bei einer Lüge nimmt das sprechende Subjekt, an, daß es die Wahrheit sagt, während das tatsächliche Subjekt ein privates Bewußtsein der Täuschungsabsicht behält. In ähnlicher Weise behalten viele Sprecher in ihrem abgeschlossenen Inneren das klare Bewußtsein ihres Wortsinns – ein Bewußtsein, das zustimmen oder ablehnen, für richtig oder für falsch halten kann, das aber nicht bei der Determination des Wortsinns mitwirkt. Für die Interpretation ist diese Ebene des

---

[32] Bally nennt dies „dédoublement de la personalité." Siehe seine *Linguistique générale et linguistique française*, S. 37.

Bewußtseins sowohl irrelevant wie auch unzugänglich. Bei der Erschließung und Verifizierung des Wortsinns zählt nur das sprechende Subjekt.

Es würde einer eigenen Erörterung bedürfen, wollte man die Probleme der psychologischen Rekonstruktion darlegen. Ich habe hier lediglich versucht, den gängigen Einwänden gegenüber externen biographischen und historischen Informationen zu begegnen, indem ich einerseits auf die Erfordernisse der Verifizierung und andererseits auf die Unterscheidung zwischen einem sprechenden Subjekt und einer „biographischen" Person hingewiesen habe. Ich will es zufrieden sein, wenn dieser Teil meiner Untersuchung die notwendigerweise unvollständig sein muß, dazu beiträgt, die halb vergessene Binsenweisheit, daß Interpretation die Erschließung des von einem anderen Menschen intendierten Sinns ist, wieder zu beleben. Schon eine geringfügige Veränderung unserer Art, über Texte zu sprechen, wäre höchst heilsam. Es ist natürlich, nicht davon zu sprechen, was ein Text sagt, sondern von dem, was ein Autor meint; diese natürlichere Ausdrucksweise ist auch die exaktere. Überdies wird damit eine in der Kritik der letzten Jahre nicht besonders deutliche Bereitschaft impliziert, sich mit ganzem Herzen und selbstkritisch auf der für die Kritik primären Ebene, der des Verständnisses, zu bemühen.

(Erstmals veröffentlicht in *PMLA*, September 1960)

ANHANG II: GADAMERS THEORIE DER INTERPRETATION

Unter dem etwas ironischen Titel *Wahrheit und Methode* (Tübingen, 1960) veröffentlichte Hans-Georg Gadamer die wichtigste Abhandlung über hermeneutische Theorie, die in diesem Jahrhundert in Deutschland hervorgebracht wurde. Nach Umfang, Länge und Gelehrsamkeit läßt sie sich mit Boeckhs *Encyclopädie* (Leipzig, 1877) vergleichen. Genau in diesem Vergleich aber liegt die absichtliche Ironie von Professor Gadamers Titel, denn er enthält eine Polemik gegen die Überbetonung objektiver Wahrheit und exakter Methode im 19. Jahrhundert, für die das Werk von Boeckh repräsentiv und sein voller Titel *(Encyclopädie und Methodologie der philologischen Wissenschaften)* symptomatisch waren. Gegenüber dieser Überbetonung stellt sich Gadamer auf den Standpunkt, daß es keine *Methodologie* der Textinterpretation geben könne, weil Interpretation schließlich keine *Wissenschaft* mit dem Ziel objektiven und dauernden Wissens sei. Wahrheit könne nicht, wie Boeckh glaubte, im echten Wiedererkennen des von einem Autor ausgedrückten Sinns („das Erkennen des Erkannten") liegen, denn dieses nicht zu verwirklichende Ideal mißachte auf naive Weise die Tatsache, daß jede angenommene Wiedererkennung eines Textes in Wirklichkeit ein neues und verschiedenes Erkennen sei, bei welcher die Historizität des Interpreten die *specifica differentia* darstelle. „Die Geschichtlichkeit des Verstehens" sei vom 19. Jahrhundert übersehen worden. Keine Methode könne die Historizität des Interpreten, und keine Wahrheit diese zentrale Wahrheit transzendieren.

Das Neue an Gadamers Theorie ist nicht diese Hauptthese, die weithin vertreten wird und wahrscheinlich mehr Anhänger als Kritiker hat, sondern seine Art der Darstellung.[1] Er führt neue Begriffe ein und gibt alten Wörtern neuen Sinn. So ist z. B. „Vorurteil" nicht etwas Negatives, sondern etwas zu Begrüßendes; bei der Interpretation

---

[1] Ein sehr wichtiger Kritiker ist Emilio Betti, dessen *Teoria generale della interpretazione* die bei weitem bedeutendste, in letzter Zeit geschriebene Abhandlung in der Tradition Schleiermachers und Diltheys ist. In einem später erschienenen Büchlein, *Die Hermeneutik als allgemeine Methodik der Geisteswissenschaften*, setzt er sich entschieden mit Gadamer, Bultmann und ihren Anhängern auseinander.

bedarf es nicht der Neutralisierung des persönlichen Horizonts des Interpreten, sondern es kommt zu einem Prozeß der „Horizontverschmelzung"; die Geschichte der Interpretation ist eine „Wirkungsgeschichte". Zusätzlich zu diesen Begriffen bietet Gadamer eine detaillierte Kritik früherer hermeneutischer Theorien, eine Reihe äußerst wertvoller Exkurse in die Ideengeschichte und eine erhellende Theorie der Kunst als Spiel. Ganz abgesehen von seiner theoretischen These ist *Wahrheit und Methode* ein substantielles Buch, dessen Einfluß weit über Deutschland hinaus fühlbar zu werden beginnt. In Amerika bemerkte James M. Robinson, daß „in der heutigen Situation Dilthey und in zunehmendem Maße Heidegger von dem Heidelberger Philosophen Hans-Georg Gadamer überschattet werden, einem früheren Schüler Heideggers und Bultmanns, dessen *magnum opus* die Geisteswissenschaften in einer Hermeneutik begründet, die sich nicht an Psychologismus oder Existentialismus, sondern vielmehr an der Sprache und ihren Inhalten orientiert."[2]

Gadamers Buch erweitert und kodifiziert die wichtigsten hermeneutischen Begriffe Bultmanns, Heideggers und ihrer Anhänger und kann als Zusammenfassung dessen betrachtet werden, was Robinson „die Neue Hermeneutik" nennt. *Wahrheit und Methode* wird von Robinson und anderen Theologen sowie von europäischen Literaturwissenschaftlern als philosophische Rechtfertigung einer „auf das Wichtige und Relevante gerichteten" Interpretationsweise, die nicht durch ein Bemühen um die ursprüngliche Intention des Autors behindert wird, begrüßt. Damit zeigt „die Neue Hermeneutik" ihre Affinität zum „New Criticism" und der neueren „Mythenkritik". Alle drei haben das Vorrecht des Autors, den Textsinn festzulegen, in Frage gestellt. Gadamer gründet jedoch seinen Antiintentionalismus teilweise auf ästhetische Überlegungen (wie die *New Critics*) und durchaus nicht auf das kollektive Unterbewußtsein (wie die Mythenkritiker), vornehmlich aber auf den radikalen Historismus Martin Heideggers.

Gadamer verdankt einen großen Teil des Vokabulars und Kontexts seiner Erörterung Heidegger. „Erst von der ontologischen Wendung aus, die Heidegger dem Verstehen als einem ‚Existential' verlieh, und der temporalen Interpretation, die er der Seinsweise des Daseins widmete, konnte der Zeitabstand in seiner hermeneutischen Produktivität gedacht werden" (S. 281).[3] Trotz der Bescheidenheit Gadamers

---

[2] Siehe: „Hermeneutic since Barth", in *The New Hermeneutic*, hrsg. v. J. M. Robinson u. J. B. Cobb, jr. (New York, 1964), S. 69.

[3] Die Seitenzahlen beziehen sich auf Gadamer, *Wahrheit und Methode*.

(„Der Herausarbeitung dieses neuen Aspekts des hermeneutischen Problems ist die vorliegende Arbeit gewidmet. Indem Heidegger die Seinsfrage neu erweckte ... gewann er gegenüber den Aporien des Historismus eine grundsätzlich neue Stellung." S. 245) gehört die von ihm vertretene Theorie in vielen ihrer Züge zu einem Skeptizismus hinsichtlich der historischen Erkenntnis, dessen Ursprung lange vor *Sein und Zeit* liegt. Immerhin steht Gadamer, wenn er historisch verzerrtes Wissens als etwas „Wirkliches" und „Phänomenales" im Gegensatz zu akademischem Pseudo-Wissen, das „abstrakt" und „konstruiert" ist, akzeptiert, in der Tradition Heideggers. Denn „Wiederherstellung ursprünglicher Bedingungen ist, wie alle Restauration, angesichts der Geschichtlichkeit unseres Seins ein ohnmächtiges Beginnen. Das Wiederhergestellte, aus der Entfremdung zurückgeholte Leben ist nicht das ursprüngliche. Es gewinnt lediglich in der Fortdauer der Entfremdung ein sekundäres Dasein der Bildung" (S. 159).

Dies ist die Tendenz von Gadamers Angriff auf die deutsche philologische Tradition und ihr „naives" Streben nach Objektivität. Sie sei von Anfang an ein totes und uninspiriertes Unterfangen gewesen, dem Berechtigung, Lebenskraft und humane Bedeutung fehlten. Die neue Hermeneutik, die Gadamer offeriert, um damit die Tradition Schleiermachers, Humboldts, Droysens, Boeckhs, Steinthals, Diltheys und Simmels zu ersetzen, ist in ihren Implikationen vielleicht destruktiver als er selbst glaubt. Jedenfalls enthält seine Theorie innere Konflikte und Widersprüche, die keiner der erwähnten Meister hätte in Druck gehen lassen.

A. Die Tradition und die Unbestimmtheit des Sinns

Obwohl das Wesen des Textsinns ein entscheidendes Thema der hermeneutischen Theorie ist, widmet ihm Gadamer keine gründliche Untersuchung. Es geht ihm in der Hauptsache um einen Angriff auf die Prämisse, daß der Textsinn mit dem vom Autor intendierten Sinn identisch sei. Die Annahme, daß ein Text meint, was er nach der Absicht des Autors meinen soll, ist nach Gadamer purer romantischer Psychologismus, denn der Sinn eines Textes liegt für ihn nicht in geistigen Vorgängen, die in jedem Fall unzugänglich sind, sondern im Thema oder Gemeinten, in der Sache, an der Autor und Leser, obwohl sie von beiden unabhängig ist, gemeinsam teilhaben. So ist das Motto des Hauptabschnitts von Gadamers Buch Luthers Diktum: „*Qui non intellegit res, non potest ex verbis sensum elicere*". Die *res*, nicht der Autor, bestimmt den Sinn.

Luthers Aussage, so wie ich sie verstehe, besitzt volle Gültigkeit. Man kann unmöglich den Sinn des Wortes „Eisenbahn" hervorrufen, wenn man nicht weiß, was eine Eisenbahn ist. Im Gegensatz zu Gadamer unterscheidet Luther jedoch sorgfältig zwischen *res* und *sensus*. Gadamer identifiziert Sinn und Sache, als sei der Sinn eine autonome, vom Bewußtsein völlig unabhängige Größe, womit er nicht nur den Psychologismus, sondern das Bewußtsein selbst ablehnt. Es genügt nicht, hier Husserl als Zeugen anzurufen (S. 211), da Husserls Ablehnung des Psychologismus in einer Unterscheidung zwischen geistigen Akten, Sinn und Sachen, nicht jedoch in der Abschaffung der beiden ersten besteht. Husserl beschreibt den Sinn als von geistigen Akten zwar unterschieden, doch von ihnen abhängig, und für ihn ist allein der Autor determinativ für den Sinn.[4] Während Gadamer mit Recht die von Schleiermacher und Dilthey vorgenommene unklare Identifizierung von geistigen Vorgängen mit dem Sinn ablehnt, scheint seine Darlegung zu implizieren, daß der Textsinn irgendwie unabhängig von einem individuellen Bewußtsein existieren kann.

Die Rechtfertigung für diese angenommene Unabhängigkeit findet er im Wesen geschriebener Sprache: „... es scheint uns gerade als die Auszeichnung und Würde der Dichtkunst, daß in ihr die Sprache nicht Rede ist, d. h. unabhängig von allem Verhältnis des Redens und Angeredet- oder Überredetwerdens eine Sinn- und Gestalteinheit besitzt" (S. 177). Demgemäß ist ein geschriebener Text nicht als aufgezeichnete Rede, sondern als unabhängiges Stück Sprache zu betrachten. „In Wahrheit ist die Schriftlichkeit für das hermeneutische Problem insofern zentral, als sich in der Schrift die Ablösung von dem Schreiber oder Verfasser ebenso wie die von der bestimmten Adresse eines Empfängers oder Lesers zu einem eigenen Dasein gebracht hat" (S. 369). Der Text, unabhängig von irgendeinem besonderen menschlichen Bewußtsein, nimmt das autonome Sein der Sprache selbst an. In Heideggers unnachahmlicher Formulierung:

> Der Mensch spricht nur, indem er der Sprache entspricht.
> Die Sprache spricht.
> Ihr Sprechen spricht für uns im Gesprochenen.[5]

Man kann das jedoch anders darstellen. Wenn die Sprache eines Textes nicht Rede, sondern Sprache, die ihren eigenen Sinn spricht, ist, dann besteht der Sinn in jeweils dem, was diese Sprache uns sagt.

---

[4] Siehe: *Logische Untersuchungen*, S. 91–97.
[5] Heidegger, *Unterwegs zur Sprache*.

Ihr Sinn ist, was immer wir für ihren Sinn halten. Reduziert man die Lehre von der Autonomie eines geschriebenen Textes auf das, was sie verständlicherweise bedeutet, so ist sie die Lehre von der Unbestimmtheit des Textsinns.

Gadamer scheut keineswegs die Implikationen dieser Theorie. „Nicht nur gelegentlich, sondern immer übertrifft der Sinn eines Textes seinen Autor. Daher ist Verstehen kein nur reproduktives, sondern stets auch ein produktives Verhalten" (S. 280). Ferner: „Die Ausschöpfung des wahren Sinnes aber, der in einem Text oder in einer künstlerischen Schöpfung gelegen ist, kommt nicht irgendwo zum Abschluß, sondern ist in Wahrheit ein unendlicher Prozeß" (S. 282). *Der* Sinn des Textes ist demnach eine unerschöpfliche Reihe möglicher Sinne, die auf eine unendliche Zahl von Interpreten warten. Wenn dem aber so ist, dann kann keine einzelne Interpretation jemals dem Sinn des Textes entsprechen, da keine existierende Interpretation jemals mit einer Reihe möglicher Sinne identisch sein kann. Nicht einmal durch Zauberei können eine bestimmte Interpretation oder auch eine unendliche Reihe von Interpretationen jemals mit einem Ort von Möglichkeiten zur Deckung gebracht werden. Ganz offensichtlich führt die Ansicht, daß der Text ein autonomes Stück Sprache und die Interpretation ein unendlicher Vorgang seien, zur Leugnung der Tatsache, daß der Text *irgendeinen* bestimmten Sinn besitzt, da ein Bestimmtes das ist, was es ist, nicht etwas anderes, wohingegen eine unerschöpfliche Reihe von Möglichkeiten eine Hypostasierung ist, die überhaupt nichts Bestimmtes darstellt.

Gadamer hatte vielleicht, auch wenn er dieses Problem nicht eindeutig definierte, den Wunsch, jene ärgerliche Konsequenz zu vermeiden, indem er den Sinn eines Textes als zwar mit der Zeit wandelbar, jedoch als zu einem gegebenen Zeitpunkt determiniert auffaßte. Dieses Konzept eines sich historisch wandelnden Sinns bewahrt die unendliche Produktivität der Interpretation, ohne damit den Gedanken eines determinierten Sinns aufzugeben; denn nur wenn ein Text einen bestimmten und nicht nur irgendeinen Sinn besitzt, ist die Interpretation ein einleuchtendes Unterfangen. Hier beginnt jedoch das Problem. Nehmen wir an, daß zwei Leser, wie es oft geschieht, über den Sinn eines Textes zu genau demselben Zeitpunkt verschiedener Meinung sind. Nach welchem Prinzip könnten sie feststellen, wer von ihnen der Wahrheit näher ist? Sie könnten ihre Interpretationen nicht daran messen, welchen Sinn der Text in der Vergangenheit besaß, da er den früheren Sinn heute nicht mehr besitzt. Anscheinend kann auf keine Weise festgelegt werden, welchen Sinn ein Text zu einem gegebenen Zeitpunkt hat. So ist also nach dieser Hypothese der Sinn doch unbestimmt, da wir nicht einmal im Prinzip, geschweige denn in der Praxis, zwischen dem, was Sinn und dem, was nicht Sinn ist, unterscheiden können.

Gadamer führt, vielleicht zur Vermeidung dieser nihilistischen Schlußfolgerung, den Begriff der Tradition ein: „Das Dasein der Literatur ist nicht das tote Überdauern eines entfremdeten Seins, das der Erlebniswirklichkeit einer späteren Zeit in Simultaneität gegeben wäre. Literatur ist vielmehr eine Funktion geistiger Bewahrung und Überlieferung und bringt daher in jede Gegenwart ihre verborgene Geschichte ein" (S. 154). Dies soll wohl bedeuten, daß die sich wandelnde Substanz eines Textes durch die verbreiteten kulturellen Wirkungen und Manifestationen, die er durchlaufen hat, bestimmt wird, und daß diese weitere Bedeutung innerhalb jeder gegenwärtigen Kultur allgemein verstanden und akzeptiert wird. „In Wahrheit kommt es darauf an, den Abstand der Zeit als eine positive und produktive Möglichkeit des Verstehens zu erkennen. Er ist nicht ein gähnender Abgrund, sondern ist ausgefüllt durch die Kontinuität des Herkommens und der Tradition, in deren Lichte uns alle Überlieferung sich zeigt" (S. 281).

Der Begriff der Tradition ist für Gadamer von wesentlicher Bedeutung, da er auf ein Prinzip hindeutet, nach welchem Meinungsunterschiede zwischen derselben Epoche angehörenden Lesern beigelegt werden können. Recht hat der Leser, der dem Pfad der Tradition folgt, unrecht, wer diesen Pfad verläßt. Der determinierte Sinn eines Textes zu einem gegebenen Zeitpunkt ist gleich der Auffassung, die eine jeweilige Kultur von ihm hat. Dieses Prinzip besitzt eine gewisse Analogie zum juristischen Pragmatismus, nach dem der Sinn eines Gesetzes durch die Auffassung des Richters bestimmt wird; in der Justiz gibt es jedoch eine Hierarchie von Richtern, und dem höchsten Richter steht eine gewissermaßen päpstliche Autorität zu. Gadamers Begriff der Tradition besitzt diese hierarchische Struktur nicht und kann deshalb die These nicht retten. Bezogen auf einen Text ist der Begriff der Tradition nicht mehr und nicht weniger als die Geschichte der Interpretationen des Textes. Jede neue Interpretation gehört durch ihr bloßes Vorhandensein zu dieser Tradition und verändert sie. Die Tradition kann folglich nicht als festes und normatives Konzept dienen, da sie eigentlich etwas Wandelbares und Deskriptives ist. (Es ist ein bemerkenswertes Charakteristikum derjenigen Theorien, die das Vorrecht des Autors bestreiten, daß sie unerlaubterweise den Versuch unternehmen, neutrale, deskriptive Begriffe in normative zu verkehren.) Nunmehr wird deutlich, wie vergeblich dieser Trick ist, da wir bemerken, daß das ursprüngliche Problem nicht verschwunden, sondern in anderer Form wieder aufgetaucht ist. Die Bestimmung des wahren Wesens einer sich wandelnden Tradition ist ebenso problematisch wie die Bestimmung des wahren Wesens eines sich wandelnden Sinns. Ohne wirklich feste Norm können wir nicht einmal im Prinzip eine verbindliche Wahl zwischen zwei unterschiedlichen Interpretationen treffen und sind folglich mit der Konsequenz konfrontiert, daß ein Text überhaupt keinen bestimmten Sinn besitzt.

B. Wiederholung und das Problem der Normen

Aus dem Vorausgehenden erhellt, daß das Problem der Normen von entscheidender Bedeutung ist. Wenn wir kein Prinzip formulieren können, das eine Unterscheidung zwischen richtigen und unrichtigen Interpretationen ermöglicht, dann ist es nicht sehr sinnvoll, Bücher über Texte oder über hermeneutische Theorie zu schreiben. Bei seiner Argumentation gegen die extremste Form der antinormativen Theorie stellt sich Gadamer diese Frage:

> Wenn es nämlich gelten soll, daß ein Kunstwerk nicht in sich selbst vollendbar ist, woran soll sich dann die Angemessenheit des Aufnehmens und Verstehens messen? Der zufällige und beliebige Abbruch eines Gestaltungsvorganges kann doch nichts Verbindliches enthalten. Daraus folgt, daß es dem Aufnehmenden überlassen bleiben muß, was er seinerseits aus dem macht, was vorliegt. Die eine Art, ein Gebilde zu verstehen, ist dann nicht weniger legitim als die andere. Es gibt keinen Maßstab der Angemessenheit. Nicht nur, daß der Dichter selbst einen solchen nicht besitzt – darin würde auch die Genieästhetik zustimmen. Vielmehr hat jede Begegnung mit dem Werk den Rang und das Recht einer neuen Produktion – Das scheint mir ein unhaltbarer hermeneutischer Nihilismus. (S. 90)

Welche zwingende Norm überwindet nun jenen Nihilismus? Gadamers präziseste Aussagen sind die, in denen er sagt, was die Norm nicht ist: „Normbegriffe wie die Meinung des Verfassers oder das Verständnis des ursprünglichen Lesers repräsentieren in Wahrheit nur eine leere Stelle, die sich von Gelegenheit zu Gelegenheit des Verstehens ausfüllt" (S. 373). Was bleibt dann noch übrig? Es bleibt die Behauptung, daß ein Text, trotz der Wandelbarkeit seines Sinns, nichtsdestoweniger einen festen und wiederholbaren Sinn repräsentiert. Gadamer bemerkt richtig, daß es ohne diese Voraussetzung weder Norm noch verbindliche Interpretation geben kann, obgleich er sich dieser Notwendigkeit nur widerwillig beugt:

> Der Sinn einer schriftlichen Aufzeichnung ist daher grundsätzlich identifizierbar und wiederholbar. Das in der Wiederholung Identi-

sche allein ist es, das in der schriftlichen Aufzeichnung wirklich niedergelegt war. Damit ist zugleich klar, daß Wiederholung hier nicht im strengen Sinne gemeint sein kann. Es meint nicht die Zurückbeziehung auf ein ursprünglich Erstes, in dem etwas gesagt oder geschrieben ist, als solches. Lesendes Verstehen ist nicht ein Wiederholen von etwas Vergangenem, sondern Teilhabe an einem gegenwärtigen Sinn. (S. 370)

Damit scheint gesagt zu werden, daß der Sinn eines Textes mit sich selbst identisch und wiederholbar ist, im gleichen Atem aber, daß die Wiederholung eigentlich keine Wiederholung, die Identität eigentlich keine Identität ist. Solche Argumentation legt beredtes Zeugnis von den Schwierigkeiten und Widersprüchen ab, mit denen sich Gadamers Theorie auseinandersetzen muß, sobald man die einfache Frage stellt: Worin besteht eine richtige Interpretation? Wir wollen nun Gadamers gründlichsten Versuch, dieses Problem zu lösen, untersuchen.

C. *Textauslegung und Horizontverschmelzung*

Wenn ein Interpret die verzerrende Perspektive seiner eigenen Geschichtlichkeit nicht überwinden kann, obwohl er sich sehr darum bemüht, dann ergibt sich, „daß man *anders* versteht, *wenn man überhaupt versteht*" (S. 280). Eine Bestätigung dieser Theorie scheint eine Beobachtung aller Lehrer, die Prüfungsarbeiten von Studenten lesen, zu bieten. Es handelt sich um die Erfahrungstatsache, daß der Student, der einen Gedanken in seinen eigenen Worten ausdrückt, den Gedanken wahrscheinlich verstanden hat, während der, der lediglich die Worte des Dozenten wiederholt, ihn wahrscheinlich nicht verstanden hat. Dies scheint uns zu der skeptischen und psychologistischen Schlußfolgerung zu führen, daß jeder, auf Grund seiner Andersartigkeit, in anderer Weise verstehen muß, damit er überhaupt verstehen kann.

Darf man jedoch aus diesem Tatbestand einen solchen Schluß ziehen? Das Beispiel vom Dozenten und seinen Studenten weist eigentlich in die entgegengesetzte Richtung. Die Tatsache, daß ein Student sich in anderen Worten ausdrückt, genügt nicht als Indiz dafür, daß er den Dozenten verstanden hat, da er dies einleuchtenderweise auch dann tun würde, wenn er den Sprecher mißverstanden hätte. Das Anzeichen dafür, daß er den vom Dozenten intendierten Sinn verstanden hat, besteht darin, daß er einen ähnlichen oder gleichen Sinn ausgedrückt hat, obwohl seine Worte andere sind. Wäre der Sinn nicht erfolgreich in eine neue Ausdrucksweise übertragen worden, dann bestünde kein

Grund zu der Schlußfolgerung, daß der Student seinen Lehrer verstanden hat. Schließlich hat er einen Sinn verstanden, nicht einen Ausdruck; aus diesem Grunde ist ja auch dem Dozenten vielleicht nicht ganz wohl, wenn er nur eine Wiederholung seiner eigenen Ausdrücke findet.

Daraus folgt, daß Gadamers Diktum eigentlich lauten müßte, daß man dazu neigt, einen Sinn anders *auszudrücken*, wenn man überhaupt versteht. Es ist buchstäblich Unsinn zu behaupten, daß man nur dann versteht, wenn man nicht versteht. Gadamer versucht jedoch, diesen deutlichen Widerspruch durch eine Gleichsetzung von Verstehen und Auslegung aufzulösen: „...daß Verstehen und Auslegen letzten Endes ein und dasselbe sind" (S. 366). Diese bemerkenswerte Behauptung wird durch die folgende Argumentation verteidigt: „Der Text soll durch die Auslegung zum Sprechen kommen. Kein Text und kein Buch spricht aber, wenn es nicht die Sprache spricht, die den anderen erreicht. So muß die Auslegung die rechte Sprache finden, wenn sie wirklich den Text zur Sprache bringen will" (S. 375). Ein Text aus der Vergangenheit kann erst verstanden werden, wenn er in der Sprache der Gegenwart ausgelegt worden ist. Demnach kann sich das Sprechen eines stummen Textes nur in einem und durch einen modernen Kommentar vollziehen. Da das Verstandenwerden oder Sprechen des Textes durch eine Auslegung bewirkt wird, folgt, daß Auslegen und Verstehen „letzten Endes" dasselbe sind.

Gadamer macht sich mit dieser nicht sehr fundierten Argumentation daran, eine der festesten Unterscheidungen in der Geschichte der hermeneutischen Theorie, nämlich die zwischen der *subtilitas intelligendi* und der *subtilitas explicandi* – der Kunst, einen Text zu verstehen, und jener, ihn für andere verständlich werden zu lassen – aus den Angeln zu heben. Ein Versuch, diese Unterscheidung aufzuheben, führt lediglich dazu, daß selbst einfachste Fragen (z. B.: „Was versteht der Ausleger, bevor er auslegt?") nur unter logischen Schwierigkeiten zu beantworten sind. Gadamers Probleme bei der Beantwortung dieser elementaren Frage werden vollends deutlich, wenn er zur Beschreibung des Interpretationsvorgangs gelangt. Er kann nicht sagen, daß der Interpret den ursprünglichen Sinn des Textes versteht, da dies die Historizität des Verstehens nicht berücksichtigen würde. Er kann andererseits auch nicht behaupten, daß das Verstehen des Interpreten sich in dessen nachfolgender Auslegung vollzöge, da dies eindeutiger Widersinn wäre.

Seine Lösung besteht im Streben nach einem Kompromiß: „Der wirkliche Sinn eines Textes, wie er den Interpreten anspricht, ... ist immer auch durch die geschichtliche Situation des Interpreten *mitbestimmt*" [S. 280, Kursivdruck von mir]. Was ein Interpret versteht, ist also weder voll und ganz Ergebnis seiner eigenen Perspektive noch ganz und gar durch die ursprüngliche Perspektive bestimmt. Es ist eher das Produkt einer Fusion beider, die Gadamer als „Horizontverschmelzung" bezeichnet. „Im Vollzug des Verstehens geschieht eine wirkliche Horizontverschmelzung, die mit dem Entwurf des historischen Horizontes zugleich dessen Aufhebung vollbringt" (S. 290). Perspektive und Sprachgebrauch des Interpreten wirken also stets an der Bildung seines Verständnisses mit.

Wieder einmal erweist sich, daß Gadamers Lösungsversuch letztlich nur Beispiele für das Problem, das er lösen sollte, liefert. Wie kann ein Interpret zwei Perspektiven – seine eigene und die des Textes – verschmelzen, solange er sich nicht die ursprüngliche Perspektive irgendwie angeeignet und mit seiner eigenen amalgamiert hat? Wie soll eine Verschmelzung stattfinden, wenn die zu verschmelzenden Elemente nicht aktualisiert wurden, d. h. wenn der ursprüngliche Sinn des Textes nicht verstanden worden ist? Eigentlich ist die fundamentale Frage, die Gadamer nicht beantworten kann, einfach die: wie kann man behaupten, daß der ursprüngliche Sinn eines Textes für uns unerreichbar ist, zur gleichen Zeit aber sagen, daß verbindliche und richtige Interpretationen möglich sind?

Gadamer steht dem Ideal der richtigen Interpretation wesentlich wohlwollender gegenüber, als man nach seinen Prämissen vermuten möchte. Wäre er seiner Annahme einer radikalen Historizität treu, so könnte er nicht für das eintreten, was er als Verschmelzung historischer Perspektiven bezeichnet. Wenn der Interpret wirklich an seine eigene Historizität gebunden ist, dann kann er nicht aus ihr ausbrechen und irgendwie in eine Mitte gelangen, wo Vergangenheit und Gegenwart vereint werden. Er kann bestenfalls die übriggebliebenen, sprachlosen Inschriften aus der Vergangenheit sammeln, und ihnen irgendeinen Sinn, der auf seine eigene historische Perspektive bezogen ist, entnehmen oder auferlegen. Denn wenn man einmal zugibt, daß der Interpret eine aus einer Verschmelzung hervorgegangene Perspektive, die sich von seiner eigenen, gegenwärtigen unterscheidet, annehmen kann, so gesteht man im Prinzip zu, daß er aus seiner eigenen Perspektive ausbrechen *kann*. Ist dies aber möglich, so zerschellt das Fundament der Theorie.

D. Die Historizität des Verstehens

Ich habe die drei Hauptbegriffe analysiert, durch die Gadamer den Gedanken der verbindlichen Interpretation aus den Ruinen der Historizität zu retten versucht: Tradition, Quasi-Wiederholung und

Horizontverschmelzung. Alle drei Konzeptionen besitzen folgenden interessanten, gemeinsamen Zug: sie alle unternehmen es, Vergangenheit und Gegenwart zu verschmelzen, während deren unvereinbare Verschiedenheit jeweils anerkannt wird. Dieser innere Widerspruch ist der Brennpunkt meines Angriffs auf Gadamers Theorie. Ich erkenne andererseits die Berechtigung an, mit der Gadamer darauf besteht, daß ein lebendiges, gegenwartsbezogenes Verstehen der Vergangenheit das einzig lohnende Verstehen ist; ich akzeptiere auch sein Insistieren auf der Verschiedenheit von Vergangenheit und Gegenwart bezüglich der kulturellen Gegebenheiten und der gemeinsamen Haltungen. Wir müssen diese Einsichten erhalten, ohne uns in Widersprüche zu verwickeln und logisch notwendige Unterscheidungen aufzugeben.

Was Gadamer übersieht, ist der grundsätzliche Unterschied zwischen dem Sinn eines Textes und der Bedeutung des Sinns für eine gegenwärtige Situation. Es geht nicht an, in einem Atemzug zu behaupten, ein geschriebener Text habe einen mit sich selbst identischen und wiederholbaren Sinn, im nächsten aber, daß sich der Sinn eines Textes verändere. Gadamer hätte, statt dieses Paradoxon in dem Begriff der Quasi-Wiederholung zu reproduzieren, den Versuch unternehmen sollen, es aufzulösen, und zwar durch die Beobachtung, daß dem Wort „Sinn" zwei verschiedene Bedeutungen unterlegt wurden. Es besteht ein Unterschied zwischen dem Sinn eines Textes und dem Sinn eines Textes für uns heute; letzterer ist veränderlich, ersterer nicht. Der Sinn eines Textes ist, was der Autor durch Verwendung bestimmter sprachlicher Symbole ausdrücken wollte. Auf Grund seiner sprachlichen Natur ist dieser Sinn gemeinschaftlich, d. h. mit sich selbst identisch und in mehr als einem Bewußtsein wiederholbar. Da er reproduzierbar ist, ist er wann immer und wo immer er verstanden wird, derselbe. Jedoch ist dieser Sinn bei jeder Erschließung für den Erschließenden anders, d. h. seine Bedeutung ändert sich. Da die Situation des Erschließenden eine andere ist, ist auch seine Beziehung zu dem erschlossenen Sinn verschieden. Gerade weil der Sinn des Textes stets der gleiche bleibt, ist seine Beziehung zu einer neuen Situation jeweils anders. Sicherlich ist es das, worauf Gadamer durch seine Betonung der Lebendigkeit und des Wandels unsere Aufmerksamkeit zu lenken wünscht. Dies meint er oder hätte er mit dem Begriff der Horizontverschmelzung meinen sollen. Er hätte Widersprüche vermeiden können, wenn er bemerkt hätte, daß diese Verschmelzung zwei Vorgänge einschließt, die getrennt und verschieden sind, selbst wenn sie in einem bestimmten Fall des Verstehens ineinander verwoben sein mögen. Ein Vorgang ist das Erschließen und Verstehen des Textsinns durch den Interpreten. Dieser Akt des Erschließens kommt vor allem anderen. Der Interpret hat jedoch auch die Möglichkeit, diesen erschlossenen Sinn zu sich selbst in Beziehung zu setzen, bei geschriebener Kritik in seiner eigenen Sprache neu auszudrücken. Dieses Neuausdrücken *könnte* man Horizontverschmelzung nennen, doch sollte man es genauer als Erfassen der Bedeutung, die ein Text annimmt, wenn sein Sinn zu einer gegenwärtigen Situation in Beziehung gesetzt wird, bezeichnen.

Natürlich läßt diese Auflösung der bei Gadamer auftretenden Widersprüche die Historizität des Verstehens außer acht, da sie davon ausgeht, daß ein Interpret den ursprünglichen Sinn eines aus der Vergangenheit stammenden Textes erschließen kann. Gadamer verwickelte sich in Widersprüche, weil er diese Möglichkeit verneinte. Mit welchem Recht kehre ich nun zu einer vorheideggerschen Naivität zurück und bejahe diese Möglichkeit? Zunächst möchte ich bemerken, daß meine Auffassung den Gedanken der Historizität keineswegs aufgibt – wobei ich davon ausgehe, daß das Wort einen fundamentalen Unterschied zwischen vergangenen und gegenwärtigen Kulturen ausdrückt. Ich leugne nicht die Tatsache der Andersartigkeit, sondern die Behauptung der Unmöglichkeit, bei der Erschließung des Textsinns Identität zu erreichen.

Mit welchen Gründen behauptet Gadamer jene Unmöglichkeit? Er bringt keine Argumente für diese These, sondern nimmt an, daß sie von Heidegger bewiesen wurde. Nach Gadamers Interpretation leugnet Heidegger, daß ein der Vergangenheit entstammender Sinn in der Gegenwart reproduziert werden kann, weil die Vergangenheit der Gegenwart ontologisch fremd ist. Das Sein eines vergangenen Sinns kann nicht zum Sein eines gegenwärtigen Sinns werden, da Sein zeitlich gebunden ist und Zeitunterschiede folglich Seinsunterschiede sind. Wenn dies die Argumentation ist, auf welche Gadamer seine Lehre von der Historizität gründen möchte, dann sollte er anerkennen, daß damit letztlich gegen geschriebene Kommunikation überhaupt und nicht nur gegen Kommunikation zwischen historischen Epochen argumentiert wird. Denn nach dieser These kann ganz willkürlich die Meinung vertreten werden, daß ein fünfzig Jahre alter Sinn ein ontologisch fremder sei, ein nur drei Jahre oder drei Minuten alter hingegen nicht. Zwar führt Heidegger den Begriff des „Mitseins" ein, der der Vorstellung kultureller Epochen entspricht, doch wird damit das Problem nicht gelöst. Der ontische Charakter der Zeit bedarf nicht an sich des willkürlichen Aufschneidens der Zeit in homogene Perioden.

Immerhin aber könnte die Lehre von der radikalen Historizität richtig sein. Sie besagt, daß alle Verständnisakte der Gegenwart in der Vergangenheit ausgedrückte Sinne nicht wiedererkennen können. Dies scheint eine Feststellung nach dem Muster „Alle Schwäne sind weiß" zu sein, d. h. eine Behauptung, die als falsch erwiesen werden könnte. In Wirklichkeit handelt es sich jedoch nicht um eine derartige empirische Behauptung, da man bei *keinem* Verständnisakt, geschweige denn bei solchen, gewiß sein kann, ob der vom Autor ausgedrückte Sinn reproduziert wurde oder nicht. Letztlich ist die Lehre von der radikalen Historizität ein Dogma, eine Idee der Vernunft, ein Glaubensakt. Gleiches gilt natürlich von der entgegengesetzten Ansicht: *nicht* alle Verständnisakte sind unfähig, in der Vergangenheit ausgedrückte Sinne wiederzuerkennen. Nun kann zwar keines der beiden Dogmen als falsch erwiesen werden, doch kann durchaus eines wahrscheinlicher sein als das andere.

Zunächst einmal ist die weniger skeptische Position wahrscheinlicher, weil sie mit der übrigen Erfahrung übereinstimmt, was für die radikal historistische Position nicht gilt. Wenn wir auf Grund unserer Erfahrung glauben, daß sprachliche Kommunikation durch aus der Vergangenheit oder Gegenwart stammende Texte je zustande gekommen ist, dann wird das Dogma der radikalen Historizität unwahrscheinlich. Eigentlich ist das historistische Dogma kein Dogma über die ontologische Natur der Zeit, da es die Möglichkeit geschriebener Kommunikation zwischen Personen, die in „derselben" Epoche leben, „demselben" Milieu angehören und „dieselbe" Sprache sprechen, nicht verneint. Dennoch ist diese Gleichheit eine unzulässige Abstraktion, die die Tatsache verhehlt, daß jeder Moment eine neue Epoche, ein anderes Milieu und eine andere Sprache bedeutet. Wenn der Historist die Möglichkeit der Kommunikation innerhalb einer bestimmten Periode betonen möchte, so sollte er nicht darauf bestehen, daß die Zeit selbst das entscheidende Kriterium ist, das eine „Periode" von einer anderen unterscheidet.

Wenn die Zeit nicht das wichtigste Unterscheidungsmerkmal ist, dann ergibt sich aus der Behauptung, Menschen verschiedener Epochen könnten sich nicht verstehen, daß Menschen, die in wesentlich verschiedenen Situationen leben und unterschiedliche Lebensanschauungen besitzen, sich ebenfalls nicht verstehen können. Ist die Annahme richtig, daß alle Menschen in Situationen leben, die sich in bedeutsamer Weise voneinander unterscheiden, und daß alle verschiedene Lebensanschauungen besitzen, dann reduziert sich das historistische Dogma auf einen einfachen Psychologismus: da die Menschen im allgemeinen voneinander verschieden sind, können sie die von ihren Mitmenschen ausgedrückten Sinne nicht verstehen. Die rettenden Begriffe „Mitsein" und „Tradition" beruhen auf Illusionen. Zwar gibt es in einer Kultur stets gemeinsame Elemente, die für ihren Charakter wesentlich sind, doch teilen nicht alle einer Kultur zugehörigen Menschen die gleichen Lebensanschauungen, die gleichen

Prämissen; sie sprechen nicht immer die gleiche Sprache. Es wäre eine naive Abstraktion, von irgendeiner Epoche in Vergangenheit oder Gegenwart zu glauben, sie besitze diese Art von Homogenität.

Wie Meinecke gezeigt hat besteht die große Einsicht des Historismus in der Tat nicht darin, daß verschiedene kulturellen Epochen in sich selbst einheitlich und von anderen verschieden sind, sondern daß die Menschen sich wesentlich voneinander unterscheiden. Kulturelle Unterschiede sind Manifestationen dieser zugrundeliegenden Möglichkeit von Unterschieden zwischen Menschen. Die Heideggersche Version der historistischen Einsicht macht sich selbst sinnlos, wenn sie den ontologischen Status der Individualität und Einmaligkeit von der gleichen Kultur Angehörenden leugnet. Ja, die Idee einer homogenen gegenwärtigen Kultur ist empirisch falsch und reicht nicht aus, um die Kluft zwischen Menschen, die der gleichen Epoche zugehören, zu überbrücken. Die Kluft zwischen Menschen, nicht die zwischen historischen Epochen, ist die wirkliche ontologische Kluft. Wenn sie überbrückt werden kann – was Gadamer und Heidegger zugeben –, dann kann auch die andere Kluft überbrückt werden, denn die Historizität des Verstehens ist in ihrer letzten Bedeutung lediglich ein besonderer Fall der Multiplizität von Personen.

E. Vorurteil und Vorverständnis

Die festeste Konzeption und die mächtigste Waffe, die Gadamer bei seinem Angriff auf die Objektivität der Interpretation verwendet, ist nicht die Lehre von der Historizität, sondern die Lehre vom Vorurteil. Dieses Konzept ist Gadamers Version eines hermeneutischen Prinzips, das von Schleiermacher zuerst klar erkannt, dann von Dilthey und Husserl voll ausgearbeitet wurde und schließlich von Heidegger eine existentielle Wendung erhielt. Ich beabsichtige in diesem letzten Abschnitt, meine Kritik an Gadamers Buch nutzbar zu machen, indem ich zeige, daß der Begriff des Vorurteils eine weitaus positivere Bedeutung hat als ihm in *Wahrheit und Methode* gegeben wird. Ich werde, wenn auch notwendigerweise kurz, die methodologische Relevanz dieser Lehre für alle Arten der Textinterpretation andeuten.

Die Lehre vom Vorurteil stellt sich in Kürze folgendermaßen dar: Der Sinn eines Textes (oder von irgend etwas anderem) ist ein Komplex von zusammenhängenden Untersinnen oder Teilen. (Wo immer die Teile nicht kohärent sind, haben wir es mit Sinnlosigkeit oder Chaos, nicht mit Sinn zu tun.) So ist der Komplex von Teilen nicht nur ein mechanisch Gefügtes, sondern ein einheitliches Beziehungssystem, in dem die Beziehungen der Teile untereinander und zum Ganzen einen wesentlichen Aspekt ihres Charakters als Teile bilden. Das bedeutet, daß der Sinn eines Teils als Teil durch seine Beziehung zum Ganzen bestimmt wird. Demnach ist das Wesen eines Teilsinns vom Wesen des Gesamtsinns, zu dem er gehört, abhängig. Vom Standpunkt der Erkenntnis aus bedeutet dies, daß wir einen Teilsinn nicht erkennen können, solange wir nicht den Sinn des Ganzen erfaßt haben, da wir nur dann in der Lage sind, die Funktion des Teils innerhalb des Ganzen zu verstehen. Wie immer wir auch die Quasi-Unabhängigkeit gewisser Teile oder die Priorität unserer Begegnung mit Teilen vor dem Bestehen einer Vorstellung vom Ganzen betonen, wir können dennoch einen Teil als solchen *nicht* verstehen, bis wir eine Vorstellung vom Ganzen besitzen. Dilthey nannte dieses anscheinende Paradoxon den hermeneutischen Zirkel und bemerkte, daß er kein *circulus vitiosus* sei, da zwischen unserer Vorstellung vom Ganzen und unserer Wahrnehmung der es bildenden Teile sich stets ein echter dialektischer Prozeß abspielt. Hat diese Dialektik einmal begonnen, dann ist weder das Ganze völlig von den Teilen bestimmt noch umgekehrt.

Die Lehre vom Vorverständnis ist weniger empirisch als vielmehr logisch oder phänomenologisch. Zweifellos wäre es sehr schwierig, eine Methode zu ihrer empirischen Überprüfung zu entwickeln. Wir können jedoch als Beispiel einen Satz wie „He words me Gyrles" (*Antony and Cleopatra*, V. Akt) heranziehen. Wie sollen wir wissen, daß „words" ein Verbum ist, wenn wir nicht schon eine vage Vorstellung vom ganzen Satz haben? Wir könnten von normaler Syntax, den grammatischen Erfordernissen von „he", „me" und dem Schluß- „s" sprechen, doch ist das nur möglich, weil wir die normale Funktion von „words" unterdrückt haben.[6] Der Satz kann folgendermaßen mißverstanden werden: „He says ‚Gyrles' to me" oder „He, that is Gyrles, words me". Solche falschen Auslegungen würden verschiedene Vorerschließungen des Ganzen implizieren. Zwar kann man argumentieren, daß einige Wörter eines Satzes stets weniger variabel und weniger abhängig sind als andere, doch handelt es sich dabei bestenfalls um Hinweise oder Möglichkeiten, die erst dann determinierten Charakter bekommen, wenn sie ihren Platz in einem Ganzen gefunden haben – wie vage die Vorstellung vom Ganzen auch immer sein mag. Tatsächlich ist diese vorläufige Vorstellung immer vage, da sie ohne ihre Teile notwendigerweise unartikuliert bleibt. Es handelt sich um eine Andeutung, eine Vorerwartung, nicht eigentlich um ein artikuliertes Verstehen. Eine genaue Analogie dazu ist die vage Vorstellung

---

[6] Diese grammatischen Erfordernisse sind in jedem Falle Komponenten des Vorverständnisses.

von einer Antwort, die wir stets projizieren müssen, damit wir überhaupt eine Frage stellen können.

Gadamers Argumentation für die Notwendigkeit des Vorurteils bei der Interpretation erfolgt dadurch, daß er den Begriff der Vorerwartung in das Wort „Vorurteil" verwandelt; wenn unser Verständnis vom Text stets von einem Vorverständnis beherrscht wird, so folgt, daß diese vorläufige Ahnung aus uns selbst kommen muß, da sie aus dem noch unbestimmten Text weder kommt noch kommen kann. Was wir durch unser Vorverständnis leisten, muß also von unseren eigenen Erwartungen, Haltungen und Einstellungen, kurzum von unseren Vorurteilen gebildet werden. In Gadamers Augen ist dies keineswegs eine unangenehme Schlußfolgerung. Die Tatsache, daß unsere Interpretationen stets von Vorurteilen bestimmt werden, sei die beste Garantie dafür, daß die Texte uns etwas bedeuten. Statt auf die Überwindung unserer Vorurteile hinzuarbeiten, was nicht gelingen kann und nur zu künstlichen Erschließungen führt, sollten wir sie als bestes Mittel zur Erhaltung der Lebendigkeit unseres geistigen Erbes und unserer Tradition begrüßen.[7]

Dies ist sicherlich ein starkes Argument, doch hängt seine Überzeugungskraft eindeutig von der Richtigkeit seiner wichtigsten Prämisse, daß nämlich Vorerwartungen mit Vorurteilen identisch oder aus diesen zusammengesetzt sind, ab. Wenn das der Fall ist, dann ist die Hauptthese aller perspektivistischen, psychologistischen und historistischen Theorien richtig. In Wahrheit verbirgt jedoch der Ersatz des Wortes „Vorverständnis" durch „Voreingenommenheit" oder „Vorurteil" eine unerlaubte und falsche Gleichsetzung. Die Wörter „Voreingenommenheit" und „Vorurteil" besitzen die Konnotation einer bevorzugten oder gewohnheitsmäßigen Haltung, womit diese Gleichsetzung impliziert, daß ein Interpret seine normale Einstellung selbst dann nicht ändern kann, wenn er dies will. Das ist jedoch falsch, da man weiß, daß Interpreten ihre Ansicht über den Sinn eines Textes geändert haben – auch wenn dieser Fall selten sein mag. Geht man andererseits von der Auffassung aus, daß Vorurteil nicht nur die normalen Haltungen des Interpreten, sondern die ganze Reihe von Haltungen, die er einnehmen kann, bedeutet, dann muß freilich eine Vorerwartung ein Vorurteil sein; dies ist dann jedoch eine leere Tautologie, da jede von mir eingenommene Haltung *ipso facto* für mich möglich sein muß; somit verliert das Wort „Vorurteil" seine gewünschten Konnotationen. Man könnte natürlich einwenden,

---

[7] Solche Argumentationen verwenden stets das monolithische „wir" bzw. „unser" und setzen damit die Existenz einer nichtbestehenden Einheit und Homogenität voraus.

daß die für einen Interpreten möglichen Haltungen durch seine Historizität begrenzt sind, auch wenn er seine gewohnheitsmäßigen Haltungen bis zu einem gewissen Grade ändern kann; auch dies ist jedoch wieder eine Behauptung, die nichts mit der logischen Notwendigkeit des Vorverständnisses zu tun hat. Es ist lediglich eine Wiederholung des historistischen Dogmas, daß wir in der Vergangenheit ausgedrückte Sinne nicht wiedererkennen können. Der Begriff des Vorurteils fügt diesem vorher angenommenen Dogma nichts hinzu, er gibt ihm nur einen irreführenden Anschein logischer Konsequenz.

Die Lehre vom Vorverständnis ist im Hinblick auf Historizität und Vorurteil völlig neutral. Letztlich ist sie nicht mehr und nicht weniger als die Lehre von der logischen Priorität der Hypothese. Die vorläufige Auffassung von einem Text, die wir benötigen, bevor wir ihn verstehen können, ist die hermeneutische Version der Hypothese, die wir über Daten haben müssen, bevor wir sie erklären können. (Die Behauptung, daß Hypothesen aus Daten abgeleitet oder von ihnen hervorgebracht werden, besitzt heute weniger Anhänger, und zwar nicht zuletzt deshalb, weil sie nicht erklären kann, wie dieselben Fakten zuweilen unterschiedliche Hypothesen hervorbringen.) Natürlich ist der Begriff Vorverständnis nicht als passendes und einfaches Modell für den hypothetisch-deduktiven Vorgang zu betrachten, da die durch ihn erklärten Fakten großenteils durch die Hypothese selbst hervorgebracht werden. Dies bedeutet, daß die Konturen der Wörter eines Satzes sehr erheblich durch unsere Vorerwartung von Form und Sinn des Ganzen bestimmt werden, wohingegen bei einem perfekten System die Fakten ihre Wirkung aus sich selbst bezögen, ohne durch unsere Hypothesen über sie beeinträchtigt zu werden. Dieser höchst konstitutive Charakter hermeneutischer Hypothesen erklärt, warum sie die Tendenz besitzen, sich selbst zu bestätigen, und warum es schwer ist, jemanden dazu zu überreden, seine Interpretation zu ändern.

Wie jedoch Dilthey bemerkte, findet die Selbstbestätigung der hermeneutischen Hypothese ihre Grenzen, da sie mit rivalisierenden Hypothesen über den gleichen Text im Wettbewerb steht und ständig an jenen Komponenten des Textes, die am wenigsten von ihr abhängen, gemessen wird. Ein weiterer Hinweis dafür, daß vorläufige hermeneutische Hypothesen (Vorerwartungen) nicht dasselbe sind wie Vorurteile, besteht somit darin, daß Hypothesen im allgemeinen nicht auf gewohnheitsmäßige Haltungen oder Denkweisen zurückgeführt werden können. Wäre dies so, dann könnten keine neuen Hypothesen auftauchen. Eigentlich weiß ja niemand, wie neue Hypothesen entstehen. Sie mit Voreingenommenheiten gleichzusetzen, hieße, alle neuen Gedanken über Daten auf alte Vorurteile zurückzuführen –

ein seltames Schicksal für eine These, wie zum Beispiel die Relativitätstheorie.[8]

Da ein Vorverständnis eine vage Hypothese ist, die zur Bildung des Verstehens beiträgt, und da das Verstehen folglich teilweise vom Vorverständnis abhängt, ist das Problem des Erreichens einer exakten Vorerwartung vom Text von entscheidender Bedeutung für die Interpretation. Was ist eine richtige Vorerwartung? Grob gesprochen ist es die korrekte vorläufige Erfassung des vom Autor intendierten Sinns. Diese Antwort ist jedoch äußerst unbefriedigend. Niemand kann von vorneherein wissen, worauf der Autor hinaus will, und es gibt so viele mögliche vorläufige Vermutungen, daß die Chance, auf die richtige zu setzen, äußerst gering ist – offensichtlich so gering, daß eine tiefe Skepsis bezüglich der Wahrscheinlichkeit richtiger Interpretationen angebracht zu sein scheint.

Die Wahrscheinlichkeit erscheint jedoch als weniger gering – und sie ist es auch – wenn wir das Problem exakter formulieren. Spricht man – individualistisch – einfach von einer unzugänglichen Intention des Autors, dann stellt man das Problem falsch dar. Unsere Chance, zu einer richtigen vorläufigen Vermutung über die Art des von jemandem ausgedrückten Wortsinns zu kommen, wird durch die Beschränkungen, denen dieser Sinn innerhalb kultureller Normen und Konventionen unterliegt, erheblich erhöht. Ein einziges sprachliches Zeichen kann für zwei Menschen einen identischen Sinn darstellen, weil seine möglichen Sinne durch Konvention begrenzt sind. Ebenso haben größere sprachliche Konfigurationen, mit denen es ein Interpret zu tun hat, diesen konventionellen und normativen Charakter. Dies ist der Grund dafür, daß richtige Vorerwartungen mit einiger Wahrscheinlichkeit vorkommen können, denn nicht nur Wörter, sondern Sätze, und nicht nur Sätze, sondern Äußerungen von der Länge von *Krieg und Frieden* werden teilweise von durch früheren Sprachgebrauch festgelegten Normen und Konventionen bestimmt.[9] Das heißt, daß alle kommunizierbaren Sprachakte, seien sie nun ge-

---

[8] Die beste Untersuchung über Hypothesen bei der Interpretation findet sich bei R. S. Crane, *The Languages of Criticism and the Structure of Poetry* (Toronto, 1953), S. 176–180. Implizit verbindet Crane die Begriffe „Genre" und „Hypothese" (Vgl. S. 146, 167).

[9] Saussure trifft eine elegante und nützliche Unterscheidung zwischen „aktualisierter" und „virtueller" Sprache. Bei ersterer handelt es sich um wirklich verwendete Sprache, bei letzterer um Sinnerweiterungen, die durch aktualisierte Sprache ermöglicht werden. Wird ein Fall virtueller Sprache aktualisiert, so entstehen dabei neue Formen virtueller Sprache. Siehe: Saussure, *Cours de linguistique générale*.

schrieben oder gesprochen, zu einer begrenzten Anzahl von Genres gehören. Nun ist ein Genre eine Art von Äußerung, deren Normen und Konventionen durch früheren Sprachgebrauch teilweise determiniert wurden. Jede kommunizierbare Äußerung gehört zu einem so definierten Genre; es kann in kommunizierter Sprache kein wirklich neues Genre geben, da aus sprachlichen und gesellschaftlichen Notwendigkeiten sogenannte neue Genres stets Erweiterungen und Variationen bestehender Normen und Konventionen sind. Die primitivsten und elementarsten Genres sind Sätze – die kleinsten Einheiten kommunizierbarer Sprache –, aber jede größere Äußerung besitzt ebenfalls (in variierender Striktheit) den normativen und konventionellen Charakter aus einem Satz bestehender Äußerungen.

Dadurch bestehen gute Aussichten, daß das Vorverständnis des Interpreten richtig ist, denn der vom Autor ausgedrückte Sinn besitzt eine Gestalt und einen Umfang, die durch Konventionen bestimmt sind, an denen der Interpret teilhaben kann, sobald er sich mit ihnen vertraut gemacht hat.[10] Beim Vorgang der Interpretation ist daher eine vorläufige Vermutung oder Vorerwartung bezüglich des Textes in Wirklichkeit eine Vermutung über das Genre, zu dem der Text gehört. Die Frage: „Welcher Art ist eine richtige Vorerwartung?" kann am passendsten so formuliert werden: „Zu welchem Genre gehört dieser Text?" Das ist sogar die wichtigste Frage, die ein Interpret bezüglich seines Textes stellen kann, da durch ihre Beantwortung impliziert wird, wie der Text sowohl hinsichtlich seiner Gestalt und Akzentuierungen als auch hinsichtlich des Umfangs und der Richtung des von ihm ausgedrückten Sinns verstanden werden sollte.

Schleiermacher, dessen Aphorismen über die Interpretation den profundesten Beiträgen zur Hermeneutik zuzurechnen sind, hat das Verdienst, als erster die grundsätzliche Bedeutung des Genres aufgezeigt zu haben. Seiner Meinung nach zeigt sich Einmaligkeit in der Sprache als Abweichung von die Gattung bestimmenden Charakteristiken, da in jedem Fall des Verstehens „das Ganze ursprünglich als Gattung verstanden wird".[11] Mit dieser Einsicht legte Schleiermacher das Fundament für jene ideale Disziplin, die sein Denken über Hermeneutik vorantrieb: eine wirklich allgemeine Theorie der Interpretation. Denn der Begriff der Gattung geht quer durch alle Variationen biblischer, dichterischer, historischer und juristischer

---

[10] Dadurch entsteht kein Zirkelschluß, da die für die Abfassung des Textes vermutlich maßgeblichen Konventionen durch das Studium anderer Texte und Autoren, die derselben Kultur angehören, ausfindig gemacht werden können.

[11] *Hermeneutik*, S. 46, 47.

Textinterpretation, da der Begriff des Genres an sich eine immanente Verfahrensweise vorschreibt. Wenn man um das genaue Genre eines Textes bemüht ist, so bedeutet dies, daß man jedem Text gemäß verfährt und es vermeidet, ihm von außen rein mechanische Methoden und Kanons der Interpretation aufzuerlegen.

Schließlich lenkt der Begriff des Genres unsere Aufmerksamkeit auch auf die Notwendigkeit selbstkritischen Denkens bei der Interpretation: es besteht nämlich keine apodiktische Gewißheit dahingehend, daß unsere vorläufige Vermutung über das Genre des Textes richtig ist. Dennoch wird durch diese Vermutung bestimmt und hervorgebracht, was wir danach über den Text sagen. Folglich muß unser sich selbst bestätigendes Vorverständnis an allen auffindbaren relevanten Daten überprüft werden, denn letztlich ist unsere Vorstellung vom Genre eine Hypothese wie jede andere auch, und die beste Hypothese ist die, die alle relevanten Daten erklären kann. Diese Identität von Genre, Vorverständnis und Hypothese deutet darauf hin, daß die vielzitierte Kluft zwischen der Denkweise von Natur- und Geisteswissenschaften nicht existiert. In beiden gilt, wie bei jeder Denkweise, die zu Erkenntnissen führen soll, das hypothetisch-deduktive Verfahren.

(Erstmals veröffentlicht in *The Review of Metaphysics*, März 1965)

ANHANG III: EIN EXKURS ÜBER TYPEN

A. Die Identität der Typen mit sich selbst

Da das Wort „Typ" ein zentrales Element dieser Untersuchung war, ist es nützlich, die wichtigsten Auffassungen zusammenzufassen, die das Wort – so wie es von mir verwendet wird – definieren. Unvermeidlicherweise kann ich von den philosophischen Problemen, die durch eine allgemeine Theorie der Typen aufgeworfen werden – Probleme, die letztlich das gesamte Feld der Epistemologie umfassen – einige nur andeuten, andere muß ich übergehen. Im Rahmen einer allgemeinen Orientierung werde ich nur die für die hermeneutische Theorie wichtigsten Aspekte untersuchen. Dazu bedarf es einer Beschreibung, die über eine bloß aufzeigende Definition hinausgeht, aber keine vollentwickelte Theorie der Typen ist.

Als Typ betrachte ich ein geistiges Objekt oder, wenn man will, eine Idee. Der wesentliche Charakterzug einer Typidee ist ihre Fähigkeit, mehr als eine Erfahrung zu subsumieren und damit auch zu repräsentieren. Die subsumierende und repräsentierende Funktion von Typideen ist natürlich für die Sprache wesentlich und grundsätzlich, da ohne eine solche Funktion niemand zwei verschiedene Wesenheiten durch dasselbe Wort repräsentieren oder unter dasselbe Wort subsumieren könnte. Wenn also das Wort „Baum" mehr als einen Baum oder mehr als ein Baumerlebnis subsumieren oder repräsentieren kann, muß folglich der Sinn von „Baum", wenn es diese Funktion erfüllt, eine Typidee sein.

Wie kann ein Typ, der nur eines ist, mehr als eines subsumieren und repräsentieren? Diese Frage ist meines Erachtens, obwohl sie im Zentrum allen Erkennens und Denkens liegt, niemals ausreichend beantwortet worden. Der von Wittgenstein und seinen Anhängern unternommene Versuch, solche Fragen zurückzuweisen, ist gänzlich unbefriedigend, da wir zugeben müssen, daß bei zwei verschiedenen Erfahrungen ein Bereich präziser Identität wahrnehmbar ist, ganz gleich, wie weit eine Analyse vordringt und wie viele Zugeständnisse man einer gegebenen „Vagheit" des Denkens macht. Auch die alte Abstraktionstheorie, nach welcher zwei verschiedene Objekte dadurch zur Deckung gebracht werden, daß gleiche Züge abstrahiert und unterschiedliche Züge nicht berücksichtigt werden, löst das Paradoxon nicht hinreichend auf. Zweifellos geschieht solches, doch kann die

Theorie nicht erklären, wie zwei verschiedenen Objekten entstammende Einzelzüge als gleich erachtet werden.[1] Brentano und Husserl setzten sich direkt mit dem Identitätsproblem auseinander, der letztere sehr gründlich; während aber Husserl das Vokabular, das bei diesem Problem eine Rolle spielt, in erhellender Weise verändert, bleibt das Paradoxon dennoch bestehen. Irgendwie ist das Bewußtsein dazu in der Lage, zwei verschiedene Erfahrungen miteinander gleichzusetzen. Dies scheint sogar die Grundfunktion des Bewußtseins zu sein, und der Grad, bis zu welchem der Geist diese wunderbare Tat vollbringen kann, ist ein sehr wichtiger Maßstab der Intelligenz.

Ein Beispiel für die deutlichste und zweifellos elementarste Form der Typbildung ist jeder Akt des Wiedererkennens oder der Erinnerung. Man erlebt ein bestimmtes Objekt, sagen wir eine schmutzige, alte Schulmütze. Später (zehn Sekunden oder zehn Jahre später) erkennt man diese alte, schmutzige Mütze. Wie aber weiß man, daß es sich um dieselbe Mütze handelt? Genau genommen weiß man es überhaupt nicht, da die Mütze vielleicht nicht dieselbe ist. Weiterhin ist das Erlebnis der Erinnerung oder des Wiedererkennens offensichtlich von dem ursprünglichen zu unterscheiden. Der Akt der Identifikation muß also von einem erinnerten Dritten abhängen, das eine Brücke zwischen den beiden Erfahrungen bildet, und dieses Dritte muß die Typidee sein. In unserem Fall umfaßt die Typidee natürlich nicht zwei verschiedene Objekte, sondern zwei verschiedene Erfahrungen des gleichen Objekts. Diese Gleichheit ist oft jedoch keine sichere Sache; die Tatsache, daß man zu dem Glauben gebracht werden kann, zwei verschiedene Objekte seien ein und dasselbe, deutet darauf hin, daß bei jedem Wiedererkennen eine typenbildende Funktion am Werk ist, ganz gleich ob das Wiedererkennen richtig oder falsch ist.

Bei einem Akt des Wiedererkennens wird der Gegenstand, den man wiedererkennt oder an den man sich erinnert, normalerweise nicht als Einzelfall eines Typs betrachtet, da die beiden erlebten Gegenstände völlig gleichgesetzt werden. Zwischen ihnen wird keinerlei Unterschied bemerkt, lediglich zwischen den beiden Erfahrungen des Gegenstandes. Im normalen Sprachgebrauch sprechen wir erst dann von einem Typ, wenn wir zwei Wesenheiten, die wir als in gewisser Hinsicht verschieden auffassen, identifizieren. Eine schmutzige, alte Schulmütze und eine neue sind verschiedene Objekte, die unter denselben Typ, nämlich Schulmütze, subsumiert werden können. Bei

---

[1] Siehe: Peter Geach, *Mental Acts: Their Content and their Objects* (London, 1957), S. 18–44.

dieser Art von Typbildung wird die Subsumierung der zwei Einzelfälle möglich, weil man bestimmte Aspekte gleichsetzen kann; beide Gegenstände können etwa dieselbe Gestalt oder dieselbe Funktion haben. Diese identischen Züge können vage oder abstrakt, vielleicht auch willkürlich erfunden sein, doch wäre ohne genaue Identität auf der Ebene des Typs die Subsumierung unter den Typ unmöglich. Wie beim Beispiel des Erkennens vereinheitlicht die Typidee hier mehr als einen Einzelfall durch eine teilweise Identifizierung dieser Einzelfälle. Die Gleichsetzung darf nicht als vollständig erachtet werden wie beim Erkennen; nur weil auf einer bestimmten Ebene eine Identifizierung möglich ist, gehören die zwei Einzelfälle zu demselben Typ.

Ist es möglich, daß zwei Einzelfälle zu demselben Typ gehören, wenn sie einander bloß ähnlich sind, wenn sie eine gewisse „Familienähnlichkeit" besitzen, aber in keiner Hinsicht Identität aufweisen? Dies führt auf die Frage zurück, ob es Ähnlichkeit geben kann, ohne daß auf einer gewissen Ebene eine Identität besteht, die die Ähnlichkeit begründet. Obwohl wir sagen können, daß die beiden folgenden Kurven ∼ ∼ einander ähnlich sind, sind sie offensichtlich keineswegs kongruent. Sie werden nur deshalb als ähnlich beurteilt, weil bestimmte vorausgehende Urteile gefällt wurden, d. h. sie werden als Kurven betrachtet, die diejenigen Züge besitzen, welche Kurven von anderen Wesenheiten unterscheiden. Wären die Kurven nicht als Typ identifiziert worden, dann hätte nicht nachfolgend geurteilt werden können, daß es sich um ähnliche Kurven handelt. Beide Kurven könnten überdies als einer Sinuskurve ähnlich erachtet werden, d. h. das Urteil der Ähnlichkeit könnte durch Bezugnahme auf die Ähnlichkeit beider mit etwas anderem gefällt werden. Ginge man so vor, dann würde dies jedoch zu unendlich vielen solcher Schritte führen, da die Ähnlichkeit jeder der beiden Kurven mit einer Sinuskurve genau dasselbe Problem ergibt wie die Ähnlichkeit der Kurven miteinander. Wir können eigentlich nur deshalb sagen, daß die beiden Kurven einander ähnlich sind, weil sie auf einer bestimmten Ebene der Abstraktion oder Typisierung identisch sind. Sie gehören zu demselben Typ, weil sie beide die Züge besitzen, die den Typ definieren. Auf Grund dieser identischen Züge des Typs werden sie als einander ähnlich erachtet.

Gibt es aber nicht auch Typen, die nicht auf eine teilweise Identität der Züge, sondern auf die Kontinuität einer Reihe von Fällen gegründet sind? Wir nennen z. B. eine Farbe „rot", wenn sie im Spektrum irgendwo zwischen purpur und orange liegt. Merkwürdigerweise gibt es jedoch zwischen zwei beliebigen, in diesen Bereich gehörenden Farben keine feststellbare Identität, die ihre Ähnlichkeit begründet: die zwei roten Farben sind verschieden voneinander und völlig homogen. Es wäre Willkür, ihre Homogenität in ein beiden gemeinsames, rein rotes Element und in ein sie unterscheidendes nichtrotes aufzulösen. Die Farben werden in einem Augenblick gesehen und für ähnlich erachtet. Wie kommt es zu diesem Urteil? Das Beispiel beweist, daß Ähnlichkeit ohne Identität möglich ist und daß diese Ähnlichkeit Grundlage eines Typs sein kann.

Solche Beispiele erzwingen die Wahrnehmung eines Aspekts der Typen, der bei den vorausgehenden Beispielen teilweise verborgen war, daß nämlich manchmal das Urteil der Ähnlichkeit nicht die Grundlage einer Typbildung, sondern im Gegenteil eine Typbildung oft Grundlage eines Urteils der Ähnlichkeit ist. In welcher Hinsicht sollten denn orangerot und purpurrot ähnlich sein? Da sie Farbtöne sind, ist bei ihnen nichts gleich oder ähnlich; sie lassen sich eigentlich nicht miteinander vergleichen, solange sie nicht als Elemente eines Kontinuums, genauer gesagt, als zu einem Typ innerhalb eines Kontinuums von Typen gehörende Elemente verstanden werden. Es ist doch erstaunlich, daß man einen Regenbogen nicht einfach als Kontinuum von Farben, sondern als Farbstreifen auffaßt. Wie kann jedoch ein Kontinuum in Streifen unterteilt werden? Wo sind die Grenzen zu ziehen? Hier ist anscheinend die Typbildung eine Funktion der Wahrnehmung selbst.[2] Die unendliche Zahl verschiedener Farben wird unter einige begrenzte Farbtypen subsumiert, und das Urteil der Ähnlichkeit wird auf der Grundlage jener Typbildung gefällt. Vom Standpunkt der Erkenntnis aus bedeutet dies, daß zwei Farbtöne für ähnlich erachtet werden, weil sie zu einem Typ gehören, nicht umgekehrt. Die Typisierung kommt vor den Ähnlichkeitsurteilen; der Typ erzwingt eine vorausgehende Identifikation der zwei Einzelfälle, obwohl diese als Farben unvergleichbar sind. Welcher physiologische Mechanismus auch dabei zugrundeliegen mag, die zwei Arten von rot werden nur deshalb für ähnlich erachtet, weil sie als „rot" aufgefaßt werden. Man kommt zu einem solchen Urteil nicht umgekehrt, also von der Ähnlichkeit zur Röte, sondern von der Röte (d. h. Identität) zur Ähnlichkeit. Die Aufgabe, verschiedene Einzelfälle in ein Kontinuum einzuordnen, ist dieser Typisierung nachgeordnet.

Der Schwelleneffekt von Ähnlichkeitsurteilen bestätigt diese Schlußfolgerungen. Es ist möglich, daß zwei Farben des Regenbogens sehr eng beieinander liegen, und dennoch eine von ihnen für „rot", die andere für „orange" (oder „purpur") gehalten wird. Gleichwohl kann die Nähe von „rot" zu „purpur" auf dem Kontinuum ebenso groß sein

---

[2] In diesem Fall besitzt die Funktion eine physiologische Grundlage.

wie die zweier Arten von „rot", bei denen man eine größere Ähnlichkeit annimmt. Werden die Farben nicht verglichen, sondern nur für sich allein beurteilt, so ist dieser Schwelleneffekt noch stärker. Dieselbe Art von Wirkung erhält man bei Lauten. Zwei Lautpaare können in einem Kontinuum gleich eng beieinander liegen; dennoch kann das eine Paar als zwei „r's", das andere als ein „r" und ein „w" identifiziert werden. Diese Disparität bei Urteilen der Ähnlichkeit deutet darauf hin, daß Typisierungen ihnen vorausgehen oder sie zustandebringen, und daß die Typisierung, die zwei Einzelfälle gleichsetzt, die Grundlage für das Urteil der Ähnlichkeit oder Unähnlichkeit ist. Man kann argumentieren, daß diese vorhergehende Typisierung nicht zustandekommen könnte, wenn nicht vor ihr eine gewisse Nähe oder ein Urteil der Ähnlichkeit bestünde. Anscheinend wird jedoch nicht ein Einzelfall als dem anderen nahestehend wahrgenommen, sondern sie werden als gleich (als „rot" oder als „r") aufgefaßt. Die Unterscheidungen kommen danach. Demnach ist also selbst bei zwei verschiedenen, „homogenen" Erfahrungen eine Identität Grundlage der Ähnlichkeit, und es bleibt die Grundfunktion einer Typidee, Identifikationen zwischen verschiedenen Einzelfällen herbeizuführen.

B. Der Wortsinn als Typ

Wie entstehen Typideen? Ein Locke-Anhänger würde nachdrücklich behaupten, daß sie allein aus der Erfahrung kommen. Um zu dem Typ, der durch eine Verwendung des Wortes „Baum" repräsentiert wird, zu gelangen, muß man die Erfahrung eines tatsächlichen oder abgebildeten Baumes gehabt haben. Aus früherer Erfahrung gewinnt man die Typen, unter die sich spätere Erfahrungen subsumieren lassen. Während aber gezeigt werden kann, daß diese Erklärung für einige Typen (z. B. „Baum") richtig ist, kann sie nicht für solche Typisierungen gelten, die dazu führen, daß man einen Regenbogen als eine Reihe von Farbstreifen oder Farbtypen wahrnimmt. Da außerdem Typen zur Bildung einer sinnvollen Erfahrung beitragen, muß die Typisierung ein Element der ursprünglichen Erfahrung eines Baumes ebenso wie der ursprünglichen Erfahrung eines Regenbogens sein. Diese Einschränkung der Lockeschen Erklärung ist, obwohl notwendig, vom Standpunkt der hermeneutischen Theorie aus nicht sehr wichtig. Auf der Ebene des Wortsinns sind alle Typen, ungeachtet ihrer ursprünglichen Herkunft, gelernte Typen – d. h es sind Typideen, die aus früheren Erfahrungen abgeleitet werden und spätere Erfahrungen subsumieren können.

Welcher Art ist diese Subsumierung? Wer einen eben erlebten Gegenstand „Baum" nennt, erkennt, daß der Gegenstand Züge besitzt, die mit denen früherer Baumerlebnisse identisch sind. Bei dieser Subsumierung handelt es sich jedoch nicht einfach um Identifikation gewisser expliziter Züge; sie umfaßt auch eine Struktur von Erwartungen, auf Grund derer man glaubt, daß viele unüberprüfte oder unbemerkte Züge des neu erlebten Gegenstandes mit Zügen, die für das frühere Erlebnis charakteristisch waren, identisch sein werden. Diese Struktur inexpliziter Erwartungen ist ständige Komponente eines Typs, da durch sie ein neuer Fall subsumiert werden kann, noch bevor er vollständig bekannt ist.

Ein Typ besitzt also stets eine Dimension vager Erwartungen, durch die eine Mehrzahl konkreter Fälle subsumiert werden kann, ohne daß eine Änderung des Typs erzwungen wird. Wäre diese Dimension präzise und gänzlich explizit, dann könnten die Erwartungen nicht durch verschiedene explizite Züge erfüllt werden. Allerdings ist die Vagheit der Erwartungen nicht vollständig: sie können durch verschiedene, wenn auch nicht durch beliebige Wesenheiten erfüllt werden. Ein Baum ist kein Kraut und kein Busch, woraus geschlossen werden kann, daß der Bereich, innerhalb dessen ein Typ subsumieren kann, durch andere gelernte Typen, die einige Züge mit ihm gemeinsam haben, begrenzt wird. Wir würden jedoch niemals wissen, daß ein bestimmtes Objekt ein Busch und kein Baum ist, wenn wir nicht den durch „Busch" repräsentierten Typ gelernt hätten. Das Phonem „r" subsumiert einen ziemlich weiten Bereich von Lauten, doch wird dieser Bereich auf jeden Fall durch „w" und „l" begrenzt. Die ihm eigene und notwendige Vagheit eines Typs kann auch dadurch eingeschränkt werden, daß man die Zahl seiner expliziten Züge vermehrt und damit den Bereich seiner inexpliziten Züge verändert. So hat „Bonsai-Baum" mehr explizite Züge als „Baum" und somit einen anderen Bereich inexpliziter Erwartungen. Indem die Zahl expliziter Züge zunimmt, vermindert sich der Bereich der Vagheit, so daß weniger verschiedene Einzelfälle durch den Typ subsumiert werden können. Wie explizit der Typ jedoch auch immer werden mag, er kann das Gebiet der Vagheit nicht vollständig erobern, da ein völlig expliziter Typ nur einen einzigen Fall subsumieren könnte und daher, vom Standpunkt der Erkenntnis aus, das wäre, was wir normalerweise als „Individuum", nicht als „Typ" bezeichnen.

Während das Erlernen von Typen und die Subsumierung von Einzelfällen ein charakteristischer Zug aller Disziplinen ist, ist das Wesen der Typen Gegenstand besonderen Interesses bei jenen, die sich mit den Methoden der Psychologie und Soziologie befassen. Diese Tatsache ist in einer Hinsicht ironisch, da jene Disziplinen häufig das Herausfinden von Besonderheiten und nicht eine Typbildung zum Ziel haben, wohingegen Disziplinen wie Physik oder Logik die Subsumierung aller möglichen Einzelfälle unter die geringstmögliche Anzahl von Typen anstreben. Diese Ironie ist jedoch nur scheinbar. Die Subsumierung von Einzelfällen ist ein Problem, das zunehmend komplexer wird, wenn man den Bereich des Typs einengt. Besonders dann ist man gezwungen, Wesen und Funktion der Typen zu überprüfen, da sie mit zunehmender Anzahl auch interessanter und komplexer werden. Ein Typ, der alle Einzelfälle einschließt (z. B. „Seiendes"), kann an sich interessant sein, bringt jedoch im allgemeinen kein Interesse an Typen, wie „Baum", „Busch" und „Bonsai-Baum", oder ihren komplexen Beziehungen zueinander hervor.

Diejenigen, die die methodologische Funktion der Typen am eingehendsten untersucht haben – ich denke besonders an Dilthey, Weber, Stern und Kretschmer – sind sich in einem Punkt einig: Typkonzeptionen sind bei allen Versuchen, ein individuelles Seiendes in seiner Besonderheit zu verstehen, unentbehrlich. Es ist offensichtlich, daß besondernde oder „ideographische" Erkenntnis ein primäres Ziel von Textinterpretationen ist, keineswegs offensichtlich ist jedoch, daß ein individuelles Seiendes nur durch einen Typ erkannt werden kann. Diese Konzeption scheint das Ideal der Besonderheit von Anfang an aufzugeben und kritiklos Diltheys Motto, *Individuum est ineffabile*, zu akzeptieren. Man kommt jedoch unvermeidlich zu derselben Schlußfolgerung wie Dilthey.

Nehmen wir als Beispiel das Kennenlernen eines anderen Menschen. Zuerst haben wir es mit Einzelzügen und Gesten zu tun, die bereits eine physiognomische Bedeutung haben, weil wir davon ausgehen, daß sie zu einem Menschen und nicht zu einem Roboter oder einem anderen Typ gehören. Wir begegnen also notwendigerweise zuerst einem Typ, d. h. einem Menschen; gleichwohl wird unsere erste feststellbare Typisierung wahrscheinlich sehr viel enger sein. Explizit kennen wir nur die wenigen Einzelzüge, die wir bemerkt haben. Warum sind diese expliziten Züge sinnvoll miteinander verbunden? Warum handelt es sich nicht einfach um getrennte Beobachtungen, die keine Verbindung miteinander und keine physiognomische Bedeutung besitzen? Daß sie miteinander verbunden und sinnvoll sind, ergibt sich aus der Tatsache, daß sie als Züge einer Person aufgefaßt werden, d. h. als explizite Aspekte von etwas, dessen allgemeinen Charakter wir durch vergangene Erfahrungen gelernt haben. Diese Typidee, die aus bedingten Erwartungen besteht, ist der Grund beziehungsweise der Hintergrund, der die von uns bemerkten Züge mit einer Vorstellung von der ganzen Person verbindet. Allein diese vereinheitlichende Basis verleiht unseren vereinzelten expliziten Beobachtungen Zusammenhang.

Dieses Beispiel, das paradigmatisch für das Kennenlernen aller beliebigen Einzelobjekte ist, zeigt die unentbehrliche heuristische Funktion von Typideen. Wenn wir einem Objekt begegnen, begegnen wir ihm immer partiell, weil unser Erkennen zeitabhängig (nacheinander werden Bündel von Einzelzügen erfahren) und selektiv ist (unsere Aufmerksamkeit kann sich nicht explizit auf alles zugleich richten). Unser nicht gerade göttlicher Intellekt ist, wie Augustinus bemerkte, von der Zeit geplagt. Einige Züge einer Sache liegen stets außerhalb unseres expliziten Bewußtseins, und zwar entweder, weil wir diese Züge noch nicht erfahren haben oder weil wir ihnen im Augenblick keine Aufmerksamkeit schenken. Diese unbemerkten oder unbekannten Züge bilden einen Halbschatten, den man als „vereinheitlichenden Hintergrund" bezeichnen könnte. Man hat ihn auch „Feld", „Grund", „Substrat" und „Horizont" genannt, doch wie immer man ihn bezeichnet, er ist stets gegenwärtig und gibt unserer Erfahrung die Eigenschaft einer Typidee. Er ist genau deshalb ein Typerlebnis, weil er inexplizite Erwartungen umfaßt, die auf Grund ihrer Inexplizitheit oder Vagheit durch verschiedene konkrete Züge erfüllt werden können. Hätten diese Erwartungen nicht ein gewisses Maß von Vagheit oder Toleranz, dann wäre der Hintergrund ebenso explizit wie der Vordergrund, und wir würden dann alle Züge auf einmal kennen – eine Unmöglichkeit angesichts unseres zeitabhängigen Bewußtseins. Wir erlangen folglich, wenn wir etwas Individuelles erkennen, auf jeder Stufe des Erkennens unsere Erkenntnis durch Typideen. Wie partikularisiert unser Wissen auch werden mag, die zeitliche Beschränktheit unseres Bewußtseins und dessen begrenzte Aufnahmefähigkeit bringen es mit sich, daß stets ein Halbschatten größeren oder geringeren Ausmaßes bleibt, so daß wir den Typ, durch den wir zur Erkenntnis des Besonderen gelangt sind, niemals völlig aufgeben können.

Da unsere Vorstellung eines besonderen Seienden stets eine Typidee von größerer oder geringerer Explizitheit ist, folgt, daß Typen nicht nur eine unentbehrliche heuristische Funktion, sondern auch unausweichlich eine konstitutive Funktion besitzen. Es ist völlig richtig, daß wir nicht immer den ursprünglichen Typ, durch den wir zuerst ein besonderes Seiendes kennengelernt haben, bewahren; zwar besitzen unsere Erwartungen eine gewisse Toleranz, doch werden sie nicht stets durch Erfahrungen bestätigt, was uns dazu veranlassen kann, den heuristischen Typ zu verändern. Ein Buch kann sich als Zigarettenschachtel erweisen; eine Säule kann eine geschickt gemachte Attrappe, ein netter Kerl ein gemeiner Mensch sein. Aber welche Stufe der Explizitheit wir auch immer erlangen, stets bleibt etwas Inexplizites, etwas Erwartetes oder Erhofftes, etwas, was nicht beobachtet wurde, so daß die letzte Stufe des Erkennens von der letzten Typidee, durch die sie erreicht wurde, bestimmt wird. Wie sehr der heuristische

Typ auch im Prozeß des Erkennens verändert worden sein mag, er ist, als seine letzte Stufe, sowohl konstitutiv als auch heuristisch.

Der Hinweis auf den konstitutiven Charakter der Typen überträgt lediglich eine Kantische Erkenntnis auf den Bereich gewöhnlicher Erfahrung. Die fundamentalen Kategorien, durch die wir Erfahrungen strukturieren und konstituieren, lassen sich vielleicht auf zehn oder zwölf reduzieren; in ihrer unreduzierten Vielfalt sind sie jedoch ebenso zahlreich wie die zahllosen Typideen, durch die wir zur Erkenntnis der Partikularitäten der Erfahrung gelangen, und diese Typideen sind nicht weniger konstitutiv für die Erfahrung als Zeit, Raum und Kausalität. Ein großer Unterschied besteht jedoch: die fundamentalen Kategorien der Erfahrung sind zweifellos unveränderlich, wohingegen die alltäglichen Typen, durch die wir Erfahrungen bilden, eine Revision zulassen. Die metaphysische Welt jenseits der Kategorien ist uns unzugänglich, doch kann die Welt der Phänomene, durch die wir unsere Typen lernen, uns auch lehren, diese Typen zu revidieren.

Da die Beschränktheit des Bewußtseins hinsichtlich der Zeit und der Fähigkeit, einer Sache Aufmerksamkeit zuzuwenden, jeder Auffassung eines individuellen Seienden den Charakter eines Typs verleiht, sind wir häufig zu der Erkenntnis gezwungen, daß unsere Auffassung der Sache nicht entspricht. Die meisten von uns besitzen diese klarsichtige Bescheidenheit bezüglich unserer Auffassung von anderen Menschen; wir sind uns klar darüber, daß sich vielleicht herausstellen könnte, daß etwas im Halbschatten unserer Auffassung unseren Erwartungen zuwiderläuft. Es ist natürlich möglich, daß wir diese sympathische Bescheidenheit bei einer Zigarette, einer Eichel oder einer Büroklammer nicht zeigen, obwohl es durchaus angebracht wäre. Andererseits ist die Inkongruität zwischen der völligen Explizitheit von Dingen und der unvollständigen Explizitheit unserer Auffassungen von ihnen nicht notwendigerweise gegeben, wenn die Sache, die wir erkennen wollen, ein Wortsinn ist. Hier ist volle Kongruität möglich, weil der Sinn – der selbst Typ ist – vollständig erkannt werden kann. Die Auffassung oder der Typ eines anderen können, weil sie Auffassung beziehungsweise Typ und nicht im eigentlichen Sinne Dinge sind, mit meiner eigenen Auffassung oder meinem eigenen Typ identisch sein. Dies ist eine andere Ausdrucksweise für die Einsicht Vicos, daß der humane Bereich echter Erkenntnis offensteht, während dies im Bereich der Natur nicht der Fall ist. Man könnte sich auch an noch ehrwürdigere Vorfahren erinnern und diese Einsicht als Version der vorsokratischen Lehre, daß man nur ein sich Gleiches kennen kann, betrachten.

Diese Unterscheidung zwischen dem Erkennen von Sinn und dem

Erkennen von Dingen wirft eine interessante Frage bezüglich der heuristischen und konstitutiven Funktion von Typen beim Vorgang der Interpretation auf. Beim Erkennen von Dingen wird unsere Auffassung vom Ding stets von der letzten und explizitesten Stufe des heuristischen Typs, durch den wir zur Erkenntnis des Dings gelangt sind, gebildet. Demnach bleibt stets etwas Vorläufiges in unserer Auffassung — eine Erwartung, die vielleicht nicht bestätigt wird. Dies ist bei der Erkenntnis von Sinn nicht unbedingt der Fall. Zwar ist auch die letzte Stufe heuristischer Typen konstitutiv, doch kann und sollte dieser konstitutive Typ schließlich nicht mehr heuristisch sein, da Erkenntnis von Sinn (Boeckh spricht vom „Erkennen des Erkannten") nur so explizit sein kann, wie es der Gegenstand erlaubt. Ein Ding hat nichts Vages an sich, stets jedoch ein Sinn. An einem gewissen Punkte muß daher eine inexplizite Andeutung als solche bestehen bleiben, da man zu einem anderen als zu dem zu erkennenden Sinn gelangen würde, wollte man sie explizit machen. Im Gegensatz zu Eichel, Zigarette oder Büroklammer darf der Wortsinn nicht so behandelt werden, als wäre er zu unbegrenzter Explizitheit fähig. Hat man es mit einem Sinn, d. h. einem Typ zu tun, so gelangt man an einen Punkt, an dem der Typ zum Ding selbst wird. Wenn der Vorgang des Erkennens so weit geführt worden ist, wenn es kein heuristisches und vorläufiges Element mehr gibt, dann können wir sagen, daß der besondere Typ, den wir kennen, der von uns gewünschte besondere Typ ist.[3]

---

[3] Während ich also verstehen kann, was jemand unter „lyrischer Dichtung", „Satire", „dem Roman" versteht, kann ich den von ihm ausgedrückten Sinn kritisieren, indem ich behaupte, daß die Identität der durch diese Typen repräsentierten Einzelzüge keine konsistente faktische Grundlage besitzt. Wittgenstein gibt sich allzu willig mit den vagen Zusammengehörigkeitstypen der normalen Sprache zufrieden. In außergewöhnlicher Sprache können solche Typen zugunsten von strengen Typen, die Einzelfälle mit genau spezifizierten identischen Zügen repräsentieren, aufgegeben werden.

NAMENINDEX

Abrams, M. H. 231
Aristoteles 7, 130–132, 139, 149, 209
Arnold 10, 22
Auden 150
Augustinus, St. 105–106, 328

Bally 75, 107, 299
Bateson 282–285, 294–296
Beardsley, M. 27, 288
Beethoven 71
Belli 150
Bergson 148
Betti 13, 43–44, 145, 156, 157, 301
Blake 64, 80, 231
Boeckh 43, 87, 130, 131, 145, 147, 252, 264, 301, 303, 330
Böhme 15
Bollnow 39
Booth, W. 13
Bosanquet 118
Braithwaite 153–156
Brentano 322
Breughel 71
Brooks 282–285, 294–295
Bultmann 8, 301–302
Buonaparte 73, 96
Buthlay 125
Byron 138, 140–141

Caroll 43
Cassirer 16, 113, 280, 287
Chaucer 270
Chicago Critics 131
Coleridge 57, 58, 176

Crane 131, 318
Croce 7

De Morgan 81, 82, 118
Dilthey 9, 12, 62, 225, 298, 301 bis 304, 314, 315, 317, 327
Dittrich 113
Domat 256
Donne 99, 177, 211, 243–248
Droyson 303
Dryden 278

Eliot 15, 16, 19, 26, 180, 187, 269–270, 278, 289–290
Empson 86, 279
Ernesti 166

Farber 271, 272
Frege 265, 268
Frere 138
Freud 157–159, 161, 188
Frost 155
Frye 15, 143, 190

Gadamer 38, 63, 68, 145, 158, 195, 301–320
Geach 322
Gibbon 87
Goethe 225
Gombrich 135–136
Graves 190, 191
Greene, Th. M. 150
Grieve 125
Gurwitsch 272

Hartmann, K. 13
Hegel 61, 62

Heidegger 16, 62, 66, 108, 302 bis 304, 312, 314
Herder 62
Homer 138, 178
Housman 64
Humboldt 48, 113, 303
Hume 57, 58
Husserl 12, 81, 118, 265, 271 bis 276, 291, 297, 298, 299, 304, 314, 322

Jennings 48
Jones, G. 124, 125
Joyce 156
Jung 16

Kant 37, 38, 39, 81, 131, 329
Kayser 139
Keats 10, 156
Keynes 12, 220–222
Kierkegaard 148
Kittredge 176
Kretschmer 327
Kuhn 271, 276

Lavater 225
Lieber 256
Locke 325
Lovejoy 62
Lukan 64
Luther 121, 303–304

McCaffrey 253
MacDiarmid 124–126, 128
Marlborough 181
Martz 13
Marvell 269, 276
Marx 188
Medawar 13, 259, 260
Meinecke 314
Mill, J. S. 118, 119, 200, 259
Milton 80, 87, 111–113, 202–203
Morgan, De, s. De Morgan
Morgan, E. 125
Müller, G. 139–140

New Critics 302

Picasso 136
Plato 22, 37–40, 53–57, 81, 164, 271
Poe 289–290
Pope 148–149, 202–203, 212
Popper 12, 260
Porteus 124–126
Pottle 13
Pound 15
Pulci 138
Pythagoras 89–91, 122

Quintilian 135

Ranke 62
Reichenbach 12, 221
Richards 101, 209
Rivers 233
Robinson, J. M. 302
Rossi-Landi 82

Sandmann 48
Saussure, de 12, 50, 94, 95, 132, 286–288, 298, 318
Schelling 23, 149
Schleiermacher 12, 120, 139, 145, 147, 166, 252–255, 258 bis 259, 301, 303, 304, 314, 319
Scott 265
Sedgwick 256
Shakespeare 157–159, 161, 270
Simmel 303
Sokrates 37, 53–57, 119, 128
Sparrow 124
Spranger 298
Staiger 100, 101, 186, 190
Steinthal 303
Stern 322
Sutton 198

Thurber 265

Ullmann 286

Vattel 256
Ventris 210
Vergil 138
Vico 329
Viëtor 139–140, 149–150

Wach 171
Warren 21, 146, 266, 268, 281
Wartburg, v. 286
Weber 327

Weil 177
Wellek 13, 21, 146, 186, 266 bis 270, 281
Wimsatt 27, 247, 288
Winters 9
Wittgenstein 50, 93–96, 122, 192, 321, 330
Wordsworth 30, 200, 230, 231, 242, 245, 247–249, 282, 285, 294–295
Wundt 113

UTB

Uni-Taschenbücher GmbH
Stuttgart

40. Jurij Striedter, Hrsg.: Russischer Formalismus
Texte zur allgemeinen Literaturtheorie und zur Theorie der Prosa. Zus. 345 S. DM 12.80
ISBN 3-7705-0626-X (Fink)

80. Franz von Kutschera: Sprachphilosophie
406 S. DM 19.80
ISBN 3-7705-0628-6 (Fink)

81.–82. Jochen Vogt, Hrsg.: Der Kriminalroman
Zur Theorie und Geschichte einer Gattung. 2 Bde. mit zus. 594 S. je DM 12.80
ISBN 3-7705-0625-1/3-7705-0629-4 (Fink)

102. Herbert E. Brekle: Semantik
Eine Einführung in die sprachwissenschaftliche Bedeutungslehre
140 S. DM 7.80
ISBN 3-7705-0635-9 (Fink)

103. Jurij M. Lotman: Die Struktur literarischer Texte
Übersetzt von Rolf-Dietrich Keil. 430 S. kart. DM 12.80
ISBN 3-7705-0631-6 (Fink)

105. Umberto Eco: Einführung in die Semiotik
Übersetzt von Jürgen Trabant. Ca. 400 S. mit zahlreichen Abb. ca. DM 19.80
ISBN 3-7705-0633-2 (Fink)

132. Eike Barmeyer, Hrsg.: Science Fiction
Theorie und Geschichte. Ca. 350 S. ca. DM 16.80
ISBN 3-7705-0642-1 (Fink)

Ludwig Giesz: Phänomenologie des Kitsches
Zweite, erweiterte Auflage. *Theorie und Geschichte der Literatur und der Schönen Künste*, Bd. 17. 104 S. Ln. DM 16.80; Paperback DM 9.80

Marianne Kesting: Entdeckung und Destruktion
Zur Strukturumwandlung der Künste. 344 S. Ln. mit Schutzumschlag DM 28.–; Paperback DM 16.80

Jurij M. Lotman: Vorlesungen zur strukturalen Poetik
Hrsg. und mit einem Nachwort versehen von Karl Eimermacher. Übersetzt von Waltraud Jachnow. *Theorie und Geschichte der Literatur und der Schönen Künste*, Bd. 14. 234 S. Ln. DM 28.–; kart. DM 16.80

Christian Metz: Semiologie des Films
329 S. kart. DM 28.–

Jochen Schulte-Sasse: Die Kritik an der Trivialliteratur seit der Aufklärung
Studien zur Geschichte des modernen Kitschbegriffs. *Bochumer Arbeiten zur Sprach- und Literaturwissenschaft*, Bd. 6. 160 S. Ln. DM 19.80

Wolf-Dieter Stempel, Hrsg.: Texte der russischen Formalisten
Bd. II: Theorie der poetischen Sprache und der Lyrik
Mit einer Einleitung „Zur formalistischen Theorie der poetischen Sprache" sowie mit Registern und Bibliographie. *Theorie und Geschichte der Literatur und der Schönen Künste*, Bd. 6, 2. 494 S. Ln. DM 38.–; kart. DM 28.–

 WILHELM FINK VERLAG · MÜNCHEN

POETIK UND HERMENEUTIK

„Von einem Gremium von Gelehrten, zu denen einige der besten Köpfe gehörten, die man in der Philologie aufzuweisen hat." *FAZ*

1. Hans Robert Jauß, Hrsg.: Nachahmung und Illusion

Kolloquium Gießen Juni 1963. 2. Aufl. 1969. Gr. 8°. 252 S. Ln. mit Schutzumschlag DM 28.–; Paperback DM 19.80

2. Wolfgang Iser, Hrsg.: Immanente Ästhetik – Ästhetische Reflexion

Lyrik als Paradigma der Moderne. Kolloquium Köln September 1964. 1966. Gr. 8°. 543 S. und 6 Kunstdrucktafeln (davon 1 farbig), Ln. mit Schutzumschlag DM 48.–; Paperback DM 25.–

3. Hans Robert Jauß, Hrsg.: Die nicht mehr schönen Künste

Grenzphänomene des Ästhetischen. Kolloquium Lindau September 1966. 1968. Gr. 8°. 735 S. und 13 Abb. auf Kunstdruck. Ln. mit Schutzumschlag DM 58.–; Paperback DM 36.–

4. Manfred Fuhrmann, Hrsg.: Terror und Spiel

Probleme der Mythenrezeption. Kolloquium Bielefeld Oktober 1968. 1971. Gr. 8°. 732 S. und 3. Abb. auf Kunstdruck. Ln. mit Schutzumschlag DM 58.–; Paperback DM 36.–

Im Druck:

5. Reinhart Koselleck und Wolf-Dieter Stempel, Hrsg.: Geschichte und Geschichten

(Arbeitsthema des Kolloquiums)
Ca. 600 S. Ln. DM 58.–; Paperback DM 36.–

 WILHELM FINK VERLAG • MÜNCHEN